Histoire de Genève

DU MÊME AUTEUR

Livres d'histoire

Vie, grandeur et misères de Byzance, Plon.
Vie, grandeur et misères de Venise, Plon.
La Femme et l'Amour en France à travers les âges, Plon.
La Sérénissime. Histoire de la République de Venise, Fayard.
Byzance, Librairie Académique Perrin.
La Vie quotidienne à Genève au temps de Calvin, Hachette.
Pompéi. Mort d'une ville, Robert Laffont.
César Borgia, Librairie Académique Perrin.
François 1er, le roi de la Renaissance, Flammarion.

Romans

Le Troisième Convive, Gallimard.
Le Christ d'or, Denoël.

René GUERDAN

HISTOIRE DE GENÈVE

MAZARINE

Document de couverture : Place du Molard par Christian Gottlob Geissler, 1794 (*Voyageurs européens à la découverte de Genève*).

8, rue de Nesle
75006 Paris

« C'est un beau sujet à étudier que l'histoire de cette petite république de Genève. »

Stendhal, *Mémoires d'un touriste*

AVANT-PROPOS

Après tant de travaux érudits sur Genève, et notamment deux ouvrages collectifs consacrés à son histoire, l'un sous la direction de Paul-Edmond Martin, l'autre sous celle de Paul Guichonnet, l'auteur de ce livre a surtout eu l'intention de marquer sa reconnaissance à une ville qui a bien voulu l'accueillir depuis près de vingt-cinq ans déjà, et où, grâce à la cordialité de ses habitants, il se sent chaque année devenir un peu plus genevois. Puisse donc ce livre être reçu comme un acte de gratitude, et contribuer aussi à renforcer, par l'évocation d'un passé émouvant, l'affection que portent si justement à Genève ses nombreux amis.

PRÉAMBULE

Bien qu'une histoire de Genève ne doive en principe commencer qu'au moment où se peuple la colline sur laquelle la ville est édifiée, il ne paraît pas inutile de retracer brièvement la protohistoire des rives du lac, car dès le Néolithique celles-ci furent habitées.

C'est en effet vers 3000 av. J.-C., et peut-être même avant, que des peuplades, venues d'Asie, s'y fixèrent. Or si, comme à l'époque du Mésolithique, elles continuaient à chasser, elles se livraient surtout à l'agriculture, utilisant des semences de plantes inconnues en Europe – graines de blé, d'orge, de millet –, ainsi que des animaux domestiques, sous la garde d'un chien : bœufs, cochons, moutons, chèvres. Et, sédentaires, elles construisirent, au pied de forêts alors luxuriantes, de véritables villages, dont les pilots sont toujours partiellement visibles au fond du lac.

Ces villages étaient-ils sur l'eau même, dont le niveau se situait à quatre mètres au-dessous de celui d'aujourd'hui, ou simplement sur les rives ? On en discutait encore naguère, mais maintenant on ne doute plus guère que ceux-ci aient été sur la terre ferme. Quoi qu'il en soit, à la hauteur des Pâquis et des Eaux-Vives, on a ramené à la surface des haches perforées en pierre polie, des silex, des objets en os ou en corne. Du Rhône, près de la Jonction, on a même retiré des haches plates en cuivre. Toutes manifestations du Néolithique final (vers 2000 av. J.-C.). Ce qui n'exclut pas la possibilité d'une colonisation encore plus ancienne, puisqu'on a retrouvé dans les environs – à Corsier, à Chêne, à Bellerive – des poteries appartenant au Néolithique moyen (entre 3000 et 2500 av. J.-C.).

A l'âge du Bronze cependant – du moins à celui du Bronze ancien et du Bronze moyen (2000 à 1200 av. J.-C.) –, on semble constater une certaine décadence des stations lacustres – ici comme en Suisse, d'ailleurs. Rares sont en effet les vestiges immergés de cette époque. Citons néanmoins la découverte, à la fin du siècle dernier, lors de la démolition d'une maison dans l'Ile, d'une vingtaine d'objets en bronze, dont une épée à soie, des haches, des épingles, un bracelet, ainsi que des ratés de fonte et des débris.

En revanche, l'époque du Bronze récent (1200 à 800-750 av. J.-C.) est de nouveau une période de brillante colonisation. Les communautés rurales se succèdent, continuant certes à explorer le sol et à élever du bétail, mais se livrant de plus en plus à des activités artisanales, notamment au travail du métal. Toujours à la station des Eaux-Vives, on a trouvé en abondance des objets de bronze – épées, couteaux à soie, haches à douille, pendeloques, épingles, pointes de lance décorées, gros bracelets gravés, céramiques à panse arrondie –, même des moules permettant de conclure à l'existence d'une fonderie (tous objets aujourd'hui au Musée d'Art et d'Histoire). On peut même parler de spécialisation professionnelle, puisque, à un certain endroit de cette station, on a découvert une accumulation d'ossements d'animaux, preuve de la présence d'une boucherie. Déjà à l'époque devait exister un trafic commercial intense, favorisé par la position du site, entre d'une part les grands lacs du Plateau suisse (ceux de Zurich, de Bienne, de Neuchâtel, de Morat, du Léman), et de l'autre les lacs savoyards (ceux d'Annecy et surtout du Bourget).

Malheureusement, au début de l'âge du Fer, le niveau des lacs s'élève brusquement, et les villages sont emportés. On aurait imaginé un déplacement des colons vers la colline voisine. Or pas le moindre vestige de vie n'y a été trouvé. Les abords de Genève furent donc abandonnés.

Or au deuxième âge du Fer (période dite de la Tène Ire, vers 500 av. J.-C.) arrivent de nouveaux immigrants d'origine ligure ou illyrienne, porteurs d'innovations techniques – métallurgiques et artistiques –, comme en témoignent quelques objets assez fins trouvés dans le lit du Rhône et même sur la colline et le plateau des Tranchées.

Puis vient la période dite de la Tène IIe (IIe et IIIe siècles av. J.-C.) où de tels objets sont découverts en si grande quantité, qu'on peut dès lors parler, sur les bords du lac, d'une véritable organisation sociale et économique.

Mais déjà par leurs victoires, Hannibal puis le général

Q. Fabius Maximus ont fait entrer dans l'Histoire la tribu qui occupait alors le site de Genève : les Allobroges. Le tour de Genève d'y faire son entrée ne va plus dès lors tarder.

LA GENÈVE D'AVANT LA RÉFORME

I

LES DÉBUTS DE GENÈVE

Genève ne devrait pas s'appeler Genève, mais Genoue. Genoue, comme Padoue ou Mantoue.

Le premier écrit qui mentionne son existence : le *De bello gallico* de César, l'appelle en effet *Genua,* nom sans doute donné à son site quelque cinq cents ans plus tôt par les populations ligures ou illyriennes qui l'occupaient, parce que, tout comme celui de Gênes – également appelée *Genua* –, il se trouvait au confluent de plusieurs eaux. Alors d'où vient le mot de « Genève » ? Il viendrait de *Genava,* forme adjective analogue à *Genavensis,* qui remplaça plus tard le substantif[1].

Ses fondateurs, les Allobroges, étaient de farouches Gaulois, vaincus un peu plus de cent ans avant notre ère par Rome et intégrés non sans peine dans sa nouvelle province de la Gaule narbonnaise. Ils avaient fait d'elle une place forte, chargée de défendre, aux confins de leur territoire, la rive gauche du Rhône, l'installant vraisemblablement sur le haut de la colline occupée aujourd'hui par la vieille ville.

Profitant toutefois de l'existence d'une île en face de son artère principale (au tracé actuellement suivi – décidément rien ne change ! – par la rue de l'Hôtel-de-Ville, la Grand'Rue et la rue de la Cité), ils avaient jeté par-dessus le Rhône un pont en bois pour commercer avec l'autre rive.

Ce pont va jouer, au début de la vie historique de Genève, un rôle décisif. A l'arrivée de César, en 58 av. J.-C., les Helvètes, des Celtes germanisés, établis depuis une cinquantaine d'années sur le Plateau suisse, lui demandent en effet l'autori-

1. G. Bonfante, « Le nom de la ville de Genève », *Bulletin de la Société de linguistique de Paris,* XL, 1939, pp. 119-126.

sation de le traverser afin d'émigrer en Gaule occidentale. César refuse, et c'est la guerre. Les Helvètes sont vaincus, et leur territoire est intégré à l'Italie. Avec des vétérans d'un corps de cavalerie se fonde même à *Noviodunum* (Nyon) une colonie romaine : la *Colonia Julia Equestris*. Puis c'est au tour du Valais, du Val d'Aoste et de la Tarentaise d'être conquis. De solides routes sont construites, qui non seulement mènent à Rome, mais aussi à Vienne, Milan et Strasbourg.

Dès lors le caractère de Genua change du tout au tout. Elle cesse d'être l'avant-poste d'un territoire finissant, pour se transformer en un lieu de passage au cœur d'un empire. De guerrière, elle devient pacifique ; de militaire, paysanne et surtout commerçante. Gauloise, la voici maintenant romaine. Une nouvelle période de sa jeune vie commence.

Genève, romaine

Romaine, Genève va d'abord connaître trois siècles de paix. Elle en profite pour jeter bas ses fortifications et s'étendre.

Enjambant le Bourg-de-Four, elle gagne le plateau des Tranchées et crée un quartier résidentiel : belles demeures avec jardin, que des rues tirées au cordeau découpent, à la romaine, en îlots, et que dessert en eau courante, près de la promenade du Pin, un château d'eau alimenté par un aqueduc voûté de onze kilomètres de long.

Elle s'allonge aussi sur la rive du lac, faisant surgir un véritable emporium par où transitent à destination de l'Helvétie une foule de produits : bois, grains, poteries, pierres de carrière, huile, vin, importé parfois d'aussi loin que l'Espagne et même la Grèce (Eubée). Deux corporations s'en font les intermédiaires : les « Ratiaires du Haut-Rhône », installés au port de la Fusterie, qui vont à Lyon chercher les marchandises venues d'Arles et de la Méditerranée, puis les font remonter le Rhône sur des radeaux jusqu'à *Condate* (Seyssel), d'où, à cause de la Perte du Rhône, ils les acheminent par charrois jusqu'à Genève. De là, après que les habitants se sont servis au passage, les « Nautes du Léman », établis à Longemalle dans un port à trois bassins, protégés par une digue brise-lames, les transportent par barques à Nyon et à *Lousonna* (Lausanne), d'où elles gagnent par terre Yverdon, puis, grâce aux « Nautes de l'Aar », *Aventicum* (Avenches) et le nord de l'Helvétie. Naturellement ces même corporations font faire le chemin inverse au bois des Alpes et du Jura dont Rome se sert comme combustible et matériau de construction.

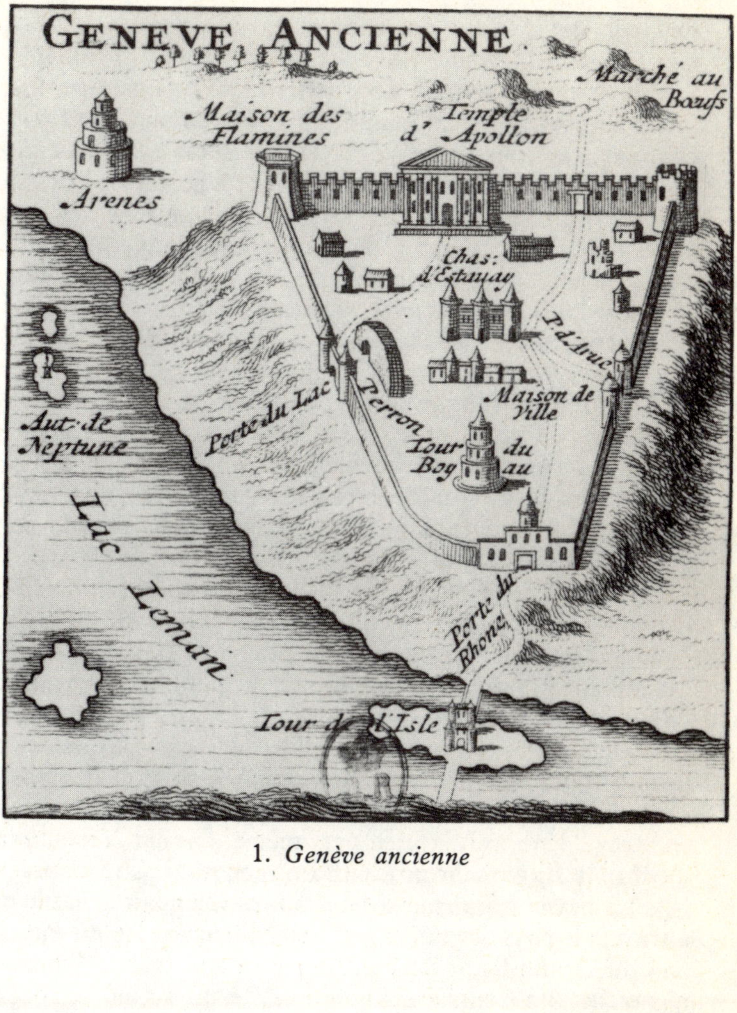

1. *Genève ancienne*

Pour desservir ces deux ports, alors en retrait de deux cents mètres par rapport aux quais actuels, court en arrière d'eux une rue pavée (Rôtisserie et Madeleine) où se succèdent forges, ateliers et entrepôts. A l'une de ses extrémités (sous la rue du Vieux-Collège), les corporations ont bâti une basilique qui leur sert de salle de réunion.

Quant à la Vieille-ville, elle aussi a grandi, peuplant ses terrains vagues, perçant des ruelles, descendant la pente qui mène au port. A côté d'humbles masures en bois et au toit de chaume, apparaissent d'élégantes demeures qui, à la mode latine, s'ordonnent autour d'un atrium à portique. Elle a son propre forum (place Saint-Pierre), lieu de marché mais aussi et surtout, en ce sommet de colline, centre administratif et cultuel. Dans un beau syncrétisme, on y adore Rome, Auguste, Mars, Apollon, Jupiter, Mithra. Maïa et Mercure ont également leurs fervents, mais, eux, dans la Ville-basse, adonnée au commerce. C'est également près du lac que sont vénérés Neptune, patron des Nautes, et Liber-Bacchus, patron des négociants en vin. Une statue colossale en chêne, trouvée au port de Longemalle (actuellement au Musée d'Art et d'Histoire) pourrait bien figurer Silvain, dieu des forêts et patron des Ratiaires, qui souvent, sur leurs radeaux, assuraient le transport des troncs d'arbres.

Le cœur de la ville, du moins le centre autour duquel s'articulent ses trois quartiers, c'est alors la place du Bourg-de-Four, ancien lieu de marché pour le bétail, maintenant devenu un important nœud routier et donc commercial. Là passent en effet, après s'être jumelées à Carouge dont le nom vient de *quadrivium* (carrefour), deux grandes routes impériales : la route de Vienne par *Condate* (Seyssel) et la route de Milan par l'*Alpis Graia* (col du Petit-Saint-Bernard) et *Boulae* (Annecy). Une troisième en part même qui, par *Noviodunum* (Nyon) et *Augusta Raurica* (Bâle) aboutit à Strasbourg.

Là passent également deux routes secondaires : celle qui, à travers le pays des *Vallenses* (Valais), mène à l'*Alpis Poenina* (col du Grand-Saint-Bernard), et celle qui, par le Faucigny, mène chez les Ceutrons (Chamonix). A quoi s'ajoute tout un réseau de chemins conduisant à Lyon par Chancy et l'Ecluse ; au pays des Séquanes (Franche-Comté) par le col de la Faucille ; à la vallée du Giffre par Annemasse ; et au Salève, où Genève s'approvisionne en pierres et en fer. Qui s'étonnerait donc qu'au Bourg-de-Four se soit tenu le marché principal de la ville, comme l'attestent les vestiges retrouvés d'une grande halle de près de vingt mètres de long, bordée de boutiques allant jusqu'à la rue Chausse-Coq.

Un tel va-et-vient de convoyeurs et de marchands ne pouvait qu'encourager la production locale, sûre désormais d'écouler ses produits. L'industrie artisanale – chaudronnerie, tuilerie, briqueterie, etc. –, généralement aux mains des indigènes allobroges, est alors prospère, tandis que, dans la campagne environnante, de riches Romains, propriétaires de *villae*, exploitent de vastes domaines dont le nom se retrouve encore aujourd'hui dans celui de mainte commune : Dardagny vient de *Dardannus*, Veyrier de *Verrius*, Chancy de *Cancius*, Athenaz d'*Atticus*, etc. A La Grange, dans le parc des Eaux-Vives, on peut encore voir les restes, très mutilés, d'une de ces *villae* dont l'histoire a suivi de près les fortunes de la région : construite au Ier siècle, elle fut agrandie au IIe, détruite au IIIe, reconstruite au IVe, puis abandonnée au Ve.

Mais surtout ce trafic fait déjà de Genève une ville ouverte sur le monde, « internationale » avant la lettre. Cosmopolitisme encore accentué par le nombre de firmes étrangères qui y ont leurs comptoirs, telles l'*Officina clariana* dont le siège est à Vienne, ou l'*Arcigiana* et la *Saeniensis*, grandes exportatrices d'huile du bas Guadalquivir. Dans le quartier du port, bien des langues s'entendent, avec une prédominance marquée pour le grec. Et cette connaissance des pays lointains est encore accrue par les récits que font de leurs aventures les vétérans des cohortes, venus y finir leurs jours, comme ce M. Carantius Macrinus qui s'était retiré à Carouge.

De ce qui précède, il ne faudrait cependant pas conclure que Genève était déjà une cité. Elle n'est toujours qu'une bourgade de quelque 2 000 à 3 000 habitants, simple *vicus* d'une région dont Vienne est alors la capitale. Néanmoins elle dispose d'une certaine autonomie administrative. Deux noms ont été découverts : celui d'un édile du Ier siècle, Titus Nonnius Januarius, et celui d'un édile du IIIe, Gaius Arsius Marcianus. Et, fiscalement, depuis que la Viennoise a été, au Ier siècle, confirmée dans son statut de *colonia romana*, elle bénéficie des avantages réservés à la citoyenneté.

Pareille politique a évidemment facilité son assimilation. Tel nom à consonnance bien indigène porte à la deuxième génération un gentilice, et à la troisième se romanise complètement. L'épigraphie a permis de voir comment, d'un *Trouceteius Vepus*, on pouvait vite arriver à un *P. Decius Esunertus*, avant d'aboutir à des *S. Decius* ou des *R. Decius Alpis*.

Ainsi, pendant les trois premiers siècles de son histoire, Genève, toute humble que soit encore sa condition, joue grâce au commerce un rôle dépassant largement le cadre, non seulement de ses frontières, mais aussi de sa province.

Hélas, au milieu du IIIe siècle, les Alamans surgissent.

En 259, ils pénètrent jusqu'au centre de l'Helvétie et saccagent Avenches. Douze ans plus tard, ils se jettent sur la Gaule et ravagent Vienne. En 277, troisième invasion qui, elle, s'abat sur le bassin du Léman.

Terrifiées, les populations, avant de fuir, enfouissent leurs trésors – on en a retrouvé plusieurs dans la campagne genevoise et même un à Genève, sous l'Evêché. En toute hâte, la bourgade redevient citadelle, *oppidum,* se ceinturant d'une muraille en forme de quadrilatère, épaisse par endroits de trois mètres, et haute de six, mais n'englobant que la crête de la colline. Deux portes principales, l'une devant le Bourg-de-Four, l'autre à la Tour-de-Boël, en marquent les limites extrêmes.

Dans les lieux ouverts, les Alamans dévastent tout. Les *villae* sont saccagées, les faubourgs incendiés. Mais ils échouent devant la citadelle, qui servira désormais à l'Empire de point d'appui pour la défense du Rhône.

A la fin du siècle, les Alamans reviennent. Ainsi pendant près de cinquante ans, ils auront ravagé l'*hinterland* économique de Genève, frappant son commerce, paralysant ses ports. Pratiquement ruinée, la ville aura perdu la moitié, si ce n'est les deux tiers de sa population.

Grâce cependant à Dioclétien, elle renaît. En réorganisant l'Empire, celui-ci l'a rattachée militairement à la *Sapaudia,* la « terre des sapins » – qui serait soit la Savoie, soit, comme certains le pensent aujourd'hui, un territoire englobant l'ouest du Plateau suisse et la région comprise entre Saône et Rhône au nord de Lyon. Et, avec l'envoi de troupes considérables, la sécurité renaît, ranimant le commerce.

Le IVe siècle la voit même croître en importance. Vers 379 – peut-être même dès le début du siècle – elle est élevée au rang de *Civitas,* maîtresse d'un territoire comprenant pour l'essentiel toute la rive gauche de l'actuel canton, ainsi que le département de la Haute-Savoie (voir carte). Puis, quand à la fin du siècle le christianisme est promu par Théodose religion d'Etat, elle devient le siège d'un évêché avec église cathédrale, le chef-lieu d'un diocèse qui se confond territorialement avec la circonscription administrative. Si grande est déjà sa cathédrale, dont les fouilles actuellement en cours viennent de découvrir les absides et divers bâtiments annexes – en réalité une « cathédrale double »[1] –, qu'on peut conclure que, contraire-

1. On désigne par là un ensemble de deux églises dont la plus grande était, selon l'usage d'alors, destinée au culte paroissial, et l'autre réservée aux seuls sacrements administrés par l'évêque.

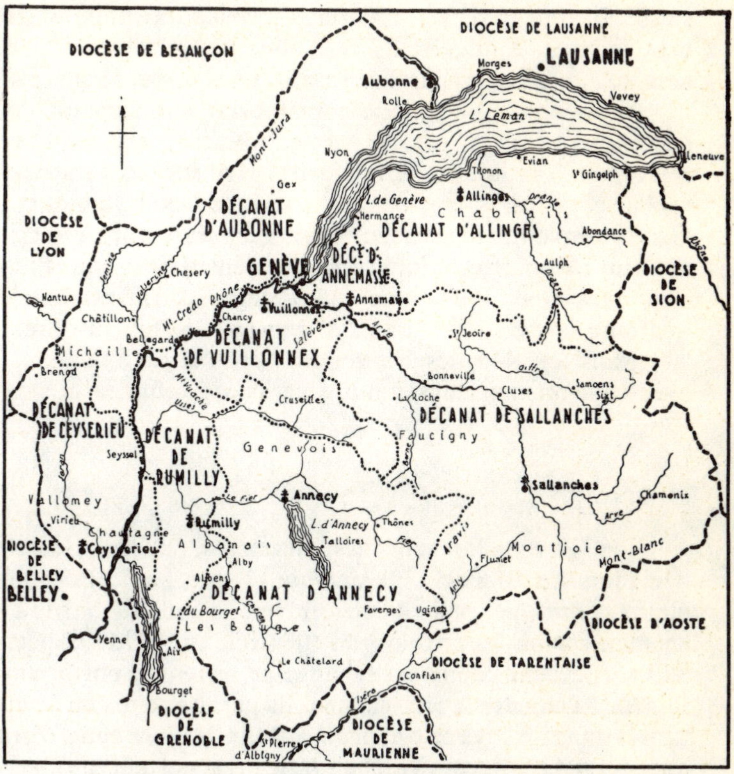

2. *Ancien diocèse de Genève, qui a succédé au territoire de la* civitas *romaine*

ment à l'opinion jusqu'ici admise, Genève était à l'époque le site chrétien le plus important de Suisse.

Enfin elle renforce ses défenses, édifiant un ouvrage en face du pont de l'Ile, s'adjoignant (à l'angle, sous l'évêché) une seconde muraille avec tour dominant le lac, le tout articulé sur un ensemble de fortifications destinées à protéger le Plateau suisse. Beaucoup de ces matériaux proviendraient des décombres de Nyon dont certains des habitants, venus se réfugier à Genève, auraient apporté avec eux une masse de pierres[1].

Néanmoins, sa période romaine est sur le point de se terminer. Au début du Ve siècle, Mayence tombe. Alains, Suèves et Vandales déferlent sur l'Helvétie et ne sont pas repoussés. Bourgs et *villae* sont anéantis pour toujours. Si Genève est miraculeusement épargnée, seule ville à survivre dans un rayon de cent kilomètres, elle entre alors pour l'historien dans une nuit d'une quarantaine d'années. Pendant quarante ans en effet, rien ne transpire de son histoire.

Mais, en 443, les Burgondes arrivent en *Sapaudia,* et, avec eux, un nouveau chapitre de sa vie commence.

Genève, burgonde

Les Burgondes sont des Germains, et des Germains nomades. Au IIe siècle, ils ont quitté leur île de Bornholm, dans la Baltique, pour se diriger vers le sud. Ils ont fait du chemin, car on les retrouve au IIIe siècle sur le Main, puis en 370 sur le Rhin, dont, en échange de terres, ils ont promis à Rome de défendre la rive gauche. Ils paraissaient s'être sédentarisés dans un royaume articulé autour de Spire et de Worms, quand, en 436, la catastrophe surgit — catastrophe qui, soit dit en passant, a inspiré l'épopée des Niebelungen. Ils sont attaqués par les Huns — des Huns pourtant au service de l'Empire — et en grande partie massacrés.

Rome transplante alors les survivants en Sapaudie. Leur statut est celui de fédérés : alliés admis à partager la terre avec les autochtones. D'eux sans doute viennent tous ces noms de lieux au suffixe « ens » ou « ans » de la Suisse romande, du département de l'Ain et de la Savoie.

Au début, ils respectent les structures de l'Empire, mais, lorsque la décomposition s'accélère, d'occupants ils se font conquérants. Genève, on l'a vu, dépendait militairement de la

1. Denis van Berchem, communication faite en mars 1980 à la Société d'histoire et d'archéologie de Genève.

Sapaudie. Elle tombe sous leur coupe. Cependant, loin d'être pour elle une disgrâce, cette sujétion va constituer une promotion. Jusqu'à ce qu'ils s'emparent de Lyon, autour de 470, les Burgondes en font en effet leur capitale qu'ils conservent même ensuite comme capitale secondaire, résidence du fils aîné du roi.

Capitale en vérité chétive, car qu'est donc devenue, au milieu du Ve siècle, la Genève d'autrefois !

Désertée est la partie basse ! ruinés sont les faubourgs ! La ville se réduit au petit espace de crête qu'enserre la muraille du IIIe siècle : quadrilatère irrégulier dont la superficie ne dépasse pas cinq hectares et demi – une ville moyenne en a, à l'époque, entre dix et trente. Vienne en a quatorze, Lyon vingt et un, Reims soixante, et Toulouse quatre-vingt-dix-sept. Il est vrai que Lutèce n'en a que huit ! Quant à sa population, elle ne dépasse guère un millier d'habitants.

Les Burgondes sont trop peu nombreux pour être des conquérants gênants. Tout au plus font-ils office de gendarmes, appelés parfois à l'aide par les classes possédantes, comme ce fut le cas à Lyon. Très vite donc, ils se fondent dans la population et se romanisent. Ils gardent naturellement les fonctionnaires antérieurs, vont même jusqu'à établir leur palais à la cour Saint-Pierre, dans la résidence du gouverneur romain.

Et, gendarmes, ils rétablissent l'ordre. L'ordre, c'est-à-dire l'activité économique. Grâce au Rhône et au lac – à peine entretenues, les routes sont maintenant délaissées – Genève retrouve sa vocation de lieu de transit. Au VIe siècle, Grégoire de Tours parle des bateliers professionnels du Léman, preuve que la navigation y est redevenue normale. On connaît par ailleurs l'existence à Genève de moulins – il a été en effet relaté qu'une crue formidable du lac, due en 563 à l'éboulement d'une montagne du Bas-Valais, les avait tous emportés. Existence remarquable, car cette innovation, venue d'Asie et ignorée de l'Antiquité (il lui suffisait d'avoir les bras de ses esclaves), est, en dehors des rives de la Méditerranée, pratiquement inconnue en Occident – dans toute la Gaule, on n'en trouve alors qu'en quatre endroits.

La présence à Genève d'une cour royale a même dû favoriser le développement d'un commerce à longue distance d'articles de luxe, car on a retrouvé, frappées dans la ville, des monnaies d'or d'un montant élevé.

Mais, mieux encore que les restaurateurs de l'activité économique, les Burgondes auront été des bâtisseurs d'églises. A leur arrivée, ils étaient pour la plupart ariens, mais ils se sont graduellement convertis, surtout après qu'au début du VIe siècle leur roi Sigismond eut adopté le catholicisme. Et, néophyte enthousiaste, celui-ci va construire divers édifices religieux.

Lors de la guerre qui avait mis aux prises son père Gondebaud et son oncle Godigisel, la cathédrale double de Genève avait été incendiée. Il la rebâtit en l'agrandissant, puisque, comme l'attestent les fouilles actuelles, l'abside du choeur de la cathédrale principale, épaulée par deux contreforts, n'avait pas moins de onze mètres d'ouverture – cas unique dans la région. Du pape Symnaque il reçoit alors les reliques de saint Pierre, justifiant le nom de la cathédrale. Puis, à l'est du baptistère, il fait élever une autre église, dont les fouilles en cours viennent de révéler l'existence : église à trois nefs d'une largeur intérieure de vingt mètres, avec un chevet terminé par trois absides arrondies. Enfin à lui encore on doit la fondation en 515, pour célébrer sa conversion, de la célèbre abbaye de Saint-Maurice.

C'est également aux Burgondes qu'on est redevable, dans les dernières décennies du Ve siècle, de la création, non loin de l'emplacement actuel de l'église russe, du premier couvent de Saint-Victor, édifice circulaire à déambulatoire, ceinturé de colonnes supportant une coupole. Là étaient déposées les reliques de saint Victor, un des soldats de la légion thébaine massacrée, selon la tradition, à Saint-Maurice, vers l'an 300.

Du VIe siècle, si ce n'est avant – donc aussi de l'époque burgonde – date l'église de la Madeleine – Sainte-Marie-Madeleine, comme on l'appelait alors : première église genevoise à être bordée d'un cimetière, car elle était la première à s'élever *extra muros,* et la tradition antique ne voulait pas qu'on enterrât les morts à l'intérieur de l'enceinte.

Malheureusement pour Genève, le royaume burgonde ne dura point. Fondé au milieu du Ve siècle et s'étendant à son apogée de la Champagne aux Alpes et à la Durance, il fut, moins de cent ans plus tard – en 534 pour être précis – annexé par de nouveaux conquérants : les Francs.

Dès lors, et pendant près de cinq siècles, la nuit tombe sur Genève. D'elle, on ne sait plus grand-chose, sinon qu'elle passe d'une domination à l'autre. D'abord, comme nous le disions, sous celle des Francs, pendant laquelle, jusqu'à la décomposition au IXe siècle de l'empire carolingien, elle n'est plus qu'une ville excentrique et donc secondaire ; puis sous celle de maîtres venus de Bavière, souverains de ce que les historiens ont appelé, sans qu'il ait eu d'autre lien que territorial avec le précédent, le second royaume de Bourgogne, où elle aurait pu reprendre son rôle de lieu de transit, si ce n'avait été — conséquence des invasions sarrasines du VIIe-VIIIe siècle — pour une terrible crise économique dont il faut dire quelques mots.

En coupant la Méditerranée en deux, les invasions sarrasines du VIIe siècle ont en effet isolé l'Occident de l'Orient, source à l'époque des principales richesses, animatrice du commerce. Et déjà bien ralentie, l'activité économique n'a pas résisté à ce dernier coup. Le continent s'est graduellement décomposé en une multitude d'autarcies rurales où chaque domaine essaie difficilement de se suffire à lui-même, cuisant son propre pain, pressant son propre vin, tissant ses propres vêtements, et restant toujours à la merci d'une mauvaise récolte, c'est-à-dire de la pluie, de la sécheresse, de la gelée ou des sauterelles. Alors, naturellement les villes, délaissées, agonisent.

C'est donc sur une Genève exsangue que régnera à partir de 888 un certain Rodolphe de Welf, duc de Transjurane, couronné roi dans l'abbaye de Saint-Maurice par une assemblée de notables ; c'est toujours une Genève exsangue qui sera le lot de ses successeurs directs : Rodolphe II, Conrad le Pacifique, Rodolphe III, et que recevra en héritage le saint empereur romain germanique Conrad II le Salique (l'Empire a été ressuscité en 962), quand, mort en 1032 sans héritier mâle, Rodolphe III lui transmettra son royaume, qui, considérablement agrandi, s'étendait de la Saône à la Reuss et du Rhône aux Alpes.

De cette période doublement sombre pour Genève, puisqu'elle est à la fois misérable et obscure, détachons cependant trois faits et faisons une constatation.

La constatation, c'est que dans le relâchement de tous les liens publics qui caractérise cette période, le pouvoir à Genève est en fait passé entre les mains de l'évêque, pouvoir qui lui est d'autant moins contesté par les seigneurs du voisinage que, comme toutes les villes d'alors, Genève agonise.

Quant aux faits, ils sont d'ordre architectural et cultuel. Pour répondre à un vœu de la fille de Rodolphe II, épouse de l'empereur Otton Ier, l'évêque de Genève Hugues décide, au tout début du XIe siècle, de transformer l'église de Saint-Victor en couvent. Mais, manquant de fonds, il la cède à l'abbaye de Cluny, à charge par celle-ci de procéder aux transformations nécessaires : travaux réalisés vers 1019 par l'adjonction à la rotonde d'un chœur et d'une nef. Quant aux deux autres faits, ils concernent la rive droite du Rhône, toujours indépendante, il est vrai, de la Genève d'alors, mais destinée, comme on le sait, à faire un jour partie de la cité : dans un site sauvage, encaissé entre le fleuve et des falaises abruptes, est construite l'église Saint-Jean, vite devenue très populaire en raison des miracles qui s'y accomplissaient ; et la chapelle du palais royal de Saint-Gervais est transformée en une église paroissiale.

Comme on le voit, les renseignements sur cette période sont minces, et minces parce que, contrairement au dicton, Genève n'est pas encore assez heureuse pour avoir vraiment une histoire.

Mais au XIIe siècle tout change. La prospérité revient peu à peu en Occident. Dès lors Genève ne va plus cesser, sauf pour de brèves périodes, de croître et de s'épanouir. On peut dire que son enfance est maintenant terminée et que son adolescence commence.

II

LA CITÉ EPISCOPALE

Du XIIe au XVe siècle, Genève redevient riche et, comme à l'époque romaine, un grand centre commercial.

Déjà au XIe siècle, elle avait retiré quelque avantage des efforts de Venise pour ranimer l'Occident ; mais c'est vraiment au XIIe que son essor commence, quand Génois et Pisans se mirent, eux aussi, à fréquenter les fameuses foires de Champagne, car ils passaient soit par le Mont-Cenis ou le Grand-Saint-Bernard, soit, en empruntant la voie d'eau, par Aigues (Mortes) et le Rhône : toutes routes menant à Genève. Ainsi, grâce à eux, celle-ci va-t-elle petit à petit, de lieu d'étape, se transformer en lieu de marché, qui, en attirant les marchands d'alentour, se transformera à son tour en lieu de foires.

Ces foires ne vont plus cesser de prendre de l'importance. Au milieu du XIIIe siècle, l'aménagement de la route du Simplon leur amène en effet de nouveaux clients : les Milanais et les Florentins, ainsi rapprochés de Genève, clients précieux qui ne les déserteront pas, même après que la guerre de Cent Ans et l'ouverture de la route atlantique au début du XIVe siècle auront porté un coup fatal aux foires de Champagne.

Puis, au XIVe siècle, en s'installant à Avignon, la papauté attire sur les rives du Rhône une foule de nouveaux venus, riches et prodigues, qui développent considérablement le volume du commerce le long du fleuve, ce dont Genève ne manque évidemment pas de profiter.

Enfin, au XVe siècle, l'Hôtel des monnaies du duc de Savoie, en s'établissant à Cornavin, c'est-à-dire à ses portes mêmes, va offrir aux opérations de ses foires le concours d'un écu d'or très recherché. Et, comme ses évêques auront également eu la sagesse d'autoriser le prêt à intérêt (car, contrairement à une opinion reçue, ce n'est pas Calvin qui l'introduisit à Genève), la ville deviendra alors une des grandes places financières d'Europe, pratiquant couramment et sur une large échelle le virement de place à place, ainsi que l'ouverture de crédit. Activité qui ne sera cependant genevoise que topographiquement, car les banquiers sont alors tous florentins ! Les Médicis, notamment, avaient dans la ville des correspondants à demeure qui surent plus d'une fois témoigner leur reconnaissance de l'hospitalité reçue, en accordant des prêts aux pouvoirs publics ou en finançant des travaux, comme la reconstruction, au bas de la rue de la Cité, à l'endroit de la fontaine actuelle, d'une église dédiée à la Vierge : Notre-Dame-du-Pont-du-Rhône...

Quatre fois par an donc – à l'Epiphanie, à Pâques (Quasimodo), à la Saint-Pierre (1er août) et à la Toussaint –, Genève voyait accourir à elle une multitude de marchands, venus d'Italie, d'Allemagne, de Suisse et surtout, à partir du XVe siècle, du centre et du midi de la France, ces derniers trouvant en Genève, faute de disposer encore d'un marché national (Lyon un jour y pourvoira), un grand marché régional.

Et pendant une semaine ou dix jours – portés à quinze dans la seconde moitié du XVe siècle –, Genève regorgeait de marchandises : biens de consommation courante offerts par le commerce local et surtout produits de luxe du commerce international : laines, draps, soieries, épices et produits d'Orient, pelleterie, métaux et articles ouvragés.

Or, pas plus qu'ils ne firent de la banque, les Genevois d'alors ne furent tentés de se livrer au grand commerce. Ils se contentaient de servir d'agents aux firmes étrangères, firmes qui, jusqu'à ce que Lyon supplantât Genève dans la seconde moitié du XVe siècle, furent pour la plupart génoises, milanaises ou florentines. De sorte qu'il n'est pas excessif de dire qu'au temps de leur splendeur les foires de Genève furent essentiellement des foires italiennes qui, vu la commodité du site et ses avantages financiers, avaient choisi de se tenir sur les bords du Léman.

Tant qu'elle était restée exsangue, Genève n'avait pas intéressé les grands seigneurs des environs – devenus, ici comme ailleurs, dans le relâchement des liens publics, les souverains de fait de leur circonscription. Mais, sortie de sa misère, elle va aussitôt être en butte à leurs tentatives d'annexion ; d'autant que, profitant eux aussi de la dégradation des temps, ses princes-évêques s'étaient approprié bien des terres : à Jussy, à Peney, à Thiez ; que leur Chapitre avait

ANCIENNES MONNAIES GENEVOISES.

I. Évêché 1-3 : 1. Denier anonyme. — 2. Denier de l'évêque Conrad (env. 1020). — 3. Denier anonyme. — II. Monnaies des ducs de Savoie, frappées à Cornavin, 4 et 5 : 4. Teston de Charles I (1482-1490). — 5. Ducat or de Philibert II (1497-1504). — III. République de Genève 6-16 : 6. Écu pistolet or, 1563. — 7. Écu, 1554. — 8. Écu, 1562. — 9. Ducat or, 1654. — 10. Pistole or de 35 fl., 1702. — 11. Pistole or de 40 fl. 3 s., 1724. — 12. 21 sols, 1710. — 13. Triple pistole or, 1771. — 14. Teston blanc, 1620. — 15. 2 florins = 24 sols, 1635. — 16. 2 florins = 24 sols, 1644. — IV. Sous la domination française (1800-1805) 17 et 18 : 17. 5 cts., an IX. — 18. 1 franc, an XIII. — V. Monnaie de nécessité : 19. 1 sol, 1590.

3. *Anciennes monnaies genevoises*

plus de dix fiefs – onze pour être précis –, et qu'il n'était jusqu'au monastère de Saint-Victor qui ne détînt des droits seigneuriaux.

Dès le XIIe siècle, l'histoire de la Genève épiscopale va donc se confondre avec la lutte qu'elle dut mener pour défendre son patrimoine et son indépendance contre ses puissants voisins : comtes de Genève d'abord, comtes de Savoie ensuite.

Evêques contre comtes de Genève

Relativement brève, la lutte des évêques de Genève contre les comtes de Genève se terminera bien, quoiqu'elle eût fort mal commencé.

En mourant au début du XIIe siècle, l'évêque de Genève, Guy de Faucigny, avait en effet laissé à son successeur, Humbert de Grammont, une situation fâcheuse, ayant, de gré ou de force, cédé à son demi-frère, le comte de Genève, Aimon 1er, à qui il devait sa nomination, une grande partie du domaine épiscopal : terres, cures, droits seigneuriaux.

Spolié, un évêque de Genève pouvait évidemment en appeler à l'empereur, puisque, depuis le legs en 1032 du royaume de Bourgogne à Conrad II, son diocèse était devenu terre d'Empire. Seulement l'empereur était loin, souvent en guerre et parfois obligé de ménager ses grands feudataires. Le recours temporel était donc aléatoire. Mais au début du XIIe siècle une nouvelle voie s'était ouverte : le recours à la papauté.

Déjà à Worms, l'Église avait obtenu du pouvoir temporel que la consécration religieuse précédât l'investiture laïque. Or voici qu'en 1123, au premier concile de Latran, elle fait défense aux laïcs de devenir propriétaires de ses biens.

Il se trouvait que le pape d'alors, Calixte II, avait été, en tant qu'archevêque de Vienne, le métropolitain de Genève. Humbert de Grammont – peut-être le premier évêque de Genève à avoir été élu par le Chapitre – n'en fut que plus porté à s'adresser à lui pour se faire restituer les biens usurpés. Et, afin d'amener Aimon à résipiscence, Calixte II lui permit de l'excommunier.

L'excommunication était alors une sanction redoutable. Aimon se soumet. À Seyssel, en 1124, il rencontre Humbert de Grammont et signe avec lui un accord qu'on peut tenir pour la charte de la Genève épiscopale.

Après avoir accepté de rendre les biens dérobés, le comte reconnaît l'évêque pour son seigneur, sous l'autorité suprême de l'empereur, admettant tenir son fief de lui. En échange de quoi, il s'engage à le défendre contre tout agresseur. Il sera son « avoué », son bras armé.

Quant aux droits sur la ville même, il ne s'en reconnaît aucun. *Totas Gebennas* appartient à l'évêque. C'est lui qui y détient la puissance publique, le droit de rendre la justice, de battre monnaie, de lever taxes et impôts, d'ouvrir et de fermer les marchés. « Avoué », il promet d'exécuter ses sentences criminelles et de juger ses faux-monnayeurs. Il accepte de soumettre à sa juridication le château fort qu'il s'est fait construire à l'entrée du Bourg-de-Four... Dès lors on peut dire que, admettant juridiquement sa subordination, il cesse en fait d'être un comte de Genève, pour ne plus être qu'un comte de Genevois — titre que nous lui donnerons désormais.

Naturellement l'accord ne fut pas respecté, autrement il n'y aurait plus d'histoire. Et s'il ne le fut pas, la faute en incombe à celui qui aurait dû avoir particulièrement à cœur de maintenir la paix entre ses feudataires : l'empereur lui-même.

En 1156, Frédéric Barberousse embrouille en effet tout, en chargeant le duc de Zaeringen, Berthold IV, de défendre en son nom les trois évêchés de Genève, de Lausanne et de Sion, sur lesquels il lui abandonnait, avec les régales, le pouvoir temporel. Or, non seulement il violait ainsi l'engagement qu'il avait pris deux ans auparavant avec l'évêque de Genève, Arducius de Faucigny, de ne pas lui donner, en le nommant prince « immédiat » de l'Empire, de supérieur, mais il dépouillait le comte de Genevois, Amédée 1er, de sa qualité de défenseur des évêchés de Genève et de Lausanne.

Cependant, loin d'en découdre, comme on aurait pu s'y attendre, Berthold et Amédée vont au contraire s'entendre sur le dos d'Arducius. Contre la remise à Berthold de son avouerie de Lausanne, Amédée obtient, au mépris de l'accord de Seyssel, l'investiture des régales de Genève.

Mais Arducius était du parti gibelin. Six ans plus tard, à l'occasion d'une diète où Barberousse avait réuni ses partisans, il obtient de lui qu'il annule la faveur accordée à Berthold, rendant dès lors caduque la transaction passée par ce dernier avec Amédée. Et voilà pourquoi on peut aujourd'hui lire sur le registre des anniversaires de la cathédrale de Saint-Pierre un hommage ému à Frédéric Barberousse, salué comme « celui qui rendit la liberté perpétuelle à cette église », oubliant évidemment qu'il avait failli en être le fossoyeur.

Pourtant, il faudra encore attendre deux sentences arbitrales de l'archevêque de Vienne, avant que les comtes de

Genevois ne respectent enfin la suzeraineté de l'évêque sur Genève. La dernière fut rendue solennellement devant l'autel même de la cathédrale et s'accompagna d'une remise d'otages.

La lutte se termina en 1219, à Desingy, par la signature d'un traité entre l'évêque Aimon de Grandson – le constructeur du château de l'Ile – et Guillaume de Genève, agissant es qualités du comte Humbert, son frère. Le comte reconnaissait définitivement l'évêque comme son seigneur, et l'évêque le recevait comme son homme lige. L'un jura fidélité, l'autre l'investit par l'anneau, tous deux s'engageant à protéger le château fort de l'autre à Genève : château comtal au Bourg-de-Four, château épiscopal au pont de l'Ile.

On aimerait pouvoir dire que les comtes de Genevois obéirent à un souci de justice ou de raison. En réalité ils n'obéirent qu'à la peur ; peur d'un nouveau larron qui venait brusquement de surgir et dont aussi bien eux que les évêques auraient beaucoup à souffrir : le comte de Savoie.

Évêques contre comtes de Savoie

Au moment où le comte de Savoie entre dans cette histoire, il est déjà maître de vastes territoires, incluant les Bauges, le Bugey, la Maurienne, la Tarentaise et le Chablais. Il a même pris pied au nord du Léman en s'emparant de Chillon et, tout récemment, de Moudon, ville clef en Pays de Vaud. Sa position est également forte économiquement, puisque, détenant les cols du Mont-Cenis, du Petit et du Grand-Saint-Bernard, il commande l'accès de trois des grandes routes commerciales unissant l'Europe du nord à l'Italie, routes à péages fructueux.

La première ingérence de la Maison de Savoie dans les affaires de Genève remonte au début du XIIIe siècle. À son tour, le comte Thomas a essayé de s'emparer des régales épiscopales et, si l'évêque de Genève était, dit-on, consentant, l'énergique intervention du légat du pape et de l'archevêque de Vienne l'a empêché d'y parvenir.

Sa deuxième apparition, en 1250, sera plus fructueuse. Ayant défait le comte de Genevois, Guillaume II, et occupé son château du Bourg-de-Four, Pierre, le fils du comte Thomas, va, la paix revenue, le conserver en gage d'un tribut de 10 000 marcs d'argent – somme considérable, que le vaincu sera bien incapable de rassembler.

Il a donc pris pied dans la place et, pour mieux y passer tout le corps, lui comme ses successeurs entendront se faire les protecteurs des habitants contre leur prince-évêque. De sorte que l'histoire de la lutte des comtes de Savoie contre les évêques de Genève se double en fait d'une autre histoire : celle du graduel dépouillement des pouvoirs de l'évêque sur sa ville, autrement dit de celle de la lente naissance à Genève de la liberté.

Certes, les Genevois n'avaient jamais été des serfs. Aucune trace ici de taille à merci, de mainmorte, de formariage. Au contraire, on les voit posséder, vendre, tester. Leur condition est celle de sujets jouissant de certains privilèges, celui par exemple de ne payer que moitié prix aux péages et parfois même de ne rien payer du tout. Il n'empêche que, né d'une économie rurale, le système féodal ne convenait guère à une ville marchande, surtout quand elle était le siège de grandes foires, comme c'était maintenant le cas.

Aussi, quand, devenu en 1263 comte de Savoie, Pierre – désormais Pierre II – propose aux « citoyens de Genève » un traité d'assistance mutuelle, ceux-ci, sous réserve de leur allégeance à leur prince-évêque, s'empressent-ils d'accepter. Par « citoyens » entendons surtout les notables, propriétaires d'immeubles : bourgeois enrichis par le commerce, petits nobles du voisinage établis en ville dans des demeures à l'allure de palais-forteresses avec tour (celle des Tavel, bien que reconstruite en 1336, en offre actuellement un exemple). Mais cette première alliance n'aura pas de suite, l'évêque Henri s'étant empressé d'en négocier avec Pierre II la rupture.

Vingt ans plus tard, Amédée V de Savoie renouvelle la tentative. En guerre avec tous les seigneurs de la région – comte de Genevois, baron de Faucigny, dauphin de Viennois, sire de Gex, etc. –, auxquels s'était imprudemment joint l'évêque de Genève, il venait de s'emparer de la ville. Il incite donc les citoyens à profiter de sa présence pour s'organiser en communauté. Et cette communauté, il s'en déclarera le protecteur, même quand la paix revenue, il rendra Genève à son maître. Dès lors on voit les citoyens nommer des magistrats, user de leur propre sceau, garder les clefs des portes, tendre ici des chaînes, construire là des murs et des fortifications, lever des impôts, bref constituer une véritable commune de fait.

Commune qui, liée aux fortunes du comte de Savoie, connaîtra toutefois, dans cette période de troubles incessants, des hauts et des bas sur lesquels il serait fastidieux de s'étendre, et qui n'obtiendra que vingt-cinq ans plus tard la reconnaissance formelle de son existence, lorsque, au terme d'une guerre gagnée par Amédée V, l'évêque, qui avait pendant deux ans fui sa ville occupée, admettra formellement, le 28 février 1309, sa légalité.

Le 28 février 1309 constitue donc une date importante dans l'histoire de Genève. Mais elle l'est plus encore par le tournant décisif qu'elle prépare dans le jeu des alliances. Certes, il y aura encore des guerres féodales, et de nouveau Genève servira de champ de bataille. Les Savoyards s'empareront du château du Bourg-de-Four qu'ils raseront. Comte de Genevois et dauphin de Viennois ravageront les vignes du bourg Saint-Gervais et celles du faubourg Saint-Victor, puis incendieront le faubourg de Palais, endommageant le couvent dominicain qu'il logeait. Mais le jour n'est plus loin où, de défaite en défaite, le comte de Genevois va, avec ses alliés, disparaître de la scène politique. Alors, face à la Maison de Savoie, l'évêque se trouvera pratiquement seul.

De leur côté, les citoyens n'avaient vu dans cette Maison que l'instrument de leurs libertés. Ces libertés, maintenant ils les ont. Ils n'ont plus le même intérêt à la favoriser. Au contraire, la voyant bientôt s'emparer du Faucigny, du Pays de Gex et du Pays de Vaud, en attendant que vienne le tour du Genevois même ; devant son désir de plus en plus évident de s'annexer une ville qu'elle est parvenue à encercler et qui, d'un État s'étendant de Mâcon à Morat, ferait une capitale idéale (voir carte), ils auront toutes les raisons de la redouter.

Aussi, tandis qu'au cours du XIVe siècle, la jeune commune s'organise et se développe sous les yeux désormais bienveillants d'un évêque qui a compris tout l'appui militaire à espérer de citoyens résolus, on voit peu à peu la ville entière serrer les rangs face à la menace savoyarde.

Certaines murailles sont plus que des pierres : un symbole. Même si la crainte des Grandes Compagnies ne fut pas étrangère à son érection, on peut dire, de la fameuse enceinte de l'évêque Marcossey qui, au XIVe siècle, dota la ville de vingt-deux tours et de puissants remparts, que, financée par chacun dans un grand élan de solidarité, clergé compris, elle fut vraiment le symbole de la volonté d'indépendance de toute une cité.

Finalement, de la Maison de Savoie, Genève reçut deux présents inestimables : ses premières libertés et l'éveil de son patriotisme.

L'organisation des premières libertés

Au XIVe siècle, Genève a donc changé de visage. Dans la

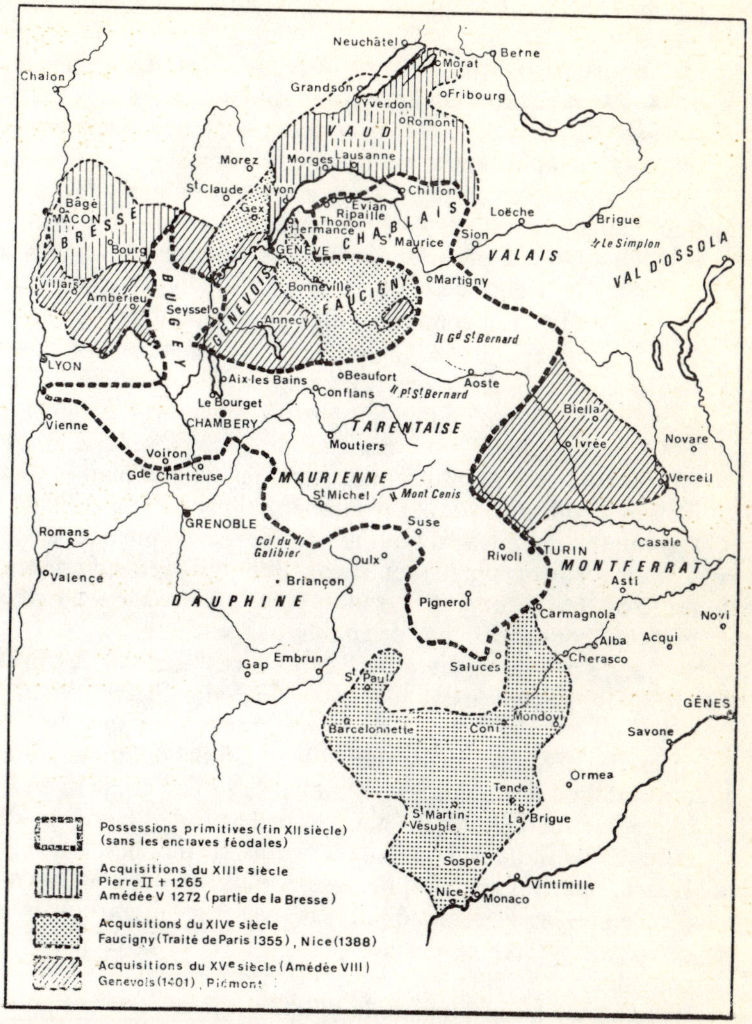

4. *Evolution de l'Etat savoyard du* XII*e au* XV*e siècle*

ville, il existe maintenant deux pouvoirs : celui de l'évêque et celui des « bourgeois et citoyens » – termes alors équivalents[1]. Et leurs rapports, rodés par l'usage, ont été finalement codifiés en 1385 par une charte : les Franchises de l'évêque Adhémar Fabri.

Bourgeois et citoyens ont la gestion des affaires municipales. Par bourgeois et citoyens, il faut entendre divers privilégiés, assez riches pour être propriétaires d'une maison en ville ou dans les faubourgs et avoir été admis, moyennant finances, au sein de la commune. Si Genève a donc commencé à pratiquer la démocratie, cette démocratie reste encore limitée à des notables : avocats, notaires, apothicaires, hôteliers ou artisans enrichis par le négoce de luxe : drapiers, pelletiers, orfèvres, etc.

À la tête de la commune, élus pour un an par l'ensemble des citoyens réunis en Conseil général, se trouvent quatre syndics, assistés d'un certain nombre de conseillers : douze jusqu'au XVe siècle, vingt et parfois davantage à partir de 1460, qui, d'abord nommés par le Conseil général à titre temporaire, seront ensuite choisis par les syndics pour la durée de leur propre mandat. De sorte que l'organe exécutif de la commune deviendra en fait l'assemblée – ou Conseil ordinaire – que forment syndics et conseillers, les premiers siégeant toutefois en permanence, tandis que les seconds ne sont en principe convoqués que deux fois par semaine.

Au XIVe siècle, faute de local, Conseil général et Conseil ordinaire siègent dans le cloître de Saint-Pierre. Mais au début du XVe siècle, le cloître ayant grandement souffert d'un incendie, le Conseil ordinaire convaincra la commune d'acheter, non loin d'un banc où il rendait la justice en plein air, un immeuble, bordé au nord par l'actuelle rue de l'Hôtel-de-Ville et les Crêts-Baudet (la Treille) et en partie à l'ouest par la rue Henri-Fazy, immeuble qui, adossé malheureusement au mur d'enceinte, ne communiquait pas avec les faubourgs, ce qui obligera à percer ce dernier d'une porte, et cette porte à la défendre : telle fut l'origine de la Tour Baudet.

Gérant les affaires de la ville, la commune veille au bon état des rues, des places, des ponts, des fortifications et des portes. Elle lutte contre le feu qui, au contact de tant de maisons en bois, peut en quelques heures ravager tout un quartier et décimer la population. Aussi encourage-t-elle l'usage de la pierre et de la brique, donnant en exemple la cathédrale, dont le nouveau visage de pierre, imité sans doute de

1. L. Micheli, *Les Institutions municipales de Genève au XVe siècle*, M.D.G., t. XXXII, 2e série, t. XII, 1912-1913.

celui de la cathédrale de Lausanne – elle-même une copie possible, tant elle lui ressemble, de la cathédrale de Canterbury[1] –, date du XII-XIIIe siècle.

Elle veille aussi à la propreté de la ville : tâche gigantesque ! ubuesque ! Les égouts sont rares et ne s'écoulent jamais qu'à ciel ouvert. Encore faut-il que la rue soit en pente. Les maisons sont pour la plupart dépourvues de latrines ; à la place on trouve ce que les chroniques appellent joliment des « privés publics », dont la puanteur, l'été surtout, n'a pas sa pareille. La ville n'a toujours pas d'éboueurs. Chaque propriétaire nettoie, ou est censé nettoyer sa rue « en droict soy », mais comme il doit déverser les immondices dans certains couloirs prévus le long des murailles, ou même, s'il habite la ville basse, dans l'une des deux grandes places du Molard ou de la Fusterie, le mal, au mieux, ne fait que changer de quartier. Là, sans doute, des entrepreneurs viennent les collecter, mais ils ne le font qu'irrégulièrement. Outre les immondices, les places publiques sont pleines des déchets laissés par ceux qui les ont affermées pour les besoins de leur industrie. Partout le dédale des ruelles et des allées s'encombre de matières qu'il est préférable d'enjamber le nez dans un linge. La situation est encore aggravée par tous ces troupeaux d'oies et de chèvres, sans parler des cochons isolés, qui, malgré les interdictions officielles, continuent de se promener à l'intérieur de l'enceinte. Encore au XVIIe siècle, l'état de la voirie sera tel que John Evelyn, le célèbre voyageur, de passage à Genève, ne trouvera pour l'égaler en saleté que deux villes : Edimbourg et Lisbonne.

Outre l'état de la voirie, mais avec plus de bonheur heureusement, la commune surveille les métiers, obligeant chacun à vendre à l'emplacement fixé pour ses marchandises. Occasion pour l'historien de constater que deux endroits, aujourd'hui selects, ont eu un passé des plus roturiers et quelque peu odorants : la place de la Taconnerie fut jadis le haut lieu des fromages, et la place du Grand-Mézel celui de la viande – il est vrai qu'un jour on verra mieux : la boucherie s'installant dans une église, celle de Saint-Germain !

Déjà au Moyen Age, Genève offrait à la ménagère l'équivalent de nos grandes surfaces. Exception faite de la viande, des fromages et du pain – vendu, lui, à l'Arsenal, face à la

1. D'autant que son principal architecte avait travaillé à Canterbury. J. Bony, « The resistance to Chartres in early thirteenth century », *The Journal of the British Archeological Association*, 1957-1958. Voir aussi M. Grandjean, « À propos de la construction de la cathédrale de Lausanne », *Genava*, 1963.

Maison de ville –, on trouve à l'époque de tout à la place du Molard, grand centre par ailleurs de promenade à l'ombre de ses tilleuls. D'abord du poisson : truites, saumons, brochets, féras, perches, « bezoles » – un poisson de lac qui, apprêté au vin et au beurre frais, fondait, paraît-il, dans la bouche ; encore que le fin du fin fût alors le « millecanton », surnommé (qualificatif éloquent !) « perdrix du lac », et pas plus long qu'une épingle, qu'on absorbait par cinquante à la fois. Au Molard se tient aussi le marché de la volaille : oies, gibier ailé, chapons, et celui du vin, qu'il s'agisse de celui - plutôt aigrelet, il est vrai – de la ville ou de la campagne voisine, ou, à l'aube du XVIe siècle, du *Chautagne,* un vin de la côte, ou encore du *Servagnin,* un cru de Beaune.

Cette concentration des victuailles au Molard est d'autant plus appréciée de la ménagère qu'elle ne peut acheter au-delà d'une certaine heure – passé dix heures, seuls les revendeurs ont en effet accès aux éventaires –, et qu'encouragé par le bon marché des denrées de première nécessité, qui pour la plupart sont taxées et étroitement contrôlées, on mange ferme à Genève. Les jours de liesse, le souper de dix-huit heures compte rarement moins d'une douzaine de plats, dont cinq ou six de viandes différentes.

Mais si elle favorise le consommateur, la commune n'a pas moins souci du petit commerçant, veillant par exemple au bon état des « dômes » ; ces curieux avant-toits en bois – encore en usage au XIXe siècle – qui, soutenus dès le sol par de longues colonnes également en bois, dépassaient de plusieurs mètres le mur des façades, étendant ainsi sur choses et gens le couvert d'une galerie (on peut de nos jours en voir un spécimen – ou plutôt un demi-spécimen – au n° 3 de la rue de la Cité).

Elle assure la police, mais la nuit seulement, veillant à ce qu'on ne traîne pas dehors sans raison après l'heure de la retraite, sonnée à vingt et une heures, car dans ces rues sombres, à peine éclairées aux carrefours par quelque falot – Genève devra en fait attendre la fin du XVIIIe siècle pour bénéficier, cent ans après Paris et quatre-vingts ans après les principales villes de France, d'un éclairage public –, les mauvais coups sont fréquents. Comme elle n'a pas de prison, la municipalité garde ses détenus dans une pièce de la Maison de ville, puis, l'aube venue, elle les remet au vidomne *(vice-dominus)* – important personnage dont le comte de Savoie s'est arrogé au XIIIe siècle la nomination, ce qui lui donne plus qu'un pied dans la ville. Et ce vidomne les incarcère dans ses geôles du château de l'Ile.

Elle veille sur les mœurs et, bonne commerçante, ne

craint pas de se montrer libérale. Car si, le jour, le succès des foires dépend des produits exposés, la nuit il dépend des distractions offertes. Elle porte donc un intérêt tout particulier à son b... Au XIVe siècle, il se trouve toujours au faubourg de Palais, mais au XVe elle le rapprochera du centre des affaires, l'installant au coin de la rue des Belles-Filles (rue Étienne-Dumont) et d'une rue dont la pudeur moderne a changé la dernière lettre du nom : l'actuelle rue Chausse-Coq. Et afin que tout se passe au mieux pour Messieurs les marchands, elle a placé à sa tête une « reine » qui, chaque année, jure sur l'Évangile qu'elle saura maintenir ses sujettes dans le droit chemin – du moins des lois.

Elle assure également la défense commune, veillant à ce que chaque citoyen, qui a juré de donner sa vie pour le salut de tous, tienne ses armes en bon état, et donnant à cette fin, dans la seconde moitié du siècle, une organisation toute militaire à la ville, divisée en 25 dizaines, aux ordres de dizeniers soumis à des cinquanteniers, eux-mêmes commandés par des centeniers obéissant aux syndics. Pour maintenir tout son monde en forme, elle a encouragé la création de sociétés militaires : société du tir à l'arc, société du tir à l'arbalète et plus tard société du tir à la couleuvrine ou arquebuse, dont les champs d'exercice sont, pour la première au Pré-l'Evêque, et pour les deux autres près du Rhône. À la tête de chacune se trouve un « roi », dont la majesté, assortie de maints avantages honorifiques et matériels, dure un an et a été acquise au mérite, au cours de la grande fête annuelle de sa société. Il aura été le premier à abattre un oiseau de confection – le « papegay » – juché au haut d'un mât. Inutile de dire comme tout au long des jours chacun s'entraîne ! Inutile de dire aussi comme à la fête, agrémentée de réjouissances diverses, toute la population accourt !

Enfin, au nom de l'évêque et souvent assistée d'hommes de loi qu'elle paie, elle rend la justice, du moins au criminel (méfaits majeurs), et à condition qu'il s'agisse bien de laïcs, car les clercs relèvent de l'official de l'évêque, et les affaires civiles et correctionnelles (méfaits mineurs) du vidomne. Notons que si elle rend la justice, elle n'instruit pas ses affaires ni n'exécute ses sentences, prérogatives du vidomne.

Pour faire face à toutes ces dépenses, elle dispose heureusement d'un certain nombre de ressources. D'abord des produits de son domaine : location ou vente d'immeubles et de terrains vagues, location du four de la Maison de ville et d'emplacements commerciaux ou industriels, location dans les grandes rues marchandes de ces *haut-bancs,* sortes de boutiques-maisonnettes où s'installent les vendeurs, et qui, serrées les unes contre les autres de chaque côté de la chaussée, le dos à la voie, forment comme des digues isolant les acheteurs du flot des voitures.

Elle dispose – rentrées plus appréciables – des droits d'admission que lui versent ses nouveaux membres, droits adaptés à la fortune de chacun.

Mais surtout elle peut compter sur le tiers des taxes (les deux autres tiers allant à l'évêque) qui frappent les marchandises dans les halles : droits de pesage, droits d'entrepôt, droits de transport dans la ville et à l'extérieur, redevances spéciales affectant certaines denrées, comme les épices. Un lieu est pour elle particulièrement rémunérateur : la place du Molard, avec ses deux halles au drap, datant, l'une du XIVe siècle – la « halle de Fribourg. », comme on l'appelle – et l'autre du XVe – la halle dite « de France » : joli et vaste bâtiment dont la porte, ouverte sur l'eau, permet aux barques – suprême commodité ! – d'y accoster directement.

Ainsi parvient-elle à équilibrer son budget – son budget ordinaire, s'entend –, car s'il survient quelque événement imprévu : festivités en l'honneur d'un haut personnage, contribution imposée par l'évêque, ou toute autre cause accidentelle de débours, elle doit recourir à des mesures exceptionnelles : soit à une surtaxe sur les marchandises, notamment sur le vin, soit à une levée d'argent sur ses membres au prorata de leurs moyens ; et comme celle-ci était perçue par paroisse, on a pu constater que la plus riche d'entre elles était alors, et de loin, celle de la Madeleine, grevée à elle seule autant que les six autres réunies.

Sa gestion fut si sage qu'elle parvint à ne pas aliéner sa liberté, chose remarquable à une époque où, pressurées, les communes perdaient, l'une après l'autre, leur autonomie. Chose d'autant plus remarquable, qu'à partir de la seconde moitié du XVe siècle, elle fut doublement en butte, comme nous allons maintenant le voir, à la Maison de Savoie – devenue plus puissante que jamais depuis son annexion, au début du siècle, du Piémont et du comté de Nice ; doublement, parce que, outre le comte – maintenant duc – de Savoie, elle eut à faire face à un évêque presque toujours pris dès lors dans cette Maison[1].

1. Pour simplifier, nous avons négligé de parler au cours de ce paragraphe du Conseil des Cinquante créé dans la seconde moitié du XVe siècle et destiné à servir d'intermédiaire entre le Conseil ordinaire et le Conseil général. N'ayant pas répondu à l'attente, il fut finalement supprimé. Rétabli au XVIe siècle, il ne tarda pas à disparaître de nouveau.

5. *Les Belles-Filles en 1890*

Commune contre Maison de Savoie

Le XVe siècle avait pourtant bien commencé pour Genève. Jusqu'en 1450, les évêques respectent les Franchises et défendent énergiquement l'indépendance de la cité. Certains d'entre eux furent d'ailleurs des hommes remarquables, comme ce Jean de Bertrandis qui joua un grand rôle au concile de Constance (d'où le nom qu'en recevra la principale rue de Saint-Gervais avant de se transformer en Coutance) et faillit même devenir pape. D'autres furent des bâtisseurs et embellirent la ville, tel ce cardinal Jean de Brogny qui, à défaut de s'y montrer de son vivant, s'y laissa voir mort dans une jolie chapelle qu'il fonda près de Saint-Pierre : celle de Notre-Dame, dite des Macchabées, où se trouvait le fameux retable de Conrad de Witz, aujourd'hui au Musée d'Art et d'Histoire.

Les Genevois sont alors si attachés à leur évêque, que lorsque, en 1420, Jean de la Rochetaillée demandera à la commune s'il doit accepter la proposition que, en accord avec le pape, le duc de Savoie lui a faite d'acquérir « dans l'intérêt de la ville » sa souveraineté sur Genève, non seulement celle-ci s'y oppose catégoriquement, mais elle lui demande de conclure un traité par lequel tous deux se lieraient à jamais : elle promettant de défendre par tous les moyens le régime épiscopal de la cité, lui s'engageant, en son nom et en celui de ses successeurs, à ne jamais aliéner Genève et ses faubourgs sans son consentement. Traité qui, conclu, reçut en quelque sorte la sanction du pape et de l'empereur par des bulles où chacun assurait les signataires de son entière protection.

Malheureusement, dans la seconde moitié du XVe siècle tout change.

En 1451, bien qu'il n'ait que huit ans, Pierre de Savoie, fils du duc, est nommé évêque de Genève. Et dès lors, sur le siège épiscopal, les princes de la Maison de Savoie ne vont pratiquement plus cesser de se succéder. En soixante et onze ans, de 1451 à 1522, ils l'occuperont soixante-trois ans, n'ayant souffert que trois éclipses Encore dans le premier cas empêchèrent-ils l'évêque de rester plus de quatre mois dans sa ville et eurent-ils dans le deuxième, en la personne du chancelier de Savoie, Antoine Campion, un homme à eux.

La liste ci-dessous des évêques de Genève, avec la durée de leur charge est éloquente :

Pierre de Savoie (1451-1458)

Jean-Louis de Savoie (1458-1482)
Jean de Compeys (1482-1483)
François de Savoie (1483-1490)
Antoine Campion (1490-1495)
Philippe de Savoie (1495-1510)
Charles de Seyssel (1510-1513)
Jean de Savoie (1513-1522)

Pour qui s'étonnerait d'une telle continuité, précisons que ce fut le pape qui, se prévalant de son droit de réserve, procéda, bien souvent contre le vœu du Chapitre, à la plupart de ces désignations.

Tout changea donc dans la seconde moitié du siècle. Déjà encerclés territorialement, et maintenant investis intérieurement, les citoyens perdirent de leur marge de manœuvre face au duc ; tandis que, fort de la présence aux portes de la ville du chef de sa Maison, l'évêque put impunément hausser le ton face à la commune.

Le premier résultat – et ce ne sera pas le pire – c'est que, pris ainsi en tenaille, les citoyens se trouveront soumis à un constant chantage – pour ne pas dire un racket : au duc comme à l'évêque, tout sera bon pour les rançonner.

En 1457, le duc coupe les vivres à Genève : rançon, 2 000 écus. En 1459, il a besoin d'argent pour marier son deuxième fils à Charlotte de Lusignan : tribut : 250 écus. En 1460, son fils aîné a besoin d'hommes d'armes que la commune, à juste titre, lui refuse : sanction, 600 florins. En 1473, à son entrée dans la ville, l'évêque a la prétention de faire loger gratuitement ses gens – plus de cent personnes ! Négociations : il encaisse 700 écus. En 1476, toujours sans droit, il réclame trois cents soldats. Nouvelles négociations : il empoche 400 écus. On pourrait multiplier les exemples.

Mais, comme nous le disions, ce ne fut pas le pire, car bien malgré elle, la commune fut entraînée dans les querelles de la Maison de Savoie.

Querelles domestiques d'abord. En 1462, règne le duc Louis – un faible, dominé par sa femme, Anne de Chypre, dont les extravagances au profit de son entourage ruinent les finances. Un de ses fils, une forte tête : Philippe, comte de Bresse, rallie les mécontents et exige le renvoi des « Cypriens », chers à sa mère. Le duc prend peur et, suivi de sa femme, va chercher refuge à Genève. Sa peur est même si grande, qu'il supplie les syndics de ne laisser aucun des siens entrer dans la ville.

Malheureusement quand, à la tête d'une troupe armée, Philippe se montre aux portes, elles lui sont ouvertes, et voici le duc prenant de nouveau la fuite. Il ne le pardonnera pas à Genève, interdisant désormais à ses sujets de fréquenter ses foires, convainquant son gendre, Louis XI, enchanté d'ailleurs du prétexte, d'en faire autant avec les siens, puis, l'encourageant, l'année suivante, à susciter à Genève la concurrence de Lyon.

Querelles extérieures aussi.

En 1475, menacée par les Bernois, alliés de Louis XI, Yolande, duchesse régente de Savoie, s'est rangée aux côtés de Charles le Téméraire, s'unissant aussi en secret au duc de Milan et au baron de Vaud, Jacques de Romont, son beau-frère.

Genève a alors pour évêque Jean-Louis de Savoie. Romont est son frère, Yolande sa belle-sœur. Tout naturellement il prend le parti du Téméraire contre les Suisses, et il exige de la commune deux mille soldats, demande qui viole les Franchises et dont le chiffre est en outre extravagant. Les syndics, appuyés par le Chapitre, le lui font remarquer. Ils se retrouvent en prison. Négociations. Une fois de plus, tout se termine par des écus.

Seulement, Jacques de Romont s'est montré impétueux. Avant que ne fût prête l'armée du Téméraire, il a déclaré la guerre aux cantons. Et cette fois l'évêque ne se contente plus d'écus. Il veut des soldats. Et, bien contre son gré, la commune lui en fournit six cents.

Hélas ! car non seulement ces six cents hommes sont écrasés, mais, envahissant le Plateau où ils brûlent villes et villages, les Suisses décident d'aller punir Genève. Les voici bientôt à Nyon où la commune se dépêche de leur envoyer une délégation. Mais le mieux que celle-ci peut faire est d'acheter le salut de la ville contre 28 000 écus d'or et la remise de quatre otages.

28 000 écus d'or, c'est une somme fabuleuse ; c'est, comme le montrera un recensement des fortunes ordonné par la commune, plus de 11 % du capital total de la ville ! Où les trouver ? d'autant que les habitants ne disposent que de peu d'argent liquide.

Les échéances fixées sont toute proches : 2 000 écus dans les jours qui viennent, 10 000 d'ici un mois et le reste à l'Epiphanie, c'est-à-dire deux mois plus tard. En hâte la commune lève une énorme contribution sur la population – 6 % du capital, 12 % même s'agissant des absents –, mais elle n'en tire que 4 000 écus ; et tout ce qu'elle obtient des Suisses, c'est, non sans peine, le report de ses échéances.

Les années qui suivent offrent un triste spectacle. La

malheureuse victime de son évêque essaie de faire argent de tout, allant jusqu'à convaincre le clergé de mettre en gage les objets sacrés. Même la duchesse de Savoie et la comtesse de Genevois, émues de sa détresse, mettent en gage leurs bijoux. Mais elle aura beau faire, il lui faudra sans cesse quémander de nouveaux délais.

Un moment, elle a pris espoir. Son évêque, Jean-Louis de Savoie, a soudain changé de camp. Sa Maison ayant fait la paix avec les Suisses, et Charles le Téméraire ayant eu le front d'enlever sa belle-sœur, Yolande de Savoie, il s'est rapproché de Berne et signera même bientôt avec elle et Fribourg, un traité de combourgeoisie pour la durée de sa vie. Pressure-t-on la ville d'un ami et futur allié ?

Seulement elle n'avait pas compté avec les cantons pauvres de la Suisse centrale, qui, persuadés après tant de délais, d'avoir été spoliés de la rançon par Berne, mais n'osant lui en demander compte, jugent plus simple d'en exiger une nouvelle de Genève. Et, n'ayant plus rien à craindre du Téméraire, vaincu et tué à Nancy, leur troupe, dite de la « Folle Vie », s'avance jusqu'à Fribourg, où tout ce que Genève put obtenir d'elle fut de se contenter d'une forte indemnité avec promesse formelle d'honorer sans faute ses échéances futures.

Finalement, en avançant 3 500 écus, les Médicis lui permettront d'effectuer un versement de 5 000 écus ; et, grâce à un prêt de Strasbourg, elle parviendra, en 1480, à éponger le restant de sa dette. Mais pour désintéresser ses nouveaux créanciers, il lui faudra mettre cruellement à contribution tous ses habitants pendant de nombreuses années.

Tant de malheurs eurent cependant un côté positif : ils multiplièrent les contacts entre Genevois et Suisses. Berne et Fribourg mesurèrent toute la valeur du glacis genevois pour leur sécurité, et, délivrées de la menace bourguignonne, elles se rappelèrent aussi l'importance de l'emporium genevois pour leur économie – Fribourg surtout, pour qui Genève était le débouché naturel de son industrie drapière.

Le premier résultat du rapprochement sera donc une réanimation des foires de Genève qui languissaient depuis que les marchands et banquiers italiens les avaient abandonnées pour celles de Lyon, et qui, en attendant que Christophe Colomb et Vasco de Gama bouleversent la carte des échanges, vont, pendant une trentaine d'années, retrouver grâce aux « Allemands » une certaine partie de leur lustre. Et, le spirituel étant souvent influencé par le matériel, ce facteur ne sera pas sans incidence, comme nous le verrons, sur le triomphe de la Réforme.

Jusqu'ici, soit qu'ils aient manqué d'audace, soit que la situation extérieure leur eût paru trop préoccupante, les ducs de Savoie avaient plutôt compté sur le temps pour s'emparer de Genève, se contentant de la pressurer et de l'asservir à leur politique. Mais il en ira tout autrement quand, en 1504, à dix-huit ans, Charles III monte sur le trône. Ambitieux, entreprenant et délivré des préoccupations de ses prédécesseurs, il n'aura qu'un but : faire de Genève la capitale de ses Etats.

Dès le début, il use de l'intimidation. Sous un prétexte futile, il fait arrêter par son parent Jean de Savoie, vicaire général de Genève en la minorité de l'évêque, ses principaux adversaires, notamment le syndic Pierre Lévrier, qui ne devra finalement sa libération qu'à Fribourg dont il avait pris la précaution d'obtenir, comme beaucoup de Genevois d'alors, la bourgeoisie.

Puis il essaie de la cautèle. Il se fait fort, dit-il, d'obtenir du roi de France, Louis XII, la levée de son interdit sur les foires de Genève, demandant en échange de nouvelles concessions territoriales dans la ville et une redevance annuelle. Les syndics lui font une fière réponse : « Ils aiment mieux vivre dans une pauvreté couronnée de toute part de liberté, que d'être faits riches et de vivre dans la servitude en payant des tributs annuels. »

Alors, il s'entend avec le pape, un autre de ses parents – Léon X est en effet le beau-frère de sa sœur –, pour faire nommer comme évêque de Genève ce Jean de Savoie qui a jeté Lévrier en prison, puis pour se faire céder par ce dernier sa souveraineté sur Genève. Si ce n'avait été pour le collège des cardinaux, indigné qu'on abandonnât à un laïc une terre d'Eglise, le sort de la ville eût été scellé.

Nullement découragé, Charles III convient maintenant d'un plan avec Jean de Savoie. De concert, ils useront du bâton et de la carotte : d'une part, terroriser leurs adversaires par des arrestations et des exécutions ; de l'autre, s'assurer des sympathisants par une manne de pensions et de bénéfices.

Et c'est ainsi qu'un jour les Genevois découvriront, cloués sur un noyer devant l'église de Notre-Dame-de-Grâce, les têtes et les bras de deux jeunes gens accusés de complot, que le duc avait fait arrêter et exécuter au Piémont, avant d'en expédier les restes, salés, dans un baril.

Quant à la carotte, elle réussit si bien que, chose encore jamais vue, il se crée dans les conseils un parti de Savoie – Les *Mammelus* ou *Mamelucs,* comme on les appellera ironiquement, par analogie avec ces créatures dociles du sultan, alors que, de leur côté, les adversaires du duc recevront le surnom de « Eidguenots », du mot allemand *eidgenossen* : confédérés (d'où est venu, par parentèse, le mot « huguenot »), car ils ont compris que le salut ne pouvait plus venir que des cantons suisses.

Malheureusement pour eux, Charles III avait pris ses précautions. Dès 1509, il a conclu avec ces derniers une alliance, renouvelée en 1512. Tout espoir pour Genève semble donc perdu.

Un homme cependant ne se décourage pas. Il s'appelle Philibert Berthelier. Comme bien d'autres, il a, par mesure de précaution, pris la bourgeoisie de Fribourg et, en 1517, convainc cette dernière de sortir de l'alliance savoyarde. Il fait même mieux : il l'amène à conclure un traité de combourgeoisie avec la commune, qui l'engage à venir à son secours au cas où sa sécurité serait menacée.

Infortuné Berthelier, il va payer cher son patriotisme ! Non seulement Charles III fait annuler par la Diète helvétique, comme contraire à leur traité d'alliance, l'accord conclu entre Fribourg et la commune – Genève, assurait-il, était soumise à sa Maison et ne pouvait contracter –, mais il fait arrêter par Jean de Savoie Philibert Berthelier. Jeté dans la prison du château de l'Ile, celui-ci est condamné à mort et, pour plus de sûreté, décapité sur place, le 23 août 1519, à quatre heures de l'après-midi. Pour intimider la population, sa tête et son corps furent promenés dans une charrette à travers la ville. Et le bourreau, brandissant la tête toute dégouttante de sang, criait : « Voyez-ci la tête du traître Berthelier ! » Au pont de l'Arve, il la cloua contre un poteau, d'où elle ne sera détachée que deux ans plus tard par des soldats fribourgeois de passage ; puis, à Champel, il pendit le corps au gibet, pour être mangé par des corbeaux. Une statue, au pied de la Tour de l'Ile, là où il fut exécuté, commémore aujourd'hui son martyre.

Ayant ainsi isolé la commune, disposant en la personne de l'évêque d'une créature, assuré enfin de l'appui d'un nombre considérable de dirigeants, Charles III ne doute plus de toucher au but. D'autant que, pour mieux dominer la cité, il a convaincu le Conseil général de choisir dorénavant ses syndics parmi les seuls candidats proposés par ses magistrats et cinquante citoyens triés sur le volet, et qu'à force d'avanies il a contraint les plus dangereux de ses adversaires à s'enfuir, d'où le nouveau sobriquet que ceux-ci recevront de « Forensifs » ou « Fugitifs ».

Il doute si peu d'être devenu le maître de la ville, qu'il envoie sa femme y faire ses couches et que lui-même vient s'y installer en 1523 avec sa cour, menant grand train et augmentant le nombre de ses partisans par le coup de fouet qu'il donne ainsi au commerce. Son vidomne s'arroge même, au mépris des droits épiscopaux, l'exclusive connaissance des causes civiles et ecclésiastiques. Un seul citoyen a le courage de protester, Amé Lévrier, fils de l'ancien syndic : il est décapité.

Mais un homme va sauver la situation : Besançon Hugues. Juriste, parlant couramment l'allemand – qualité rare à l'époque pour un Genevois –, il va se faire auprès de Berne (le plus puissant des cantons) le brillant avocat de la ville, prouvant, pièces à l'appui, que Genève, n'ayant jamais appartenu à la Maison de Savoie, était parfaitement habilitée à conclure des traités de combourgeoisie.

Un événement, il est vrai, augmenta considérablement sa force de persuasion : la volte-face de Charles III qui, après Pavie, s'est rapproché de Charles Quint, alors que, depuis Marignan, les Suisses sont les alliés de François 1er. Ainsi arrive-t-il à convaincre Berne d'envoyer, conjointement avec Fribourg et Soleure, des ambassadeurs à Genève, pour constater les violences faites à la population et recueillir ses doléances.

Charles III ne s'y oppose pas. Il sait qu'il a la situation en main. Et, de fait, le Conseil général n'osera souffler mot, et le Conseil ordinaire s'empressera d'envoyer aux cantons une lettre désavouant formellement les Fugitifs.

Les ambassadeurs partis, Charles III décide de pousser encore plus loin son avantage. Le Conseil général précédent n'avait rassemblé que peu de monde : il en fait réunir un autre où il se rend en personne, entouré de son chancelier, de ses gentilshommes et surtout de ses hallebardiers – d'où le surnom de Conseil des Hallebardes que celui-ci recevra. Ses sbires ont fait de la bonne besogne : en ce 10 décembre 1525, il y a beaucoup de monde au cloître de Saint-Pierre. Sans doute y a-t-il un absent, et de marque : le seigneur même des lieux, l'évêque Pierre de la Baume, successeur de Jean de Savoie, mort il y a trois ans. Mais qu'importe ! le duc n'a plus besoin de l'évêque à présent. Et ce jour-là, dans un discours habile et d'ailleurs peu audible, le chancelier de Savoie demande aux citoyens « de ne faire aucune pratique hors la cité », c'est-à-dire de renoncer à toute négociation de combourgeoisie. Les partisans du duc crient : « Oui ! Oui ! », tandis que les autres gardent le silence. Trois personnes seulement osent protester, à qui la bouche est vite fermée. Charles III semble donc bien avoir gagné la partie.

Et c'est alors qu'il commet une faute capitale. Il y avait plus de six mois qu'il n'avait revu la duchesse, son épouse, partie à Turin ménager des bronches qu'irritait le climat de Genève. Elle lui manquait. Et, malgré l'avis de son Conseil, il s'en va la rejoindre. Plus jamais, ni lui, ni ses successeurs ne remettront les pieds à Genève... Le nez de Cléopâtre, s'il avait été plus court, ou les bronches de la duchesse, si elles avaient été plus solides...

La place libre, les Fugitifs aussitôt reviennent. Et le 22 décembre, ils sont une soixantaine à se présenter, avec leurs partisans, à la Maison de Ville, protestant contre le désaveu que leur ont infligé les syndics auprès des cantons et demandant que, par lettre testimoniale, acte leur soit donné de cette protestation. Puis, ils vont de maison en maison, ralliant les timorés, convainquant les indécis ; si bien que la question de la combourgeoisie se trouve de nouveau ouvertement posée, et que, malgré les efforts du duc, Fribourg et Berne, entraînant Soleure, décident de rouvrir l'affaire.

Charles III alors s'inquiète et ne s'oppose pas au retour dans sa ville de l'évêque Pierre de la Baume que, de Turin, il faisait surveiller de près. C'était une erreur, car si l'évêque n'était pas partisan d'une combourgeoisie qui limiterait ses pouvoirs, il était encore moins partisan d'une victoire du duc qui les supprimerait. Aussitôt rentré, il se désolidarise donc en sous-main de ce dernier. Mais il est vite débordé par les événements. Enhardis par ses déclarations, les citoyens, au Conseil général du 4 février 1526, abandonnent le système électif imposé par le duc et, malgré ses protestations, se choisissent un quatrième syndic en dehors de la liste officielle : Jean Philippe, de surcroît « fugitif » notoire ! Belle victoire pour les patriotes !

Pendant ce temps, les délégués des trois villes se sont réunis à Berne, le 4 février. Fribourg, toujours fidèle à Genève, réitère sa volonté de s'unir à elle, pour peu que Berne en fasse autant. A l'inverse, les envoyés du duc continuent à prétendre que, ville sujette ou en tout cas enclavée, Genève ne peut conclure de traité. Soleure l'appuie. Quant à Pierre de la Baume, le très prudent évêque, ses deux délégués — chose encore jamais vue ! — soutiennent des points de vue opposés : l'un est pour les Fugitifs, l'autre pour le duc. Berne, elle, hésite. Mais l'élection de Jean Philippe a impressionné les esprits ; et le 7 février, le Grand Conseil bernois, que Besançon Hugues avait depuis longtemps gagné à ses vues, force la main du Petit Conseil : sous réserve de sa capacité juridique à contracter, Genève est acceptée par Berne en combourgeoisie. Le lendemain, il est vrai, arrive une lettre de l'évêque s'y opposant formellement. Mais il est trop tard. Répondant à la prière instante de Fribourg, le Grand Conseil confirme sa décision de la veille.

Cependant Genève doit, à son tour, ratifier le traité. Et l'évêque continue à y opposer son veto. Une fois encore Besançon Hugues va sauver la situation. Il rentre le 21 sous les acclamations. Deux jours plus tard, on l'élit au Conseil ordinaire, avec deux de ses compagnons d'exil. Et c'est alors qu'il propose qu'à défaut de pouvoir assembler un Conseil général, subordonné à l'autorisation de l'évêque, on batte le rappel des patriotes et tienne un conseil « à peu près général ». Nouvelle victoire ! le 24 février, ils sont plus de trois cents à acclamer le traité.

Naturellement, le vote n'a aucune valeur légale. C'est du Conseil général qu'il devrait émaner. Or, justement, ce Conseil, les patriotes, stimulés par le cours des événements, vont, en dépit de l'évêque, le réunir le 25 février au cloître de Saint-Pierre. Et, à l'unanimité, moins six voix, celui-ci se prononce pour l'adoption du traité. L'évêque a solennellement protesté, en appelant de vive voix au pape et à l'empereur ; mais, après avoir poussé et fait enregistrer son cri de bravoure, il déclare aux citoyens que, s'ils veulent vraiment contracter une combourgeoisie, eh bien, il ne s'y opposera pas ! Déclaration que le secrétaire s'empressa de noter au procès-verbal, en la faisant précéder des mots *« ratificatio occulta seu equivalens »* — déclaration secrète ou équivalente... Hier, deux ambassadeurs qui se contredisaient ; aujourd'hui deux déclarations qui s'opposent : décidément Pierre de la Baume était passé maître en l'art du double jeu !

Conclu pour vingt-cinq ans et renouvelable tous les cinq ans par serment, le traité, analogue à celui que Fribourg et Berne venaient de signer avec Lausanne, stipulait essentiellement qu'en cas d'attaque contre la commune de Genève ou d'atteinte à ses droits, Berne et Fribourg viendraient à son secours — et vice versa —, et qu'en cas de litige entre les parties une procédure d'arbitrage serait suivie.

Charles III cependant ne se tient pas pour battu. Le traité n'était valable que si Genève avait la capacité de contracter, et il continue à soutenir qu'elle ne l'a pas. Il dénonce aussi les persécutions qu'au mépris du traité, les Mamelucs subissent. Et ses protestations trouvent une oreille favorable auprès de Soleure et des cantons primitifs qui, les yeux tournés vers l'Italie, n'appréciaient guère le *Drang nach Western* de Berne. Finalement une diète de tous les cantons se réunit à Berne le 19 novembre 1526, et elle presse Berne et Fribourg de renoncer à leur alliance avec Genève. Or les victoires de Charles Quint ont rendu ces dernières plus conscientes que jamais de l'importance pour leur sûreté du glacis genevois, et ni l'une ni l'autre ne consentent à céder. Loin même de le faire, à chacune des tentatives de Charles III de réduire Genève par la famine, elles le menaceront de dénoncer leur alliance mutuelle et le forceront à lever le blocus.

La commune triomphe donc et en profite pour augmenter ses pouvoirs. La versatilité de l'évêque lui facilite la tâche. Parti avec la plupart des Mamelucs après la ratification du traité de combourgeoisie, la tournure prise par les événements l'a ramené dans sa ville. Et ramené avec une âme de patriote ! Bien sûr que les citoyens avaient le droit de conclure des combourgeoisies ! Et ils ont eu bien raison de s'allier à Berne et à Fribourg ! L'admettrait-on lui-même dans l'alliance ? Il demande à être fait citoyen de Genève et, en témoignage de bonne volonté, va jusqu'à se dessaisir au profit de la commune de la juridiction civile, que celle-ci avait d'ailleurs déjà commencé à s'arroger.

Fermement alliée maintenant à Berne et à Fribourg, la commune ou du moins ses dirigeants en tirent prétexte pour se donner, à l'image des leurs, un régime plus aristocratique. S'alignant donc sur elles, ils se dotent d'un nouveau conseil, celui des Deux-Cents ou Grand Conseil, sorte de parlement qui relègue au second plan le Conseil général. Les deux principaux organes municipaux seront désormais le Conseil ordinaire ou Petit Conseil, encore appelé plus succinctement le Conseil, et les Deux-Cents ou Grand Conseil. Et si, au départ, l'un et l'autre étaient élus par le Conseil général, assez vite ce sera le Grand Conseil qui nommera le Petit Conseil, et le Petit Conseil qui nommera le Grand Conseil. En se passant mutuellement l'échelle, on ne pouvait mieux monopoliser l'exercice du pouvoir entre les mêmes familles !

Or l'intéressant est que, cette organisation, la Genève calviniste la gardera à peu près telle quelle. Ce qui montre qu'entre elle et la Genève catholique il n'y eut pas cette absolue cassure qu'on aurait pu à première vue imaginer. En fait, sur le plan institutionnel, la propagation de la Réforme s'inscrit dans la ligne même des efforts accomplis pendant des siècles par la commune catholique. Car quel obstacle lui restait-il encore à écarter pour obtenir sa totale indépendance ? la souveraineté de son évêque. Et, en changeant de religion, elle allait très précisément y parvenir.

L'ultime marche vers l'indépendance

L'évêque a essayé de jouer la carte de la combourgeoisie et prié Berne et Fribourg de l'inclure dans le traité. Mais, se méfiant d'un allié aussi ondoyant, elles ont refusé.

Ainsi, à avoir voulu jouer au plus fin, Pierre de la Baume se trouve désormais entre deux chaises. Car il est maintenant au plus mal avec le duc qui, ne lui pardonnant pas sa volte-face, a saisi ses revenus de Suse et de Pignerol, et tente même, avec la complicité d'une partie du Chapitre, de l'enlever et de le jeter en prison. Pour lui dont le courage n'est pas le fort, c'en est trop ! De nuit, le 1er août 1527, il s'enfuit de Genève, pour aller se réfugier dans ses terres abbatiales de Franche-Comté.

L'occasion semble bonne à la commune d'en profiter pour s'arroger un peu plus de ses pouvoirs. Elle décide donc de renforcer sa mainmise sur la justice, défendant à ses sujets de saisir un tribunal autre que les siens, fût-ce la cour métropolitaine de Vienne, juge d'appel au civil des sentences ecclésiastiques ; et elle le fait savoir à l'évêque avec prière d'en informer prêtres et vicaires. Celui-ci refuse, révoque même le transfert de juridiction qu'il avait précédemment consenti à la commune. Négociation. Compromis. La commune récupère la juridiction civile, mais rétrocède à l'official épiscopal la connaissance des causes ecclésiastiques.

Au détriment cette fois du duc, elle profite de la vacance du vidomnat pour usurper ce qui lui reste de fonctions : instruction des procès et exécution des sentences criminelles. Elle le fait d'autant plus allègrement, qu'elle se sait protégée par Berne et Fribourg contre toute réaction de Charles III.

Mais Charles III va agir en sous-main. A ses vassaux, les gentilshommes des environs et du Pays de Vaud, il propose de rendre la vie impossible aux Genevois... Donner une bonne leçon à des courtauds de boutiquiers ? Les hobereaux, grossis de nombreux Mamelucs, acceptent d'enthousiasme. Ils se donnent même un emblème – bien pacifique pourtant – une cuiller (mais n'est-ce pas avec une cuiller que se mange la bouillie, bouillie à laquelle ils comptent bien réduire les Genevois ?) Et les voici qui se mettent à battre la campagne. Ils ravagent les domaines, courent les grands chemins. Coups de main, embuscades : les vivres n'arrivent plus à Genève. Grâce à l'envoi par Berne et Fribourg d'une troupe de 700 à 800 hommes, une trêve s'instaure, mais dès que la troupe repart, tout recommence. Pire même, les gentilshommes de la Cuiller, munis d'échelles, tentent dans la nuit du 25 au 26 mars 1529 une première escalade qui, heureusement, tourne court.

Loin cependant de les intimider, ces menaces ne font que stimuler les Genevois. Continuant à empiéter sur les pouvoirs du duc et de l'évêque, ils suppriment le vidomne et le remplacent par un tribunal municipal de cinq membres : un lieutenant de justice et quatre assesseurs ou auditeurs, tous élus par le Conseil général.

La guerre de course que mènent sur terre les gentilshommes de la Cuiller n'en reprend que de plus belle. Voyager hors de Genève tient bientôt, pour un citoyen, de la prouesse. François de Bonivard, prieur de Saint-Victor, patriote convaincu et auteur d'annales savoureuses, est arrêté sur le chemin de Fribourg et jeté dans les geôles du château de Chillon. Il y restera plus de six ans. Un assaut se prépare même contre Genève qui, de nouveau, fait appel à ses alliées.

Cette fois Fribourg et Berne ne lésinent pas sur les moyens. L'une rassemble 200 hommes et 4 canons, l'autre 7 000 hommes et 12 canons, que viennent renforcer 4 000 volontaires et même 500 hommes et 2 canons de Soleure (celle-ci a maintenant déserté la cause du duc ; on verra plus loin pourquoi). Et tout ce monde arrive à Genève, non sans avoir, au passage, dévasté le Pays de Vaud.

Malgré ce déploiement de forces, l'heure continue à être à la négociation, et les cantons s'entremettent. Finalement, le 19 octobre 1530, un traité est conclu à Saint-Julien : en attendant qu'une cour arbitrale se prononce sur la capacité de Genève à contracter, les hostilités cesseront ; au cas où le duc violerait la trêve, Berne et Fribourg s'empareront aussitôt et pour toujours du Pays de Vaud. Puis ses alliées présentent à Genève leur facture – car, aux termes du traité de combourgeoisie, Genève devait payer le coût de tout secours reçu. Un premier paiement de 15 000 écus est exigé, sur lequel elle parvient tout juste à verser un acompte de 200 écus.

Et le 30 novembre 1530, réunis à Payerne en cour arbitrale, les délégués des cantons suisses se penchent sur le fond du litige. Après deux mois de débats, ils rendent, le 31 décembre, leur sentence, sentence essentiellement dictée par la politique.

Depuis la diète générale de 1526, l'équilibre des forces a en effet bien changé en Europe. Charles Quint s'est rendu maître de l'Italie et le traité de Cambrai a établi son hégémonie. Plus que jamais il apparaît nécessaire d'assurer l'indépendance de la « clef de la Suisse », c'est-à-dire de Genève. Raison lui est donc maintenant donnée sur la question de la combourgeoisie. On l'oblige cependant à restituer le vidomnat au duc qui, rendu toutefois responsable des derniers troubles, est condamné à verser à Berne, Fribourg et Genève une indemnité de 7 000 écus.

Charles III est donc le grand perdant de l'affaire. Non seulement il n'a pas réussi à isoler diplomatiquement Genève, mais il ne peut même plus l'attaquer sans perdre le pays de Vaud. Même le vidomnat ne lui sera pas restitué, car, tirant prétexte de ce qu'il ne parvient pas à réunir les 7 000 écus d'indemnité, Genève ne le lui rendra pas.

Tout semblait donc définitivement réglé, et au mieux des intérêts de Genève, quand un facteur nouveau vint bouleverser les données : la Réforme.

C'est en 1523 que Zwingli l'introduisit en Suisse, obtenant, le 29 septembre, des autorités de Zurich une première condamnation du catholicisme, devenue définitive deux ans plus tard.

Or, devant le problème religieux, les deux garantes de l'indépendance de Genève ont réagi de manière opposée. Si Fribourg pourchasse les hérétiques et reste résolument catholique, Berne a fini, en 1528, par se réformer. Cette divergence, on l'a vu, ne les avait pas empêchées, en 1530, de s'associer pour venir au secours de la ville ; mais c'est qu'à Genève le gouvernement s'était encore bien gardé de prendre parti. Le danger extérieur était trop menaçant et il ne voulait pas heurter Fribourg, l'alliée la plus sûre — ne verra-t-on pas bientôt Berne essayer de se dégager de sa combourgeoisie avec Genève ?

Cependant, favorisée par les foires qui attiraient dans la ville beaucoup de marchands allemands, notamment de Nuremberg et d'Augsbourg, la propagande luthérienne avait commencé à toucher la population. Réfugié à Genève, Cornelius Agrippa avait formé autour de lui une petite société ; des écrits circulaient, et même un syndic, Robert Vandel, s'était laissé gagner à l'idée de fonder une communauté évangélique.

Encore éparses, ces activités n'attendaient qu'un coordinateur. Il va bientôt apparaître en la personne d'un Français, originaire de Gap : Guillaume Farel.

Homme d'action autant qu'orateur, ce disciple de Lefèvre d'Etaples gagné aux idées de Zwingli s'était fait remarquer à Aigle où il enseignait, et les autorités de Berne l'avaient chargé de répandre la Réforme en pays romand. On l'avait vu à Lausanne, à Neuchâtel, à Avenches, à Orbe, mais pas encore à Genève.

Or en octobre 1532, encouragé par divers incidents où les « évangéliques » n'avaient pas craint de se manifester, il s'y arrête au retour d'un synode au Piémont. Il descend à la *Tour Perce* et répand la bonne parole parmi ceux qui viennent l'écouter... Evidemment l'affaire ne tourna pas au mieux pour le futur maître moral de la ville : la population ameutée voulut le jeter dans le Rhône ; et non sans peine le guet parvint à le faire fuir au petit matin par le lac ! Mais le grain avait été semé, et le froment, si l'on peut dire, allait bientôt pousser.

Car Farel convainc un certain Antoine Froment, un de ses jeunes disciples, également originaire du Dauphiné, d'aller à son tour prêcher à Genève. Celui-ci arrive le 3 novembre. Après les événements précédents, l'accueil qu'on lui réserve est « froitz, craintifz et effarouchez ». Et il songeait à s'en retourner, quand il lui vint l'idée de recourir à un moyen détourné pour propager ses idées : s'annoncer comme maître d'école. Il loue donc une salle près du Molard et fait afficher l'écriteau suivant :

> Il est venu ung homme en ceste ville qui veult enseigner à lire et escripre en françois dans ung mois à tous ceulx et celles qui vouldront venir, petits et grands, hommes et femmes, mesme à ceulx qui jamais ne furent en escolle. Et, si dans le dit mois ne sçavent lire et escripre, ne demande rien de sa peine. Lequel trouveront en la grande salle de Boytet, près du Molard, à l'enseigne de la Croix d'Or.

Et il a la précaution d'ajouter cette phrase — après tout Jésus-Christ avait été lui aussi un thérapeute : « Et si guerit beaucoup de malladies. »

C'était la bonne méthode ! Il connaît bientôt un succès tel que, le 1er janvier 1533, la salle Boytet est trop petite pour contenir son auditoire et qu'il se transporte avec lui à la place du Molard, cœur alors de la Ville-basse. Là, il grimpe sur une estrade improvisée, s'agenouille, prie, puis récite le *Pater* en français et enfin prêche. Il a choisi pour thème le verset : « Donnez-vous garde des faux prophètes » et, violemment, il attaque le clergé. Alarmés, des badauds vont chercher les magistrats et le guet, auxquels Froment échappe à grand' peine.

Tout cela évidemment crée et entretient une effervescence qui désole les autorités. Leur position est difficile ! Si elles laissent trop parler les novateurs, elles fâchent Fribourg, mais si elles ne les laissent pas assez parler, elles fâchent Berne. Sans parler de Charles III qui est aux portes de la ville ! Alors, elles s'efforcent de ménager les uns et les autres, espérant que tout le monde finira par se réconcilier.

Hélas, personne ne veut plus se réconcilier ! En sous-main, par prosélytisme, Berne pousse à la révolte et y réussit d'autant mieux qu'une grave crise économique sévit à l'époque ; tandis qu'en sous-main, toujours par prosélytisme, Fribourg pousse, elle, à la répression. Et bientôt ce que redoutait le gouvernement arrive : il y a une émeute, des blessés, un mort. Déjà, le 27 mars, un des chefs réformés avait été blessé et un catholique tué. Mais en ce dimanche 4 mai 1533, c'est un affrontement en règle. Le tocsin sonne. On descend en armes de la Haute-ville et on transforme la place du Molard en champ de bataille. Beaucoup de réformés sont blessés, et le chanoine Werli tué. Or Werli était fribourgeois. Certes, son meurtrier sera vite décapité, il n'empêche que Fribourg accusera le coup.

Et son ressentiment ne fera que croître, car sous la pression de la très puissante Berne, le dominicain Guy Furbity qui, à l'Avent, avait vivement pris à partie les hérétiques se retrouve finalement en prison, tandis que Farel, revenu à Genève sous la pression de Berne, s'empare de l'église des Cordeliers et, dès le 1er mars 1534, se met à y répandre journellement sa « peste luthérienne ». Puis voici qu'un complot est découvert où, signées en blanc-seing de l'évêque, des lettres de lieutenance soumettaient en cas de nécessité la ville à un gouverneur fribourgeois. Compromis, le geôlier de l'évêché et le secrétaire épiscopal sont décapités.

Cette fois, c'en est trop pour Fribourg ! Elle a compris que dans cette lutte d'influence Berne pesait d'un poids trop lourd pour que la balance ne penchât pas en sa faveur. Le 26 mars, une députation solennelle, formée de son bourgmestre et de tous ses conseillers, vient à Genève rendre son alliance. Rupture officiellement confirmée le 16 mai. Désormais Genève n'a plus qu'une protectrice : Berne, ville réformée. Et c'est ici qu'on peut rêver à ce qui serait advenu de Genève et de Calvin, si, au lieu d'avoir épousé en 1528 la Réforme, Berne était restée catholique, ou si tout simplement, des deux cantons, c'était Fribourg qui avait été le plus puissant...

Car, bien sûr, maintenant les autorités n'ont plus à tergiverser. Leur devoir est de complaire à celle qui, seule, peut désormais les défendre.

Leur tâche se trouve facilitée par l'absence de l'évêque. Pierre de la Baume, on le sait, n'aimait pas le danger. C'était un hédoniste, ami des plaisirs et des Muses. Pressé par Fribourg de rentrer à Genève, il avait un instant abandonné les douceurs de sa retraite ; mais, voyant que sa ville ne pensait plus qu'à en découdre, il s'était hâté de faire demi-tour. C'était le 14 juillet 1533 – dernier jour où un évêque souverain foulerait le sol de Genève !

La seule chose qui retienne encore quelque peu les magistrats, c'est l'opinion publique, qu'il s'agit de ne pas trop brusquer. Les catholiques sont encore nombreux dans les murs, même si certains d'entre eux ont préféré rejoindre l'évêque à Chambéry ou grossir à Peney – un de ses châteaux – les rangs des Mamelucs et des gentilshommes de la Cuiller. Or il ne s'agissait pas de provoquer à Genève une guerre civile, quand, à l'aide de complicités, les partisans du duc avaient une nouvelle fois essayé de s'emparer de la ville et bien failli réussir !

D'autant qu'après cette tentative les magistrats ont dû prendre une mesure héroïque et combien impopulaire : raser les faubourgs ! Pour mieux priver un assaillant de tout couvert, ils ont ordonné à ces Genevois de l'extérieur de démolir leurs maisons et, par la même occasion, de détruire leurs récoltes, leurs vignobles, leurs arbres fruitiers. Imagine-t-on la détresse de ces malheureux, obligés de saccager ce que, de siècle en siècle, leurs ancêtres avaient amassé, ce qui aujourd'hui faisait leur raison de vivre ! Imagine-t-on aussi la mauvaise humeur des citadins contraints maintenant d'héberger cette masse de sinistrés !

Les autorités sont en réalité si peu disposées à brusquer le cours des choses, qu'elles demandent au Chapitre de désigner, en l'absence de l'évêque, un vicaire et un nouvel official. Elles lancent même un appel à Rome.

Mais Berne et Farel sont décidés à leur forcer la main. Pour mieux agir de concert, les réformés ont installé sur les bords de l'Aar un représentant à demeure, qui informe et relaie les instructions. Par chance, Farel et son adjoint Viret sont victimes d'une tentative d'empoisonnement : voilà bien l'effet de la mollesse gouvernementale ! Les protestants s'agitent, haussent le ton. Et les magistrats qui croient encore à la vertu de la persuasion font la proposition suivante : puisque chaque camp est sûr de détenir la vérité, pourquoi ne confronteraient-ils pas leurs points de vue dans une dispute pacifique ? Proposition acceptée.

Celle-ci a lieu du 30 mai au 24 juin 1535 au couvent

franciscain de Rive. Les catholiques avaient un champion tout trouvé : Furbity, docteur en Sorbonne. Malheureusement celui-ci est toujours en prison et, comme les autorités refusent de le libérer, la plupart de leurs porte-parole se récusent. Farel n'a donc aucune peine à l'emporter.

Le gouvernement avait assurément fait preuve de naïveté : une dispute a-t-elle jamais convaincu personne ? Il a même, de son point de vue, commis une faute ; car maintenant le vainqueur le somme de renoncer à la foi du vaincu et, devant ses atermoiements, décide de le bousculer. Bravant donc son interdiction, Farel prêche le 23 juillet à la Madeleine. Et quand, le 8 août, il aura également prêché, malgré ses ordres, à la cathédrale, ses fidèles, invoquant les Dix Commandements, détruisent les images de Saint-Pierre. Et recommencent le lendemain aux Augustins.

L'action violente paiera : intimidé, le Petit Conseil accorde enfin à Farel l'audience qu'il ne cessait de réclamer au Grand Conseil. Date mémorable : en ce 10 août 1535, si les magistrats hésitent encore à adopter le protestantisme, ils consentent à suspendre la célébration de la messe ! Et comme derrière cette décision se profile, outre la crainte de troubles, la grande ombre de Berne, les magistrats conviennent de se concerter désormais avec elle sur la conduite à tenir.

Les catholiques ont compris. Ils quittent en masse Genève, laïcs comme ecclésiastiques. Dans un sens, c'est une chance pour le gouvernement qui, en s'emparant de leurs biens, va pouvoir d'un côté rembourser une partie de la facture bernoise de 1530 — facture qui, toujours impayée, n'avait naturellement pas cessé d'être brandie au cours des récents événements —, et de l'autre fonder dans le couvent abandonné des Clarisses, au Bourg-de-Four, un Hôpital général.

Il s'empare aussi de l'évêché où il établit sa prison. Il s'octroie également le droit régalien de battre monnaie. Et si ses premières pièces portent encore la devise *Post tenebras lucem* en souvenir de la devise catholique apparue en 1530 sur un sceau de la Seigneurie : *Post tenebras spero lucem* (« Après les ténèbres j'espère la lumière »), elles ne vont pas tarder à adopter la fière affirmation calviniste de la lumière plus qu'espérée : trouvée !

Le régime épiscopal a vécu. Il avait duré cinq siècles. Mais la commune n'a pas encore gagné la partie. Il lui reste à triompher de deux adversaires.

Le premier, bien sûr, c'est toujours le duc de Savoie, qui, fort de l'appui obtenu dans une nouvelle diète helvétique, préoccupée de la tournure prise par les événements, ne s'estime plus tenu par le traité de Saint-Julien. Ainsi peut-il cesser désormais d'agir en sous-main. Si Berne bouge, il est en droit d'espérer que Fribourg ne lui viendra pas en aide, tandis que lui bénéficiera de l'appui du champion du catholicisme, Charles Quint. Et c'est bien aussi ce que craint Berne qui, à tous les appels au secours de Genève, se borne à répondre par de bonnes paroles, l'invitant même à s'entendre avec le duc. Comme si l'entente était possible entre le chasseur et sa proie !

Finalement Genève sera sauvée par... François 1er ! Depuis Marignan, Berne entretenait avec lui des rapports trop étroits pour ne pas avoir été avisée de son intention d'envahir, puis d'annexer les États de Charles III. Charles Quint aurait alors bien d'autres soucis que de s'occuper d'elle ! Sans compter que dans la curée savoyarde du roi de France, Genève risquait fort de servir aussi de mets. Et, le 22 janvier 1536, devançant de peu son action, l'armée bernoise se met en marche. Elle est forte de 6 000 hommes et d'un certain nombre de volontaires, ainsi que de 1 500 Fribourgeois – la guerre n'a pas de religion ! Elle dispose en outre de seize canons. En peu de jours, à l'exception d'Yverdon au nord et du fort de la Cluse au sud, elle s'empare du Pays de Vaud et du Pays de Gex. Puis, rompant le blocus qui enserrait Genève, elle fait, le 2 février, son entrée dans la ville. De leur côté, les Genevois ne sont pas restés inactifs, ayant le 31 janvier fait capituler les châteaux de Gaillard et de Jussy, et incendié celui de Peney.

Le 5, les Bernois traversent l'Arve et atteignent Saint-Julien. Ils ont alors conquis tout le bailliage de Ternier et reçu la soumission de la partie du Chablais proche de Genève. Le 13, le fort de la Cluse tombe et le 25 Yverdon. Puis le Chablais, de Vevey à Villeneuve, est pris, y compris la puissante forteresse de Chillon, attaquée par terre et par eau, où François de Bonivard croupissait depuis tant d'années. Enfin, le 31 mars, l'armée bernoise termine sa campagne en entrant à Lausanne et en annexant l'évêché.

Pour Genève, c'est la disparition d'une menace, vieille de deux siècles. Car que restera-t-il pendant longtemps des États de la Savoie ? Les Valaisans ont occupé le reste du Chablais, de Monthey à Evian et à la Dranse ; les Fribourgeois en ont fait autant de Romont, de Surpierre, de Rue, de Châtel-Saint-Denis, de Bulle et des villages avoisinants. Quant à la France, elle a annexé la Bresse, la Savoie et pratiquement tout le Piémont. Avec peine, Charles III ne se maintient plus qu'à Verceil, Nice et Asti. Le traité de Crespy en 1544 obligera bien François Ier à lui restituer son duché, mais ses clauses ne seront pas exécutées. Bref, pendant toute une génération, Genève pourra respirer. Du moins de ce côté-là ; car, à peine cet adversaire a-t-il été éliminé, qu'un nouveau menace son indépendance, et nul autre – qui l'aurait cru ? – que sa vieille alliée de dix ans, l'ancienne protectrice de ses libertés : Berne elle-même !

Il faut toujours se méfier des bons apôtres. Sans doute Berne était sincère en voulant gagner Genève à sa foi. Mais qu'elle ait alors nourri des arrière-pensées, comment en douter quand on voit le sort qu'elle a réservé à Lausanne et au Pays de Vaud ? Leur conversion au protestantisme, puis leur « libération » ne furent qu'un prélude à leur asservissement. Asservissement suffisamment rude, pour que ceux-ci accueillent un jour les Français et Napoléon en sauveurs. Or c'est cette destinée qu'elle voulait réserver à Genève.

Avec stupeur, dès le mois de mars 1536, les magistrats genevois apprennent qu'elle entend se substituer à leur ancien souverain : l'évêque. Oui, à elle la suzeraineté sur Genève ! Et comme ils s'indignent, elle menace de ne plus renouveler la combourgeoisie.

Pendant cinq mois on négociera... Quelle raison fit finalement reculer Berne ? Est-ce le cynisme de sa demande – mais le cynisme a-t-il jamais arrêté personne en politique ? Est-ce la crainte d'un recours à la France, toute proche ? Toujours est-il qu'elle cédera en partie.

Le 7 août, deux traités sont signés. L'un, secondaire, se borne à renouveler la combourgeoisie de 1526. L'autre, dit perpétuel, fixe les futurs rapports des deux villes. Genève doit désormais demeurer pour Berne une ville ouverte – ouverte à ses troupes, bien sûr ! – et ne jamais contracter d'alliance sans son consentement. Elle lui abandonne la seigneurie de Gaillard, celle du couvent de Bellerive et de la Bâtie Cholex, ainsi que tout ce qui appartenait au duc de Savoie, y compris les fondations pieuses de sa Maison, dans le territoire militairement conquis. En revanche, Berne accepte d'agrandir sa banlieue, ou Franchises, suivant des modalités à fixer, du côté de Gex et de Gaillard. Elle lui permet d'exécuter elle-même ses criminels et renonce à revendiquer le vidomnat, comme les biens du Chapitre, des églises et des monastères.

Ainsi Genève se voyait-elle amputée d'une grande partie de son territoire. Et si elle n'est pas réduite à la condition de sujette, elle n'en demeure pas moins une ville sous tutelle.

Pendant ce temps, sur le plan intérieur, le nouvel ordre se met en place. Ordre moral. Sur les instances de Farel, aujourd'hui maître spirituel de la cité, le Grand Conseil adopte, le 19 mai, une résolution déclarant que chacun a désormais à vivre « selon l'Évangile et la Parole de Dieu » et à répudier « messes, images, idoles et autres abusions papales, quelles qu'elles soient », ce que confirme, le surlendemain, le Grand Conseil par « élévation des mains en l'air » et serment solennel. Genève venait de tourner une page de son histoire.

Avant toutefois d'aborder la suivante, voyons ce que, au cours de ces cinq siècles de régime épiscopal, il était devenu de la ville.

Le développement de la ville

Nous l'avons laissée, au XIe siècle, chétive bourgade, perchée sur le haut d'une colline et comptant à peine plus d'un millier d'habitants. En ce temps, la misère était grande, partout. Mais l'amélioration graduelle des conditions va l'amener finalement à sortir de son repaire pour descendre peu à peu vers le lac et vers le Rhône.

Au début, elle ne progresse que timidement, se bornant à peupler, sur le versant oriental, le quartier de la Madeleine, desservi par la rue du Perron et le passage des Barrières. Et bientôt l'église de la Madeleine est inclus dans les murs (voir carte).

Mais au milieu du XIIe siècle, sa superficie a triplé. Sans doute, pour parer à de possibles disettes et en prévision de nouvelles extensions, les nouveaux murs englobent-ils maints jardins, prés et vignes, mais déjà, grâce au négoce, le quartier du Bourg-de-Four a repris vie, et le vieux port romain de Longemalle, escale du commerce lacustre, a retrouvé une belle animation. Tout un bourg aussi s'est créé en prolongement du quartier de la Madeleine, faisant de la rue de Villeneuve (Rôtisserie), qui, parallèlement au lac, la traverse, la grande artère marchande de la ville, bordée d'échoppes, d'ateliers, d'entrepôts. Et ce sont essentiellement ces nouveaux centres d'activité que protège l'enceinte qui, dès lors, court à l'est le long de la promenade de Saint-Antoine pour continuer droit sur le lac ; englobe, au sud, le promontoire de Longemalle, puis, rentrant, borde le lac jusqu'à la rue Bomont (Bémont) ; qu'elle remonte aussitôt, à l'ouest, pour se raccorder, par la Tour-de-Boël, aux murs antiques.

Au XIIIe siècle, nouvelle poussée. Le quartier de Villeneuve s'est à son tour étendu, peuplant tout l'ouest de la colline. Au bas de la rue des Cordonniers (Cité) une chapelle a même surgi. Ce qui a obligé à construire de nouveaux remparts, qui,

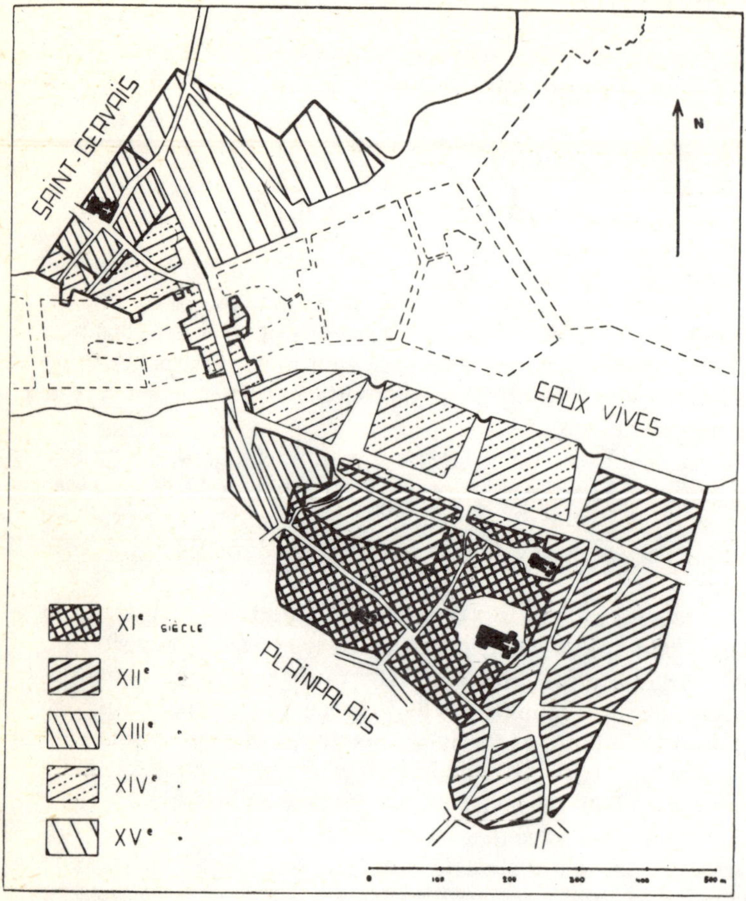

6. *Extension de la ville du XIe à la fin du XVe siècle*

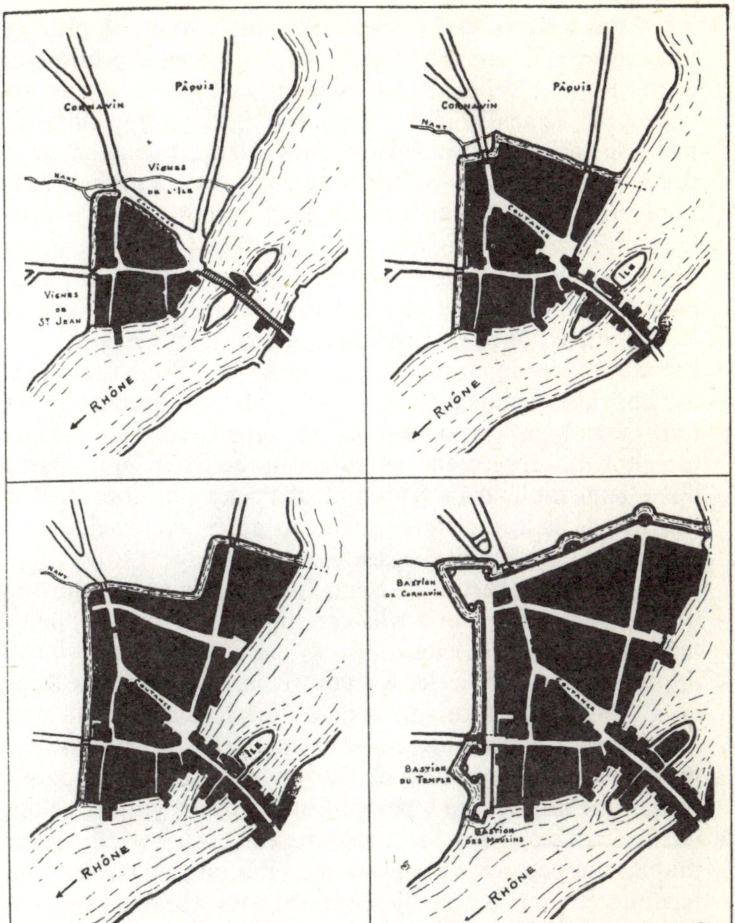

7. *Extension de Saint-Gervais au cours des siècles :*
– A la fin du XIVe *siècle – En 1445 – En 1461 – Au début du* XVIe *siècle*

partant de la porte de la Tertasse, longent l'actuelle rue de la Corraterie, alors un fossé bourbeux, pour finir près du pont du Rhône, lui-même défendu par un château édifié entre les deux îles.

Mais c'est au XIVe siècle que la ville a connu sa plus spectaculaire extension. Ses foires ont grandement profité de la disparition de celles de Champagne et elle n'est plus assez vaste pour accueillir les marchands qui accourent. Alors elle a pris une décision courageuse. Construisant des digues, élevant des remblais, elle a refoulé le lac d'environ cent mètres plus au nord. Une nouvelle rue a été dégagée en bordure de ses rives, la grande rue de la Rivière, qui, courant de la porte de Rive au bas de la rue des Cordonniers, est devenue, aux lieu et place de la rue de Villeneuve, et en attendant que surgisse au XVIe siècle la rue du Rhône, sa principale artère commerçante. Trois grandes places apparaissent : Longemalle, le Molard, la Fusterie, chacune terminée par un port – port intérieur au Molard, qui s'étend sur la moitié de sa superficie. Des remparts ceignent naturellement ce nouveau quartier, qui, partant d'une immense tour de 8,60 m de diamètre : la Tour Maîtresse (au bas de la rue d'Italie), aboutit, après avoir suivi la rive du lac, au bas de la rue des Cordonniers.

Quant au quartier de Saint-Gervais, élevé de l'autre côté de l'eau sur le site d'une *villa* carolingienne, bien qu'il ne s'intègre vraiment à la cité qu'au XVe siècle, lui aussi a profité des foires. Au XIVe siècle, il a poussé, au sud, jusqu'au Rhône, et à l'est jusqu'à ce qui sera au siècle suivant la rue de Constance (Coutance). Au XVe, nouvelle progression : au nord, il atteint les abords de Cornavin, ainsi nommé pour les vignes que les évêques y possédaient (Corne à vin), et à l'ouest la rue Chevelu (Jean-Jacques Rousseau). Au XVIe, il continue toujours sa poussée, s'étendant cette fois jusqu'aux rues Chantepoulet et (dans sa partie basse) du Mont-Blanc, sans toutefois englober encore le quartier des Pâquis, alors couvert de pâturages *(pascua),* qui lui donneront plus tard son nom, et desservi par un pont en briques jeté au-dessus d'un torrent : le Cornavin. De riches citoyens, attirés par le voisinage de l'eau, y ont élu domicile, comme cet Allemand, dénommé Cléberger, prononcé alors Clébergue, et qui par déformation serait devenu *Les Bergues* – d'où le nom du quai actuel. Mais, de toutes ses progressions, la plus originale est celle qui l'a fait envahir le pont de l'Ile, bientôt appelé pour cette raison le Pont-Bâti, véritable rue – du moins au XVIe siècle – où se succèdent boutiques et maisons... Évidemment tout cela n'a été rendu possible que par le développement du commerce qui a stimulé l'industrie, faisant finalement de la paroisse de Saint-Gervais l'une des plus riches de Genève, sinon la plus riche après celle de la Madeleine.

Encore ne s'est-il agi jusqu'ici que de l'expansion strictement urbaine, de celle dont, siècle après siècle, le tracé de l'enceinte a permis de suivre l'évolution. Mais, en s'enrichissant, Genève s'est aussi répandue dans la campagne environnante, se couronnant de quatre faubourgs qui, au XVe siècle, s'étendaient loin au-delà de ses murs.

Le plus récent est, à l'ouest du pont de l'Ile, celui de Palais ou de la Corraterie. En temps de foire, l'activité y était grande. D'abord parce que nombre de voyageurs venaient loger au couvent des Dominicains, édifié dans la seconde moitié du XIIIe siècle. Ensuite parce qu'il disposait d'étuves fameuses et parfois scandaleuses. Enfin, parce qu'il avait longtemps abrité le b... de la ville. Il tirait son nom des *corratarii,* ou maquignons, qui, durant les foires, faisaient courir leurs chevaux le long de la rue dite de la Corraterie – alors parallèle au cours du Rhône, et donc perpendiculaire à celle qui en porte aujourd'hui le nom. Cela ne l'empêchait pas d'être un quartier résidentiel, avec auberges huppées, comme *Le Fou* ou *La Queue du Renard,* et belles demeures, construites par de riches étrangers, Italiens puis Allemands. À la fin du XVe siècle, il reçut à ses confins des hôtes dont il se serait bien passé : les pestiférés.

Beaucoup plus ancien, et le plus peuplé de tous, le faubourg de Saint-Léger s'étendait du Bourg-de-Four au pont de l'Arve, qu'il avait d'ailleurs fini par franchir. Lui n'était pas un quartier chic. Marécageux, plein de sources qui sourdaient, il était habité par de petites gens : manœuvres, maçons, paysans cultivant là des lopins de terre. Lui aussi logeait des hôtes dont il se serait bien passé : les lépreux, parqués à Carouge.

En revanche, comme à l'époque romaine, il était un faubourg élégant, vaste, aéré, ensoleillé, occupant une position dominante et bien desservi en rues et routes : celui de Saint-Victor, aux Tranchées. Évidemment, il ne fallait pas trop y pousser ses pérégrinations, car très vite, à l'est, on tombait sur des champs cultivés, découpés géométriquement : les *contamines*. Au n°11 de l'actuelle avenue de Champel, mais alors en pleine campagne, s'était édifiée au XIVe siècle une petite chapelle dédiée à saint Paul, qui, de « Chaint-Paul » en « Chan-Paul », puis de « Chan-Paul » en Champel, aurait, selon certains, donné son nom, par l'intermédiaire du patois, au quartier d'aujourd'hui. Si, à ses confins, le faubourg de la Corraterie avait ses pestiférés, et celui de Saint-Léger ses lépreux, le faubourg de Saint-Victor avait ses fourches patibulaires : là en effet, sur l'emplacement actuel de la clinique de la Colline, donc au n° 6 de l'avenue Beauséjour (à la lumière du passé, le nom prête à sourire), Genève avait installé son gibet.

Enfin le quatrième faubourg de la ville, né sans doute au XIIe siècle, quartier lui aussi résidentiel, avait un nom qui pourrait presque paraître prophétique : c'était celui du Temple, ainsi appelé pour l'église qu'y avaient édifiée au XIVe siècle les Templiers. Il s'étendait au-delà de la porte de Rive, autour de deux routes, l'une qui conduisait à Chêne, puis longeait le Pré-l'Évêque, beaucoup plus grand que la place actuelle du même nom, l'autre qui courait parallèlement au lac en direction de Cologny. Lui aussi représentait une victoire de l'homme sur l'eau, car, au XIIe siècle, il avait été pour beaucoup conquis sur les marais qui bordaient le lac. Une de ses régions portait le nom, bien mérité, des Eaux-Vives : des sources en effet y jaillissaient.

Après une telle extension, on comprend que, partie d'une paroisse – celle de Sainte-Croix –, la ville ait fini par en compter six de plus : Saint-Germain, la Madeleine, Saint-Gervais, Saint-Victor, Saint-Léger et enfin Notre-Dame-la-Neuve, minuscule enclave dans la Vieille-ville autour de la « cathédrale double » du IVe siècle. Encore aurait-elle pu en avoir davantage, tant sa population avait, en quatre siècles, augmenté, passant d'un millier d'habitants à près de 13 000 au XVe siècle (autant du moins que permet d'en juger le recensement des feux de 1464), faisant ainsi de Genève une des grandes cités de l'époque, la plus peuplée en tout cas de Suisse, Bâle comprise.

Et avec cela élégante, car, mises à part les défaillances de la voirie, l'aspect des rues, du moins dans les beaux quartiers, ne manque pas de charme avec toutes ces maisons en pierre qui, flanquées d'une tourelle d'angle où court un escalier de pierre, le virolet, ainsi nommé parce qu'il tourne sur lui-même en pas de vis, élèvent sur deux étages une façade étroite. Le rez-de-chaussée laisse tout juste place pour deux ouvertures : une petite porte délicatement ciselée par où les occupants entrent et sortent, et – rappel que la fortune économique de Genève est née du commerce – un arceau de boutique, que l'on protège la nuit par un revêtement en bois et qui, en se rabattant à l'horizontale à sa partie inférieure, sert dans la journée de banc-comptoir à l'intention du client pressé. La cave est en dessous, fermée par le « trappon », trappe solidement verrouillée qui, pour le plus grand malheur du piéton distrait, se dresse trop souvent à l'oblique au-dessus de la chaussée. Au bout d'un petit corridor sombre, une arrière-boutique ou, quand il s'agit d'un industriel, un atelier, vient compléter l'ensemble des locaux professionnels.

Au-dessus de la lucarne ou du vasistas qui surmonte la porte d'entrée, quatre ou six fenêtres rectangulaires, joliment groupées deux à deux et croisées par des meneaux de plomb, marquent la présence des étages supérieurs.

Au premier, preuve d'une certaine aisance, le grand salon s'orne d'une belle table en chêne ou en noyer qu'accompagnent deux longs bancs sculptés. Un immense poële le chauffe, qui lui a donné son nom – à Genève on se reçoit dans le poële. Çà et là sont disposés un certain nombre de fauteuils, mais aussi beaucoup de tabourets et d'escabeaux recouverts de cuir à dessins frappés et dorés. Il peut y avoir un ou deux « cabinets » (bahuts), également sculptés. Les murs sont décorés de peintures à fresque, de tentures, de tableaux, on n'ose dire de panoplies, car la présence d'armes n'a rien alors d'ornemental. Les fenêtres, bien qu'elles ne soient pas toutes vitrées, présentent parfois des verrières blasonnées, mais dans ce cas le blason n'est pas celui de l'hôte, il est celui de quelque ami qui, en échange, arbore, lui, le blason de son correspondant. Le plafond s'anime de caissons ou d'une poutraison à moulures.

En revanche, l'autre pièce du premier étage n'est, malgré ses dimensions, qu'utilitaire. Sur les murs des « tableaux » ou étagères alignent une série d'ustensiles en bois : écuelles « oreillées », c'est-à-dire à longues anses, « tranchoirs » ou assiettes à viande, « seilles » ou baquets, chandeliers, lampes à huile, « semaises » ou mesures à vin, coquemars, appelés ici « cocasses », pots dits, suivant leur capacité, « de pot », de « trois demi-pots » ou de « deux et demi pots ». Parmi eux, quelques plats en étain brillent comme des gemmes. C'est, on l'a deviné, la cuisine, où la famille s'assemble deux fois par jour – à dix heures et demie pour le « dîner » (déjeuner), à dix-huit heures pour le souper (dîner).

Au second étage, on dort. Les lits sont souvent à colonnades et surmontés d'un dais d'où pendent des rideaux qui les ferment la nuit, mais laissent entrevoir le jour des couvertures de prix ; fort hauts – il faut des degrés pour grimper dessus –, ils sont en outre d'une largeur insolite, le Genevois ne prévoyant souvent qu'une couche pour toute sa couvée. Au lit des parents correspond donc celui, collectif, des enfants, et parfois également celui, non moins collectif, des serviteurs... quand du moins il s'agit de personnes du même sexe. Car, par

« serviteurs », on entend à l'époque trois catégories de personnes : les « chambrières », jeunes parentes ou amies venues apprendre de la maîtresse de maison les mille et un secrets de la bonne ménagère et qui, en partant, lui remettront une « épingle », c'est-à-dire un cadeau de prix ; les « serviteurs » proprement dits : jeunes gens bien nés, de Genève ou d'ailleurs, venus acquérir les rudiments d'un métier et qui souvent s'en retournent avec, en plus, la main d'une des demoiselles de la maison ; et enfin les servantes, filles de la campagne ou de milieux ouvriers, qui, en échange de gages modiques, font la plupart des gros travaux. Celles-ci restent généralement à demeure, passant leur vie dans la maison qui les occupe. Bien souvent leur employeur récupérera d'une main ce qu'il leur a donné de l'autre, car, en mourant, nombreuses sont celles qui lui légueront leur petit pécule. Leur vie durant, elles ont d'ailleurs fait partie de la famille, partageant avec les chambrières et les serviteurs les repas de leur maître, assises cependant comme ces derniers à l'autre bout de la table.

Et tout ce monde, maîtres comme salariés, travaille dur, réveillé dès l'aube au son strident des trompes et des cornes, et parfois même avant dans le cas des chaudronniers, dont les coups de marteau devancent d'au moins une heure le chant du coq.

Mais tout en travaillant dur, la Genève épiscopale savait encore s'amuser. Sans parler des jeux de quilles, de paume, de boules et de dés, sans parler des plaisirs dispensés par les tavernes et les filles, il y avait toutes les fêtes religieuses, généralement suivies de bals en plein air où il n'était pas rare qu'après force *virolets* tout se terminât par des rondes échevelées ; il y avait les réjouissances qui honoraient l'« entrée » d'un grand personnage, et alors aux carrefours se dressaient, comme pour la venue en 1523 de la duchesse de Savoie Beatrix, des arcs de triomphe et des estrades où, animant des tableaux vivants, des jouvencelles à peine vêtues donnaient la réplique à de dignes magistrats costumés en dieux mythologiques ; et du vin aromatisé coulait des fontaines publiques. Que, dans la bonne société, on mariât un enfant ou que tout simplement on se reçût entre amis, les dames, si la saison s'y prêtait, s'asseyaient sur l'un de ces bancs de pierre qui à l'époque constituaient devant la maison une dépendance des logis, les hommes les rejoignaient, les voisins offraient des rafraîchissements, quelque « orchestre » de tambourins et de violes soudain surgissait, et après avoir tous bien dansé en plein air — invités, comme voisins et même curieux — les jeunes gens, exténués mais ravis, raccompagnaient les dames venues d'un autre quartier.

C'est donc à tous ces plaisirs que Genève, en adoptant la Réforme, fut amenée à renoncer, et c'est ce tableau riant qu'il faut garder présent à l'esprit, si on veut comprendre les raisons de la formidable opposition que rencontra Calvin avant de pouvoir difficilement l'emporter.

LA GENÈVE DES RÉFORMATEURS

I

CALVIN

Voici donc la commune maîtresse de l'Etat. Jusqu'ici elle n'a eu qu'à administrer les affaires municipales. Maintenant il lui faut gouverner, se montrer fine politique, bonne diplomate. Et rien n'y a préparé les boutiquiers qui pour la plupart la dirigent.

Certes, privé de la presque totalité de ses Etats, le duc de Savoie a provisoirement cessé d'être une menace. Mais, réformée, Genève, dont le territoire s'enfonce comme un coin dans le monde catholique (voir carte), s'est suscité d'autres ennemis. Et quels ennemis ! les deux plus puissants monarques du temps : l'empereur et le roi de France, dont on ne peut espérer qu'ils se fassent tout le temps la guerre. Sans parler de Berne, qui n'attend que l'occasion de se saisir d'elle.

On comprend donc que, tout au long du XVIe siècle, le principal souci de Genève ait été celui de sa défense. Naguère une ville riante, elle va se transformer en une citadelle farouche, entourée de fossés bourbeux, ceinturée de courtines bardées d'échauguettes et défendue par des « boulevards » et des bastions dont l'artillerie balaie de haut les remparts. De très loin, on la voit surgir, dominant une zone pratiquement désertique, sans autre communication avec le monde — du moins à partir de 1565 — que par trois portes : l'une à Cornavin pour la France et la Suisse, l'autre au bas du Bastion de l'Oye (place Neuve) pour la Savoie, et la dernière à Rive pour le Chablais et le Faucigny.

Nul doute qu'elle dut pour beaucoup à ce nouveau visage d'avoir survécu à ce terrible XVIe siècle.

Mais avant toute chose, il faut s'organiser, et c'est à quoi le nouvel Etat va dès 1536 s'employer. Quoi de plus naturel que de s'inspirer des Constitutions de Berne et des autres villes réformées, qui ont déjà fourni à la commune ses organes directeurs : Petit et Grand Conseils ; autrement dit de faire du magistrat l'autorité suprême, quitte à laisser à l'Eglise le soin du spirituel ? L'Etat était autrefois catholique, maintenant il se bornera à être protestant. Farel, l'homme de Berne à Genève, y acquiesce volontiers, et sur ces bases la jeune République fait ses premiers pas.

Née d'une révolte contre la dissolution du monde catholique, la Réforme ne pouvait que se montrer rigoriste. Genève expulse aussitôt les prostituées, avec ce qui pouvait rester de catholiques. Ainsi que les juifs, parqués à un endroit devenu aujourd'hui – ironie de l'Histoire ! – le lieu le plus select de la ville : la rue des Granges.

Dans le nouvel ordre moral, un mot va prendre un sens sulfureux et ne cesser de défrayer les annales scandaleuses : la « paillardise » – cette amie du plaisir, cette perdition de l'âme. Farel veillera à la faire punir de prison, comme, pour la même raison il fera punir de prison la danse et les chansons « deshonnestes ». Par haine de l'« idôlatrie », il abolira les fêtes religieuses – y compris Noël, l'Ascension, l'Annonciation et la Circoncision –, et par fidélité à la Bible, mais contrairement à la coutume, il chassera du temple les jeunes filles venues se marier « en poil », c'est-à-dire la chevelure à l'air. Il ira jusqu'à bouleverser le rituel protestant, célébrant la Cène avec du pain levé et supprimant les baptistères. Car c'est lui, et non Calvin, qui introduisit ces changements, comme ce dernier le fit justement remarquer à ses détracteurs.

Mais Genève est une grande ville et pour un homme seul la tâche est rude. Farel voudrait bien se trouver un adjoint. Hélas, Froment s'est discrédité ; et tandis qu'il en cherche un, voici que – hasard ? Providence ? – la guerre ayant soudain repris entre François Ier et Charles Quint, Calvin, qui se rendait de Paris à Strasbourg, est obligé de faire un détour par Genève.

Il a un peu plus de vingt-six ans. Son vrai nom est Chauvin ou Cauvin, mais il se fait appeler Calvin. Son *Institution chrétienne* l'a rendu célèbre, et plus encore l'*Epître* à François Ier qui l'accompagnait. Dans une belle langue, exprimant une pensée qui a frappé et ravi ses frères opprimés, il a dit que les auteurs de troubles n'étaient pas ceux qui se révoltaient contre un ordre injuste, mais ceux qui s'en réclamaient.

Adolescent, pour plaire à son père, un notaire et procureur fiscal, il est allé apprendre le droit à Paris. Travaillant de

8. *Carte des pays de religion réformée évangélique dans la deuxième moitié du* XVIe *siècle.*

quatorze à seize heures par jour, il éblouit ses maîtres par son ardeur. Puis son père meurt, et il s'abandonne à ses penchants : à Dieu qui l'attire. A Bourges, il a rencontré Wollmar, un luthérien, qui a facilement gagné à ses idées une âme sensible que révolte le spectacle de l'injustice et de la turpitude du temps. Avec la même passion que pour le droit, il se met à la théologie. Il cueille tous les titres de l'époque, il est même pourvu d'un bénéfice ecclésiastique. Il n'a plus qu'à se laisser vivre : une brillante carrière l'attend. Mais il est possédé par Dieu. Il fréquente tous ceux que les événements d'Allemagne ont électrisés. Il est l'ami de Du Tillet, le disciple de Lefèvre d'Etaples, protégé par Marguerite de Navarre. De retour à Paris, il voit brûler vifs huit de ses amis. Il fuit à Bâle, y apprend l'hébreu, y écrit surtout l'*Institution,* qu'il complète par son *Epître au roi de France.* Deux années encore, dans le silence des bibliothèques, il parachève sa connaissance de la Bible, puis part pour le duché de Ferrare, où Renée de France, la fille de Louis XII, accueille avec chaleur ses amis réformés. Et il en revenait, après être passé par Paris, quand, en juillet 1536, eut lieu à l'auberge de *La Tête Noire* son entrevue avec Farel. Non sans peine celui-ci le persuade de renoncer à Strasbourg, et Calvin s'installe à Genève.

Il a en matière religieuse des vues plus hardies que Farel. Son modèle d'Etat, ce n'est pas celui de Berne et des autres villes réformées, c'est celui d'Israël au temps des rois, quand l'exécutif n'était que le glaive du religieux – seul fondé à interpréter, seul capable de connaître la parole de Dieu. Il veut une sorte de théocratie.

Toutes révolutionnaires qu'elles fussent, de telles vues ne pouvaient que séduire un pasteur ardent : Farel se laisse convaincre. De même qu'il se laisse convaincre, pour mieux rabaisser le rôle du magistrat dans la cité, de faire dépendre l'adoption du protestantisme, non comme à Berne et ailleurs d'une simple décision politique entérinée par la population, mais d'une profession de foi *personnellement* souscrite par chacun.

Les deux réformateurs rédigent donc les principaux articles de leur credo et obtiennent des magistrats, encore peu assurés dans leurs fonctions, l'autorisation de les faire porter et signer de maison en maison. En même temps, ils leur soumettent une série de mesures destinées à maintenir chacun dans le droit chemin et assorties de sanctions pouvant aller jusqu'à l'excommunication. Toujours les magistrats acceptent.

Mais en 1537 Genève n'était pas mûre pour de telles vues. Nombreux étaient ceux qui, après avoir tant lutté pour

9. *Jean Calvin*

la liberté, renâclaient à l'idée de se laisser embrigader. Ils entendaient bien vivre selon les Evangiles, mais en obéissant à leur conscience : non aux décrets de prédicateurs, de surcroît étrangers ! Et Berne les soutient, qui s'était déjà irritée des changements apportés par Farel au rituel commun : célébration de la Cène avec du pain levé, suppression des baptistères et des fêtes religieuses.

En février 1538, aux élections des Conseils, les partisans de Farel et de Calvin – les *Guillaumins* ou *Guillermins*, comme on les appelait (Farel se prénommait Guillaume) – perdent la majorité. Et quand, peu après, un synode des Eglises réformées, tenu à Lausanne, aura enjoint à Genève de s'aligner en matière cultuelle, le nouveau Conseil demande à Farel et à Calvin de célébrer la prochaine Cène, le jour de Pâques, avec du pain azyme.

Les prédicateurs refusent. Les magistrats ripostent en leur défendant de monter en chaire. Au nom de la parole de Dieu, supérieure à la volonté des hommes, ils passent outre et, réprouvant l'état d'esprit de la population, ne veulent même pas célébrer la Cène. Alors la sanction tombe : le Conseil général leur donne trois jours pour « vider la ville ».

Evidemment, comme Calvin le reconnaîtra plus tard, la question du pain azyme était bien secondaire ! En fait, il s'agissait de savoir qui devait l'emporter à Genève, du pouvoir civil ou de l'Eglise. En 1538, protestante mais pas encore calviniste, Genève avait opté pour le pouvoir civil.

Trois ans vont maintenant s'écouler. Calvin ne pensait plus revenir dans celle qui serait sa future cité. Il se félicitait même d'être enfin délivré d'un « fardeau insupportable ». Mais la politique va l'y ramener. Et toujours à cause de Berne.

Le traité perpétuel du 7 août 1536 n'avait pas réglé tous les problèmes en suspens. Des pourparlers devaient notamment fixer la frontière genevoise du côté de Gex et de Gaillard, et préciser les droits que le prieuré de Saint-Victor et le Chapitre détenaient dans les territoires conquis par Berne sur la Savoie.

Sur le premier point l'accord se fit sans trop de peine. Par le traité du 25 mai 1538, Genève reçut du côté de Gex le Petit-Saconnex – de Sécheron au Rhône (frontière actuelle du canton) : et du côté de Gaillard, Cologny, ainsi qu'une bande de terre délimitée par les routes de Grange-Canal et de Chêne jusqu'à la Seymaz, puis par le cours de la Seymaz jusqu'à l'Arve.

En revanche, la question des droits du prieuré de Saint-Victor et du Chapitre sera à l'origine d'une grave crise diplomatique. Le différend peut aujourd'hui paraître futile. Comme administratrice des terres de Saint-Victor et du Chapitre, Genève demandait à Berne, leur nouvelle souveraine, d'y reconnaître l'autorité de ses représentants : leur permettre de procéder à l'arrestation des criminels, comme de continuer à les juger, de signifier eux-mêmes aux populations les levées de troupes que Berne comptait y faire, de garder l'intégralité des amendes judiciaires et enfin de ne pas voir leurs sentences déférées en appel devant le bailli de Ternier, juge subalterne, trop proche des plaideurs pour être impartial. Rien donc, comme on le voit, de capital ! Et pourtant ce conflit changera la destinée de Genève.

Pour tâcher de le résoudre, le Conseil, à la demande de Berne, décide, le 6 mars 1539, de lui dépêcher trois négociateurs : Jean Lullin, Ami de Chapeaurouge et Jean-Gabriel Monathon. Et c'est ici qu'éclate l'inexpérience des nouveaux dirigeants. Ils commettent en effet une double faute. D'abord ces trois hommes appartiennent tous au même parti : celui des adversaires des Guillermins – deux d'entre eux avaient même présidé, comme syndics, à l'expulsion de Farel et de Calvin. Dans une affaire aussi brûlante, une représentation bi-partite eût été assurément préférable. Ils leur donnent ensuite un mandat ambigu. D'une part, ils leur ordonnent de ne pas laisser attenter aux libertés et franchises de la ville, mais de l'autre ils promettent de tenir pour agréable tout ce qu'ils auront cru devoir accepter. On peut même ajouter que la faute fut triple, puisque deux des négociateurs n'entendaient pas l'allemand.

Le 3 avril, les négociateurs reviennent, après avoir signé un traité le 30 mars. Stupeur ! Ils ont pratiquement tout cédé à Berne, qu'il s'agisse des amendes ou de la justice. Et, pour couronner le tout, ils ont accepté que les officiers genevois prêtent aux baillis serment d'obéissance ! Deux des négociateurs diront plus tard que, n'entendant pas l'allemand, ils n'avaient jamais eu l'intention de souscrire à de telles clauses. Mais le mal était fait.

La colère populaire s'abat sur les auteurs des malencontreux articles. Ils en reçoivent le nom d'*Articulants,* bientôt transformé, on ne sait trop pourquoi, en *Artichauts,* sobriquet qui finira par être étendu à tous les membres de leur parti.

Bien sûr, Genève proteste, refuse de reconnaître la validité du traité. Mais Berne, elle, l'applique, allongeant chaque jour la liste de ce qui est tenu pour d'intolérables abus. Et la colère populaire commence à se reporter, des mandataires, sur les mandants.

Nouvelle disgrâce : en juillet 1539, François 1er s'empare du Mandement de Thiez, que le traité du 7 août 1536 avec Berne rétrocédait à la République. Genève proteste de nouveau, en appelle à Berne, qui naturellement ne réagit pas. Maintenant la population s'en prend même aux pasteurs qui ont remplacé Farel et Calvin.

Les magistrats défèrent alors en justice leurs trois négociateurs, les remettant toutefois en liberté contre la promesse de ne pas s'éloigner. Mais quand, poussés par la population, ils veulent de nouveau les incarcérer, ceux-ci s'enfuient. Le 6 juin 1540, un tribunal spécial les condamne par contumace à être décapités.

L'émoi est grand chez les Artichauts, désormais privés, et presque au sens propre, de trois de leurs principales têtes. Or, « artichaut » aussi était le capitaine général de la ville, commandant des forces armées ; c'était ce Jean Philippe qui, on s'en souvient, avait été, au plus fort de la lutte pour l'indépendance, le premier « eidguenot » à être élu syndic. Homme bouillant, dès qu'il apprend, le lendemain du verdict, qu'une échauffourée a éclaté sur le pont du Rhône entre des dîneurs éméchés, les uns Guillermins, les autres anti-Guillermins, il accourt au secours des seconds. Il n'est d'ailleurs pas le seul à intervenir. Et bientôt la place de la Fusterie devient un champ de bataille. De sa propre main, Jean Philippe blesse trois hommes et en tue un quatrième. Mais ses partisans ont le dessous. Il est aussitôt arrêté, convaincu d'avoir tenté un coup d'Etat et, trois jours plus tard, malgré de pressantes interventions de Berne, il a la tête tranchée.

Les Guillermins triomphent. Nombre d'Artichauts sont jetés en prison, d'autres s'enfuient. Les deux pasteurs qui remplaçaient Farel et Calvin finissent par démissionner. Le culte n'est plus assuré. Et c'est alors, mais alors seulement – quatre mois donc après ces événements –, que les Conseils repensent à Farel et à Calvin.

Farel était à Neuchâtel, absorbé par un ministère astreignant ; il se dérobe, et les magistrats n'insistent pas. Mais, à Calvin qui, tout occupé qu'il fût, pouvait se libérer, les magistrats ne cesseront pendant près d'une année d'adresser des prières, dépêchant notamment auprès de lui, pour mieux le décider, Ami Perrin – l'Histoire, comme on le verra, sait parfois se montrer facétieuse. Et Calvin reviendra...

Mais, avant de retourner avec lui à Genève, disons rapidement comment se termina le litige avec Berne. Les deux parties firent finalement jouer la procédure d'arbitrage prévue au traité de combourgeoisie de 1526. Et le surarbitre, le conseiller bâlois Bernard Meyer, rendit le 3 février 1544 une sentence connue sous le nom de *Départ de Bâle.* Administratrice des territoires de Saint-Victor et du Chapitre, Genève était autorisée à y exercer la basse justice, abandonnant donc la haute justice à Berne, souveraine des lieux. Elle récupérait la jouissance et la gestion de quatorze cures et bénéfices, dont trois lui revenaient, comme héritière du prince-évêque, en pleine souveraineté. En revanche, était confirmée sa sujétion diplomatique à Berne. Quant aux négociateurs du malheureux traité de 1539, ils devaient être autorisés à rentrer chez eux ; faveur qui fut, peu après, accordée aux deux survivants, Lullin et Monathon, grâciés, mais non remis en possession de leurs biens.

Telle fut la conclusion de ce médiocre conflit qui – *ad augusta per angusta* – changea la destinée de Genève.

Le retour de Calvin

C'est le 13 septembre 1541 que Calvin rentre à Genève. Aussitôt il jette les bases de sa nouvelle Eglise. A Strasbourg, au cours de ces dernières années, il s'était familiarisé avec les vues du théologien Martin Bucer qui, fidèle au christianisme des premiers temps, associait les laïcs à l'administration du culte. On en voit l'effet dans les fameuses Ordonnances de novembre 1541, qui régiront la ville pendant plus de deux siècles et demi.

Genève connaît désormais quatre ordres ecclésiastiques : les *pasteurs,* qui prêchent et exposent la parole de Dieu ; les *Anciens,* qui, au sein du Consistoire, exercent avec eux la discipline morale ; les *docteurs,* qui préparent aussi bien au sacerdoce qu'au gouvernement civil – mais sacerdoce et gouvernement ne se proposent-ils pas les mêmes fins ? – et enfin les *diacres,* qui s'occupent des pauvres et des malades.

Pièce maîtresse des vues de Calvin, l'organe le plus intéressant est évidemment le Consistoire, chargé de veiller à ce que chacun suive la parole de Dieu, c'est-à-dire conforme sa conduite aux préceptes de la Bible – du Nouveau Testament, mais aussi de l'Ancien dans la mesure où, selon les principes mêmes du droit, ce dernier n'a pas été abrogé par le premier.

Car ce qui distingue essentiellement le calvinisme du luthéranisme, c'est le souci de soumettre à la parole de Dieu non seulement le cœur de l'homme, mais les structures mêmes de la société. Il ne lui suffit pas que chaque citoyen soit chrétien, il faut que l'Etat lui-même le devienne. Pour lui, il ne peut y avoir qu'une Constitution : la Bible ; il ne peut y avoir pour lois que les préceptes qu'elle contient.

Or, quand les lois civiles sont devenues l'expression de la volonté de Dieu, les enfreindre, c'est provoquer Son « ire », c'est attirer sur la communauté elle-même Sa vengeance. Plus donc qu'un gardien de la moralité – ou plutôt parce qu'il en est un –, le Consistoire est pour le calviniste un véritable Comité de salut public. D'où son importance dans la cité.

Démocratiquement, Calvin a tenu à en faire un organe représentatif. A côté de la Compagnie des pasteurs urbains (une huitaine de personnes et parfois moins), il a appelé à y siéger des laïcs – les Anciens : douze personnes. Cependant les chiffres ne doivent pas abuser. Malgré leur infériorité numérique, ce sont les premiers qui font la loi. D'abord, parce que les seconds sont choisis parmi leurs sympathisants, et bientôt avec leur assentiment. Ensuite parce qu'un Ancien n'est élu que pour un an, tandis qu'eux sont nommés sans limitation de durée. Enfin, le code est ici la Bible et voit-on un profane oser les contredire ?

Quant à la compétence du Consistoire, elle s'étend naturellement sur le moindre détail de la vie de chacun – magistrats compris. Sévères sont ses sanctions, puisqu'il y va du salut général et que, comme l'a dit Calvin, « connaissant la volonté de son maître », un Genevois qui pèche est deux fois plus coupable qu'un catholique. Ainsi, s'il lui arrive de se borner à une admonestation ou à une réprimande, il peut tout aussi bien demander au pouvoir de punir de la prison, du fouet, du bannissement, du supplice. Il entend même se réserver le droit d'exclure de la Cène, c'est-à-dire d'excommunier, sanction majeure dans une ville rassemblée autour de sa foi – ce qui sera d'ailleurs, comme nous le verrons, la source de maints conflits. Mais à ce prix seulement, Calvin estimait pouvoir préserver son troupeau des « crocs des loups » et de l'« ire de Dieu ».

On ne peut douter que ce dernier ait pareillement inspiré les édits politiques de janvier 1543, qui organisèrent le fonctionnement de l'Etat. N'était-il pas également un juriste ? Toujours aristocratiques, les institutions permettent aux Conseils de se désigner l'un l'autre. La réélection du Petit

Conseil, ou du moins de ses seize conseillers[1], est chaque année soumise à l'approbation du Grand Conseil (deux cents membres), dont la réélection est elle-même soumise chaque année à l'approbation du Petit Conseil, tous deux concourant, de plus, à la nomination d'un troisième conseil : le Conseil des Soixante, une commission diplomatique. Système désigné familièrement sous le nom d'« emboîtage ».

Ainsi, à moins de voir son nom rayé de la liste – cas des plus rares –, tout conseiller était-il assuré de pouvoir siéger à vie. Finalement, à part les syndics, les citoyens n'étaient admis à élire que le trésorier, comptable des deniers publics, et le lieutenant de justice avec ses quatre assesseurs. Encore ceux-ci ne pouvaient-ils guère porter ombrage aux magistrats : le premier était sévèrement contrôlé par une Chambre des comptes nommée par le Petit Conseil, et les seconds ne disposaient que d'une compétence limitée : exclusive des crimes – dont la connaissance était réservée au Petit Conseil – et soumise, au civil, à un double degré d'appel devant des juges qui, bientôt nommés par les seuls Conseils, finiront même par être pris en leur sein[2].

Ce caractère aristocratique du régime était en outre accentué par la réduction des pouvoirs, tant du Grand Conseil que du Conseil général, qui perdaient désormais leur droit d'initiative en matière législative, et même, s'agissant de ce dernier, de proposition en matière de candidature. Comme au temps où le duc de Savoie régentait la ville, il devait maintenant se borner à choisir les quatre syndics sur une liste de huit membres proposés par les Conseils – deux pour le bas de la ville, deux pour le haut. Dessaisissement d'autant plus grave que, outre le pouvoir législatif, le pouvoir exécutif détenait, ainsi qu'on l'a vu, le pouvoir judiciaire ; d'où la facilité avec laquelle un opposant était alors condamné à l'exil ou à la décapitation. A la décharge des magistrats, rappelons que Calvin les avait convaincus qu'ils agissaient pour « l'honneur de Dieu ».

Il ne faut cependant pas croire que, de retour à Genève, Calvin eut la tâche facile. De nouveau en effet, il va s'aliéner

1. Outre ces conseillers, le Conseil comprenait en effet neuf membres non soumis à cette réélection annuelle : les quatre nouveaux syndics, élus par le Conseil général, les quatre syndics sortants, qui siégeaient encore une année, et le trésorier, élu pour trois ans, également par le Conseil général.

2. Ajoutons encore cette pratique restrictive, inaugurée dans les années 1520, de ne plus choisir les membres du Petit Conseil, principal organe de l'Etat, que parmi les citoyens (fils de bourgeois nés à Genève).

une grande partie de la population, et cette fois par les rigueurs avec lesquelles il fera appliquer son régime.

C'est que l'œil du Consistoire est partout. Les douze Anciens, intentionnellement choisis dans des quartiers différents, sont autant d'inquisiteurs, accessibles à toutes les délations et faisant un crime de la moindre peccadille. Crime de jurer, crime de dire du mal des pasteurs ou des Français (les pasteurs viennent tous de France), crime de s'écrier en entendant braire un âne : « Voilà qu'il fait un sermon ! », crime d'appeler son chien « Calvin », crime de fréquenter les tavernes, crime de s'habiller à la Suisse avec des chausses chapelées, crime de jouer aux dés, aux cartes, à la paume, aux quilles, à l'heure du sermon, et crime naturellement de danser ou de célébrer Noël !

De plus, les pasteurs ne font souvent rien pour arrondir les angles ! « Vous n'estes que dyables ! », s'écrie un jour à ses ouailles Louis Treppereaux, pasteur à Céligny, « Pensez-vous que ce pays soit vostre ? Il est à moi et à mes compagnons ! » Et d'ajouter : « Vous serés gouvernés par nous qui sommes estrangiers, deussiez-vous grinsser des dents ! » Ou bien c'est Raymond Chauvet qui, pris d'un accès de fureur, crie du haut de la chaire : « Puissiez-vous connaître la malepeste, la guerre et la famine ! » Ou encore c'est Abel Poupin qui, en plein Consistoire, injurie le vieux conseiller François Favre qu'il est censé ramener à l'Evangile. Même le Conseil, alors dévoué à Calvin, sera obligé de prier MM. les ministres de la Parole de Dieu de daigner se montrer plus gracieux dans leurs admonestations.

Si encore ces redoutables censeurs menaient une vie irréprochable. Mais Champereau, pasteur à Gex, court les tavernes et réduit sa famille au dénuement ; déposé, il est peu après surpris aux étuves « nu à nu » avec une femme à laquelle s'étaient joints... deux autres pasteurs ! Le ministre Ferron est convaincu de se livrer sur ses servantes à des « légèretés et attouchements deshonnestes ». Censuré, il recommence et va même plus avant avec une de ses chambrières. Le ministre Fabri fait sa maîtresse de l'une de ses ouailles, une femme mariée. Et que dire de l'inconduite de Froment qui, avec Farel, avait été l'un des premiers à prêcher la Réforme à Genève !

L'arrivée, au milieu du siècle, du premier Refuge ne fera qu'aggraver le ressentiment. Les étrangers – français pour la plupart, et donc protégés par les pasteurs – représenteront alors un tiers de la population (cinq mille habitants sur quinze), proportion sociologiquement intolérable. Pire encore : même si finalement, grâce à l'introduction de cultures et d'industries nouvelles, ils apporteront à Genève la prospérité, pour l'heure on ne voit en eux que des fauteurs de vie chère et surtout des destructeurs de l'environnement. Pour pouvoir en effet les loger dans un périmètre déjà rétréci par les nécessités de la défense, il a fallu rendre la ville sombre, malsaine, lugubre. Plus d'espaces verts, plus de jardins, plus de passages à découvert, mais de la pierre et encore de la pierre ! Quant aux maisons, toujours à cause d'eux, on les a défigurées. Joliment, comme on l'a vu, elles offraient, sur deux étages, le visage riant et harmonieux d'une façade percée de grandes fenêtres ogivales, symétriquement disposées deux à deux, croisées de meneaux et coiffées d'une accolade à la forte pointe centrale. Aujourd'hui, on les a surmontées d'une nouvelle construction, plate, grossière, à petites fenêtres, et de si peu de rapport avec l'ancienne, qu'on dirait deux bâtisses superposées. Encore heureux quand, l'escalier de l'une s'arrêtant au troisième étage, on n'a pas rendu le quatrième tributaire de celui de l'autre ! En tout cas, avec toutes ces surélévations qui bouchent la vue, la maison genevoise, déjà sombre à cause de sa profondeur, ne sait plus maintenant ce qu'est un rayon de soleil !

Pourtant nombreux sont ceux qui continuent à suivre Calvin. Et il ne faut pas croire que ce soit nécessairement par fanatisme ou bigoterie. Eux aussi souffrent pour la plupart des rigueurs de son régime. Mais une chose dans leur esprit prime tout : l'indépendance de la cité. Et qui, mieux que lui, pouvait l'assurer ?

A la fois juriste, théologien et homme d'Etat, ses lumières compensaient l'inexpérience des nouveaux dirigeants. Il faut voir sur les registres de l'époque à quel point ils pouvaient le solliciter. Ils le consultent sur tout et sur rien : à propos d'un traité diplomatique et à propos d'une vente de terrains, à propos d'un projet d'Ordonnance et à propos d'un achat de bois, même à propos de la commande d'un poële !

C'est son habileté diplomatique qui permit à Genève de tenir à distance aussi bien Berne que la France, jouant de l'une quand l'autre se faisait menaçante. Toujours il découragea ses compatriotes de prendre les armes contre leur roi, et ce ne fut pas seulement par conviction théologique : il ne voulait pas détruire un équilibre indispensable à la survie de la cité. Et lorsque, effrayée de la propagation du protestantisme, la France voudra elle aussi l'annexer, alors il se tournera vers Berne, la convainquant de renouveler le traité de combourgeoisie de 1526, d'abord pour cinq ans, puis, en 1559, après la rentrée en scène du duc de Savoie, vainqueur à Saint-Quentin, sans limitation de durée.

Il nourrira même un dessein hardi : réussir, trois siècles en avance sur l'Histoire, à faire entrer Genève dans la Confédération helvétique. Certes, il échouera : une première fois en 1548 à cause de l'hostilité de Berne, soucieuse de priver Genève de tout autre appui que le sien, et une seconde, dix ans plus tard, à cause cette fois de l'hostilité des cantons catholiques qui, sourds à la menace que représentait l'imminente restitution de ses Etats au duc de Savoie, préféreront n'écouter que leurs préjugés religieux.

Enfin le peuple lui était reconnaissant de lui avoir rendu le culte plus proche en ne faisant plus de l'Eglise la seule chose des clercs, et en supprimant le latin à l'office. Il appréciait également le fait de n'être plus le seul à subir la rigueur des lois. Aussi aristocratique que fût devenu le régime, au plan des mœurs la démocratie en effet régnait. Que de conseillers, de lieutenants de justice, de syndics même furent jetés en prison, au pain et à l'eau, pour avoir péché ! La chose était d'ailleurs devenue tellement courante, qu'elle avait fini par ne plus tirer à conséquence ; et si, à Genève comme à Rome, la Roche tarpéienne était proche du Capitole, la distance s'y parcourait ici dans les deux sens : tel qui, aujourd'hui, croupissait dans les geôles de l'évêché, se retrouvait le lendemain trônant à la Maison de Ville.

En fait, on peut dire qu'assez vite Genève se trouva partagée en deux camps d'égale importance : d'un côté ceux qui, par patriotisme, se rangèrent derrière Calvin, et de l'autre ceux qui, privilégiant la liberté individuelle – les « libertins », comme on les appelait – s'indignèrent de sa dictature. Une telle situation ne pouvait évidemment s'éterniser : un des partis devait l'emporter. Et la victoire faillit bien ne pas revenir à Calvin.

La lutte pour le pouvoir

D'abord sourde, la lutte éclata au grand jour dans les années 1550.

L'ironie veut que le chef des anti-calvinistes fût celui-là même qui avait tant fait en 1541 pour ramener Calvin à Genève : Ami Perrin. Les origines de la brouille peuvent paraître futiles, mais n'est-ce pas le propre des petits ruisseaux que de faire, le ressentiment aidant, les grandes rivières ?

Si tout, dit-on, finit par des chansons, tout ici commença par des danses. En 1546, Antoine Lect donne chez lui une soirée. Il a fait venir des tambourins et peut-être des flûtes. En tout cas, on danse. Qui « on » ? Des personnages aussi considérables que le président même du Consistoire, syndic de surcroît : Amblard Corne, et le capitaine général de la ville : Ami Perrin en personne ! Naturellement leurs épouses ne sont pas demeurées en reste, notamment Françoise Perrin, née Favre, fille d'un des héros de l'indépendance, femme à la langue aussi leste que les jambes. La délation étant encouragée, les autorités apprennent le fait et envoient tout le monde en prison.

A quelque temps de là, un certain Claude Philippe se marie. De nouveau on danse. Et de nouveau Ami Perrin est parmi les pécheurs. Mandé devant le Consistoire, il refuse d'abord de comparaître, puis de répondre, et, renvoyé devant le Conseil, il est de nouveau jeté en prison.

Puis, c'est au tour de son beau-père, l'ancien conseiller François Favre, d'être poursuivi par le Consistoire. Il a commis un crime encore plus damnable : « paillardé ». Or ce combattant des luttes passées n'a pas froid aux yeux : il n'hésite pas à dire leur fait aux pasteurs étrangers, qui osent faire la loi dans sa propre cité. Le ministre Abel Poupin le qualifie alors de « chien impudent », ce qui n'a évidemment pas pour effet de calmer les esprits. Et les calmera si peu, que lorsque ce même Poupin questionnera Françoise Perrin, de nouveau accusée d'avoir dansé, elle le traitera de « gros groin de porc » ; puis, sans attendre qu'on la jette de nouveau, et cette fois pour longtemps, en prison, elle s'enfuit rejoindre son père à Pregny, en territoire bernois.

On comprend qu'entre son amitié pour Calvin et l'amour qu'il portait à sa femme, Perrin n'ait pas balancé. D'ailleurs n'était-ce pas Calvin lui-même qui disait que, pour être chers à Dieu, les époux ne devaient faire qu'une seule âme ?

Au début, son hostilité ne se manifeste pas trop ouvertement ; il a bientôt en effet à se défendre d'avoir, à la faveur d'une mission en France, comploté contre la cité. Mais, avec l'arrivée continuelle de réfugiés français à Genève, l'animosité de la population contre Calvin augmente. De plus, l'inflation, sans atteindre encore les proportions qu'elle connaîtra dans la seconde moitié du XVIe siècle, a commencé à sévir. Les prix ne cessent de monter. Et, renforçant leurs positions dans les Conseils, les perrinistes parviennent peu à peu à équilibrer numériquement les calvinistes, puis à obtenir une nette majorité. En 1553, dans un Petit Conseil à sa dévotion, Perrin devient premier syndic, le principal magistrat de la cité. C'est le moment d'en profiter !

Il était un point sur lequel même les plus ardents calvinistes n'avaient pu tout à fait suivre leur maître : celui de l'excommunication. Successeur de l'évêque, le pouvoir civil estimait en effet avoir hérité de ses prérogatives. Déjà il avait, malgré Calvin, refusé de confier aux diacres la gestion des biens de l'ancienne Eglise ; mais surtout il voulait être le seul à pouvoir priver quelqu'un de la Cène, car être écarté de la communion était, à cette époque de foi intense, une peine lourde, que la population ressentait cruellement. Telle était d'ailleurs la pratique dans toutes les villes réformées ; pourquoi fallait-il que Genève fît exception ? La réponse évidemment était claire : parce qu'elles n'avaient pas de Calvin. Et cette raison, qui avait jusqu'alors tempéré l'opposition du magistrat calviniste va au contraire échauffer celle du magistrat perriniste.

Le voici donc qui refuse plus ou moins systématiquement à Calvin le droit d'utiliser l'arme religieuse. Ainsi, à défaut de pouvoir aujourd'hui le chasser pacifiquement, espère-t-il l'amener de guerre lasse à démissionner.

Et en effet, devant une telle obstruction, Calvin en arrive à parler de démission. Mais, effrayés du laxisme moral qu'encourageait la nouvelle attitude du pouvoir, ses partisans le supplient de rester. Sûrement Dieu suscitera un miracle !

Et le miracle aura effectivement lieu. Certains ont prétendu qu'on l'avait quelque peu facilité, transformant l'*inopinata conversio,* célébrée par Calvin, en un vulgaire truquage. Ils ont en effet trouvé curieux que les élections aux conseils de février 1555 aient soudain donné une éclatante victoire aux calvinistes, très nettement battus, à peine trois mois plus tôt, à celle du lieutenant de justice et de ses auditeurs ; mais, à part la présence d'un seul des deux secrétaires – il est vrai calviniste –, on ne peut relever aucune irrégularité dans le déroulement du scrutin. D'ailleurs, truquage ou non, les voies de Dieu ne sont-elles pas impénétrables ?

Perdre la majorité au sein des Conseils n'était pas dramatique. Battu une année, on se retrouvait souvent, l'année suivante, vainqueur. Cette fois, il n'en sera rien.

Un emprunt accordé par Bâle pour permettre à Genève de payer la facture de l'armée suisse, venue à son secours une vingtaine d'années auparavant, pesait alors lourdement sur les finances. Afin de se « desbâler », comme on disait à l'époque, Calvin propose au Conseil de se procurer des fonds en augmentant le nombre des admissions à la bourgeoisie. Dévouée à Calvin, la nouvelle majorité accepte avec empressement. Augmenter en effet le nombre des admissions, ce n'était pas seulement renflouer les finances, c'était augmenter aussi le nombre des réfugiés en droit de voter, réfugiés qui étaient naturellement tous calvinistes.

A une exception près, on n'en avait, ces derniers temps, reçu qu'une dizaine par année, et même seulement sept l'année précédente : maintenant en moins d'un mois, on en reçoit soixante, et jusqu'à seize par jour ! Bientôt les calvinistes acquièrent au Conseil général une supériorité numérique telle, que les perrinistes ne peuvent plus espérer regagner le pouvoir légalement.

Calvin avait joué Perrin. Mais c'était l'acculer désormais à l'illégalité. Dupés, furieux, les « libertins » vont en effet se préparer à la violence. Ils peuvent compter sur une grande partie, voire sur la majorité de la population, ainsi que sur le capitaine général de la ville, Ami Perrin lui-même : bref, ils ont amplement de quoi l'emporter. Seulement ce dernier n'est pas un chef. Et Calvin le sait bien qui le traite dans sa correspondance de *César comique !* Loin d'arrêter un plan, il laisse courir les choses. Alors que Calvin, lui, a pris toutes ses précautions.

Le 16 mai, l'état-major du parti « libertin » est allé souper dans deux tavernes, les uns boulevard Longemalle, les autres, avec Perrin, à Saint-Gervais. Le vin a coulé, les langues sont allées leur train, et chacun s'est levé de table fort échauffé. Si Perrin et le conseiller Vandel, les deux têtes du parti, rentrent aussitôt chez eux, les autres se répandent dans les rues. Un premier tapage se produit près du Molard, devant la maison d'un conseiller calviniste, non loin de la boutique du syndic Aubert, un apothicaire, qui, au bruit, sort de chez lui. Il veut arrêter l'un des manifestants et est malmené. Le tapage devient bientôt tumulte. La nouvelle s'en répand, et de divers côtés les gens affluent. On entend crier : « Mort aux Francillons ! », « Sus aux traîtres ! » Averti, Perrin accourt et s'approche d'Aubert qui, pour rétablir l'ordre, brandissait son bâton de syndic. Ici se place une scène héroï-comique. Aubert était tout petit ; Perrin se saisit du bâton, sans que toutefois ce dernier veuille le lâcher. L'un tire vers le haut, l'autre tire vers le bas. « Il a essayé de me l'arracher ! témoignera plus tard le syndic. – Du tout !, répliquera Perrin, j'essayai seulement, en le brandissant, de le rendre plus visible ! »

En tout cas, peu ou prou brandi, le bâton ne remplit pas son office, car, loin de se disperser, la foule ne fait que grossir. Rapidement, comme la loi l'exigeait en pareil cas, le syndic gagne la Maison de Ville, où il convoque le Petit Conseil. En chemin, le syndic Pierre Bonna est accosté par Perrin, qui tâche de le dissuader de se rendre à la réunion. Ce dernier l'écarte. Alors, d'énervement, Perrin fait une folie : il prend de force son bâton. Crime de lèse-majesté, punissable de mort ! Vite revenu à lui, il restitue le bâton, priant Bonna, un de ses parents, de ne pas ébruiter l'affaire. Mais de partout des hommes affluent. Les perrinistes ont rameuté leurs partisans qui n'ont pas eu de peine à mobiliser contre les Francillons de larges couches de la population. Ils sont maintenant massés devant la Maison de ville, en si grand nombre d'ailleurs que la place voisine du Bourg-de-Four est noire de monde.

Que recherchaient alors Perrin et Vandel ? Sans doute à amener les magistrats, en les impressionnant par l'ampleur de la manifestation, à revenir sur les récentes admissions à la bourgeoisie. Il ne semble pas qu'ils aient voulu renverser le régime. Le tumulte avait été fortuit et c'est Vandel lui-même qui, une heure plus tard, la séance du Conseil achevée, invitera les manifestants à se disperser – ce qu'ils feront aussitôt. Au reste, le comportement de Perrin et de Vandel, les jours suivants, n'est pas celui de gens qui craignent pour leur vie. Ils continuent à assister aux séances des Conseils comme si rien de grave ne s'était passé. Et, en fait, rien de grave ne s'est passé. Il n'y a pas eu de victimes, juste un blessé léger, et le tout n'a duré qu'une heure à peine. L'histoire de Genève est pleine de tumultes autrement graves.

Mais c'était compter sans Calvin. Lui et ses partisans vont agir avec la dernière énergie. Le bâton syndical n'a pas été respecté, il n'a pas dispersé les attroupements ! Il faut sévir impitoyablement ! Et, juges et parties, les magistrats décident de jeter en prison, non seulement les principaux manifestants, mais aussi leurs principaux adversaires politiques.

Perrin peut aisément se disculper de l'échauffourée ; mais il s'est emparé d'un bâton de syndic – questionné sous la foi du serment, Bonna n'a pu en effet dissimuler le fait. Son cas est désespéré. Il s'enfuit donc et nombre de ses fidèles avec lui. Il est condamné par contumace à avoir la main droite tranchée, la tête coupée, la tête et la main clouées au gibet et le corps découpé en quatre quartiers. Encore eut-il la part belle, car quatre de ses amis, dont François-Daniel Berthelier, le fils du fameux Philibert Berthelier, héros de l'indépendance, seront décapités, et par un bourreau si maladroit que, pour deux d'entre eux, il dut s'y prendre à plusieurs reprises, renforçant ainsi Calvin dans sa conviction d'avoir bien eu affaire à des ennemis de Dieu.

Maintenant, oui, Genève va devenir sa ville ! Il lui aura fallu attendre quatorze ans – dix-neuf, si on tient compte de son premier séjour. Désormais sa volonté fera la loi, les magistrats lui reconnaissant tacitement le droit d'excommunier et même de bannir de la cité quiconque ne se sera pas conformé à la parole de Dieu, telle du moins que lui la concevait. Sur un point, il est vrai, il essuya une rebuffade. Il eut beau parler au nom de Dieu, on ne l'écouta point. Il faut dire que sa demande était extravagante : il voulait... empêcher les maris de battre leurs femmes ! Indigné, le magistrat refusa d'incorporer aux Ordonnances ecclésiastiques de 1561 le texte suivant : « S'il l'on connaît qu'un mari traite mal sa femme, la battant et tourmentant... qu'il soit renvoyé devant le Conseil pour lui faire défenses expresses de ne la battre sous certaines punitions. » D'où l'on peut conclure qu'à l'époque la crainte de la femme l'emportait encore sur celle de Calvin et même sur celle de Dieu !

Mais cette entorse exceptée, Calvin, pendant les neuf années qui lui restaient à vivre, put, enfin sans opposition, poser les fondements de sa cité idéale : une cité où le spirituel l'emporterait sur le temporel, la mystique sur la politique ; une cité qui, loin de se replier sur elle-même, essaierait de répandre sa foi partout dans le monde : cité missionnaire, qui allait pleinement mériter le nom qu'on lui donnerait bientôt de « Rome protestante ».

La Rome protestante

Calvin aurait-il cependant pu bâtir sa cité idéale sans l'aide du Refuge français ? Rarement en effet une ville fut davantage marquée par ceux qu'elle eut la charité d'accueillir. Sans parler de leur apport économique : résurrection de l'orfèvrerie, développement de l'industrie textile, introduction de l'horlogerie, acclimatation des cultures potagères, alors inconnues des Genevois (artichauts, cardons, haricots et surtout poireaux – ce qui leur vaudra un jour le sobriquet de *Plantaporrets*), les nouveaux venus fournirent à Genève les deux armes qui allaient lui permettre de rayonner sur le protestantisme : l'imprimerie et l'enseignement.

L'imprimerie n'était certes pas une inconnue à Genève. Dès 1478, un Allemand y avait installé ses presses. Mais ici aussi la décadence des foires avait fait sentir ses effets. Et, malgré le coup de fouet que la Réforme leur donna, les imprimeurs en 1550 n'étaient encore que trois ; aucun d'eux d'ailleurs ne disposait de traditions, ne témoignait d'un goût qui en fissent plus qu'un artisan local.

Or voici que Henri II promulgue l'édit de Chateaubriant ; et, fuyant les persécutions, attirés de plus par Calvin, les Français affluent à Genève. Parmi eux les imprimeurs sont nombreux. Rien que pour l'année 1551, il en vient vingt et un, et en dix ans près de soixante.

Alors, toujours grâce à Calvin, les choses vont peu à peu changer. Il était une époque où Genève n'éditait en moyenne que cinq livres par an, bientôt elle en publiera près de quarante. Et la presque totalité de la production sera destinée à l'exportation, c'est-à-dire à la propagande.

Sans doute leur présentation n'était-elle pas des plus attrayantes. Persécutés, la plupart des imprimeurs ont dû fuir sans pouvoir emporter leurs caractères. A Genève, ils n'en ont pas trouvé qui rivalisent avec ceux de leurs concurrents lyonnais ou parisiens. Ils n'ont trouvé également qu'un papier médiocre qui, malgré toutes les mesures prises, comme l'obligation pour le fabricant de « signer » sa production par une marque en filigrane, n'ira qu'en se détériorant, au point qu'au XVIIe siècle il faudra réserver celui de France aux tirages de luxe. Et puis, les imprimeurs ne sont pas riches. Pris entre la nécessité d'importantes mises de fonds et d'un prix de vente modique, même les plus grands mourront dans la misère. Pour y échapper, Jean Bonnefoy était obligé de vendre du vin ; et, en dépit de la générosité d'Ulrich Fugger, Robert Estienne ne parvint pas toujours à éviter les embarras financiers. Aussi leur faut-il sacrifier l'illustration et privilégier les petits formats (l'in-16, voire l'in-32), d'ailleurs plus faciles à dissimuler. Car malheur au colporteur-libraire qui se fait prendre en pays catholique : c'est le bûcher !

Mais qu'importait l'apparence ! Ce qui comptait, c'était la substance, la force persuasive des arguments. Et dans le langage le plus simple possible, l'imprimerie genevoise s'efforcera d'exposer les principaux articles de la foi réformée. Elle ne manque naturellement pas d'éditer et de rééditer les ouvrages de Calvin : son *Second Cathéchisme,* son *Institution chrétienne.* Elle exalte ses martyrs, livres hélas trop actuels ! tant sont alors fréquents les autodafés humains. Au besoin, elle polémique, mettant par exemple en opposition la conduite, toute d'humilité et de sacrifice, du Christ avec celle, toute d'orgueil et de jouissance, du pape. Mais surtout elle diffuse l'Écriture sainte.

De la Bible et du Nouveau Testament, de 1550 à la mort de Calvin, c'est-à-dire en quatorze ans, elle ne donnera pas moins de cinquante-neuf éditions en langue française, contre seulement cinq au cours des quatre-vingts années précédentes. Et elle en édite également en grec, en anglais, en italien, en espagnol ! Les Psaumes, dans la traduction de Théodore de Bèze, sont tirés à plus de 27 000 exemplaires. Et si l'année 1562 est celle du massacre de Wassy qui marque, comme on le sait, le début des guerres de religion, elle est aussi celle de la parution à Genève d'un ouvrage qui fit pareillement date dans l'histoire de la Réforme française : le ***Psautier huguenot,*** dans une version enfin complète où, aux cent psaumes de Théodore de Bèze, avaient été réunis les quarante-trois de Clément Marot.

Or n'oublions pas qu'à une époque où n'existaient encore ni radio, ni télévision, le seul ***mass-medium*** était le livre imprimé, livre que sans arrêt la « Voix de Genève » diffusait alors dans le monde, surtout en France — de loin le pays le plus peuplé de la chrétienté. Et bien que, avec un égal acharnement, les autorités catholiques eussent essayé de brouiller ses émissions en brûlant ses émissaires, les conversions qu'elle opérait ne cessaient de s'accroître.

Pourtant, si Genève mérita le brillant surnom de « Rome protestante », c'est moins encore à son imprimerie qu'elle le dut, qu'à son « Université et Collège ».

Comme dans le cas de l'imprimerie, Genève n'avait pas attendu la Réforme pour se doter d'un collège. Dès 1428, les magistrats s'étaient préoccupés de créer une école publique, indépendante de l'Église, qui, construite peu après, grâce à la générosité d'un certain François de Versonnex, ancien syndic enrichi dans le commerce en gros, se trouvait à l'intersection des rues (actuelles) de Rive et d'Italie.

Elle y était encore, quand vint la Réforme ; mais ses locaux étaient en si piteux état, qu'ils n'étaient plus utilisables. Après diverses tribulations qu'il serait trop long de rapporter, l'école, lorsque Calvin l'eut emporté sur Ami Perrin, était médiocrement installée dans le couvent voisin des Cordeliers, à l'angle de la rue Verdaine et de la rue de la Vallée, dans une maison que possédaient au XVe siècle les ducs de Savoie et où était mort le célèbre Amédée VIII, devenu pape sous le nom de Félix V. Rien donc qui pût convenir aux ambitieux desseins de Calvin !

Or, à toutes les demandes que ce dernier lui avait adressées de doter la ville d'un collège, comme les Ordonnances ecclésiastiques de 1541 en formulaient le vœu, le Conseil avait jusqu'ici opposé son manque de fonds. Excuse qui n'était maintenant plus valable, puisque la République s'était emparée de tous les biens des perrinistes. Et c'est ainsi qu'en 1558, Calvin arriva, grâce à la fortune de ses ennemis, à obtenir qu'on construisît le collège qu'il désirait tant, et dont le passant qui descend aujourd'hui la rue Théodore-de-Bèze peut se faire une idée assez exacte. Sur la gauche, la cour qui s'étend, le bâtiment qui se dresse ne diffèrent guère en effet de leurs devanciers du XVIe siècle. Si la première a été depuis plantée d'arbres et le second restauré, la superficie qu'ils occupent, la disposition qu'ils présentent sont restées les mêmes. La façade principale a sans doute subi quelques retouches, ayant perdu ses fenêtres rectangulaires à meneaux, la plupart doubles, et ayant surélevé sa toiture en la perçant de fenêtres d'une trentaine de centimètres. Sans parler de son péristyle avec ses voûtes sculptées de clefs et de devises trilingues dont on ne peut affirmer qu'il fût déjà là en 1560. Mais l'aile sud, qui servait de logement aux professeurs, n'a pas changé d'aspect, ayant fait l'objet au début du siècle d'une restauration fidèle. Surmontant le porche de son escalier, on peut toujours voir, taillé dans le marbre et datant de 1561, le beau portail, haut de 1,80 m et large de 1 m, qu'on a longtemps cru pouvoir attribuer à Jean Goujon ou à son atelier, tant sa facture a d'élégance et de grâce !

En revanche, ce qui a aujourd'hui bien changé, c'est l'horaire des cours et le programme des études ! En fondant son Collège, Calvin, tout humaniste qu'il fût, avait moins agi en ami de la culture qu'en serviteur de la foi. Mieux que des hommes instruits, il voulait former des missionnaires, des « soldats de Dieu ». L'enseignement devait fournir à ses écoliers les armes qui leur permettraient, adultes, de triompher du catholicisme. Son Collège était une école de recrues. Une école où la somme de travail exigée est bien illustrée par ce propos de Théodore de Bèze à un parent d'élève : « Je crains bien qu'il ne sorte jamais rien de bon de votre fils, car, malgré mes prières, il ne veut pas travailler plus de quatorze heures par jour ! »

Qu'y enseignait-on ? Toutes les matières qui pouvaient servir à un combattant de la foi. Pratiquement pas de sciences donc, et pas du tout de géographie ; mais à l'inverse beaucoup de langues vivantes, c'est-à-dire alors le... grec, langue avec l'hébreu de l'Écriture, et surtout le latin, véhicule des idées. À onze ans, l'écolier de Calvin parlait couramment la langue de Cicéron. Puis c'était l'art de bien dire, indispensable pour l'emporter dans une dispute publique. Aussi, lorsque, à seize ans, le futur combattant finissait son premier cycle, l'école dite « privée » ou gymnase, il était capable de s'escrimer contre n'importe qui, par la plume ou par la parole.

Restait maintenant à lui permettre de s'escrimer dans le vrai combat. Aussi, pour la théologie, comme pour l'hébreu et le perfectionnement en grec, Calvin avait-il prévu un second

10. *Le Collège vers 1900*

cycle : l'école dite « publique », plus tard appelée, en hommage à Platon, Académie. C'était donc là un programme ambitieux, et qui, pour cela même, faillit bien ne jamais voir le jour ! Mais Dieu devait veiller sur Genève, car il se produisit un événement imprévu.

Aussitôt assuré que son Collège serait enfin créé, Calvin s'était naturellement mis en quête de maîtres. Il avait approché Jean Mercier d'Uzès, professeur d'hébreu au Collège de France ; mais Mercier refusa. Il s'était alors adressé à Emmanuel Tremellio (Tremellius), le recteur du Collège d'Hornbach, fondé par le duc des Deux-Ponts ; mais, cette fois, ce fut le duc qui refusa.

Et Calvin désespérait, lorsque Théodore de Bèze qui professait à Lausanne démissionna. Lausanne, comme on le sait, dépendait de Berne, de Berne qui ne voulait ni entendre parler de prédestination, ni donner aux pasteurs l'arme redoutable d'un Consistoire. Or Bèze partageait toutes les vues de Calvin qu'il admirait fort ; et, devançant l'ultimatum qu'il pressentait, il résigna ses fonctions.

On pense comme Calvin l'accueillit ! Bèze fut aussitôt nommé professeur de grec, puis placé à la tête du Collège quand tous les pasteurs de Lausanne — eux aussi français — eurent quitté leurs postes pour venir fournir à Genève le corps enseignant tant désiré, achevant ainsi de coloniser spirituellement une ville dont déjà tous les pasteurs et tous les imprimeurs étaient français.

Si on voulait fixer une date à la naissance de la Rome protestante, on pourrait sans doute dire qu'elle vit le jour le 5 juin 1559. Dans la cathédrale de Saint-Pierre, en présence des magistrats, de tous les ministres de Dieu et d'un nombre considérable de « sçavants docteurs », d'« escholiers » et de « gens de lettres », Calvin monta en chaire. Après avoir rendu grâce à Dieu et invité chacun à prier, il donna la parole au secrétaire du Conseil, Michel Roset, qui, à voix forte, lut les fameuses *Leges Academiae Genevensis,* appelées dans leur version française *Ordre du Collège de Genève*, ainsi que le texte de la confession que devaient jurer les étudiants et celui du serment que devait prêter le corps professoral. Puis Théodore de Bèze lui succéda. Exhortant ses « escholiers » à se souvenir de cette phrase de Platon : « Tout savoir qui éloigne de la vertu et de la justice relève de l'habileté plus que de la sagesse », il s'écria : « Vous n'êtes pas venus comme la plupart des Grecs de jadis regarder des jeux gymniques et vous enivrer de vains exploits ; vous êtes venus, instruits dans la vraie religion et dans la connaissance des bonnes lettres, pour pouvoir travailler à la gloire de Dieu, pour devenir un jour l'ornement de votre patrie et le soutien de vos proches. » Et il conclut par sa fameuse phrase : « Rappelez-vous toujours que vous êtes des soldats, et que vous aurez à rendre compte à votre chef suprême de cette sainte mission ! »

Et, cette mission, s'ils furent nombreux à vouloir la remplir ! De toutes les communautés réformées de langue française les fils accoururent, pour s'en retourner instruits, armés, pasteurs. Au point que les bâtiments du Collège furent bientôt trop exigus pour les accueillir tous. Alors l'enseignement supérieur, où Calvin attirait chaque fois jusqu'à mille auditeurs, alla s'installer, en lui donnant du coup le nom d'Auditoire, dans l'ancienne église de Notre-Dame-la-Neuve, local bien choisi pour le haut-lieu d'une Rome protestante, puisque là avaient déjà prêché à leur petite colonie de réfugiés John Knox, l'Anglais, et Martinengo, l'Italien.

Du Collège, on a dit qu'il fut la vraie maison de Calvin. Et quelle œuvre assurément aurait pu être plus chère au cœur d'un homme qui ne travaillait pas seulement pour le présent, mais aussi, et surtout, pour l'avenir, qui désirait que pour toujours fussent trouées les ténèbres de l'ignorance. *Post tenebras lux* !

On lui a adressé bien des reproches. Et, à n'en pas douter, la sensibilité moderne ne peut guère approuver ses méthodes, ni toutes ses vues. Son ordre moral ressemblait trop à une tyrannie : et, tout de vengeance, son Dieu s'apparentait beaucoup plus à Iaveh qu'à Jésus. C'est Castellion qu'aujourd'hui on approuve, ce pasteur qui osa soutenir contre lui que le christianisme était une religion de pardon et de tolérance, et fut pour cela chassé.

Mais tout en regrettant que, sous son impulsion, Genève se fût parfois montrée si sévère, il est une accusation dont il faut partiellement l'absoudre. Car si enfin Michel Servet – déjà condamné à mort par les catholiques, ne l'oublions pas – fut brûlé, c'est aussi parce que les autres villes réformées de Suisse, que Genève avait tenu à consulter, le désiraient ; dans le cas du pasteur Bolsec, elles prirent une position contraire, et Bolsec, tout hérétique que Calvin le jugeait, sortit libre de sa geôle.

Outre qu'on doit se garder de juger un homme avec l'optique d'une autre époque – et le XVIe siècle fut un siècle de fer –, il ne faut pas oublier que, sans Calvin, jamais Genève n'aurait pu conserver son indépendance, jamais elle n'aurait eu le rayonnement qui pendant tant de siècles fut le sien. Elle lui dut sa survie, elle lui dut son âme.

II

THÉODORE DE BÈZE

Le 27 mai 1564, Calvin meurt. Il laisse une ville qui a définitivement accepté sa forme « chrétienne » ou plutôt « biblique » de gouvernement. C'en est désormais fini des guerres civiles. Tout opposant a été chassé. Réfugié en territoire bernois avec ses principaux partisans, jamais Ami Perrin ne reverra sa patrie.

Il n'empêche que plus rien ne sera comme avant.

Non que Genève ait adouci ses rigueurs. Elle continue en effet à penser que tout péché provoque l'« ire de Dieu », seule cause ici-bas des calamités : peste, famine, guerre, etc. Au contraire, privé à présent des « grâces » de Calvin, elle doit accroître sa vigilance, aggraver sa sévérité. Plus extensives, les lois somptuaires s'en prennent maintenant au nombre des plats dans les banquets et au port — interdit même aux serviteurs — de la soie, des passementeries et des broderies d'or et d'argent dans la toilette. La « paillardise » est punie de plus lourdes peines de prison, voire du bannissement à perpétuité et l'adultère est dorénavant passible de mort, spécialement s'agissant de la femme : l'Ancien Testament ne la lapidait-il pas ?

Ce qu'il advint en 1566 à Spifame est à ce propos éloquent. Spifame était un homme éminent. Juriste, théologien, il avait été en France président de parlement, puis évêque de Nevers, avant que, touché par la grâce, il eût résigné ses fonctions, abandonné ses biens et fût venu se réfugier à Genève avec sa femme et ses enfants pour y embrasser le protestantisme. Reçu bourgeois gratis, siégeant dans les conseils, ami de Calvin, il avait assisté Bèze au colloque de Poissy et avait été à plusieurs reprises chargé de mission en

France et en Navarre auprès des Églises réformées, chaque fois « se démenant vaillamment par la grâce de Dieu ». Or soudain on découvre qu'il a antidaté son contrat de mariage : avant de devenir sa femme, cette Catherine de Gasperne a été sa maîtresse de surcroît mariée, et leurs enfants sont adultérins... Spifame a maintenant soixante-quatre ans, ces faits datent de plus de trente ans, il n'en a pas moins la tête tranchée.

Si donc rien n'a changé au plan de la sévérité, en revanche ce qui va beaucoup se modifier, c'est d'une part le rapport des forces entre le magistrat et le pasteur — rapport qui, d'une aristocratie au temps de Calvin, tendra à faire du régime une oligarchie —, et de l'autre la situation extérieure qui, marquée par la résurgence de la menace savoyarde, rejettera de nouveau Genève dans la guerre, achevant de ruiner ce qui restait de démocratie.

Magistrats contre pasteurs

Les magistrats de la seconde moitié du siècle ne sont pas, et de loin, ceux de la première. Ils ont acquis les connaissances juridiques, politiques qu'exige la conduite d'un pays. Michel Roset, Jacques Lect sont même de véritables hommes d'État. Bientôt d'ailleurs ils seront passés par le Collège de Calvin et se seront familiarisés avec la théologie. Quand, en 1570, les pasteurs se retranchent derrière le secret de la confession, ils ont vite fait de leur rappeler les paroles de l'apôtre Jacques, à tel ou tel verset de la Bible : « Confessez vos péchés les uns aux autres. » Aux pasteurs qui, en 1580, s'indignent de la grâce accordée à certains « paillards », ils citent l'*Institution chrétienne* et les *Rois,* parlent de la conduite de Salomon envers Abiathar, évoquent la repentance de David devant les remontrances de Nathan. Ils connaissent si bien les Écritures que, lors de la révision en 1576 des Ordonnances ecclésiastiques, ils décident de vérifier eux aussi la compétence des futurs pasteurs. Ils ne sont plus ces boutiquiers ignorants, pris par leurs affaires, qui ne pouvaient se passer des lumières de Calvin. Mais surtout ils n'ont plus en face d'eux une figure redoutable, ils ont Théodore de Bèze.

Théodore de Bèze est né à Vézelay en 1519. Théodore n'est d'ailleurs pas son prénom. Il s'appelait Dieudonné ; c'est à Paris, au temps de ses études de droit, que le jeune humaniste, pensant que cela faisait plus docte, adopta la traduction grecque de Théodore.

D'abord élevé à Paris par un de ses oncles, il est, à neuf ans, envoyé en province auprès d'un fidèle de Lefèvre d'Etaples, Melchior Wolmar, qui, non content de lui apprendre toutes les subtilités du latin et du grec – langues que Bèze possédera aussi bien que le français –, l'instruit dans les idées de ceux qu'on appelle alors les Bibliens, parce qu'ils veulent, à l'aide de la Bible, réformer l'Eglise. Le jeune Dieudonné en sera marqué pour la vie... Destinée !

A seize ans, son père voulant faire de lui un conseiller au parlement, il commence à Orléans des études de droit ; mais les poètes latins – Catulle, Ovide, Tibulle, Martial – l'intéressent bien davantage ! A vingt ans, il passe cependant sa licence et « monte » à Paris parachever ses connaissances juridiques.

Rien alors ne laissait présager que cet ami d'Epicure deviendrait un jour un conducteur d'âmes, le chef spirituel de tous les réformés de France ! Comme à Orléans, Dieudonné-Théodore se préoccupe surtout de poésie et fait même paraître un recueil de vers, amèrement regretté plus tard par le sévère ministre de la Parole de Dieu : ***Poemata,*** où, entre autres, une belle Candida est l'héroïne d'épigrammes licencieuses.

Riche, noble, beau, Bèze menait donc une vie d'hédoniste, quand « Dieu vint le chercher ». Il tombe malade, pense mourir, et miraculeusement guérit. Alors il « quitte patrie, parents, amis pour suivre Christ », se rendant à Genève avec celle qu'il a épousée secrètement à Paris et qu'il réépousera publiquement à Genève, et bientôt décrété de prise de corps pour « luthéranisme », avant d'être condamné à mort par le parlement de Paris.

Mais le destin n'a pas encore décidé de le fixer à Genève. Calvin n'essaie pas de le retenir, et appelé par le pasteur Pierre Viret, il s'établit à Lausanne, chargé d'y enseigner le grec à l'Académie. Pour la petite Histoire, notons que c'est lui – et non Jodelle, comme l'affirment tous les manuels de littérature – qui écrivit la première tragédie en vers français : ***Abraham sacrifiant,*** jouée en 1550, donc trois ans avant ***Cléopâtre, captive.***

Mais, plus sérieusement, il achève alors, à l'instigation de Calvin, la traduction des Psaumes, commencée par Marot, et surtout entreprend de donner, avec notes et commentaires, une version française du Nouveau Testament, se familiarisant ainsi avec la théologie dont il ignorait tout.

Son admiration va à Calvin, qu'il ne cesse de consulter. Même quand il aura été appelé à lui succéder, il s'efforcera de ne jamais dévier de son enseignement. Il adopte donc d'enthousiasme ses vues sur la prédestination et sur la nécessité

11. *Théodore de Bèze*

d'affranchir l'Eglise du pouvoir politique. Mais, en se prononçant ainsi pour la théocratie calvinienne, il ne pouvait que heurter le césaro-papisme bernois.

Or Lausanne dépendait de Berne, et il devient bientôt suspect aux autorités. Aussi, lorsque Calvin, à la recherche de professeurs, fit appel à lui, il se hâta, comme on l'a vu, d'accourir.

Alors va commencer son vrai combat. Appréciant l'admiration, l'enthousiasme, les dons de son disciple, Calvin le charge de diverses missions. L'une le conduit à Nérac où son affabilité charme chacun, notamment Antoine de Navarre et Condé, les deux chefs du parti réformé de France. C'est donc lui, de préférence à Calvin — rude, cassant, robin de surcroît — qu'en 1562 ceux-ci réclameront comme porte-parole, quand, pour éviter la guerre civile, Catherine de Médicis eut décidé de réunir à Poissy un colloque où — première tentative d'œcuménisme ! — elle espérait que catholiques et protestants aplaniraient leurs différends confessionnels.

Ce colloque, comme on le sait, échoua par la faute de la Sorbonne, citadelle alors du conservatisme et de l'ultra-catholicisme. Mais Bèze y avait brillé et, après le bruyant départ des chefs catholiques de la cour, lui fut prié de rester.

La situation peut alors paraître bouffonne. C'est ce condamné à mort, décrété de prise de corps partout où il se trouverait, qui va être, pendant huit mois, le conseiller très écouté du pouvoir, le chef que les protestants français, libres maintenant d'agir, ne cesseront de consulter !

A lui la France devra le fameux édit de Janvier, d'où, trente-six ans plus tard, sortira l'édit de Nantes. « Véritablement révolutionnaire » — comme on l'a à juste titre qualifié —, il permettait aux protestants de célébrer librement leur culte *extra muros* et même, précisa de vive voix le chancelier Michel de l'Hôpital, à l'intérieur des villes, dès l'instant qu'ils le faisaient en privé.

Hélas, ce sera bientôt le massacre de Wassy, la guerre civile, qui ramènera Bèze à Genève. Mais, si ses efforts de conciliation ont échoué, il est maintenant devenu le chef spirituel des protestants français, l'homme dont le prestige n'est plus loin d'égaler celui de son maître bien-aimé. Tout naturellement donc, lorsque, l'année suivante, Calvin meurt, c'est lui qui est chargé de reprendre le flambeau.

Or voici qu'aussitôt il révèle un trait de caractère qui ne sera pas sans affecter le cours des événements : l'humilité. Calvin avait été désigné à vie comme président de la Compagnie des pasteurs ; lui se récuse. Quitte à être renouvelable, cette présidence, Calvin mort, ne devrait plus être qu'annuelle. Et pas davantage ne proteste-t-il, lorsque, admis comme Calvin à certaines séances du Conseil, il se voit reléguer « au banc d'abas (du bas) ».

En outre, Bèze s'estime avant tout Français. Il a pu prendre la bourgeoisie de Genève, ne se sentir vraiment chez lui que dans la cité de Calvin, la voix du sang restera toujours chez lui la plus forte. Jusqu'à la fin de sa vie, il dira et écrira : « Nous autres Français » ; à Catherine de Médicis et à Henri IV, il se présentera comme leur humble sujet, et jamais n'oubliera qu'il est né gentilhomme nivernais. De plus, c'est lui que, depuis le colloque de Poissy, les réformés de France ont choisi pour guide. Quoi d'étonnant donc que, les yeux souvent tournés au-delà des frontières, il se soit montré plus sensible que nombre de ses collègues aux exigences de la politique et, partant, aux préoccupations du magistrat !

Et puis, de nature, il est accommodant, porté à la conciliation. Né noble, et noble fortuné, la vie lui a été clémente. Il n'a pas à l'égard du pouvoir l'agressivité de celui qui en aurait souffert. Il serait plutôt déférent. Mainte fois, même contre l'avis des autres pasteurs, il se fera son auxiliaire : l'aidera par exemple à instituer une chaire de droit à l'Académie, à « laïciser » l'enseignement en supprimant la profession de foi exigée des étudiants et en adjoignant au recteur – un pasteur – des « scolarques » nommés par le Conseil. Quand, approuvé par la majorité des pairs, le ministre Simon Goulart refusera de révéler au Petit Conseil de qui il tient ses informations sur certaine séance secrète du Grand Conseil, Bèze, tout en prenant sa défense, reconnaîtra que, personnellement, il aurait cédé à l'injonction du gouvernement et conseillera à ce dernier d'imposer désormais sa volonté par règlement.

Ajoutons qu'il n'est venu que sur le tard à la théologie, sans jamais y exceller comme Calvin, et que le magistrat n'est pas loin de croire qu'il en sait autant que lui sur la question.

Bref, en Théodore de Bèze, le pouvoir a trouvé un interlocuteur qui non seulement ne l'intimide pas, mais qui, bien souvent, fut prêt à le seconder.

Or, comme nous le verrons, le Petit Conseil, après la mort de Calvin, ne cessera de vouloir étendre ses prérogatives. Il n'est donc pas douteux qu'en s'efforçant si fréquemment d'arrondir les angles malgré la volonté de ses collègues, Bèze n'ait, d'une certaine manière, et bien malgré lui, encouragé les tendances à l'oligarchie.

Ces tendances, à dire vrai, étaient quelque peu inscrites

dans l'évolution des faits, car, au cours de la seconde moitié du XVIe siècle, les rapports économiques sont, eux aussi, en train de s'« oligarchiser ». Au temps de Calvin, en tout cas jusque vers le milieu du siècle, l'économie se trouvait encore à un stade précapitaliste. L'argent restait rare et s'investissait le plus souvent dans l'immobilier : terres ou maisons. Quand il était prêté, c'était presque toujours à court terme et pour tirer d'embarras quelque ami dans la gêne ; l'intérêt pouvait même être stipulé en nature : en blé, en vin, en bois de chauffage. Par ailleurs – chose exceptionnelle –, les métiers n'avaient pas éprouvé ici le besoin de s'organiser en corporations : la paix y régnait, que ce fût de maître à maître, où la concurrence était généralement loyale, ou de maître à apprentis qui, en attendant de s'établir à leur compte, étaient logés, nourris, blanchis et même parfois vêtus. Aussi ne relève-t-on, au temps de Calvin, que trois conflits professionnels, apparus de surcroît sur le tard, à la suite de l'inflation : l'un en 1557 chez les orfèvres, quand certains, pour réduire un prix de revient sans cesse croissant, s'étaient mis à travailler l'or au-dessous du taux prévu ; et deux – très vite réglés d'ailleurs – dans l'imprimerie, quand en 1559 et en 1561 les ouvriers typographes se mirent en grève.

Or dans le dernier tiers du XVIe siècle tout change.

D'abord Genève s'est passablement industrialisée. Si la plupart des réfugiés n'ont rien pu sauver de leurs biens, certains sont arrivés avec leurs capitaux et les ont, pour la plupart, investis dans l'économie. De nouvelles activités ont surgi, les anciennes se sont considérablement développées : ainsi de l'horlogerie, du travail du velours, de la passementerie, de l'orfèvrerie, du tirage de l'or, de la manufacture de la soie.

Mais dans le même temps Genève, comme le reste de l'Europe, souffre d'une inflation galopante. De 1567 à 1605, les prix ont doublé. C'est vrai du blé, du vin, des principales denrées. A sa mort, Bèze touchait un traitement deux fois supérieur en valeur nominale à celui de Calvin. Il est donc devenu de plus en plus difficile pour ceux qui n'avaient pas de capitaux d'acheter leurs matières premières. Et ils ont fini par tomber sous la coupe de ceux qui avaient de quoi les acheter. D'artisans libres, ils se sont transformés en contremaîtres. Au début du XVIIe siècle, l'horlogerie distinguera entre « artisans en boutique » et « artisans en chambre », ceux-ci se bornant à exécuter les commandes de ceux-là.

L'industrie est donc de plus en plus dominée par une minorité fortunée, qui n'a d'ailleurs pas borné là son activité. Certains font du prêt sur gages, tenant à leur merci la foule de ceux que l'inflation a mis dans la gêne. D'autres ne craignent parfois pas de spéculer sur les denrées essentielles – achetant, stockant pour faire monter les prix, puis revendant –, espérant ne pas être inquiétés par un gouvernement qui, en temps de crise, a besoin de leurs contacts à l'étranger pour obtenir du blé ou des crédits.

La tendance à l'oligarchie s'est même à ce point répandue, qu'il n'est jusqu'aux métiers qu'elle n'ait commencé à contaminer. Le premier règlement corporatif que Genève édicte en 1566 : celui de l'orfèvrerie, dispense déjà les fils de maîtres de suivre un apprentissage ; et bientôt eux seuls pourront accéder à une maîtrise qui exige de plus en plus de capitaux. Triste évolution pour une ville que le calvinisme voulait placer sous le signe de la fraternité !

Une telle situation ne pouvait évidemment laisser indifférents ceux que Dieu avait chargés de garder Son troupeau. A défaut de la Bible, que le magistrat sait utiliser aussi bien qu'eux, et du pouvoir d'excommunier qui ne leur est plus reconnu, les pasteurs disposent de deux armes redoutables : la menace d'une démission collective et surtout la parole en chaire.

A une époque où il n'existe pas, comme nous l'avons dit, de *mass-medium*, même pas de journaux, celle-ci demeure en effet le seul moyen d'informer la population et donc de l'influencer. Le pouvoir a tout à craindre d'une campagne de prêches qui ameuterait contre lui l'opinion publique. Et bien souvent, par crainte des « cris » des pasteurs, il n'osera pas ou au contraire devra prendre certaines mesures.

Certes, l'action des pasteurs a ses limites. La Bible n'a pas mis sur le même pied Moïse et son frère Aaron. A moins d'un scandale éclatant, il ne leur appartient pas de s'immiscer dans les affaires de l'Etat. Sans grande résistance, le Petit Conseil, dans le dernier tiers du siècle, réussira à dessaisir le Conseil général du droit de lever l'impôt, deviendra, sous réserve du droit de grâce du Grand Conseil, l'organe judiciaire suprême ; et, tout fiers de leur nouvelle importance, « Messieurs » se feront donner de l'« Excellence », voire du « Prince », et se doteront d'un vêtement les distinguant du commun. Peu s'en fallut même qu'en 1585 ils enlèvent aux citoyens toute connaissance de la marche des affaires : des lois, des traités, des déclarations de guerre, des accords de paix. Certains conseillers allèrent jusqu'à proposer qu'on leur enlevât le droit de vote et n'y renoncèrent finalement que de peur de voir les pasteurs susciter une émeute.

Si donc, dans le domaine politique, les pasteurs ne purent faire mieux que d'éviter le pire, en revanche au plan social ils réussirent à neutraliser dans une grande mesure les méfaits de l'oligarchie.

En contact constant avec le petit peuple, dont ils voyaient les misères – misères encore accrues par le gel des salaires, meilleur moyen assurait-on (déjà !) de juguler l'inflation –, ils ne cessèrent de s'en faire les défenseurs.

Sans parler de leur action humanitaire, notamment en faveur des réfugiés après la Saint-Barthélemy, et de leurs efforts pour empêcher la justice de devenir une justice de riches – « La plus belle rose de Genève, s'écriera un jour Théodore de Bèze, est la justice, et vous perdez cette réputation ! » –, ils ont tôt fait, à la moindre pénurie, de subodorer quelque manœuvre d'accaparement et, n'entendant pas demeurer des « chiens muets », ils « aboient », comme ils disent, après le gouvernement, l'obligeant bien souvent à enquêter et parfois même à forcer les greniers privés – Salomon n'a-t-il pas dit : « Celui-là est maudit qui garde son blé au temps de la cherté » ?

Surtout ils s'en prennent à l'usure. Certes, à la différence de l'Eglise catholique, ils n'en ont pas au prêt à intérêt. Ils ne peuvent oublier que, déjà au temps de son prince-évêque, Genève le pratiquait ouvertement. Et ils sont assez conscients des réalités économiques pour ne pas le condamner. Quand, en 1565, le Petit Conseil se demande s'il ne conviendrait pas de relever le taux légal de l'intérêt du « denier quinze » (6 2/3 %) au « denier douze » (8 1/3 %) – maintenir le statu quo risquerait en effet d'inciter les capitaux à s'en aller, mais à l'inverse, relever le taux pourrait faire hausser le coût de la vie et nuire au renom de Genève –, Théodore de Bèze, consulté, recommande une position souple : il ne faut pas être « cause que plusieurs qui ne vivent que de leur argent se retirent ailleurs ». Trois ans plus tard, devant la détresse des finances publiques, il ne s'opposera pas non plus à ce que Genève, qui a emprunté au-delà de ses besoins, fasse un beau bénéfice en reprêtant à 10 % au travers d'une sorte de banque d'Etat des fonds qu'elle a obtenus à 5 %. Et, si quatre ans plus tard, il fait ramener le taux à 8 1/3 %, c'est seulement parce qu'il en est résulté une hausse parallèle de tous les taux privés, au grand détriment des débiteurs dans la gêne.

Ce que les pasteurs dénoncent donc, c'est l'usure – « l'usure excessive », comme on disait alors, donnant au mot « usure » le sens d'*usus* : usage. Pour stigmatiser ceux qui s'y livrent, il n'ont pas de mots assez durs. En pleine chaire,

Antoine Chauve les traite de « larrons », de « brigands », de « loups », de « tigres ». Il veut qu'on les lie par des chaînes, les expulse, les lapide ! puis, à l'approbation de ses collègues, s'en prenant cette fois aux magistrats, il s'écrie : « Quand la teste est malade, que sera-t-il du reste ! »

Les magistrats évidemment s'insurgent, lui demandent de retirer ses propos. Où voit-il, au demeurant, que la Bible ait réclamé la lapidation des coupables ? Mais il doivent en réalité baisser la tête, car ils savent que même dans les allées du pouvoir il est des gens pour prêter à des taux illicites, à commencer par cet Ami Varro, premier directeur de la banque d'Etat, que, sur la pression des pasteurs, ils seront obligés de condamner.

Bref, au sein de ce régime « biblique », que pasteurs et magistrats sont bien d'accord pour défendre à tout prix, si ceux-ci constituent le gouvernement, ceux-là représentent la très vigilante opposition.

Mais un événement va se produire qui, affaiblissant la position des uns et renforçant celle des autres, va bouleverser le rapport des forces : la résurgence de la Maison de Savoie.

La résurgence de la Maison de Savoie

Vaincu à Saint-Quentin, Henri II a dû, par le traité de Cateau-Cambrésis, rétrocéder au duc Emmanuel-Philibert de Savoie les territoires que François 1er lui avait enlevés. Et, de son côté, Berne, décidément moins combative qu'autrefois, n'a pas cru pouvoir, malgré ses 30 000 soldats, résister aux pressions de Charles Quint et de la Savoie, et s'est engagée par le traité de Lausanne à évacuer dès 1567 toutes ses conquêtes de 1536, hormis le Pays de Vaud. Ce qu'elle a fait à la date fixée.

Ainsi, pendant tout le dernier tiers du siècle, Genève retrouvera-t-elle à ses frontières son mortel ennemi, un ennemi devenu plus redoutable que jamais, car, profitant de la tendance générale à la centralisation, Emmanuel-Philibert a peu à peu supprimé dans ses Etats les franchises communales et triomphé des particularismes féodaux. Et bientôt Genève sera enclavée dans des territoires unifiés qui n'attendent plus qu'une capitale : elle-même.

Par chance, Emmanuel-Philibert était d'humeur pacifique, moins soucieux d'étendre son duché que de le consolider. D'ailleurs, pensait-il, le temps aidant, aussi bien la géographie que l'économie feraient finalement tomber Genève comme un fruit mûr. Il faut dire également que, craignant pour la sécurité de sa province de Franche-Comté, Philippe II encourageait vivement ses dispositions pacifiques.

Privée de l'appui de la France, d'ailleurs gagnée maintenant à la politique de la Contre-Réforme, Genève essaie donc de nouveau, mais cette fois avec l'appui de Berne, de s'intégrer à la Confédération helvétique. Malheureusement, ce qui, dix ans plus tôt, aurait pu réussir avec son aide, se heurte aujourd'hui à l'hostilité des cinq cantons catholiques du Wald. Les Waldstaetten ont en effet épousé sans réserve la cause de la Savoie, rêvant même de restaurer la « vraie religion » dans toute la Suisse. Et, au lieu de s'allier à Genève, c'est finalement avec Emmanuel-Philibert qu'ils signent, le 8 mai 1577, un traité de défense mutuelle, traité auquel se sont joints les deux autres cantons catholiques : Soleure et Fribourg.

Que Emmanuel-Philibert eût été plus entreprenant et Philippe II moins méticuleusement prudent, ce n'est pas l'assistance vacillante de Berne qui eût pu alors sauver Genève !

Berne lui a quand même été utile : elle a convaincu Emmanuel-Philibert de lui accorder en mai 1570 une trêve, dite *Mode de Vivre,* qui doit en principe durer vingt-trois ans.

En fait, la trêve ne durera que ce que durera Emmanuel-Philibert : dix ans. A sa mort, en 1580, monte sur le trône son fils unique : Charles-Emmanuel, un adolescent de dix-huit ans, ambitieux et passionné de guerre. Pour Genève, les jours sombres vont commencer.

Il est vrai que l'année précédente, elle a eu une heureuse surprise : le roi de France est rentré en scène. Alors que, se désintéressant de sa situation stratégique, François II et Charles IX n'avaient vu en elle que le « nid de l'hérésie », Henri III, menacé par les Guise et à l'affût de renforts, a surtout vu en elle « la clef des Ligues », « le principal boulevard » par où doivent passer ces soldats suisses — improprement appelés, soit dit en passant, mercenaires[1] — dont dépend sa sécurité. Et pour qu'elle ne risque pas de tomber en mains ennemies, il a signé le 8 mai 1579 avec les cantons de Berne et de Soleure un traité par lequel il s'est engagé à solder toute garnison que ceux-ci y installeraient, ajoutant qu'en cas de siège il verserait jusqu'à 15 000 écus d'or par mois et autoriserait ses sujets à se joindre à l'armée de secours. Et du coup Berne, qui sans l'appui de la France se sentait orpheline, a assuré Genève de son plein soutien militaire.

1. Ils n'étaient pas, en effet, enrôlés directement, mais faisaient l'objet d'un accord avec la Diète helvétique, qui se chargeait, elle, de les lever sous l'autorité de leurs propres officiers.

Mais Charles-Emmanuel est un jeune homme bouillant ; tout de suite il passe à l'action. D'abord il cherche l'effet de surprise. Avec les intelligences qu'il a su s'acheter dans Genève, il essaie, après avoir projeté une action à la porte de Cornavin, d'introduire subrepticement à Longemalle 250 soldats, amenés par barques ; mais son complot échoue.

Alors il se prépare à un coup de force. Tout autour de Genève il masse des milliers d'hommes : Savoyards, mercenaires français et italiens, recrutés à Turin. Mais de nouveau son plan est contrarié : Henri III le menace d'intervenir, et Genève reçoit des secours considérables : 2 000 hommes de Berne et 5 000 des protestants du Midi de la France.

Alors il se rabat sur la diplomatie. Après s'être empressé de renouveler l'alliance de son père avec les cantons catholiques, il se rapproche de Philippe II dont il épouse en 1585 la seconde fille, l'infante Catherine. Mais de son côté, Genève réussit, grâce à Michel Roset, le grand homme d'Etat des dernières décennies du XVIe siècle, à convaincre Zurich de se joindre, le 30 août 1584, au traité d'assistance mutuelle qui la lie à Berne. Date mémorable ! Jusqu'à la fin du XVIIIe siècle, Genève ne cessera plus de bénéficier de l'appui des deux principaux cantons de Suisse.

Alors, d'autant plus déçu de la diplomatie qu'il n'a pas trouvé en Philippe II, absorbé par la révolte des Pays-Bas et par ses grands projets d'invasion de l'Angleterre, l'allié qu'il espérait, Charles-Emmanuel décide de recourir à l'arme que ses ancêtres avaient souvent utilisée, mais que maintenant la centralisation de ses Etats rend particulièrement nocive : le blocus. En août 1586, il interdit toute exportation de blé à destination de Genève. A la malheureuse cité, enclavée comme elle l'est dans ses territoires, il ne reste plus désormais qu'une voie pour s'alimenter : celle, ô combien étroite, du lac.

Les autorités n'avaient pas prévu la mesure. En toute hâte, elles essaient de se procurer des grains ailleurs, aussi loin qu'en Alsace et au Palatinat. Mais à quel coût ! En y consacrant près de trois fois le montant de leurs recettes annuelles : 300 000 florins ! Et à Genève le prix du blé triplera, atteignant 28 florins la coupe[1] — record absolu jusqu'au milieu du XVIIe siècle ! Et, de plus, l'année où arrivent cinq cents nouveaux réfugiés ! La souffrance de la ville fut telle que, faute d'élèves et d'argent pour payer les professeurs, les cours de l'Académie durent être suspendus. Genève, comme

1. La coupe valait 77,6 litres.

on l'a dit, s'éteignait[1]. Quant à ses sujets de Peney, de Champagne et de Jussy, entièrement enclavés dans les territoires du duc, ils furent réduits à se nourrir d'herbes !

Le destin de Genève semblait donc scellé, quand un véritable miracle va se produire. En France, éclate, l'année suivante, la « Journée des barricades ». Car qui croirait que Genève dût son salut à cet événement lointain, que sa survie ait tenu à une émeute sur les pavés de Paris ?

Pour Charles-Emmanuel, cette journée change en effet les données du problème. Puisque le royaume voisin est au bord de la guerre civile, n'est-ce pas le moment de s'emparer du marquisat de Saluces, ce petit bout de France qui, au-delà des Alpes, s'enfonce comme une épine dans son Piémont ? Et puis si, comme on peut maintenant l'espérer, Henri III vient à être déposé, ne pourrait-il, lui, briguer la couronne ? Après tout, il est son plus proche parent mâle : un cousin germain, fils de la sœur de son père, Marguerite de France.

Et assez absurdement, puisque c'était renoncer au but au moment où il y touchait et faire fi aussi de la loi salique, Charles-Emmanuel cesse soudain de s'intéresser à Genève : il desserre son blocus et, en octobre 1588, envahit le marquisat de Saluces. Comment Genève n'y aurait-elle pas vu la main de Dieu !

Mais voir la main de Dieu dans la levée du blocus n'amenait-il pas à la voir aussi dans sa mise en place – qui prendrait alors valeur d'avertissement contre le danger de l'inaction ?

Troublé, le Conseil veut avoir l'avis des pasteurs et convoque Bèze. Bèze a maintenant soixante-neuf ans. Il y a huit ans, fatigué par de multiples activités, il a résigné ses fonctions de Modérateur, convainquant ses collègues de changer désormais de président toutes les semaines. Mais il n'en demeure pas moins le conseiller officieux du gouvernement, celui qui continue à personnifier Genève aux yeux de l'étranger.

Or tout vieux qu'il soit, Bèze est sûr que Dieu veut que Genève agisse. L'Ancien Testament ne condamne pas toutes les guerres : il admet les guerres justes. Or est-il de guerre plus juste que celle dont dépend la survie ?

Déjà en 1582, lors de la première alerte savoyarde, tout un parti voulait en découdre. Invoquant lui aussi l'Ancien

1. Alain Dufour, *La Guerre de 1589-1593* ; L. Cramer, *La Seigneurie de Genève et la Maison de Savoie de 1559 à 1593*, t. IV, Genève, 1958.

Testament, Jacques Lect, le fameux jurisconsulte, avait parlé du Dieu des armées, de Celui qui, en l'absence de toute autre alternative, conduit Son peuple au combat. Ne méconnaissez pas, avait-il conclu, la volonté d'une grande partie de la population : elle pourrait se soulever ! Aujourd'hui, fait remarquer Bèze, cette majorité est presque devenue une unanimité.

Le Conseil ne demandait qu'à êre convaincu. Mais Genève est incapable de se mesurer seule au duc. Or peut-on compter sur Henri III, harcelé par les Guise ? Et si on ne peut compter sur lui, Berne ne se dérobera-t-elle pas ?

Une fois de plus, Charles-Emmanuel commet une faute : il essaie de récupérer par la ruse le Pays de Vaud. Mal montée, sa tentative est découverte et étouffée. Mais on a voulu toucher à ses biens, l'ours bernois se fâche : il consent maintenant à sortir ses griffes si, du moins, Henri III accepte qu'on se batte en son nom. Comment donc décider ce dernier ?

Alors séjournait à Genève un certain sieur de Fresne — constantes étaient en effet les allées et venues de gentilshommes huguenots entre la ville et la France. Fresne avait pour ami un ancien ambassadeur du roi en Suisse et son actuel conseiller : Harlay de Sancy. On convient donc de lui faire parvenir la proposition suivante : si Henri III veut bien les solder, Genevois et Bernois se chargeront d'attaquer pour lui la Savoie.

Demander de l'argent à Henri III avait toute l'apparence d'une plaisanterie : complètement ruiné, ce dernier devait déjà des sommes considérables aux Ligues ! L'accord ne s'en fait pas moins sur ces bases. Enchanté en effet de pouvoir disposer d'une armée imprévue, Henri III promet tout ce qu'on voulait. Il en profite même pour envoyer Sancy auprès de la diète recruter d'autres troupes.

Sancy était assurément un diplomate de première force. Non seulement il revint, fort de l'appui militaire de Berne et de Genève, mais il obtint celui de Bâle, de Schaffhouse, de Glaris et des Grisons ! Au total, quatre régiments, 12 000 soldats. Et le tout sans bourse délier ! Que dire : en se faisant lui-même avancer de l'argent : 100 000 écus !... La guerre contre la Savoie pouvait donc commencer.

Dieu aveugle ceux qu'il veut perdre. Depuis quelque temps, ses conseillers essayaient de mettre Charles-Emmanuel en garde contre ce qui se tramait. Il se moquait. Il se moquait même tant, qu'il s'était lancé à la conquête du Dauphiné pour répondre à l'appel de Lyon qui, gagnée à la Ligue, était menacée par les troupes royales. Mais, le 4 avril 1589, il cessa de se moquer. La nouvelle lui parvint, à Chambéry, que deux jours auparavant, les Genevois avaient envahi ses Etats.

Le Petit Conseil avait mis sur pied une troupe d'environ 1 500 hommes, sous les ordres d'un gentilhomme français, recommandé par Henri de Navarre : Jean de Guitry. Le traité conclu avec Henri III octroyait à Berne le Pays de Gex et le Chablais, mais ne disait rien du Faucigny : autant être le premier à l'occuper ! C'est donc sur lui que Guitry se jeta.

En quatre jours, profitant de l'effet de surprise, il s'empare de divers châteaux, dont ceux de Monthoux et de Saint-Jeoire, ainsi que de la ville de Bonne, puis, le Faucigny conquis, il met la main, entre Arve et Rhône, sur les châteaux de Ternier et de Saconnex d'Arve.

Maintenant l'effet de surprise est passé. Les Savoyards affluent, mais aussi les 12 000 hommes de Sancy. Chemin faisant, ils ont pris le Chablais et le Pays de Gex, dont le château était déjà tombé aux mains des Genevois.

Or si ceux-ci doivent maintenant le rendre, il leur est offert en compensation un traité inespéré. Prenant sur lui tous les frais de la guerre, Henri III, par la voix de Sancy, s'engageait à rembourser à Genève, avec les intérêts au denier douze (8 1/3 %), le montant, à ce jour, de ses dépenses : 55 200 écus. En gage, celle-ci conserverait le Faucigny et même en pleine propriété les mandements de Thiez, Monthoux et Bonne, ainsi que les bailliages de Ternier et de Gaillard. Enfin, le roi promettait de ne pas signer de paix séparée avec la Savoie.

Hélas, aucune de ses belles promesses ne sera tenue ! Sans parler du remboursement de sa créance dont Genève sera encore en train de réclamer les intérêts composés au début du XIXe siècle, un fait bien plus grave se produit. Au moment où, comme en 1536, la victoire se dessinait rapide et totale, Sancy s'en va avec ses 12 000 hommes, emmenant également toute l'artillerie de Genève : douze pièces de campagne et deux couleuvrines ! Il a été rappelé d'urgence par Henri III, désormais occupé à reconquérir, avec l'aide de Henri de Navarre, son royaume.

Voilà donc Genève réduite au seul concours de Berne. Concours branlant et bientôt évanoui ! Après avoir envoyé à son secours des troupes inexpérimentées et de plus commandées par un officier – l'avoyer Jean de Watteville –, dépassé, de son propre aveu, par sa tâche, Berne, privée du soutien de la France, ne va plus en effet penser qu'à se retirer de la guerre, et à Nyon elle signe avec la Savoie un traité par lequel elle déclare même ne plus s'opposer à ses prétentions sur Genève.

Cette trahison bouleversa l'Europe protestante. L'Electeur palatin adressa à Berne une lettre scandalisée. Les délégués de Zurich, de Bâle et de Schaffhouse, envoyés pour s'opposer à la ratification du traité, n'hésitèrent pas, en pleine séance du Grand Conseil bernois, à comparer ses signataires à Caïn assassinant son frère, à Judas livrant Jésus.

Ajoutons cependant, pour l'honneur de la vieille et glorieuse République, que le peuple refusa de souscrire à l'acte de quelques magistrats égarés. Une telle vague de colère le souleva que, dans un referendum de fait, il balaya, unanime, le traité, et que Watteville s'enfuit pour ne pas être arrêté.

N'empêche que Genève doit maintenant supporter seule le poids de la guerre. Jamais l'occasion de s'en emparer n'a été plus belle ! Malheureusement pour Charles-Emmanuel, une partie de ses troupes lui a été fournie par Philippe II qui, déjà peu porté aux aventures, vient d'être échaudé par l'échec de l'Invincible Armada. Et ordre leur a été donné de ne l'aider qu'à récupérer ses anciennes possessions, non à prendre Genève. Alors, Charles-Emmanuel se résoud à rétablir son blocus, qu'il renforce par la construction de deux forts, l'un à Versoix, l'autre près de Saint-Julien où il se tient. Il fait même construire à Thonon des galères pour achever d'obturer l'artère alimentaire du lac. Cette fois, c'en est fait, semble-il, de Genève.

C'en eût été fait, assurément, d'elle, si une fois de plus Dieu n'était venu à son secours : Charles-Emmanuel commet une nouvelle faute. Il part soudain en Provence avec le gros de son armée, pour aller combattre les troupes royales, laissant à peine plus de 3 000 hommes autour de Genève. Toujours le mirage du démembrement de la France, voire de la couronne de lys, devenu pour lui d'autant plus éblouissant, qu'Henri III vient d'être assassiné le 1er août 1589 !

Mais, contrairement à ce qu'il croyait, les Genevois n'étaient nullement abattus ; ils n'allaient pas tomber comme des fruits mûrs sous le seul effet du blocus. Malgré d'infinies souffrances, leur foi les soutenait. Que de situations dans la Bible paraissaient désespérées que Dieu avait tout à coup redressées ! Aussi, quand ils virent le gros de l'armée savoyarde s'éloigner, ils éclatèrent en action de grâces, sûrs que Dieu s'était une fois encore manifesté ; et, avec leur garnison, grossie de leurs milices – environ 1 500 hommes – ils reprennent aussitôt l'offensive.

Sous la conduite d'un gentilhomme français, Claude de Lurbigny, ils s'emparent de divers points fortifiés du Pays de Gex, dont le fameux fort de Versoix, et même pendant quelque temps de celui de la Cluse qu'à deux reprises, au début de la guerre, ils avaient vainement essayé d'enlever. Puis ils réoccupent le Pays de Gex que les Espagnols, à force de ravages, avaient dû finalement évacuer, remportant, sous la conduite d'un autre gentilhomme français : Guillaume de Conforgien, la brillante victoire des « Vendanges de Bonne ».

Ce n'est pas tout ; voici qu'à la fin décembre, Sancy revient avec plusieurs centaines de soldats, qu'en janvier 1591 un autre capitaine français, Guitry, en amène 1 800 autres, et que, conjuguant leurs efforts, tous deux regagnent, en Chablais et dans le Faucigny, toutes les positions enlevées aux Savoyards au début de la guerre ! Sancy bat même à Monthoux les Espagnols qui s'étaient portés sur Genève. Et si, peu après, les deux capitaines repartent avec leurs hommes, de son côté Charles-Emmanuel, embourbé comme il l'est avec le gros de ses forces dans le Midi de la France, ne pourra plus désormais livrer autour de Genève que des combats d'escarmouches.

Heureusement, car Genève est épuisée militairement et surtout financièrement. Il est d'ailleurs remarquable qu'elle ait pu résister jusque-là ! C'est ici qu'apparaît peut-être l'aspect le plus intéressant de cette guerre. Sans doute, par des rançons et le butin, Genève sut-elle se payer sur l'ennemi. Elle déploya également de l'ingéniosité, émettant par exemple, avec un coût de frappe minime, des jetons de cuivre qui lui servaient à solder en partie ses troupes, qui, à leur tour, les écoulaient chez leur boulanger, qui lui-même les utilisait pour acheter son blé à la Seigneurie — leur point de départ. Economie de numéraire : 92 700 florins !

Mais jamais elle n'aurait pu tenir financièrement sans l'assistance qu'elle reçut des pays réformés. Villes et princes, même de petites gens lui prêtèrent des sommes à très faible taux d'intérêt, qu'ils ne réclamèrent pas toujours à leur échéance. Les Eglises réformées organisèrent des collectes, comme la diaspora juive le fait aujourd'hui pour Israël, qui furent particulièrement efficaces dans les dernières années de la guerre. Et si les Pays-Bas se montrèrent ici les plus généreux, demandant, dans un bel hommage à l'Académie, que leurs fonds servissent aussi à rétablir l'enseignement de « l'escole de théologie », comment ne pas pareillement s'émerveiller que Charles Liffort ait pu ramener des subsides d'une tournée en Europe centrale et orientale !

Finalement cette guerre, que la solidarité protestante avait transformée en une véritable guerre de religion, se termina en 1593. En ne la perdant pas malgré la défection de ses alliés, Genève avait fait la preuve, non seulement de son héroïsme, mais aussi de son prestige.

Elle en a retiré également de précieux enseignements. Jusque-là, elle avait compté sur Berne. Maintenant elle sait que le principal garant de sa sécurité, même si, reniant la foi de ses ancêtres, il s'est en 1593 converti au catholicisme, c'est Henri IV. Dès lors, cessant de jeter les mêmes regards outre Sarine, elle va surtout tourner les yeux outre Jura. Non seulement à partir de ce jour, elle, qui parlait plus volontiers le patois, va se mettre résolument au français, mais elle se fera constamment représenter auprès de Henri IV. Liens étroits, qui amèneront ce dernier à l'inclure, sinon nommément, du moins par périphrase, dans la trêve qu'il conclut en 1593 avec la Ligue et son allié Charles-Emmanuel, trêve qui sera régulièrement renouvelée jusqu'au traité de Vervins de 1598 et durera en fait pour Genève jusqu'à l'Escalade.

L'Escalade

Le traité de Vervins s'en était remis au pape du soin de délimiter les territoires respectifs de la France et de la Savoie, et son arbitrage, concrétisé par le traité de Paris de 1601, avait attribué à Henri IV la Bresse, et à Charles-Emmanuel le marquisat de Saluces, ainsi que le Pays de Gex, demeuré depuis dix ans aux mains des Genevois. On aurait pu croire qu'y trouvant son avantage, le duc s'y serait conformé. Il n'en fut rien. Et, reprenant les armes, Henri IV s'empara rapidement du Pays de Gex.

Cet occupant-ci valait mieux pour Genève que l'autre, d'autant qu'en contrepartie elle reçut de lui, d'abord deux acomptes de 20 000 écus chacun sur la dette de guerre de Henri III et d'importantes franchises douanières et fiscales pour ses ressortissants, puis la rétrocession de trois villages : Chancy, Avully et Moëns, mais surtout l'engagement de subvenir, à concurrence de 7 000 livres tournois par mois (2 000 écus), à l'entretien d'une garnison permanente à Genève.

Cependant, même sans le Pays de Gex, la Savoie demeurait un voisin inquiétant. N'ayant plus à combattre en Provence et au Midi, Charles-Emmanuel pouvait maintenant masser toutes ses forces contre Genève. Il est vrai qu'il lui était difficile de s'engager dans une guerre ouverte, puisque son principal soutien, le roi d'Espagne, s'y opposait, et que son principal adversaire, le roi de France, était décidé à le contrecarrer.

Mais il est vrai aussi que, favorisée par la faiblesse de la garnison, il y avait une autre possibilité...

Or cette possibilité, après l'avoir longtemps redoutée, les dirigeants genevois, le moment venu, n'y crurent plus. Ce n'est pas que les avertissements leur eussent manqué – même Henri IV les avait à plusieurs reprises alertés, allant jusqu'à faire décapiter le maréchal de Biron qui complotait avec la Savoie –, mais justement il y en avait eu trop, et rien ne s'était produit ! De plus, leur méfiance venait d'être endormie par la venue à Genève d'un envoyé du duc, un certain Rochette, président du sénat de Chambéry, qui les avait trompeusement entretenus d'arrangements économiques, prélude éventuel à une paix formelle. Aussi furent-ils entièrement surpris par les événements du 22 décembre 1602.

Car l'Escalade, que Genève continue à célébrer si joyeusement le 12 décembre, a en réalité eu lieu à une date que notre calendrier fixe au 22, le décalage provenant de l'écart de dix jours entre le calendrier julien et le calendrier grégorien, que Genève n'avait pas encore adopté.

Cette date du 22 décembre n'est en effet pas fortuite : c'est celle du solstice d'hiver, où la nuit est la plus longue de l'année...

Donc le samedi 11 (21) décembre, par une froide soirée, les troupes du duc de Savoie ont quitté le château de Bonne. Elles se dirigent vers Genève en suivant le cours de l'Arve. Il y a là la compagnie des gardes de Charles d'Albigny, gouverneur de la Savoie et commandant en chef de l'opération – 300 hommes d'élite, nobles Savoisiens pour la plupart, chargés de s'infiltrer dans la ville pour en ouvrir, le moment venu, les portes au gros de l'armée : quatre compagnies de cavalerie et le régiment du baron de La Val d'Isère, qui cheminent derrière eux. En tout 2 000 à 3 000 hommes, presque tous des mercenaires, soit français, soit espagnols, qui, fanatisés, pensent faire œuvre pie.

Ils avancent lentement, alourdis comme ils le sont par leur pesant matériel d'escalade : haches, gros marteaux d'acier, claies pour le franchissement des fossés, et surtout de merveilleuses échelles teintes en noir, couleur de muraille – c'est le cas de le dire ! – et allongeables à volonté, parce que faites de diverses pièces s'emboîtant les unes dans les autres.

L'avance est en fait si lente, que, partis à six heures du soir, ils n'arrivent sur la plaine de Plainpalais qu'aux environs de minuit. Sans être aperçus, si ce n'est des canards qui s'envolent en cancanant, les trois cents hommes d'élite se dirigent vers le fossé boueux qui longe la Corraterie. Le bruit du

12. *L'Escalade*

Rhône étouffe celui de leurs pas, et de fortes haies dissimulent leurs mouvements. Les claies sont jetées par-dessus le fossé, et les voici au pied du rempart, haut de six à sept mètres, qui court de la Tour de la Corraterie, près du Rhône, au bastion de l'Oie, sur la place Neuve actuelle. Vers deux heures du matin, les échelles sont fixées le long des murs. Et deux à trois cents hommes ne tardent pas à se trouver au-delà de la première enceinte, dite des Réformateurs. Il y a bien à cet endroit une guérite de pierre, mais, comme les assaillants le savent, elle est vide, personne ne pensant qu'une attaque viendrait de ce côté-là. Ils se dissimulent, se collant aux maisons qui regardent le rempart, ou se couchant sous les arbres de la pente du parapet. Quelques-uns traversent même l'espace qui sépare les deux enceintes et font une découverte qui les surprend autant qu'elle les réjouit : les portes intérieures ne sont ni gardées, ni fermées ; tout au plus a-t-on tendu des chaînes à la Tertasse !

Maintenant il n'y a plus qu'à attendre, car l'attaque ne doit avoir lieu que vers quatre heures, quand on commencera à y voir plus clair et que, par la porte Neuve ouverte – celle près du bastion de l'Oie –, les 2 000 à 3 000 hommes massés sur la plaine pourront s'engouffrer dans la ville.

Une première ronde passe et ne les voit pas ; mais, par chance, vers deux heures et demie, une sentinelle de la Tour de la Corraterie entend du bruit. Elle avise son caporal, qui détache un soldat. Celui-ci sort avec sa lanterne et monte sur le parapet. A peine a-t-il le temps de crier : « Qui vive ? », qu'il tombe mortellement frappé. Mais il a pu lâcher un coup d'arquebuse auquel la sentinelle de la Tour a répondu en tirant elle aussi. L'alerte est donnée.

Les Savoyards ne peuvent plus que brusquer le dénouement. Tandis que les plus nombreux se précipitent sur la porte Neuve pour la prendre à revers, les autres, afin d'empêcher l'arrivée de renforts, courent vers les portes intérieures, celles de la seconde enceinte : Monnaie, Tertasse et Maison de ville. De son côté, un cinquième groupe essaie de forcer les allées des maisons de la Corraterie qui les mèneront droit en ville.

Treize hommes seulement gardaient la porte Neuve, clé de l'opération. Dix s'enfuient, deux se cachent, mais l'un reste. Il grimpe sur la porte et coupe la corde qui retenait la herse... Genève a dédié une de ses rues à cet humble Isaac Mercier qui, cette nuit-là, la sauva. Sans son courage et sa présence d'esprit, plus de 2 000 hommes fanatisés auraient en effet fait un carnage des ennemis de leur foi... Mais la herse est tombée, et on ne peut passer ! Un artificier essaie bien de la faire sauter : coincé par la herse, son pétard ne part pas !

Maintenant dans la ville le tocsin sonne. Toutes les milices urbaines – près d'un millier d'hommes – sont sur pied et passent à l'attaque. Supérieures en nombre, elles ont tôt fait de dégager les trois portes intérieures, puis la porte Neuve. Les envahisseurs perdent courage et s'enfuient. Ils veulent regagner leurs échelles, mais dans leur précipitation beaucoup les renversent et n'ont que la ressource de se jeter du haut des remparts, tandis que, du bastion de l'Oie, une pièce de canon prend les autres en enfilade et les décime.

Au son du canon, les 2 000 à 3 000 hommes massés sur la plaine de Plainpalais ont poussé des cris de joie. Ils s'imaginent que les leurs viennent de faire sauter la porte Neuve et ils accourent en hurlant : « Avance, avance, ville gagnée ! », mesurant déjà, comme le dit plaisamment un chroniqueur, le drap et le velours des marchands qu'ils vont piller. Mais tout à coup la pièce de canon, ainsi qu'une nouvelle pièce, tirant de la Maison de ville, les prennent eux aussi à partie, semant dans leurs rangs la confusion et la mort. A leur tour, ils s'enfuient.

A la nouvelle de l'incroyable échec, Charles-Emmanuel s'écria à d'Albigny : « Vous avez fait une belle cacade ! », caractérisant assez bien, quoique plutôt grossièrement, l'issue d'une entreprise qui, logiquement, n'aurait jamais dû échouer.

Naturellement, la légende s'empara de l'événement. Et il faut croire que dans des coups de ce genre l'imagination masculine aime galamment y associer la femme et ses armes domestiques, car déjà dans un cas similaire à Venise il avait été question d'une marmite jetée par une femme du haut de sa fenêtre sur une troupe d'émeutiers, dont elle avait étendu roide le chef. Genève eut donc, elle aussi, sa dame à la marmite, la fameuse mère Royaume, qui, laissant choir un tel projectile alors qu'elle y faisait cuire de la soupe, aurait fendu le crâne d'un des envahisseurs, aventuré sous sa fenêtre. Mais on ne voit guère une ménagère, quelque matinale qu'ait été l'époque, faire cuire de la soupe à trois heures du matin[1] ! Cependant, comme une légende ne ment jamais complètement, on peut croire qu'elle ait lancé quelque autre objet : peut-être un pot de fer ou d'étain, ou encore, comme on vient de le soutenir[2], un moule à graver, son mari Pierre Guillaume, ayant été un potier doublé d'un graveur.

1. Paul-F. Geisendorf, ***L'Escalade de Genève, 1602,*** ouvrage collectif, Genève, 1957, p. 165.

2. Jean-David Candaux. Signalons en outre, à propos des projectiles lançés par les dames, qu'il y eut celui – bien plus efficace, quoique moins spectaculaire – que jeta de sa fenêtre la dame Piaget : une clef, qui permit

En tout cas, au prix de seulement dix-sept tués et vingt-sept blessés, dont deux, il est vrai, très grièvement, Genève avait été sauvée. Encore une fois par miracle, par le plus grand des miracles envoyés par Dieu ! Et, en caractérisant ainsi la victoire, Théodore de Bèze ne traduisit pas seulement, ce dimanche-là, le sentiment de la population, il exprima aussi l'avis de l'Europe entière qui, enthousiasmée ou consternée, vit alors en Genève une de ces villes élues où, en bien comme en mal, se fait l'Histoire.

Mais la guerre n'était pas finie pour autant. Il y avait tout lieu de craindre que Charles-Emmanuel ne voulût venger un tel échec. En hâte, Genève s'adresse donc à ses alliés : à Berne, à Zurich, dont elle finit par obtenir un renfort de 1 000 hommes – 400 de celle-ci, 600 de celle-là. Elle écrit également à son ami, le roi de France, qui l'assure de sa protection et qui, mieux encore, effectue un premier versement de 60 000 florins pour solder sa garnison, bientôt suivi d'un autre de 130 000 florins. Jusqu'en 1625, Genève va d'ailleurs régulièrement recevoir de France, au titre des engagements pris pendant la guerre de 1589-1593, d'abord 6 000 livres tournois (2 000 écus) par mois, puis, à partir de 1617, 5 000 livres tournois.

En revanche, à l'égard du duc, malgré tous ses efforts de justification, la réprobation est générale – même chez les catholiques, surtout furieux, il est vrai, de son échec, échec qui le prive désormais de l'arme de la surprise.

Dès lors l'espoir changea de camp, et la guerre changea, sinon d'âme, du moins d'allure. Passive jusque-là, Genève passe maintenant à l'attaque. Fièrement, elle a exposé près de la porte Neuve, au gibet du boulevard de l'Oie, soixante-sept têtes coupées : celles des ennemis capturés ou tués pendant l'Escalade – devant elles, rongées et pourrissantes, passeront, quelques mois plus tard, les envoyés du duc, venus parler de paix. Mais surtout, de coups de mains en opérations d'envergure, qui culmineront par la prise de la petite ville de Saint-Genix-d'Aoste, ses forces ne tardent pas à infliger aux Savoyards démoralisés autant de revers.

Finalement, en mars 1603, Charles-Emmanuel se résout à négocier. Cependant il continue à voir en Genève une ville sujette, tenue à diverses servitudes, dont celle de supporter la présence d'une garnison savoyarde dans le château de l'Ile ; tandis que Genève entend, elle, que son indépendance soit

aux milices de la rue de la Cité de passer par la porte de derrière de sa maison et de pourchasser dans les allées de la Corraterie les assaillants qui y étaient postés.

formellement reconnue par un traité de paix perpétuel. Loin même d'accepter la moindre servitude, elle ne craint pas de revendiquer les terres que possédait jadis en Savoie son prince-évêque, ainsi que la liberté du culte pour les régions – Pays de Gex, Chablais, Faucigny – où, avec Berne, elle avait introduit le culte protestant, persécuté depuis qu'y est revenu le duc et qu'y prêche François de Sales, intronisé « évêque de Genève ».

Les positions étaient donc difficiles à concilier. Et après deux mois de négociations on était sur le point de rompre, quand Henri IV sauva la situation. Il avait chargé son ambassadeur à Soleure de rechercher avec les cantons suisses un terrain d'entente, et ceux-ci finirent par proposer la médiation des cantons restés neutres. Médiation acceptée, qui aboutit, le 11 (21) juillet 1603, au traité de Saint-Julien qui, quelles qu'aient pu être à l'époque les arrière-pensées de Charles-Emmanuel, marque, en fait, la fin de la guerre que, depuis le XVe siècle, les ducs de Savoie n'avaient pratiquement pas cessé de livrer à Genève.

Les belligérants se restituaient mutuellement leurs conquêtes. Genève obtenait, dans l'ensemble des Etats de Savoie, le droit de commercer librement et d'être exemptée de taxes. Mais surtout le traité la mettait avec le duc sur un pied d'égalité. En le signant, celui-ci reconnaissait son indépendance. Il s'engageait même à ne plus assembler de troupes, ni à élever de fortifications dans un rayon de quatre lieues autour de ses remparts.

Genève ne sortait donc pas seulement vivante de cette ultime lutte de vingt années, elle en sortait victorieuse. Et même, en tant que cosignataire d'un traité avec la Savoie, elle en sortait avec la qualité, enfin reconnue, comme on l'a justement souligné[1], d'Etat souverain, auprès duquel d'ailleurs les grandes puissances allaient bientôt se faire représenter.

Une si longue lutte, cependant, n'avait pas été sans effets sur la situation intérieure. Toute période de crise exige une concentration de pouvoirs, et, par la force des choses, l'opposition au Petit Conseil s'était mise en sourdine. La tendance à l'oligarchie n'avait donc fait que s'accentuer, même dans les allées du pouvoir où le Petit Conseil s'était pratiquement dispensé de convoquer le Grand Conseil. Quant au Conseil général, il n'avait été réuni que pour procéder aux élections traditionnelles.

1. Bernard Gagnebin, « Les conséquences diplomatiques de l'Escalade », *L'Escalade de Genève, 1602, op. cit.*

Certes, après l'Escalade, l'imprévoyance du gouvernement souleva, comme on le verra, un vent de révolte. Des séances tumultueuses eurent lieu au Grand Conseil qui décida de s'assembler quand bon lui semblerait : au moins une fois par semaine en temps de guerre et une fois par mois en temps de paix. Il s'attribua également, ou plutôt récupéra le droit de proposition en matière législative que lui avaient retiré les Edits politiques de 1543. Il obtint même, un an plus tard, du Petit Conseil de redevenir, au civil, l'instance judiciaire suprême.

Mais il ne s'agissait là que d'une redistribution des cartes au sein de la classe dirigeante. En revanche, tant le corps électoral que les pasteurs avaient perdu, au cours de cette longue guerre, le pouvoir ou l'influence qui étaient naguère les leurs, et jamais ils ne les regagneraient. Pour les seconds, la question fut définitivement réglée à la mort de Théodore de Bèze, lorsque le Petit Conseil exigea de leur Compagnie qu'elle rétablît l'annalité de sa présidence – devenue, comme on le sait, hebdomadaire après le départ de Bèze –, imposant bientôt à ce poste l'homme de son choix.

Voulant en quelque sorte chiffrer le degré d'oligarchie auquel Genève était arrivé à la fin du siècle, un érudit[1] s'est livré à une étude sur la composition du Petit Conseil. Il a constaté que pendant les vingt-cinq années qui ont précédé la mort de Théodore de Bèze (1605) dix-neuf des vingt-cinq membres du Conseil n'avaient cessé d'y siéger continuellement, et cinq depuis plus de dix ans. Douze de ces conseillers étaient fils, frères ou neveux de syndics ; sept avaient eu pour père un membre du Grand Conseil, et l'un était le fils d'un trésorier : soit donc un Conseil composé aux quatre cinquièmes de membres de familles déjà au pouvoir au cours de la génération précédente. A quoi il faut ajouter que ces diverses familles, loin de s'opposer, étaient unies entre elles par des intérêts communs, cimentés par de constants mariages. Ainsi, une population d'environ 13 000 habitants, dont un dizième seulement avait le droit de voter, n'était gouvernée que par quelque deux cents personnes – et même moins, si on tient compte de la concentration du pouvoir entre les mains du Petit Conseil.

Mais la composition du Conseil de 1605 permet de faire une autre constatation, plus réjouissante : l'assimilation des réfugiés est désormais à peu près complète. Pas moins de cinq des magistrats sont en effet des fils de réfugiés. L'un est

1. W. Monter, *Studies in Genevan government (1536-1605)*, New York, 1957.

syndic, l'autre trésorier – personnages considérables ! – et un troisième siège même au Conseil depuis douze ans déjà. Assimilation confirmée en outre par le registre des mariages, où nombreux sont les autochtones à figurer à côté d'immigrés, s'agissant du moins de Français.

A l'aube du XVIIe siècle, on peut donc dire de Genève que, si elle a tourné le dos à la démocratie – une tendance d'ailleurs générale à l'époque –, elle a, en revanche, accompli deux exploits : survivre dans des conditions presque désespérées et, en moins de cinquante ans, même si un très grand nombre d'entre eux repartirent[1], intégrer suffisamment d'immigrés pour faire de son cas un cas unique dans l'Europe d'alors !

1. A. Perrenoud, *La Population de Genève...*, Genève, 1979.

LE XVIIe SIÈCLE
OU LE SIÈCLE DE L'OLIGARCHIE

I

GENÈVE APRÈS L'ESCALADE

L'imprévoyance du gouvernement, lors de l'Escalade, ne manqua naturellement pas de provoquer des remous dans l'opinion. Dès le lendemain, une double opposition se développait contre le Petit Conseil. L'une, on l'a vu, permit au Grand Conseil de récupérer ses pouvoirs perdus. Mais il en vint une autre du peuple, beaucoup plus violente, beaucoup plus grave, car elle mettait en cause la forme même du régime, c'est-à-dire l'oligarchie.

Déjà, en janvier 1603, trois de ceux que le Conseil avait proposés pour la magistrature suprême avaient jugé plus prudent de se récuser, et, faute de candidats, on dut désormais cesser d'exiger des syndics qu'ils viennent pour moitié de la ville haute et pour moitié de la ville basse. Mais c'est deux mois plus tard, à l'élection du lieutenant de justice, que la situation se gâta vraiment.

Les Conseils avaient avancé le nom du conseiller Dominique Chabrey, celui-là même qui, au moment de l'Escalade, occupait les fonctions de premier syndic. Brusquement plusieurs citoyens demandent à lire un billet de protestation. On le leur refuse. Cris, tumulte. Certains mettent la main à l'épée, d'autres la tirent même tout à fait. Et l'affaire se serait sans doute terminée dans le sang, si le pasteur Simon Goulart n'était parvenu, non sans peine, à rétablir le calme.

Et voici la Vénérable Compagnie priée de s'entremettre auprès du pouvoir. Elle va donc lui faire part de ses inquiétudes. Non qu'elle soit pour la démocratie. Elle se rappelle le sort réservé à Roboam et tient le peuple pour « une beste farouche et dangereuse ». Ce qu'elle veut, c'est la fin de l'oligarchie, le retour à une aristocratie éclairée - éclairée, bien sûr, par la Bible. Et elle conseille au gouvernement la retenue.

Elle se fit entendre. L'année suivante, Abraham Combe, qui répandait des tracts demandant qu'on « baillât l'authorité de toutes choses au Conseil général », n'eut pas la tête tranchée et s'en tira même avec seulement de « sévères remontrances ». Mais, l'agitation demeurant, le gouvernement finit par décider de jeter une proie à la « beste farouche et dangereuse ». Après tout, qu'y avait-il de mieux contre un reproche de négligence qu'une accusation de trahison ? Et c'est ici qu'il nous faut parler de ce qu'il advint du syndic Philibert Blondel, le « traître » de l'histoire genevoise.

Philibert Blondel

Au moment de l'Escalade, Philibert Blondel était quatrième syndic et, à ce titre, chargé de veiller à la sécurité de la ville. Devant le Grand Conseil il juge donc bon après l'Escalade de s'expliquer. Il détaille les ordres qu'il a donnés, soulignant qu'il avait, cette nuit-là, recommandé de se montrer particulièrement vigilant. Informé de l'arrivée à Etrembières de quelques troupes savoyardes, il avait même offert d'aller aussitôt en reconnaissance avec une cinquantaine d'hommes ; mais le premier syndic, Chabrey, s'y était opposé.

Le Grand Conseil comptait nombre d'officiers et de sous-officiers : si sa relation avait été inexacte, il n'aurait pas manqué de le reprendre. Au contraire, il l'assure d'emblée de sa totale confiance. Évidemment, comme syndic, il aurait dû s'assurer de la bonne exécution de ses instructions. Une ronde lui aurait montré que les portes intérieures n'étaient pas fermées, qu'une au moins des deux guérites de la Corraterie n'était pas occupée, que le corps de garde à la porte Neuve était insuffisant et qu'après avoir confirmé au portier de Rive l'arrivée de troupes savoyardes à Etrembières, la patrouille extérieure s'en était allée se réchauffer dans une maison des environs pendant une bonne partie de la nuit. Mais, étant donné que depuis des mois on ne cessait de crier : « Au loup ! » sans que rien n'arrivât, il pouvait être excusable de s'être reposé sur le capitaine du guet.

Or le peuple voulait un coupable. Dans le blanchiment de Blondel, il voit encore une décision d'oligarques, soucieux de se protéger les uns les autres ; et, s'en prenant à leur tour à l'oligarchie, deux membres du Grand Conseil s'indignent de la négligence du Petit Conseil qui n'a même pas tenu compte, ce soir-là, du témoignage de paysans, venus exprès de Chêne et de Gaillard pour signaler l'approche des troupes savoyardes.

Ils se défendent cependant d'accuser Blondel, reconnaissant qu'occupé alors à mettre la garde en place il n'avait pu être au courant de la démarche des paysans. Et il faut ici noter le silence du conseiller Claude Andrion, syndic le jour de l'Escalade ; lui qui plus tard chargera Blondel ne proteste pas contre cette admission.

De nouveau Blondel est blanchi, et blanchi par une assemblée peu suspecte de complaisance à l'égard du Petit Conseil.

Mais la population s'est trouvé un bouc émissaire. Elle veut d'autant moins le lâcher, que Blondel s'est autrefois fait beaucoup d'ennemis dans une charge que son extrême rigueur avait rendue encore plus ingrate : le recouvrement des créances impayées de la Banque d'État ; d'ailleurs l'homme n'est pas sympathique. Bientôt même, elle ne se borne plus à parler de négligence : une lettre, d'un homme digne de foi, est en effet parvenue à la Seigneurie, l'avisant de la présence dans le Conseil d'un traître, pensionné par le duc de Savoie.

Un traître, une pension ? il ne peut s'agir que de Blondel ! Ses ancêtres n'ont-ils pas été au service du duc ? N'a-t-il pas, en vingt ans, amassé une fortune considérable et donc suspecte ? Le plus violent de ses accusateurs, un certain Guidonnet, est cité par Blondel devant le Conseil où il se montre si grossier, qu'on le jette en prison. Alors une émeute éclate.

Apeuré, le Conseil se hâte de le libérer. Mais il est trop tard. Porté par la fureur populaire, un conseiller – Ami de la Combe – demande au Grand Conseil la mise en jugement de Blondel. Le climat en ville est tellement explosif que l'écho en parvient jusqu'en Angleterre. Et c'est dans cette atmosphère survoltée que le Grand Conseil qui, à deux reprises, avait innocenté Blondel, le déclare maintenant coupable de négligence et le destitue de son poste de conseiller.

Le peuple n'est toujours pas satisfait, et Guidonnet ne veut rien moins qu'on lui « fauche la teste ». De son côté, Blondel s'estime injustement condamné et, avec l'aide de son frère, alors procureur général, essaie de rassembler des preuves de son innocence.

Mais il le fait en chargeant le Petit Conseil qui, dès lors, a tout intérêt à le déclarer coupable. Un nouveau procureur général est nommé en remplacement de son frère.

Comprenant sa faute, Blondel aussitôt retire ses accusations. Et comme le Conseil n'en demandait pas davantage, le lieutenant de justice tente de terminer l'affaire à l'amiable. Mais le nouveau procureur ne veut rien entendre, et une commission d'enquête est nommée.

Cette commission va inculper Blondel. Et, dans l'ambiance de l'époque, sur de simples suppositions. Alors qu'un paysan savoyard, soupçonné de pouvoir l'incriminer, avait promis de venir déposer devant elle, il ne s'est pas présenté. Donc, estime-t-elle, Blondel a exercé des pressions sur lui, donc il est coupable.

En fait, si le paysan – un dénommé Boymont – ne s'était pas présenté, c'est que, tout au contraire, il avait refusé de céder aux pressions des ennemis de Blondel qui voulaient qu'il vînt faussement l'accuser. Et loin de le redouter, Blondel tiendra tellement à son témoignage, qu'il va, sous un prétexte fallacieux, l'attirer en territoire genevois et le remettre à la justice, qui, en attendant sa déposition, le place en détention préventive.

Hélas, le matin de sa déposition, Boymont est trouvé étranglé dans sa cellule. Interrogé, le geôlier déclare que Blondel l'avait supplié de donner un garde à son témoin, ce qu'il n'avait malheureusement pas fait.

Alors, à défaut de pouvoir interroger Boymont, on recueille les propos de ses proches. Ceux-ci déclarent l'avoir entendu dire qu'après l'Escalade Blondel l'avait chargé de remettre une lettre à d'Albigny, le commandant savoyard, ajoutant cependant – détail qui a son prix – que cette lettre avait été interceptée par le portier de Neuve, puis remise à un conseiller.

Or voit-on un conseiller, en possession d'une missive à un tel destinataire, à un moment où on continuait à tout redouter du duc, ne pas aussitôt dénoncer Blondel ? En fait, on trouva bien, plus tard, à Genève une lettre de Blondel, mais elle était adressée, quelques mois avant l'Escalade, à un sieur de Martinet, à Chambéry, pour le prier de l'aider à établir la noblesse de ses aïeux, ce qui le dispenserait d'avoir à payer la taille en Savoie !

Cependant, malgré l'incohérence de ces dépositions, on tient à leur donner une suite et on met le porte-clefs de la prison à la torture. Celui-ci reconnaît avoir tué Boymont, mais sur l'ordre, dit-il, d'un ennemi de Blondel : Ami de la Combe, que d'ailleurs un ancien syndic, alors détenu pour dettes, s'était étonné d'apercevoir ce matin-là à la prison. Apparemment tel n'était pas l'aveu qu'on attendait de lui, car on continue à le torturer jusqu'à ce qu'il déclare avoir agi à l'instigation de Blondel.

Et voilà comment Blondel fut, le 1er septembre 1606, condamné pour trahison à la roue et à la décollation. Son corps fut mis en quatre quartiers, pendus chacun à un endroit différent, et sa tête fut fichée sur un poteau au-dessus des créneaux de la place du Molard, pour la plus grande joie des corbeaux.

Et, interrogé deux ans plus tard sur la culpabilité de Blondel, d'Albigny affirma avec force que jamais Blondel n'avait trahi...

Toujours Charles-Emmanuel

Un tel déni de justice est intéressant, car il montre quel climat régnait à Genève après l'Escalade. Or le plus fort, c'est qu'on ne s'était pas trompé en criant à la trahison ! Quelques années plus tard, comme nous le verrons, on découvrait en effet que le duc de Savoie avait effectivement soudoyé un haut personnage de l'État. Malheureusement pour Blondel, il n'était plus de ce monde...

Malgré le traité de Saint-Julien, Charles-Emmanuel n'avait en effet pas désarmé. Il voulait Genève ! C'était une question de prestige ; mais c'était aussi une question de géopolitique. Car c'est un des paradoxes de l'Histoire que fût restée libre, et donc coupée de son environnement, une ville dont toutes les données économiques et géographiques faisaient la capitale de sa région.

Mais, n'ignorant rien de ses dispositions, Genève a, aussitôt après l'Escalade, renforcé ses défenses. Elle a muré la porte Neuve et supprimé, en avant du fossé, les ponts-levis pour piétons. Elle a rehaussé la muraille du côté de la Corraterie et rectifié sa contrescarpe. Puis, devant les constants coups de canif donnés par le duc dans le traité, elle a fini par édifier à Rive un bastion, beau fruit de la solidarité protestante : l'argent — 10 000 écus — a été fourni par le duc de Hesse-Cassel, et l'architecte — Adam du Temps — par la duchesse de Thouars, Charlotte de la Tremoïlle. L'argent ayant apparemment paru plus important que le savoir, le bastion a reçu le nom de bastion de Hesse.

À dire vrai, tant qu'Henri IV reste sur le trône, Genève n'a pas trop de soucis à se faire. Celui qui n'est allé à la messe que pour gagner Paris ne la laissera pas prendre. Il l'aime. Le jour de sa mort, il dira encore à son ambassadeur, Anjorrant : « Bien que vous ne soyez mes subjects, je vous maintiendray comme si j'estois votre père. » Et Charles-Emmanuel le sait bien qui, pour l'instant, n'espère qu'en un coup de main, aussi discret que possible.

On lui en a proposé un. Un gentilhomme français, un certain sieur du Terrail et son complice La Bastide ont conçu le projet suivant. Un jour de fête, quand seront dégarnis les abords du lac, ils feront arriver à Longemalle cinq grands bateaux plats, remplis de fagots, sous lesquels, bien cachés, seront allongés deux cents soldats. Au moment de l'accostage, les soldats jailliront de dessous le bois, massacreront douaniers et marchands, puis se rueront sur la porte de Rive qu'ils ouvriront à la cavalerie savoyarde, dissimulée dans les environs. Le reste ne sera plus qu'un jeu d'enfant.

Malheureusement pour Terrail, la Seigneurie avait depuis longtemps l'œil sur lui. Par les soins d'Henri IV, elle avait appris qu'après s'être mis, en Flandre, au service des archiducs, il s'était rendu, les hostilités terminées, à Turin. Or que pouvait-il aller y faire, sinon proposer au duc de l'aider à réaliser son plus cher désir ? Mais il ne s'agissait toujours que de suppositions.

Or, il se trouve – « L'Histoire, disait Thiers, est faite de grands hommes et de petits détails » – que le valet du tripot de Chambéry où Terrail venait de jouer à la paume, l'entend dire à ses compagnons devant une carte de Genève : « Ils sont pris, ils ne peuvent s'en dédire ! » Le valet avait un frère à Genève, il a peur pour lui ; il prie un marchand qui devait s'y rendre de l'alerter, et ce dernier fait mieux : il alerte le Conseil.

Il n'existait évidemment pas alors de photographie. Mais la Seigneurie, en se procurant un portrait de Terrail, le fait reproduire en divers exemplaires, qu'elle remet à ses espions. Elle en fait également parvenir à Berne, maîtresse du Pays de Vaud. Et c'est dans un petit village près d'Yverdon que, malgré son déguisement, mais confondu par sa calvitie, Terrail est arrêté par le bailli qui tenait son portrait à la main. Transféré à Genève, son procès sera instruit en peu de jours, et, en dépit de pressantes démarches de hauts personnages, il eut au Molard, le 19 avril 1609, la tête tranchée, précédant de peu dans la mort La Bastide qui, roturier, n'eut droit, lui, qu'au gibet.

Genève était alors d'autant moins encline à la clémence qu'elle venait de découvrir qu'on la trahissait. Elle avait beau multiplier les précautions, ses décisions étaient aussitôt communiquées au duc. Il y avait donc un espion dans le Conseil !

L'année suivante, elle le démasquera. Qui l'eût cru ? Il s'agissait du fils du syndic Jean Canal, de celui qui s'était héroïquement fait tuer la nuit de l'Escalade. Soumis à la torture, il avouera avoir promis à un magistrat savoyard de lui communiquer tout ce qui se dirait au Conseil, à charge par ce dernier de l'aider à gagner un procès qu'il avait engagé devant le sénat de Chambéry. Le 2 février 1610, il est rompu vif, puis brûlé à petit feu.

La Seigneurie pourrait maintenant respirer. Hélas, trois mois plus tard, Henri IV est assassiné ; mort qui, suivie d'un jeûne public, sera pleurée par elle comme celle d'un père. Et de nouveau tout se gâte.

Charles-Emmanuel masse des troupes. Berne et Zurich ripostent en dépêchant des soldats. Des renforts arrivent de France. La population se mobilise. Pendant près d'un an même, sous la conduite du capitaine français La Noue, tous les chefs de famille, chacun avec pelles, pioches, pics et serviteurs, monteront journellement aux remparts, creusant, entassant, édifiant, pour faire peu à peu surgir, entre les boulevards Saint-Antoine et du Pin, à un endroit particulièrement vulnérable, un bel « ouvrage à cornes ».

Finalement, il n'y aura pas la guerre, car Marie de Médicis, après avoir envoyé à Genève un secours de 18 000 livres, a fait savoir à Charles-Emmanuel qu'elle ne le laisserait pas prendre la ville – porte d'entrée en France des « mercenaires » suisses. Sur ce point au moins, elle ne reniait pas la politique d'Henri IV !

Dès lors, Charles-Emmanuel reprend son action feutrée, renonçant au cliquetis des armes pour le *sotto voce* des complots. Car un nouveau complot est découvert, mettant encore une fois en cause un fils de syndic : Amé Chenalat qui, avec les intelligences dont il disposait dans la place, se faisait fort d'y introduire, déguisés en paysans, 250 à 300 soldats, puis de s'emparer du bastion du Pin, et enfin d'ouvrir la porte Neuve à une armée savoyarde, furtivement arrivée dans les environs. Dénoncé *in extremis* par un de ses complices, lui aussi aura la tête tranchée et le corps coupé en quatre quartiers.

Mais imagine-t-on l'état de tension dans lequel vivait alors la population ? Toujours à redouter quelque nouvelle tentative du duc, à s'inquiéter de la moindre rumeur, à se demander si son voisin ne sera pas demain, n'est pas aujourd'hui en train de trahir !

Hélas, le pire était encore à venir.

En 1629, Richelieu s'est emparé de La Rochelle, que le Petit Conseil s'était interdit de secourir, et il a, par le traité de La Suze, fait la paix avec la Savoie. Aidé par un jeune attaché à la nonciature, Giulio Mazarini – le futur cardinal –,

Charles-Emmanuel met alors au point des propositions qu'il fait porter secrètement à Paris. Le garde des sceaux, Châteauneuf, les examine et, après quelques retouches, donne son accord au projet suivant. Le duc de Savoie attaquera Genève et le Pays de Vaud. Genève prise, il en rasera les fortifications et en remettra à la France la rive droite. Puis, contre la cession du Pays de Vaud, du marquisat de Saluces, de Pignerol et de certaines allées vaudoises du Piémont, il recevra de la France toute liberté de s'emparer de l'État de Gênes.

On aurait pu croire que Richelieu se serait félicité d'un projet de traité qui, sans qu'il eût à tirer l'épée, allouait à la France tant de territoires. Or il n'y souscrivit pas : il voulait Genève tout entière – toujours la question des « mercenaires » suisses !

Les négociations ne reprennent pas immédiatement, mais quand elles reprennent, elles s'ébruitent. Isaac Wake, résident d'Angleterre au Piémont, alerte le Petit Conseil qui, à son tour, alerte ses alliés. Chef-d'œuvre d'hypocrisie, Richelieu fait alors écrire par Louis XIII une lettre, l'assurant de sa bienveillante protection : la vie et les biens des Genevois sont sacrés pour le roi de France.

Si sacrés en effet, qu'au même moment il conclut avec le duc de Savoie un traité d'alliance offensive et examine les meilleurs moyens de lui assurer la conquête de Genève et du Pays de Vaud !

Toutefois le problème demeure : que faire de Genève ? Richelieu persiste à la vouloir pour la France. On continue donc à discuter... Seulement imagine-t-on de nouveau l'angoisse des Genevois à se savoir l'enjeu d'une curée dont seules les modalités restent à fixer !

Ils vont cependant être sauvés, et par un roi venu du Nord.

Les conquêtes de Gustave-Adolphe, alors allié de la France, avaient surpris l'Europe ; mais ses progrès dans les Grisons avaient fini par alarmer Richelieu – toujours la question des « mercenaires » suisses, dont on peut, une fois de plus, mesurer l'importance dans l'Histoire ! Pour barrer la route aux Suédois, il lui fallait l'appui, ou à tout le moins la bienveillante neutralité des Confédérés, de tous les Confédérés ; et comment l'obtenir si on attaquait l'alliée de Berne et de Zurich ?

Dès lors, la situation de Genève change radicalement. Il n'est plus question de la forcer. Au contraire, de gibier, il lui est maintenant proposé de devenir chasseur. En 1632, l'ambassadeur du roi de Suède en Suisse, le chevalier Rache, lui offre de se joindre à une alliance qui grouperait tous les princes et États protestants, « afin de vaincre l'ennemi commun de la Religion ». Prudemment, elle subordonne son agrément à l'accord des autres cantons suisses, qui toutefois, de peur de mécontenter la France, se dérobent. Mais cette prudence ne lui évitera pas le courroux de Richelieu qui, par la voix du Père Joseph, fera vivement savoir à son envoyé à la cour qu'il ne lui appartenait pas de discuter avec celui qu'il regardait maintenant avec défiance.

En fait, tant que gouvernera Richelieu, si favorable pourtant aux protestants d'Allemagne, les relations de Genève avec la France ne seront pas bonnes. Reprenant même la politique de la Savoie, Richelieu essaiera en 1640 de l'affamer, pour la punir de l'aide qu'elle apportait, selon lui, à la Franche-Comté qu'il essayait de conquérir ; et, l'année suivante, toujours comme la Savoie n'avait cessé de le faire, il s'opposera formellement à son inclusion dans la Confédération helvétique qui aurait renforcé sa sûreté et donc son indépendance.

Certes, avec la Savoie, depuis que la mort en 1630 de Charles-Emmanuel, suivie en 1637 de celle de son fils aîné, avait donné la régence à la fille d'Henri IV, Madame Royale, les relations s'étaient considérablement améliorées ; mais force est bien de reconnaître qu'en dépit du traité de Saint-Julien, toute la première moitié du XVIIe siècle ne fut pour Genève qu'une longue veillée d'armes.

II

GENÈVE DANS LA SECONDE MOITIÉ DU SIÈCLE

Si la première moitié du siècle fut essentiellement pour Genève une veillée d'armes, elle n'en posa pas moins les jalons de sa future prospérité, car, dans la seconde moitié du siècle, Genève va enfin connaître la richesse.

Le tout commença – les malheurs se transformant parfois en bienfaits – par la déconfiture d'une industrie que de riches réfugiés italiens, venus surtout de Lucques, avait introduite chez elle au siècle précédent. Ils s'appelaient Diodati, Micheli, Balbani, Minutoli, Burlamacchi, Calandrini, Turrettini : tous des soyeux. Sous l'égide de Turrettini – à qui, par parenthèse, Genève devra en 1620 sa plus belle demeure : un somptueux hôtel Renaissance à l'emplacement de l'actuel n° 8 de la rue de l'Hôtel-de-Ville –, ils avaient formé un cartel : *La Grande Boutique,* dont les ramifications s'étendaient un peu partout en Europe. Ils importaient d'Italie la soie brute, la faisaient travailler à Genève, puis vendaient en France le produit fini ou semi-fini.

Or, dans le deuxième quart du XVIIe siècle, toute cette belle activité cessa pratiquement d'exister. Paralysés par des règlements corporatifs trop étroits, interdisant notamment l'« engallage », c'est-à-dire le mélange de la soie pure avec d'autres fibres, les soyeux avaient mal résisté, sauf dans le domaine de la passementerie, à la concurrence lyonnaise et zurichoise. Et c'est alors qu'avec d'autres ils prirent une décision qui, sans qu'ils s'en rendent compte, allait un jour faire la fortune de la ville : profitant de la géographie et de certains privilèges fiscaux, ils se reconvertirent dans le commerce international, offrant leur concours aux grands marchands de Lyon[1].

1. A.-M. Piuz, *Recherches sur le commerce de Genève au XVIIe siècle,* Genève, 1964.

La géographie ? A l'époque (voir carte), les échanges entre Lyon et l'Italie se faisaient essentiellement par deux routes : celle du Mont-Cenis qui, à travers le Piémont et la Savoie, passait par Suse, Saint-Jean-de-Maurienne et Pont-de-Beauvoisin, lieu de son entrée en France ; et celle du Simplon qui, de cinq à six journées plus longue, passait, hors de l'Etat de Savoie, par le Valais, le lac Léman et Genève, d'où elle prenait, soit par Collonges et Nantua, soit, au prix d'un détour, par Pont-de-Beauvoisin[1]. Or si, aux XVIe et XVIIIe siècles, la plus empruntée fut la première, au XVIIe, par suite des troubles qui agitaient constamment le Piémont, les grands voituriers lui préférèrent la seconde. Cela ne faisait évidemment pas l'affaire du duc de Savoie qui, tirant la presque totalité de ses ressources du produit de la douane – du « dace de Suse », comme on disait alors – faisait jurer aux marchands qu'une fois les troubles disparus, ils reprendraient la route du Mont-Cenis, et qu'en attendant ils passeraient au moins par la douane savoyarde de Pont-de-Beauvoisin ; mais cela faisait, bien entendu, l'affaire de Genève, étape obligée de la route du Simplon vers l'ouest. Donc, déjà pour des raisons géographiques, Genève offrait au marchand lyonnais l'avantage de pouvoir lui servir d'entrepôt sur le chemin de l'Italie.

Cependant, il y a plus. Le traité de Saint-Julien, confirmant d'anciens privilèges, exonérait de droits de douane, à leur entrée en Savoie, les marchandises genevoises qui n'étaient pas destinées à franchir les Alpes. Tandis que les marchandises lyonnaises, elles, payaient ; elles en pâtissaient d'autant plus que, pour atteindre Genève, même par la route de Nantua, elles devaient sur quelques lieues – dans la vallée de Chézery – transiter par la Savoie... Alors devine-t-on la suite ?

Le commerçant genevois va s'aboucher avec son collègue lyonnais pour transporter ses marchandises comme siennes. De faux passeports leur conféreront une origine genevoise, de fausses lettres de voiture leur donneront une destination cisalpine. Elles ne paieront donc rien à la douane savoyarde. Puis, arrivées à Genève, elles fileront, avec cette fois de vrais documents, droit sur le Simplon, d'où elles gagneront l'Italie hors de tout territoire savoyard... Naturellement on procédait de même avec les importations.

Le duc cependant finit par s'aviser d'un trafic qui le spoliait doublement. Mais il eut beau exiger des Genevois qu'ils s'inscrivent et déposent leurs marques à sa chambre des

1. Elle pouvait aussi, en bifurquant à Nyon ou à Rolle, prendre par Saint-Cergue et Dortan, mais l'enneigement de la Faucille rendait cette route, par ailleurs peu commode, impraticable en hiver.

Comptes, jurent sur les Saintes Ecritures qu'ils ne fraudaient pas la douane et fournissent des attestations de leurs syndics quant à l'origine et à la destination de leurs marchandises, ce fut en vain. Les marchands juraient tout ce qu'on voulait ; commerçants eux-mêmes, ou apparentés à des commerçants, les syndics délivraient toutes les fausses attestations nécessaires. Au besoin ils soudoyaient les douaniers savoyards. Et, après avoir été tenue pour « le nid de l'hérésie », Genève devint bientôt « l'entrepôt de toutes les fraudes » !

Cette activité, qui ne cessa jamais, même lorsqu'elle n'eut plus qu'un caractère accessoire, permit alors aux capitalistes genevois de rester dans les affaires et donc de pouvoir se remettre facilement au service de l'économie genevoise, quand, stimulée par la demande internationale, celle-ci développa dans la seconde moitié du siècle deux branches d'activité qui, bien avant l'apparition de la banque, firent la prospérité de la ville : la dorure et l'horlogerie-orfèvrerie.

De la dorure, contrairement à ce qu'on pourrait croire, la principale matière première n'était pas l'or, mais l'argent, les fameux fils d'or de nos ancêtres n'ayant été que des fils d'argent doré. Elle faisait vivre de nombreux corps de métiers : fondeurs, qui commençaient à affiner le lingot d'argent ; tireurs qui le laminaient ensuite dans des pressoirs aux multiples filières ; batteurs qui recouvraient le lingot laminé de minces feuilles d'or, puis le rendaient aux tireurs pour qu'ils les transforment, cette fois, en des fils de la finesse d'un cheveu ; et enfin passementiers qui utilisaient ces fils, (les *traits*), dans l'habillement, la décoration ou l'ameublement, soit tels quels, soit mariés à la soie. Or, dans la mesure où ses matières premières étaient des lingots de métaux précieux et que sa production, trop luxueuse pour le marché genevois, devait s'exporter, elle exigeait d'importants capitaux et tout un réseau de connexions commerciales dont ne disposaient évidemment pas les artisans locaux. Déjà apparente au siècle précédent, l'« oligarchisation » à Genève des rapports économiques était donc devenue ici complète : fournissant les matières premières et s'occupant des débouchés, un entrepreneur passait commande — et donc commandait — à toute une masse de fabricants.

La dorure fut même à Genève une activité monopoliste, car quatre-vingt-dix pour cent du marché était entre les mains de deux personnes : un certain Calandrini — sans doute Jean-Louis, le gendre de François Turrettini — qui employait six cents ouvriers, et surtout Elisabeth Baulacre.

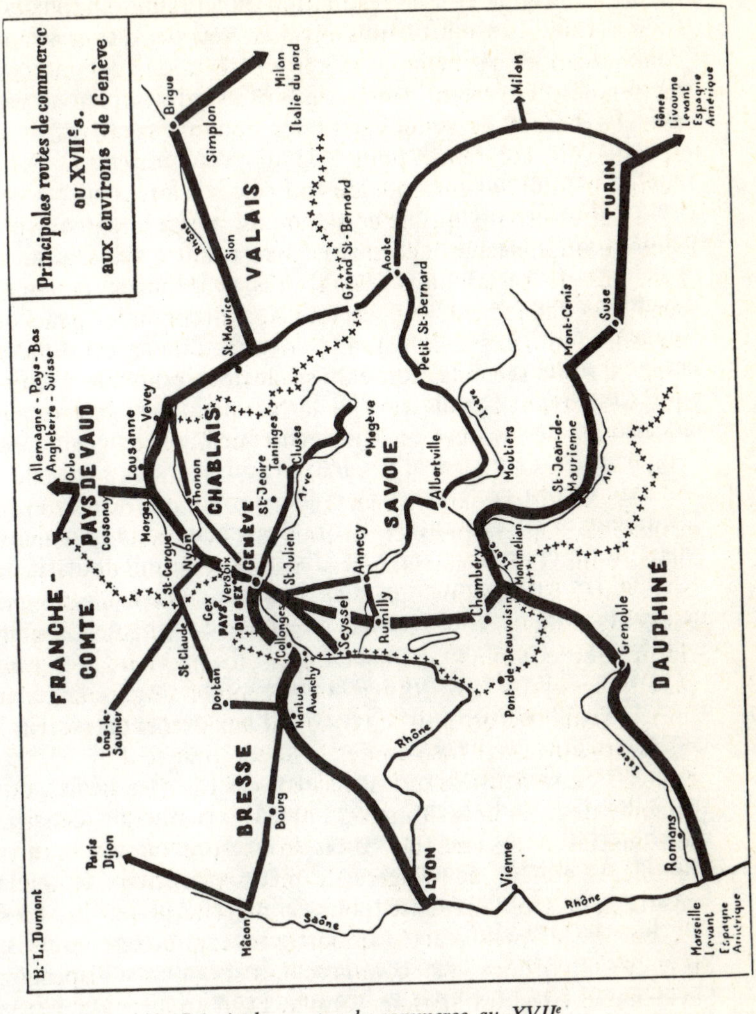

13. *Principales routes de commerce au XVIIe siècle aux environs de Genève*
(d'après A.-M. Piuz, *Recherches sur le commerce de Genève au XVIIe siècle.* Publication de la Société d'Histoire et d'Archéologie de Genève, Genève, 1964.)

Dame Baulacre, comme l'appellent les contemporains, était une maîtresse femme. Veuve de Pierre Perdriau, un soyeux originaire de Tours, elle avait épousé en secondes noces le syndic Jacob Andrion, qu'elle conduisit, lui aussi, à sa tombe. Et c'est associée à son fils Pierre, qu'elle parvint à devenir, après Jean-Antoine Lullin, la plus riche contribuable de Genève.

Elle faisait travailler douze cents personnes, qu'elle avait rendues entièrement dépendantes d'elle. Par contrat, ses tireurs d'or devaient promettre de la servir excluvisement pendant cinq, six ou neuf ans, parfois « tant qu'il y aurait de la besogne » et même pour la vie. Elle se les attachait encore davantage par des prêts en argent ou par des fournitures d'outillage qu'elle ne réclamait pas tant qu'ils n'acceptaient pas de besogne ailleurs. Elle les prenait même, pourrait-on dire, adolescents. En versant les 300 florins de leur apprentissage, ainsi qu'un supplément pour leur entretien, elle exigeait d'eux l'engagement de ne travailler, leur vie durant, que pour elle, à peine de se voir réclamer, eux et leur famille, toutes les avances qu'elle avait consenties. Et, maîtresse ainsi de la majeure partie de la main-d'œuvre, elle éliminait d'autant tout risque de concurrence et pouvait également peser sur les salaires qui, de toute manière, demeuraient bas dans une activité employant surtout des femmes.

Mais la dorure ne fut pas la seule « fabrique » à faire, au XVIIe siècle, la fortune de Genève : l'horlogerie-orfèvrerie y contribua presque autant.

Certes, Genève n'avait pas attendu le XVIIe siècle pour travailler l'or et l'argent. Déjà au Moyen Age ses orfèvres étaient réputés. Mais sa conversion au protestantisme, ainsi que la décadence économique de son principal client, la Savoie, avaient fait décliner la profession, qui ne dut qu'à l'horlogerie, introduite par des réfugiés français, une nouvelle vie — une montre, à l'époque, devant être également un bijou et séduisant aussi bien par la beauté de son « étui » que par la finesse de son mécanisme.

Ici aussi l'oligarchie régnait. Pour se procurer ses métaux précieux, comme pour écouler sa production, le maître artisan était entièrement dépendant du commerçant-capitaliste. Que dire ? dans la mesure où ce dernier était le seul à connaître, tant les goûts de la clientèle étrangère, assurément différente d'un pays à l'autre, que l'état, toujours fluctuant, de la demande internationale, c'est lui qui décidait du genre et du volume de la fabrication. L'horloger et l'orfèvre se bornaient à exécuter ses commandes. Comme dans la dorure, ils étaient ses salariés. La seule différence, c'est qu'il n'y eut pas ici de dame Baulacre ou de *« mercante Calandrini »* pour accaparer le marché et l'artisan put garder là une certaine marge d'autonomie.

De ce qui précède, on voit l'importance prise au XVIIe siècle par le commerçant-capitaliste, puisque de lui dépendait l'écoulement des deux principales productions genevoises ; écoulement qui, malgré la sédentarisation grandissante du commerce, continuait à se faire dans de grandes foires aux confins des régions les plus développées : à Zurzach par exemple, à Beaucaire, à Mulhouse et surtout à Francfort et à Leipzig.

Au début, les Genevois avaient eu fort à souffrir de la concurrence des Lyonnais, notamment pour la dorure et la passementerie, mais ces derniers avaient fini par baisser pavillon, victimes de salaires trop élevés. Puis était venu le déclin de leurs foires, dont la franchise ne fut plus qu'un leurre quand la France eut installé un peu partout à ses frontières des postes de douane, aggravant encore la situation par la promulgation en 1667 d'un tarif douanier prohibitif – en fait, celles-ci ne survécurent plus que comme foires de change, réglant ou compensant les créances commerciales.

Et peu à peu, dans la seconde moitié du XVIIe siècle, les Genevois parvinrent à substituer Genève à Lyon comme plaque tournante des échanges.

Draps anglais et hollandais, quincaillerie et métaux d'Allemagne et plus généralement tout ce qui alimentait le commerce Nord-Sud ; étain, plomb, coton, toiles de Saint-Gall, sucre raffiné de Marseille, tabac du Brésil, bois d'Inde, épices, drogues, café, thé, cacao, etc., transitèrent par elle, surtout après que Marseille fut devenue, dans le dernier tiers du siècle, port franc, et que le trafic remontant le Rhône bénéficia d'une franchise semblable. Mieux encore, c'est à elle, pour pouvoir les vendre en Suisse, en Allemagne et en Italie, que Lyon elle-même dut bientôt envoyer ses produits : Lyon, l'ancienne capitale du commerce, devenue finalement le faubourg commercial de Genève !

On peut en dire autant du Midi de la France (Dauphiné, Languedoc, Provence), qui s'adressa à elle, et non à Lyon, pour écouler le surplus de sa production, quand la déconfiture de la Compagnie française du Levant l'eut privé de débouchés en Orient. Choix dont elle profitera à plus d'un titre. D'abord, parce que, achetant ces draps « en blanc », c'est-à-dire bruts, elle va les teindre et les apprêter, puis les revendre – surtout dans le nord de la France où, marchandises indigènes, elles pouvaient entrer librement. Ensuite, parce qu'elle se livrera, comme d'habitude, à une fructueuse contrebande, faisant passer pour draps provençaux apprêtés des textiles hollandais et anglais, et surtout ses propres draps qui, fabriqués par des réfugiés du sud-est de la France, ne se différenciaient en rien des véritables !

Comme on le voit, tout s'enchaînait au mieux pour Genève : la dorure et l'horlogerie-orfèvrerie stimulaient le commerce international qui, à son tour, stimulait l'industrie textile et plus généralement toutes les activités nées de la transformation de Genève en un grand emporium européen.

Or, dans la dernière décennie du siècle, Genève va brusquement connaître la ruine. La prospérité s'en est allée. Ses métiers ne travaillent plus. Les ouvriers meurent de faim et demandent à émigrer. Quelque chose s'est déréglé dans ce beau mécanisme. Mais avant d'aborder cette nouvelle phase de son histoire, où la situation extérieure aura d'ailleurs joué son rôle, il convient de voir ce que, entre-temps, il était advenu d'elle diplomatiquement.

La France ou la voisine incommode

Diplomatiquement, le premier grand fait à signaler est la normalisation définitive de ses relations avec la Savoie. Non qu'il n'y ait eu par moments de sérieuses alertes. On put croire en 1666 qu'à cause de deux affaires futiles de curés et de viatiques et de l'exécution d'un Savoyard, vassal de la Seigneurie, la guerre allait de nouveau éclater. Peu s'en fallut aussi qu'en 1668 Genève n'essayât de démolir un fortin qu'au mépris du traité de Saint-Julien le duc de Savoie avait fait construire à Bellerive pour détourner d'elle le commerce international. Mais il n'y eut plus jamais de conflits entre eux après qu'en 1679 eut été réglée une question de grenier à sel destiné à ses paroisses enclavées. De sorte que sa longue et sanglante lutte contre la Maison de Savoie trouva son épilogue — ô ironie de l'Histoire ! — dans une affaire de gabelle.

Hélas, l'année même où elle réglait définitivement son contentieux avec la Maison de Savoie, un autre — et quel autre ! — allait surgir avec la France.

Déjà au temps de Richelieu, comme on l'a vu, ses rapports avec elle avaient été rien moins que cordiaux. Et ils ne s'étaient guère améliorés sous Mazarin. En revanche, Genève avait trouvé dans l'Angleterre un fidèle soutien. Charles 1er était maintes fois intervenu en sa faveur à Paris et à Turin, et il lui avait même envoyé, pour quelque temps, un ambassadeur. Cromwell naturellement fit plus encore, lui dépêchant à diverses reprises des représentants. Et si elle déclina l'honneur de se faire, de son côté, représenter à la cour d'Angleterre, ce fut de crainte de mécontenter la France.

Si bien d'ailleurs craignait-elle maintenant sa puissante voisine, qu'aussitôt après la paix des Pyrénées (1659) – qui lui laissait les mains libres en Europe –, elle se mit à renforcer ses défenses. Un ouvrage « à couronne » remplaça celui « à corne », construit à grand'peine en 1611 ; puis, sur le front sud – du Rhône au bastion du Pin – quatre bastions s'élevèrent, dont l'un, en l'honneur des Pays-Bas qui avaient fourni 75 000 de leurs florins (100 000 livres), reçut le nom de « bastion de Hollande » et un autre, en hommage à l'ingénieur hollandais qui s'était gratuitement chargé des travaux, celui « d'Yvoi ». Ajoutons qu'un troisième s'ornait d'un beau crocodile, animal héraldique de Nîmes, sa principale marraine.

Et ses craintes avaient été amplement justifiées ! Dès 1661, la France lui cherchait noise dans le Pays de Gex, resté très protestant et donc très attaché à elle. Non seulement la France fit murer vingt et un de ses vingt-trois temples, n'épargnant que deux petites chapelles à Ferney et à Sergy, mais elle lui contesta la possession des trois villages de Chancy, d'Avully et de Moëns, cédés par Henri IV, sous prétexte que les lettres royales n'avaient jamais été enregistrées par le parlement de Dijon. Et il fallut toute l'habileté du conseiller Lullin, envoyé en hâte à Paris, pour qu'elle pût les conserver, contre, il est vrai, l'acceptation – *post lucem tenebrae* ! – de la fermeture, puis du rasage des vingt et un temples gessiens.

Mais c'est en 1679 que, comme nous le disions, les choses commencèrent vraiment à se gâter.

Depuis une vingtaine d'années, Genève servait de relais postal au gouvernement français. Celui-ci avait confié à un citoyen le « paquet du roy », c'est-à-dire la charge de recevoir et de réexpédier toute sa correspondance passant par la ville. Or le titulaire de l'emploi – un certain Jean Favre – mourut en mai 1679. L'emploi était jugé très flatteur, même par des républicains : nombreux furent donc les Genevois à briguer sa succession ; et avec une insistance telle, que finalement Louis XIV résolut d'installer dans la ville un résident permanent, autrement dit un Français, c'est-à-dire un catholique. Pour la cité de Calvin les ennuis allaient donc commencer.

Le 20 octobre, Laurent de Chauvigny se présente devant

le Conseil. Il est porteur d'une lettre de Louis XIV extrêmement aimable. Sa Majesté assurait la République de son affection et lui laissait espérer sa bienveillante protection. Mais quelques jours plus tard une nouvelle adresse parvenait au Conseil. Elle était beaucoup moins aimable. Chauvigny à qui, pour mieux le surveiller, le Conseil avait trouvé un hôtel près de la Maison de Ville – à l'emplacement des locaux actuels de la Société de Lecture – signifie à la Seigneurie qu'il entend transformer une de ses pièces en chapelle pour y faire « chanter » la messe.

La messe dans la cité de Calvin ! Jamais depuis 1535 pareille profanation n'avait souillé la ville ! Ce n'est pas que, l'économie l'exigeant, on n'y eût dû admettre des ouvriers « papistes », mais, leurs devoirs religieux, ceux-ci allaient les rendre hors des murs dans une petite chapelle – l'endroit s'appelle encore aujourd'hui La Chapelle – que l'« évêque de Genève », installé en Savoie, avait édifiée à leur intention

Le Conseil ne pouvait évidemment contrarier le représentant du plus puissant monarque de l'heure, mais il lui demande de ne faire faire le service qu'« à basse note et sans éclat » ; qu'en outre seul son aumônier officie, et que l'assistance se limite à lui-même et à ses serviteurs. Requête d'autant plus raisonnable, que déjà par deux fois le gouvernement avait refusé à des princes luthériens la pratique publique de leur culte.

Chauvigny n'était pas un diplomate. C'était au contraire un homme brutal, d'un catholicisme agressif ; et on pourrait s'étonner du choix d'un tel personnage, si le soupçon ne venait qu'il avait été inspiré chez certains par la volonté de reprendre au cœur même de la place la politique menée à ses confins, au début du règne, dans le Pays de Gex.

Avec hauteur, Chauvigny fait savoir que sa chapelle sera ouverte à tous ceux, Français ou étrangers, laïcs ou ecclésiastiques, qui voudront assister à ses services, comme tel est l'usage dans les autres pays protestants – Angleterre, Pays-Bas.

Et pour la première fois depuis cent quarante-quatre ans la messe fut célébrée à Genève le jeudi 30 novembre 1679, jour de la Saint-André.

Cependant, ce n'est pas ce jour-là que l'effervescence commença. Et pour une bonne raison : personne n'en sut rien ! Chauvigny s'était décidé à la hâte, sans aviser le gouvernement. Mais le fait va être rapidement connu. Aussitôt le Conseil fait des représentations. Il rappelle ses instructions, invoque la Constitution. Chauvigny répond qu'il vient de recevoir des ordres exprès de la cour et montre effectivement deux lettres, dont l'une de Colbert, exigeant que, comme ailleurs, la messe pût être écoutée chez lui par ceux qui le désiraient. C'est l'impasse.

Le Conseil décide alors d'écrire au roi et prie Chauvigny, en attendant sa réponse, de s'abstenir de faire célébrer le culte en public. Chauvigny refuse.

Les jours suivants, la population voit donc la chapelle ouverte à tout venant. Elle entend le plain-chant. Nombreux sont les ecclésiastiques – curés comme moines – à accourir. Quelle ivresse, quelle revanche pour tous ces catholiques de venir pratiquer leur religion dans les murs mêmes de la « Rome protestante », dans la cité chérie de Calvin !

Devant l'hôtel, le peuple ne cesse de s'attrouper. Rien de bien méchant encore : simplement des quolibets, des actes de dérision. Puis peu à peu, la fièvre monte. On apprend que Chauvigny a déclaré qu'« il ne sortirait pas de Genève qu'il n'ait fait dire la messe dans tous les temples », que « le roy, pour prendre la ville, n'aurait qu'à envoyer un valet de pied ». On n'est bientôt pas loin de l'explosion.

Et l'explosion va se produire. Sur une méprise d'ailleurs. Le matin du 4 décembre, la foule, massée devant son hôtel, voit soudain Chauvigny sortir en fureur. Non sans courage, il se fraie un chemin à travers elle et court à la Maison de Ville, droit à la salle du Conseil : on a essayé de l'assassiner !

Il se tenait chez lui dans une galerie tournée vers le lac en compagnie de quatre pères chartreux venus dire la messe dans sa chapelle, quand, d'une fenêtre voisine, trois coups de pistolet ont été tirés dans sa direction – on peut en voir les traces sur les murs ! Il a aussitôt menacé d'une plainte le coquin qui lui a répondu : « Coquin vous-même ! Je me moque de votre plainte et je vous ferai sauter la cervelle ! »

Grand émoi naturellement au Conseil, qui n'est pourtant pas au bout de ses peines ! Pendant que Chauvigny était en train de l'apostropher, les quatre pères chartreux ont voulu rentrer chez eux. De l'hôtel du résident à l'auberge des Trois-Rois, place Bel-Air, la distance n'est pas grande : rien que la rue des Cordonniers (Cité) à descendre. Mais les braves Pères vont l'assimiler à un chemin de croix et se voir déjà auréolés de la couronne du martyre. Mettant ses pas dans les leurs, la foule en effet les escorte et les injurie. D'un instant à l'autre, ils s'attendent à « être mis en pièces pour la querelle de Dieu et de son Eglise » ! Vaine crainte ou vain espoir : ils se retrouveront finalement aux Trois-Rois sains et saufs, sans même avoir subi de voies de fait. Mais enfin le catholicisme a été publiquement insulté !

Et comme si cela ne suffisait pas, voici qu'un troisième incident se produit ce jour-là. Alors qu'il était dans son jardin avec deux domestiques, Chauvigny a été mis en joue du haut d'une maison voisine par une arme à feu, et il n'a dû la vie qu'à sa retraite précipitée.

On imagine l'accablement du Conseil, qui dut trouver bien sombre cette journée du 4 décembre 1679 ! Sur tous ces faits, il s'empresse naturellement de promettre d'ouvrir une enquête qui révélera ceci : trois coups de feu ont effectivement été tirés. Mais aucun n'a laissé de traces sur les murs. Et pour cause ! Aucun ne visait le résident. Deux étaient le résultat de la décharge fortuite de fusils que leur propriétaire, hors de la portée et de la vue de son hôtel, était en train de nettoyer. Et le troisième avait été tiré dans la direction d'un jardin situé au-dessous de sa demeure : un simple acte de bravade, tout au plus une impertinence, mais nulle tentative d'assassinat ! Quant à sa mise en joue par une arme à feu, il ne s'agissait, en fait de canon de fusil, que... du tube d'une longue-vue braquée par un curieux !

Toute l'affaire n'en demeurait pas moins fort désagréable. Chauvigny avait adressé à la cour de France des rapports enflammés. Il importait donc de rétablir les faits, de faire aussi connaître le point de vue de la ville sur l'attitude du résident, et le Conseil dépêcha à Saint-Germain un de ses meilleurs négociateurs, Barthélemy Lect, chargé d'informer le roi sur son informateur.

Berne et Zurich, alertées, recommandent à Genève la fermeté. Mais – peur ou habileté suprême ? – le Conseil choisit de jouer Louis XIV contre son résident, et ne cessera dans ses rapports avec lui de répandre l'encens, cher aux narines des rois tout-puissants. En toute occasion, il exprimera bruyamment sa soumission au plus glorieux des monarques, et Chauvigny, ravi, ne va bientôt plus douter que les Genevois soient des « sujets volontaires » du roi de France, et leurs magistrats, des vassaux prêts à rester « dans les termes du devoir, du respect et de l'obéissance ».

La violente réaction de la population a cependant donné à réfléchir à ceux qui croyaient pouvoir réduire Genève comme naguère le Pays de Gex. La France n'avait assurément pas intérêt à y provoquer des désordres religieux qui lui aliéneraient les cantons protestants – toujours la question des « mercenaires » suisses ! Et puisque, devant la majesté royale, ses dirigeants faisaient preuve de toute la déférence voulue, il parut de meilleure politique de ne pas envenimer la situation.

Ordre est bientôt donné à Chauvigny de tempérer son

« zèle de catholicité ». À lui, certes, de laisser ouvertes les portes de sa chapelle aux trente ou quarante personnes qu'elle peut contenir, mais à la République de prendre toute mesure nécessaire à sa tranquillité.

Le compromis, conforme aux usages diplomatiques de l'époque, était sage. Encore eût-il fallu que le résident s'y conformât. Or le missionnaire, apparemment, l'emportait chez lui sur le politique. Après avoir quelque temps suivi ses instructions, il ne tarde pas à retomber dans son « zèle de catholicité ». Il ne se borne pas à laisser les portes de sa chapelle ouvertes, il fait du recrutement. Et bien plus d'une quarantaine de personnes viennent se presser à ses offices, qu'il multiplie d'ailleurs à plaisir. Ce n'est même plus de la dévotion, c'est de la provocation !

Toujours, cependant, la population se masse devant l'hôtel du résident. Mais elle s'est organisée. Un homme se tient en permanence sur le toit d'une maison donnant sur la chapelle, et dès qu'il indique que le service est commencé, c'est là, dehors, un beau charivari de psaumes, hurlés « à gorge déployée », qui troublent l'office. Un jour même, à la sortie de la messe, la brillante assistance reçoit des seaux d'eau et, trahi une fois de plus par ses sens, mais cette fois par son ouïe, Chauvigny jurera qu'il a entendu crier derrière lui : « Tue ! tue ! », alors qu'il s'agissait de « Cure ! cure ! », cris que poussaient les enfants au passage des égoutiers.

D'autres épisodes ne furent pas moins burlesques. À force de fréquenter les jésuites des environs, Chauvigny avait fini par s'estimer bon théologien. Il poussait même le zèle, afin de mieux pénétrer les défenses de l'ennemi, jusqu'à devenir un assidu des temples, y offensant d'ailleurs les fidèles en gardant pendant les prières et la lecture de la Bible son chapeau sur la tête. Aussi se crut-il bientôt de taille à disputer avec Louis Tronchin, un des meilleurs théologiens de Genève. Il organise donc une série de conférences, où il convie ce dernier. Pour avoir un témoin et un héraut de ses prouesses, il y convie également son secrétaire, Desmarets. Et à la fin de la joute celui-ci, impressionné, se... convertit au protestantisme !

Un autre incident tourna pareillement à sa confusion. À l'approche du 25 mars, il avait décidé de frapper un grand coup. Le 25 mars, c'était le jour de l'Annonciation de la Vierge Marie, importante fête catholique, s'il en fût ! Et le voici qui invite force prêtres de France et de Savoie à venir avec leurs paroissiens dans sa chapelle. Les jésuites d'Ornex ont notamment fait dans le Pays de Gex une intense propagande, et on peut s'attendre à une manifestation, telle que

Genève, depuis le retour du culte romain, n'en a pas connu.

Chez lui, à l'aube de ce 25 mars, Chauvigny attend donc impatiemment ses invités. Or, surprise ! les heures passent et personne ne paraît. Il finit par sortir de son hôtel et va aux renseignements sur la Treille, où il apprend ceci. Prêtres en tête, on est bien venu en foule des environs. Même que, sur le lac, sont arrivés des bateaux pleins de gens. Seulement voilà ! personne n'a pu entrer : le port était barré par les chaînes, et les trois portes de la ville étaient fermées. Pourquoi ? Ordre du Conseil !

Chauvigny comprend qu'on l'a joué. Mais que peut-il faire ? Le prétexte invoqué est de sécurité : l'accès de la ville a été interdit pour donner au Conseil des Deux-Cents la quiétude nécessaire à la discussion d'une affaire particulièrement grave... Et après avoir eu le plaisir de voir longtemps piétiner sous les remparts, puis repartir la mine basse, tout un lot de papistes, la population put, les jours suivants, s'en donner à cœur-joie de ricaner sur le passage de Son Excellence Monsieur le Résident de France, dont la mine paraissait assurément bien « marie » !

Mais de tels rapports ne pouvaient éternellement durer. Ou Genève devrait finir par s'incliner, ou le résident devrait partir. Ce fut le résident qui partit. Le mérite en revint à un homme de grand talent : le syndic Michel Trembley. La chance, il est vrai, le favorisa : Louis XIV mariait alors son fils, le dauphin, à la fille de l'Électeur de Bavière, et, en de telles occasions, la Seigneurie avait l'usage d'envoyer à la cour de France des députés, chargés de la complimenter au nom de la République.

Michel Trembley fut donc désigné. Par son intelligence, sa distinction, son charme, il va conquérir tout le monde. À commencer par Louis XIV qui le retint deux fois à sa table, fit jouer en son honneur les grandes eaux de Versailles et, apprenant, après avoir voulu connaître sa réaction, « qu'il les avoit trouvées si belles qu'il en vouloit boire », ajouta : « Il devroit me suivre à Trianon, où je luy aurois fait boire du bon vin » — paroles pour lesquelles plus d'un courtisan se serait alors fait tuer !

Et le résultat du « grand plaisir » qu'il avait eu à entendre de sa bouche « les marques de l'affection que lui portoient Messieurs de Genève », ce fut le rappel de Chauvigny et son remplacement par Roland Dupré, qui, en se conformant, lui, à l'ordre de faire dire la messe « d'une manière qui n'effarouchât pas les Genevois et ne leur causât pas de chagrin », sut enfin rétablir le calme dans la cité de Calvin.

Calme, il est vrai, précaire, car la politique de Louis XIV ne va plus cesser de heurter la sensibilité de la ville. C'est d'abord, en pleine paix, la prise, l'année suivante, de Strasbourg ; Strasbourg, ville sœur, ville protestante, dont le seul tort avait été d'exciter les appétits du roi. Le Conseil eut tellement peur des réactions de la population, qu'il lui fit recommander de bien se garder de montrer sa tristesse, et lui-même alla féliciter le résident de la défaite de ses coreligionnaires.

Mais surtout, à partir de 1680, les persécutions religieuses reprennent en France. Mois après mois, Genève voit arriver chez elle une foule de malheureux, dont la détresse provoque la pitié, et les récits, l'horreur. Comment l'indignation ne soulèverait-elle pas les cœurs devant le traitement qui frappe des frères, une indignation d'autant plus difficile à supporter, qu'on ne peut même pas l'exprimer ouvertement, puisque là, dans les murs, il y a le représentant de l'ennemi, espionnant, rapportant, menaçant !

Encore le pire n'est-il pas arrivé. Il arrivera en 1685, avec la Révocation de l'édit de Nantes, tragédie qui fut cependant précédée, quelques mois plus tôt, d'une sorte de répétition générale dont Genève subit le contre-coup : le 18 décembre 1684, un arrêt du Conseil du roi supprimait en effet dans le Pays de Gex le culte évangélique, apportant à vingt-cinq ans d'incessantes répressions leur solution finale. Même les temples de Moëns et de Russin, pourtant sous la souveraineté de Genève, furent murés, avant d'être affectés au culte catholique.

D'abord, l'émigration des Gessiens avait été modérée et s'était portée moins sur Genève, jugée peu sûre, que sur le reste de la Suisse. Mais, en septembre 1685, le bruit courut que des gens de guerre arrivaient, et ce fut la panique ! Poussant devant eux leurs bestiaux, ayant en toute hâte entassé dans des chariots leurs effets et même leurs récoltes, des centaines de malheureux se présentèrent, dans la nuit du 20 au 21 septembre, aux portes de la ville. Spectacle lamentable, qui émut, comme de juste, la compassion des Genevois.

Hélas, leurs secours ne furent pas du goût du gouverneur du Pays de Gex, alors dans les murs. Avec violence, il reprocha au Conseil de se faire le complice de ceux qui, en fuyant, se montraient rebelles à leur roi... De telles paroles de la part d'un haut dignitaire de Louis XIV, qui d'ailleurs allait aussitôt prendre des sanctions économiques contre Genève, ne pouvaient être traitées à la légère, et le Conseil fit discrètement savoir aux nouveaux venus qu'il ne pouvait les garder.

Mais cela n'allait pas suffire. Louis XIV exigea brusquement l'expulsion de tous les Français qui s'étaient réfugiés à Genève depuis moins d'un an, ainsi que celle de tous les pasteurs français qui s'y trouvaient depuis moins de trois ans.

Rappelons qu'à l'époque, Louis XIV était au faîte de sa puissance, et que la prise en pleine paix de Strasbourg montrait éloquemment le peu de cas qu'il faisait de la liberté d'autrui. Faut-il le reprocher au Conseil ? Il s'inclina, et bientôt Roland Dupré fut à même d'écrire à son maître qu'« il avait été ponctuellement obéi ». Mais si Genève fut fermée à ces malheureux, il n'en fut pas de même de la Suisse et de l'Allemagne qui, moins exposées parce que plus éloignées, leur ouvrirent largement leurs portes. Et Louis XIV put être fier de sa politique : en quelques années, il réussit à ruiner le Pays de Gex, qui s'était vidé des deux tiers de ses protestants !

Mais, comme nous le disions, cette affaire ne fut qu'une répétition générale dans un petit coin de province. Elle fut suivie d'une mesure infiniment plus grave sur une tout autre échelle.

Le 18 octobre 1685, la nouvelle éclate, stupéfiant l'Europe : l'édit de Nantes a été révoqué ! Si, dans le camp protestant, chacun pensa d'abord à tous ces malheureux qui ne pourraient plus adorer Dieu selon leur cœur, la seconde pensée alla à Genève, dont personne ne douta plus que Louis XIV eût, d'accord avec la Savoie, décidé de s'emparer pour la rendre catholique.

De partout les mises en garde affluèrent donc à l'adresse du Conseil. Réunis à Aarau, les cantons évangéliques s'offrirent à envoyer immédiatement 500 hommes, puis, dès que possible, 3 000 à 4 000, voire une armée. De son côté, Genève renforça sa garnison et surtout ses fortifications, rappelant auprès d'elle le fameux ingénieur d'Yvoi et empruntant pour financer ses travaux jusqu'à 25 000 écus de la chambre des Blés[1].

Et de nouveau les réfugiés affluèrent. Mais pouvait-on les garder ? Eux aussi durent être sacrifiés aux ressentiments de Louis XIV qui, dans leur fuite, ne voyait que rébellion ou au mieux insubordination.

Décision d'autant plus cruelle, que ces « pauvres François » arrivaient exténués et dénués de tout. Heureusement cependant que la « Bourse française » fonctionnait. Créée au lendemain du premier Refuge pour venir en aide aux religionnaires et à leurs descendants, elle n'avait cessé d'ac-

1. Sur cette dernière et le rôle qu'elle joua dans les finances de la République, se reporter à l'Appendice p. 164 et ss.

complir son œuvre charitable – en espèces, comme en nature. Cependant il ne s'était jusqu'ici agi que de petits secours n'atteignant guère plus de 10 à 12 000 florins par an. Aujourd'hui ce sont des milliers de personnes qu'il faut assister, des dizaines de milliers de florins qu'il faut dépenser. Mais, grâce à des collectes publiques, elle va pouvoir fournir à ces misérables de quoi subsister pendant la semaine que le Conseil les autorisait à rester, ainsi que de quoi gagner, en Suisse ou en Allemagne, une terre d'accueil définitive.

Or à peine leur flot avait-il commencé à se tarir qu'un nouvel exode, plus lamentable encore, vint solliciter la charité des Genevois : celui des Vaudois, victimes eux aussi de Louis XIV, qui avait pratiquement exigé de Charles-Emmanuel II qu'il les expulse de leurs vallées du Piémont. Exode plus lamentable encore, car ces malheureux arrivaient tout aussi démunis, mais de plus très souvent malades, quand encore ils parvenaient à arriver !

Très vite la Bourse italienne est débordée. Mais la solidarité protestante jouera. Envoyée à Genève par les Confédérés, une commission s'occupera sans relâche de les réinstaller en Suisse. De plus, des secours considérables – même au-delà des besoins – seront envoyés de Hollande.

Ironie des choses, ces réfugiés que leur souverain chassait de chez eux n'avaient qu'une idée : rentrer ; tandis qu'à l'inverse les Français qui ne demandaient qu'à fuir, voyaient leur souverain tout faire pour les retenir !

Et même tout faire bientôt pour les obliger à revenir ; car, au Conseil qui avait cru pouvoir se tirer d'affaire en limitant leur séjour à une semaine, le résident fait savoir, en janvier 1687, quand l'exode reprend de plus belle, qu'il ne doit plus en recevoir aucun.

Plus de charité envers ceux dont le seul crime est d'adorer Dieu comme on l'adore soi-même ? Il faut condamner sa porte au frère en Christ qui vient supplier qu'on le secoure ? C'est, hélas ! ce que le Conseil sera contraint de faire et fera, en frappant d'une amende de 25 écus – somme alors considérable ! – tout Genevois « coupable » d'offrir sans autorisation un toit aux réfugiés.

Le nombre des réfugiés rendra cependant vite la mesure inopérante. Au cours de l'été et de l'automne 1687, il en viendra plus de 8 000 ! Impossible de refouler tant de monde ! D'ailleurs, étonné lui-même des proportions d'un tel exode, Louis XIV modifie son attitude et accepte que le Conseil dirige ses sujets vers d'autres pays.

Mais les bateaux qui les évacuent sur Nyon ou sur

Morges ne suffisent pas à la tâche ; et il y a les malades qu'on ne peut aussitôt chasser. En fait, les réfugiés restent bien au-delà de la nuit qui leur a été allouée ; rien que dans le second trimestre 1687, la Bourse française dépensera à les secourir la somme encore jamais atteinte de 75 000 florins, et le Conseil sera obligé de prendre des mesures financières exceptionnelles.

Heureusement que l'année suivante l'exode se ralentit. Surtout Louis XIV va avoir bien d'autres soucis que de persécuter ses protestants. La guerre que, lassée de son impérialisme et encouragée par la partielle décapitation de son armée, presque toute l'Europe lui a déclarée en 1686 – celle de la Ligue d'Augsbourg –, est en train de mal tourner pour lui. Sa cavalerie a été écrasée à Neuss, toute la région de Cologne vient de se soulever, l'Espagne se prépare à l'attaquer, et son mortel ennemi, Guillaume d'Orange, est monté sur le trône d'Angleterre. Plus que jamais doit-il ménager les cantons suisses qui, dans leur hostilité à son égard, ont déjà permis à ses ennemis de recruter des troupes chez eux.

Ne craignant donc plus de représailles de la France, Genève assouplit ses mesures et désormais garde dans ses murs tous les réfugiés français capables de servir son économie. Ainsi bénéficiera-t-elle, grâce à des Nîmois, de manufactures de soie à coudre, de rubans, de taffetas, de bas de soie et de crêpons ; ainsi seront introduites chez elle des fabriques de serges et d'indienneries et une spécialité dauphinoise : la tonture (teinture des draps). En 1693, un recensement montrera que sur ses 16 111 habitants, elle compte 3 300 réfugiés – un cinquième donc du total.

Cette guerre cependant ne lui apportera pas que des avantages. En 1690, Charles-Emmanuel II s'étant joint aux Alliés, la Savoie est envahie et occupée par les Français. Déjà dévastée par les hostilités, celle-ci doit maintenant nourrir toute une armée. Elle n'y suffit pas. Or c'est d'elle que Genève tirait la plupart de son blé, dont de surcroît elle faisait venir le reste de territoires contrôlés par la France : Gex, Bresse, Franche-Comté, etc. Dans la ville, ce sera pendant plusieurs années la disette et pour certains la famine. En 1693, malgré les interventions de la chambre des Blés, la coupe de blé ira jusqu'à valoir 105 florins, prix qu'elle n'atteindra même pas au siècle suivant ! Et la Bourse française devra dépenser cette année-là le chiffre record de 100 000 florins. On verra alors le gouvernement envoyer un de ses conseillers en mission frumentaire à Berne, Lucerne et Soleure, ainsi que l'année suivante l'amiral Lefort en Hollande où il obtiendra à bas prix du blé appartenant au... tsar[1].

Toutes ces mesures, doublées de précautions militaires, coûtaient évidemment fort cher, et à trois reprises, le gouvernement dut lever un impôt progressif sur le capital — ainsi sait-on aujourd'hui que le citoyen le plus riche était à l'époque Jean-Antoine Lullin, taxé pour 1 550 écus sur une fortune de 170 000 écus. Mesure alors originale : il recourut aussi à des loteries, d'abord de mille, puis de trois mille écus, et enfin une dernière de seize mille.

Mais même les pires choses ont un terme. Peu à peu, surtout quand, en 1696, la paix sera rétablie entre la France et la Savoie, les choses commenceront à s'améliorer. Un an plus tard, Genève aura même de quoi pavoiser, du moins diplomatiquement. Entre les belligérants sera signé le traité de Ryswick qui, pour la première fois dans l'Histoire, la reconnaissait comme territoire helvétique en la faisant figurer parmi les alliés des XIII cantons.

Hélas, économiquement, la paix la trouvait beaucoup moins bien partagée. Après avoir éminemment favorisé son industrie en éliminant auprès des alliés la concurrence de la France, la guerre — qui l'eût cru ? — la laissait pratiquement ruinée. Et c'est ici que, pour en comprendre la raison — assez triste, il faut bien le dire —, on doit revenir à la politique intérieure de la République.

Plus que jamais l'oligarchie

Deux forces, on l'a vu, s'étaient, au lendemain de l'Escalade, opposées aux tendances oligarchiques du régime : le Grand Conseil et la Compagnie des pasteurs.

Malheureusement, les mobiles du premier n'étaient qu'égoïstes : l'oligarchie ne lui déplaisait que dans la mesure où elle l'écartait du pouvoir. Quand il eut récupéré ses anciennes prérogatives, il se tint pour satisfait ; s'il lui arriva au cours du siècle de s'opposer de nouveau au Petit Conseil, lorsque par exemple fut bafouée, à propos de l'affaire de l'auditeur Sarasin, sa compétence de juge suprême en matière civile, ce ne fut que pour se défendre lui-même. Donc, pour libéraliser le régime, on ne pouvait compter sur lui. Mais pouvait-on au moins compter, comme au XVIe siècle, sur la Compagnie des pasteurs ?

À première vue, rien ne paraît changé à Genève. L'in-

1. Pierre Bertrand, *Genève et la Révocation de l'édit de Nantes*, 1935, Genève. (Ouvrage de référence sur le second Refuge à Genève.)

fluence des ministres semble toujours grande. La paillardise reste un crime, et on n'a pas cessé de châtier cruellement l'adultère, surtout s'il a été suivi de quelque épidémie, preuve de l'« ire » de Dieu. On n'a pas non plus cessé de pourchasser le luxe : à table, dans l'habillement et aussi maintenant dans l'ameublement. Le Consistoire demeure vigilant et a même reçu l'aide d'une « chambre de la Réforme », spécialement chargée de veiller à l'observation des lois somptuaires. Les jeux de cartes continuent à être considérés comme une invention de Satan, et les cabarets comme de mauvais lieux, juste bons pour les étrangers.

Mais ce tableau est trompeur, en tout cas s'agissant de la classe dirigeante, qui, au fur et à mesure que le siècle s'avance et que croît la richesse, écoute de plus en plus la voix du confort et du faste, dont l'écho ne cesse de lui parvenir de la cour de France voisine. De moins en moins suit-elle donc ses pasteurs.

Et ces pasteurs eux-mêmes ont changé. L'esprit qui les anime n'est plus celui du temps de Calvin ou de Bèze, les priorités qu'ils se proposent ne sont plus celles du XVIe siècle, et ils vont être beaucoup moins portés à s'opposer au pouvoir.

C'est que la situation du protestantisme s'est bien modifiée dans le monde ! Comme on l'a dit, le XVIIe siècle fut celui de la Contre-Réforme. L'offensive a changé de camp ; c'est aujourd'hui le catholicisme qui attaque et marque des points. Les jésuites sont partout, sans parler de ces missionnaires dont, à l'exemple de saint François de Sales, le prosélytisme ne cesse de faire des conversions.

Ainsi assailli, on comprend que le protestantisme ait surtout voulu resserrer ses rangs, rapprocher les points de vue, avoir lui aussi un dogme à brandir face à celui de Rome. Tâche d'autant plus urgente et rude que les divergences entre Églises réformées étaient considérables. Rien que sur la question, pourtant fondamentale, de la prédestination, les interrogations se succédaient. Était-elle simple, vouant uniquement au salut, ou au contraire double, vouant également à la damnation ? Datait-elle de la chute d'Adam, ou d'avant même la Création ? Provenait-elle d'une décision arbitraire de Dieu, ou de la prescience qu'Il avait de la future attitude de chacun ? Jésus était-il mort pour racheter tous les hommes, ou seulement les élus ? Bref, on pouvait être zwinglien ou calviniste et, plus spécialement encore, arminien, gomariste ou amyraldiste. Et bien sûr luthérien, c'est-à-dire quelque peu indifférent à ces divers problèmes.

Tous évidemment n'échauffaient pas également les

esprits. Le point de départ de la prédestination — antérieur ou non à la Création — pouvait paraître mineur ; mais non, assurément, son caractère simple ou double ; son fondement arbitraire ou conditionnel ; son électivité universelle ou limitée !

Sur ces divers points, la synthèse, véritable tournant dans l'histoire de la Réforme, se réalisera en 1618-1619 au synode de Dordrecht, qui, pour l'essentiel, marquera le triomphe des vues du plus strict calvinisme, notamment sur la prédestination, sa dualité, son caractère arbitraire et l'étroite limitation de son électivité. Victoire donc de la tendance dure, de la « gomariste » — ainsi appelée du nom de son protagoniste, François Gomar, professeur à l'université de Leyde — qui fit condamner le « libéralisme » d'Arminius, apôtre de l'élection par la foi ; cela avec une âpreté telle, que, la politique aidant, il s'ensuivit des persécutions sans nombre, et que certains y perdirent même la vie, comme ce Jean Barnevelt, pensionnaire de Hollande, dont, avec un humour noir, Théodore Tronchin dira que les canons de Dordrecht lui avaient emporté la tête.

Or ce sont des Genevois qui, à Dordrecht et, hélas, dans les persécutions ultérieures, jouèrent un rôle déterminant : Théodore Tronchin, filleul et neveu par alliance de Théodore de Bèze, Bénédict Turrettini, que son père François — le fameux soyeux — avait préféré « dédier au service de Dieu plutôt qu'à la marchandise où il eût pu s'avancer beaucoup », et Jean Diodati, dont la traduction des Ecritures en italien fut, pour les réformés de la Péninsule, l'équivalent de la Bible de Luther pour les Allemands, tous trois ardents partisans de la plus stricte orthodoxie calvinienne, fidèles d'ailleurs à l'ultime recommandation de Calvin de « ne changer rien, ni innover ». Aussi, de retour à Genève, leur premier soin fut-il d'exiger de tous les pasteurs une adhésion écrite aux décisions du synode.

Donc, dès le début du XVIIe siècle, l'Eglise de Genève se trouva lancée sur la voie d'un dogmatisme éminemment conservateur. Et ce dogmatisme, elle ne cessera de le faire sien tout au long du siècle, exigeant des étudiants de l'Académie qu'ils souscrivent à une déclaration conforme aux canons de Dordrecht, exigeant des pasteurs et des maîtres de l'Académie qu'ils fassent suivre une telle déclaration des mots : ***Sic sentio, sic docebo et nil contrarium hisce docebo, vel publice vel privatim*** (« Ainsi je pense, ainsi j'enseignerai et n'enseignerai rien de contraire à cela, soit en public, soit en privé »).

Un homme veillera tout particulièrement au maintien de la rigueur : François Turrettini, fils de Benedict. Lorsque certains pasteurs se laissèrent gagner par l'« infection » amyraldienne – Moïse Amyraut[1], il battit le rappel de toutes les Eglises suisses, devenues, avec celle de Hollande, le bastion de l'intégrisme, et mit au point avec elles une nouvelle confession de foi : la fameuse *Formula Consensus Ecclesiarum Helveticarum* de 1675, dont a pu dire que, par ses « étroitesses » et ses « excès », elle était « le plus précis et le plus exclusif des symboles calvinistes[2] », véritable carcan, assurant l'absolu triomphe du conservatisme et du principe d'autorité.

Or quand on adopte une telle attitude en matière religieuse, peut-on facilement devenir, en politique, libéral et réformiste ? Malgré elle, et en dépit de sa sollicitude pour le peuple, l'Eglise genevoise, au XVIIe siècle, ne pouvait guère être portée à s'opposer au pouvoir, tout oligarchique qu'il fût. D'ailleurs n'est-il pas symptomatique que, tout comme les membres de la classe dirigeante, les pasteurs, oubliant la simplicité de jadis, se soient eux aussi mis au XVIIe siècle à porter perruque ?

Les quelques fois d'ailleurs où la Compagnie essaiera de s'opposer au pouvoir lui en coûteront. Plus que jamais imbus de leur majesté, les « Magnifiques Seigneurs » du Petit Conseil – c'est le titre qu'ils se donnent maintenant – ont cessé de supporter les remontrances. Aux pasteurs qui se plaignent, ils ont tôt fait de répondre que « les ecclésiastiques dépendent du Conseil » et qu'ils savent bien que « si Moïse et Aaron étaient frères, ils n'étaient pas égaux » ; ou encore que, tout autant qu'eux, ils sont, selon les Ecritures et à la différence des magistrats catholiques, « des membres très nobles de l'Eglise, les serviteurs et les oints de Dieu ». Plus brutaux encore lorsque leur intervention a un caractère trop politique, ils leur font sèchement observer qu'ils n'ont pas « à sortir de leur sphère, pour se mêler des affaires publiques », et que la démagogie est une très vilaine chose.

Malgré leurs protestations, ils accorderont à Théodore de Bèze un honneur hors du commun en le faisant enterrer dans le cloître de Saint-Pierre et, dix ans plus tard, récidiveront pour Michel Roset, le grand homme d'Etat du XVIe siècle. Malgré leurs protestations, ils les obligeront, après qu'en 1612 la présidence de la Compagnie sera redevenue hebdomadaire, à se faire représenter auprès d'eux par un délégué permanent, plus facile à manipuler.

1. Moïse Amyraut, professeur à l'Académie de Saumur avait converti la majorité des Eglises réformées de France à un « arminianisme » édulcoré, selon lequel tous les hommes étaient admis au bénéfice de la grâce, quoique seule fût effective celle dont Dieu favorisait ses élus.

2. G. Léonard, *Histoire générale du protestantisme,* t. II : *L'Etablissement*, Paris, 1961.

Mais quoi de plus significatif du changement survenu dans leurs rapports que l'incident suivant ? En 1606, deux syndics participent à une fête des Rois. On a tiré la fève et on a dansé. Le Consistoire les fait aussitôt citer devant lui. Ceux-ci en appellent au Conseil qui les dispense de comparaître. Le Consistoire riposte en les privant de la Cène. Alors que fait le Conseil ? Il somme les pasteurs de lever la sanction, faute de quoi il dissoudra leur Compagnie. Et que font les pasteurs ? Ils lèvent la sanction ... Eût-on rien vu de semblable au temps de Calvin et même de Théodore de Bèze ?

Le jour sans doute viendra où l'autoritarisme aura, ici aussi, à affronter une troisième force : la « philosophie », dont de premiers éléments sont déjà apparus grâce à Louis Tronchin et surtout à son neveu Jean-Robert Chouet, professeur à l'Académie, qui, contre Aristote, si cher à Théodore de Bèze, ont introduit à Genève le cartésianisme et son principe de libre-examen. Mais, pour l'heure, force est bien de constater que les citoyens n'ont plus de défenseurs ou à tout le moins de défenseurs efficaces. Aussi le Conseil général a-t-il été pratiquement mis en sommeil – tendance d'ailleurs commune aux cités suisses. Si on y ajoute la morgue dont fait maintenant preuve la « noble » classe dirigeante, sa désinvolture grandissante à l'égard des lois somptuaires, d'ailleurs plus douces pour elle que pour les autres, et le déclin de sa piété, on comprend que le fossé ait commencé à se creuser dangereusement entre elle et le peuple.

Et à s'élargir plus encore, quand, devant Louis XIV, le Conseil fera preuve d'une soumission frisant la vassalité. Violemment heurtée dans sa foi par les agissements du résident de France, encore plus choquée par les mesures d'expulsions prises à l'encontre des fugitifs de 1685-1687, la population accusera ses dirigeants de collusion, soupçonnant – et pas toujours à tort, hélas ! – que des liens d'affaires n'étaient pas étrangers au souci d'apaiser Louis XIV. D'autant qu'elle savait l'émotion que provoquait à Zurich et à Berne l'attitude de ses dirigeants, le mépris même qu'en éprouvait la cour d'Angleterre, indignée de s'être vu refuser, toujours par peur de Louis XIV, l'envoi d'un résident permanent – protestant pourtant, lui !

Cependant, aussi pénible qu'elle fût, cette situation ne provoqua pas de remous tant que la prospérité dura. Mais à partir de 1693, à la richesse succède dans la ville, comme nous allons maintenant le voir, la misère, et une misère de surcroît provoquée par ce qu'il faut bien appeler l'égoïsme et la cupidité. Dès lors se mettent en place les éléments qui, socialement et politiquement, vont faire du XVIIIe siècle un siècle explosif, où les citoyens ne compteront plus que sur eux-mêmes pour en finir avec l'oligarchie.

Montée des troubles

Pour Genève, désormais délivrée de la concurrence de la France sur les marchés alliés, la guerre de la Ligue d'Augsbourg avait commencé par être une bonne affaire, aussi bien économiquement que politiquement. Malheureusement, très vite ses négociants tombèrent dans leur péché habituel. On sait lequel. Ce que, pendant la plus grande partie du siècle, ils avaient, de connivence avec les Lyonnais, fait au préjudice de la Savoie et de sa douane, ils vont maintenant, toujours de connivence avec les Lyonnais, le faire au préjudice des Alliés et de leur blocus : écouler comme genevoises des marchandises françaises et revendre en France des marchandises alliées prétendument destinées à des pays neutres ou alliés.

Au début, les Alliés ne s'aperçurent de rien, puis, quand ils découvrirent le trafic, comme naguère le duc de Savoie ils demandèrent aux autorités d'attester par des documents, et aux commerçants d'affirmer sous la foi du serment que les marchandises n'étaient pas de contrebande. Mais les documents s'étant souvent faits de complaisance et les serments n'ayant été que paroles en l'air, elle perdirent bientôt toute confiance. Les bons payèrent pour les mauvais, et même les productions genevoises furent suspectées d'être françaises ; au point d'être parfois saisies rien que parce qu'on les trouvait trop belles pour avoir été fabriquées à Genève ! Et après avoir suscité de plus en plus de difficultés au commerce genevois, le marché allemand, en mars 1693, se ferma brusquement à lui.

Or l'Allemagne était alors, si on peut dire, beaucoup plus que l'Allemagne. Elle était le premier marché d'Europe, le principal point de rencontre entre commerçants du Nord et du Sud. Là le négociant genevois venait acheter ses principales marchandises, matières premières comprises ; là il venait écouler les principaux produits de la fabrique genevoise.

La mesure de mars 1693 frappa donc cette dernière de plein fouet. Or, si déjà en soi les malheurs de l'horlogerie-orfèvrerie étaient graves, ceux de la dorure, véritable locomotive de l'économie, tournèrent à la catastrophe. De proche en proche, dans la ville, les métiers s'arrêtent. C'est le chômage et la misère. Heureusement, l'été 1694, l'interdiction se relâcha et disparut même en 1695.

Après cette rude alerte, on aurait pu croire que les fraudeurs se seraient assagis. Il n'en fut rien. Et comme les mesures de contrôle se faisaient de plus en plus sévères, ils prirent une décision radicale – radicale et funeste pour l'économie genevoise ; leurs capitaux, ils cessèrent dans une large mesure de les mettre au service de la dorure et de l'horlogerie-orfèvrerie, pour en faire profiter le Trésor français, qui, afin de remédier à l'évasion du numéraire, conséquence de ses manipulations monétaires, offrait une prime à tout marchand étranger qui lui remettrait de l'or.

L'affaire était sans risques et, pour un Genevois, facile à exécuter : il suffisait d'aller trouver le résident de France qui, au reçu de l'or, en remplissait des sacs qu'il cachetait, prouvant ainsi leur origine étrangère. Et voilà comment, du commerce de la marchandise, nombre de capitalistes genevois, séduits par la France, passèrent concurremment à celui de l'or, et plus généralement, en cette époque de bi-métallisme où les manipulations monétaires n'épargnèrent pas non plus l'écu d'argent, à celui des métaux précieux, devenant selon leur terminologie des « marchands-banquiers ».

Reconnaissons que les Genevois ne furent pas les seuls à se livrer à ce trafic. Bien des Suisses en firent autant. Seulement eux ne portèrent pas atteinte à leur industrie, une industrie que, par parenthèse, les réfugiés français avaient considérablement développée – car, contrairement à une idée, reçue, le second Refuge, pour des raisons que nous verrons bientôt, profita beaucoup moins à Genève qu'à la Suisse (notamment à Bâle et à Zurich) et à l'Allemagne –, tandis qu'à Genève l'économie en fut cruellement affectée, dont les secteurs clés, après une longue période de prospérité, connurent une épouvantable misère.

A lire en effet les registres des Conseils de l'époque, on ne peut qu'être ému devant la somme de souffrances qu'ils révèlent. Quatre à cinq mois de l'année, les passementiers et les tireurs d'or sont au chômage et ne peuvent plus nourrir leur famille. Plus malheureux encore, les veloutiers, les « taffetatiers », les mouliniers et les teinturiers en soie ont entièrement cessé de travailler ; quand on recensera en 1698 la population, on s'apercevra que, sur ses 16 934 habitants, 7 000, soit 40 %, n'ont plus la moindre ressource et demandent qu'on leur donne du pain !

Or, dans leur ressentiment, les citoyens vont bientôt s'en prendre également au gouvernement, qu'ils accuseront d'aggraver le chômage par son laxisme à l'égard des réfugiés qui travaillent. Et ils exigeront qu'il limite leur activité, en ne leur permettant pas de se livrer au négoce – privilège « bourgeois ».

Déjà en 1689, ils avaient obtenu du Grand Conseil qu'il infirme une décision du Petit Conseil les autorisant à commercer ; pendant plusieurs années, seuls avaient bénéficié de dérogations ceux qui apportaient des techniques ou des métiers nouveaux. Mais il était tellement de l'intérêt de Genève de laisser les réfugiés utiliser les contacts qu'ils avaient gardés avec leur région d'origine, qu'au début de 1693 les conseils leur avaient accordé, moyennant le paiement d'une taxe annuelle, le droit formel de « tenir boutique ».

Hélas, la mesure arrivait au plus mauvais moment ! L'année 1693 était en effet celle où le marché allemand s'était fermé, où de surcroît une taxe de 20 % allait paralyser les exportations vers la Franche-Comté et où, pour couronner le tout, Genève souffrirait d'une des pires disettes de son histoire !

Faute de pain et de travail, beaucoup de citoyens quittèrent la ville, mais les autres laissèrent éclater leur colère, refusant même de se laisser désarmer par une décision du gouvernement de ne permettre désormais à un réfugié de commercer qu'après une enquête sévère. C'est ainsi que l'année 1696 vit se produire contre le Conseil une sorte d'explosion qui n'est pas sans préfigurer celle qui éclatera bien plus violemment en 1707.

Une pétition est portée de maison en maison qui recueille 255 signatures et est remise, malgré la vive désapprobation du Conseil, au procureur général, défenseur de l'intérêt public.

On comprend la réaction du Conseil. Non seulement la pétition attaquait âprement sa politique en faveur des réfugiés, mais lui-même se faisait insolemment reprocher de pratiquer deux poids et deux mesures en se gardant bien d'accepter dans la ville ceux qui pourraient concurrencer ses intérêts, « car toute la terre était témoin que, des réfugiés, il n'y en avait eu aucuns pasteurs, advocats, médecins, apothicaires... ».

Récolter des signatures était tenu, dans ce régime oligarchique, pour un acte subversif ; de plus le procureur attendait d'être nommé conseiller. Prétextant qu'il n'offrait pas personnellement les garanties d'impartialité voulue, il refusa donc d'accepter le document, tout en s'en faisant remettre une copie, qu'il transmit au Conseil.

Quoique non exempt lui-même de blâme, le Conseil aurait eu beau jeu de rétorquer que ceux qui lui reprochaient si fort de protéger égoïstement ses intérêts n'avaient cessé de vouloir transformer leur classe en caste, obtenant qu'on élève les droits d'admission à la bourgeoisie, d'une centaine de florins au début du siècle, à environ 4 000 maintenant[1], et que pour ce qui était de faire deux poids, deux mesures, eux-mêmes en augmentant considérablement dans leur profession les droits d'accès à la maîtrise pour qui n'était pas bourgeois, s'en assuraient en fait le monopole – en fait, et parfois même en droit, par une disposition expresse de leurs statuts ! Mais il ne semble pas avoir attaché à l'affaire toute l'importance qu'elle méritait, se bornant, pour toute action, à censurer « grièvement » les meneurs.

Aussi l'agitation continue-t-elle. Des attroupements se forment. Un soir, une vingtaine de personnes se rendent chez le syndic Lullin, préposé au négoce, et lui tiennent des propos menaçants, déclarant que, faute d'un changement radical de politique, « on verrait de fâcheuses suites ». Ils ne se trompaient pas. Bientôt éclate l'affaire Gallatin.

Le 26 octobre, tandis que la plupart des membres du Conseil faisaient leurs vendanges, un certain Jacques Duval informe le syndic Jacques Pictet qu'un complot couve. Très prochainement, protestant contre la rareté des denrées et la hausse des prix, des femmes de Rive et de Saint-Gervais vont s'ameuter, 500 à 600 hommes se joindront à elles, ainsi que 200 à 300 Suisses, venus de l'extérieur. Et tout ce monde marchera sur la Maison de ville, capturera les membres du Conseil, occupera l'Arsenal et formera un nouveau gouvernement, à la tête duquel sera placé un membre du Conseil des Soixante : Jean-Antoine Gallatin, homme d'un tempérament violent qui nourrissait à l'égard du Conseil une haine solide.

Déjà tendue à cause du problème des réfugiés, la situation favorisait alors un coup de force : la disette régnait, le prix du blé avait pratiquement doublé en deux ans, et des restrictions très impopulaires avaient été apportées à la vente des vins étrangers par la chambre du Vin – une sorte de commission parlementaire créée en 1681 dans un but surtout policier.

Gallatin se trouvait à ce moment-là à Nyon, en territoire bernois. Le gouvernement le fait arrêter et extrader. Ses principaux complices sont emprisonnés. Des perquisitions domiciliaires ne donnent rien, mais, pour se disculper, les complices se chargent mutuellement, et la vérité éclate. Une vérité sans doute moins grave qu'on ne s'était imaginé, mais qui tendait néanmoins à « remettre les choses sur l'ancien pied » et à

1. Montants calculés d'après A. Covelle, *Le Livre des bourgeois de l'ancienne République de Genève*, Genève, 1897. Cf. A. Perrenoud, *op. cit.*

« rendre aux bourgeois leurs anciens privilèges », bref à changer le régime oligarchique de la ville.

Malgré un réquisitoire modéré du procureur, Gallatin fut condamné, le 9 décembre, à la prison perpétuelle et mourut vingt ans plus tard dans une sinistre geôle.

Mais changer la forme oligarchique du régime était maintenant devenu le principal souci des citoyens, et ce n'est pas en prenant, cette même année, par son ***Règlement sur le commerce de la ville de Genève,*** le contrôle de la vie économique après celui de la vie politique, que le gouvernement allait apaiser les esprits ! Le XVIIIe siècle ne manquerait pas en effet de le lui montrer.

Terminons toutefois ce chapitre sur une note pittoresque. C'est à fin du XVIIe siècle, ou plutôt à la fin de l'année 1700 que Genève, à la suite des cantons évangéliques, adopta le calendrier grégorien – alors en avance de onze jours sur le calendrier julien où l'année 1700 avait été bissextile. Et c'est ainsi que les Genevois connurent leur nuit la plus longue : endormis le 31 décembre 1700, ils se réveillèrent le 12 janvier 1701.

Appendice : la Chambre des blés

Il a été question au cours du présent chapitre de la chambre des Blés. Cette création originale du Conseil, fort admirée à l'étranger, mérite quelques développements, non seulement pour son action alimentaire, mais aussi pour sa contribution à l'extinction de l'énorme dette extérieure de la République: quelque 130 000 écus au début du XVIIe siècle.

En ces temps de fréquentes disettes, elle avait été instituée pour conjurer la famine, mal auquel la ville était d'autant plus sujette, que le blé, base de la nourriture d'alors, lui venait de l'étranger. Certes, de ses propres paysans, elle tirait bien, à titre de dîmes, des céréales dont elle nourrissait les « Spectables » ministres du culte et les pauvres de l'hôpital, mais elle importait les trois quarts de ses grains des pays environnants : Savoie, Franche-Comté, Bresse, Bugey, voire, en cas de crise grave, Piémont, Languedoc, Alsace et même Allemagne. Elle n'était donc pas seulement tributaire de l'importance de la moisson, elle l'était aussi de la bonne volonté de ses voisins, de la Savoie surtout, son principal fournisseur. Or, si, en temps normal, celle-ci ne cherchait pas à l'affamer – moins par altruisme que pour ne pas enlever à ses paysans, dépendant économiquement de Genève, de quoi payer leurs impôts –, elle n'hésitait cependant pas en cas de tension politique à bloquer ses routes, gardes armés à l'appui. Tout naturellement, le magistrat pensa donc à profiter des bonnes années pour engranger des réserves. L'idée, bien sûr, n'était pas neuve, mais elle devint plus que jamais d'actualité après les terribles disettes des premières décennies du XVIIe siècle.

Malheureusement, pour acheter à l'avance de grandes quantités de blé, il fallait d'importants moyens, et la République était pauvre. Emprunter à l'étranger ? mais elle était déjà endettée jusqu'au cou ! Emprunter à l'intérieur ? mais qui remettrait ses capitaux à un État pareillement obéré ? Et c'est alors que les pouvoirs publics songèrent à créer un organisme autonome, qui inspirerait d'autant mieux confiance à d'éventuels prêteurs qu'il serait dirigé par leurs propres représentants ; que l'État s'interdirait, statutairement, de jamais puiser dans ses caisses ; et qu'enfin il lui serait accordé le monopole de la vente du blé à Genève.

Ainsi vit le jour, en 1628, la Chambre des blés.

Pendant une dizaine d'années, elle n'eut qu'une activité alimentaire. En période d'abondance, elle se procurait à bas prix de grandes quantités de blé, qu'elle revendait en période de disette à des prix plus élevés, quoique bien inférieurs à ce qu'ils eussent été sans ses interventions. Aux pauvres, elle remettait même des « certificats », ou bons, qui leur permettaient de se nourrir au-dessous du prix courant.

Ses opérations furent d'autant plus fructueuses, que, privés de la clientèle des boulangers genevois, désormais tenus de s'approvisionner auprès d'elle, les paysans des environs étaient obligés d'en passer par ses conditions. Son monopole de vente à l'intérieur se doublait donc en fait d'un monopole d'achat à l'extérieur – au grand mécontentement d'ailleurs du duc de Savoie. Ainsi put-elle réaliser en dix ans de tels bénéfices, qu'elle ne sut plus que faire de son argent et dut prier certains de ses prêteurs de reprendre leurs fonds !

Quel scandale, quelle tentation pour un gouvernement toujours endetté ! Sans doute avait-il pu, grâce aux substantiels *boni* laissés par les subventions d'Henri IV et de Louis XIII pour l'entretien d'une garnison permanente, désintéresser les plus pressants de ses créanciers privés et même éponger une partie de l'arriéré d'intérêts dus aux États. Mais qu'étaient 20 000 gulden (12 000 écus) ici et 32 000 gulden (19 000 écus) là, face à une dette de 130 000 écus, dont rien que les intérêts mangeaient chaque année 40 % de ses ressources ! Aussi comprend-on que, devant de telles liquidités « en chômage » à la Chambre des blés le gouvernement ait fini par avoir certaines idées...

Oubliant donc ses promesses, il commence par lui emprunter 26 000 écus, contre la remise en gage, pour six années, de la ferme du sel. Puis, quand, onze mois plus tard, ces 26 000 écus eurent achevé de payer le solde des arrérages d'intérêts dus à Schaffhouse, il lui en emprunte encore quelque 48 000, et continuera ses ponctions tout au long du siècle, engageant toujours plus avant la gabelle du sel, y ajoutant même d'autres sûretés, comme la ferme du « poids du blé » (taxe que le blé payait aux halles pour être pesé), transformant ainsi peu à peu la chambre des Blés en une véritable Trésorerie d'État.

Certes, dans des circonstances exceptionnelles, la République put, comme au XVIe siècle, compter sur la solidarité protestante – on le vit lors du renforcement des remparts et la construction de divers bastions, et on le verra encore en 1670, quand, dans la nuit du 17 au 18 janvier, un gigantesque incendie détruisit une grande partie du pont du Rhône avec toutes les maisons sur pilotis qui la bordaient, tuant cent vingt-deux personnes, en blessant huit cents autres et modifiant finalement le tracé de la rive où fut aménagée une place, au nom pimpant de « Bel-Air ». Mais assurément, si ce n'avait été pour les bénéfices de la Chambre des blés, le gouvernement ne serait pas parvenu à assainir ses finances extérieures.

Et c'est ainsi que, graduellement, il va pouvoir non seulement cesser de traîner derrière lui des intérêts en souffrance mais commencer même à rembourser le principal. En 1656, il verse à Bâle 322 400 florins (32 240 écus), aidé il est vrai par le surplus d'un dépôt hollandais d'environ 400 000 florins destiné aux réfugiés vaudois[1]. En 1657, c'est au tour de Saint-Gall d'être entièrement désintéressée. Et, si ce n'évait été pour des divergences sur le taux de change, il n'eût tenu qu'à Berne de recouvrer, l'année suivante, sa créance de 10 000 écus, toutefois éteinte en 1711, année où sera également remboursée la créance de 24 000 écus de Zurich. Ainsi abordera-t-elle le XVIIIe siècle sans dette extérieure : un exploit assurément remarquable pour une ville qui n'avait cessé d'emprunter pendant tant de siècles !

1. W. Monter, *l'amortissement de la dette publique genevoise au XVIIe siècle,* B.H.G., t. XIII, 1964-1967.

LE XVIIIe SIÈCLE
OU LE COMBAT POUR LA DÉMOCRATIE

I

PREMIERS TROUBLES

Si la guerre de la Ligue d'Augsbourg (1686-1697) avait permis aux capitalistes genevois de s'enrichir sans se soucier des misères du peuple, celle de la Succession d'Espagne (1701-1714) va au contraire les ruiner – du moins provisoirement.

Alliée cette fois à l'Espagne, la France pouvait librement et directement recevoir d'elle pistoles et lingots ; le trafic des espèces monétaires n'offrait donc plus pour un Genevois le même intérêt. Mais, disposant de fonds et de correspondants, tant à Lyon, capitale financière de la France, que dans les pays où on se battait, il pouvait envisager de se livrer à une forme d'activité, tout aussi fructueuse : servir de banquier à la France en effectuant des « remises » sur place à ses armées.

Financièrement en effet, la France n'était encore qu'un pays sous-développé. Elle n'avait toujours pas, à la différence de la Hollande ou des régions les plus actives d'Allemagne et d'Italie, ou même, depuis peu, de l'Angleterre, d'organisation bancaire. Elle en était restée au stade médiéval des paiements de foire, concrétisés par les quatre « payements » annuels de Lyon. Et si elle était constamment à court d'argent, c'était moins par manque de numéraire, que par son incapacité à le mobiliser, c'est-à-dire à le faire circuler. Tare que la tentative de Law de créer une banque d'État sur le modèle de celle d'Angleterre se proposerait précisément d'éliminer.

Elle ne pouvait donc payer ses armées à l'étranger qu'en traitant avec des capitalistes qui, moyennant une commission, s'engageaient à lui fournir sur place, à dates fixes, les sommes voulues, et qu'elle remboursait par des assignations sur ses caisses.

Sommes évidemment énormes, roulant sur des millions de

livres tournois, et dont les prêteurs ne pouvaient se procurer la totalité qu'en empruntant à leur tour ou en sous-traitant, offrant eux aussi, en contrepartie, des assignations de paiement, c'est-à-dire, eux, des lettres de change, tirées généralement sur Lyon, place où elles étaient le plus facilement négociables.

Or c'est précisément dans ce genre d'opérations que les capitalistes genevois vont se lancer, et sur une si grande échelle qu'on a pu dire de Genève qu'elle devint alors la banque extra-territoriale de la France[1].

C'est donc du début du XVIIIe siècle que date la banque à Genève, et très précisément de la guerre de la Succession d'Espagne[2].

Au début, au nom de la liberté du commerce, le trafic se fit ouvertement. Mais l'empereur finit par y objecter, considérant toute aide à son ennemie comme un acte de guerre, et il exerça des représailles contre les exportations genevoises, redevenues normales depuis la fin de la guerre précédente. Le Conseil fit donc jurer à ses capitalistes de renoncer aux contrats de remise.

On devine la suite. Les capitalistes jurèrent, mais en sous-main beaucoup continuèrent de plus belle ; tantôt se cachant derrière un prête-nom français, tantôt et le plus souvent sous-traitant avec le titulaire du contrat de remises. Et le résultat fut le même : pratiquement tout l'argent liquide dont disposait Genève prit le chemin de la France ou plutôt de ses armées.

Or l'affaire cette fois n'était pas sans risques. Elle reposait sur la solvabilité de l'Etat français, solvabilité qui ne fit naturellement que décroître au fur et à mesure que la guerre se prolongeait. Bientôt celui-ci en vint à payer ses assignations par d'autres assignations, gagées sur d'autres ressources, présentes ou à venir. Et le titulaire du contrat de remises se trouva

1. Lüthy, *La Banque protestante*, I, p. 47.

2. Notons l'évolution qui s'est graduellement faite dans ce domaine. Les premiers grands prêteurs d'argent apparaissent au XVIIe siècle : par exemple Jean-Louis Calandrini, gendre et associé de François Turrettini, et François Grenus, concessionnaire du sel français en Suisse et à Genève. Mais ils ne prêtaient qu'à des particuliers momentanément dans la gêne, et leurs opérations relevaient donc plus du Mont-de-Piété que de la banque. Puis vient la guerre de la Ligue d'Augsbourg où nombre de Genevois se lancent dans de véritables opérations financières, mais seulement dans la mesure où ils font le commerce des espèces monétaires. Dans le titre qu'ils se donnent alors de « marchands-banquiers », le banquier ne se distingue pas du commerçant. Tandis qu'avec la guerre de la Succession d'Espagne, le banquier a le plus souvent cessé d'être un commerçant, pour devenir un brasseur de fonds.

assez rapidement inondé de « papiers royaux » dont la valeur marchande sur la foire de Lyon finit par se déprécier de 50 %.

Voilà qui aurait dû alerter ses sous-traitants. Mais l'expérience manquait encore en ce genre d'affaires, et, au lieu de retirer leur épingle du jeu, ceux-ci se laissèrent convaincre de renouveler constamment leurs lettres de change par l'appât de certains avantages, dont le plus usité (qui semble avoir été soufflé par le banquier genevois Jean-Antoine Lullin au principal titulaire du contrat de remises, un certain Samuel Bernard) permettait, comme le montre la note ci-dessous, de doubler sa mise en un an[1].

Tout continua donc ainsi jusqu'en 1709, bien que déjà l'année précédente les revers des armées françaises aient créé un certain malaise. Mais comme le disait son correspondant à

1. Le mécanisme était le suivant : à chaque renouvellement de traite, Bernard se reconnaissait débiteur d'une somme majorée d'un tiers, que le prêteur devait évidemment fournir un jour, mais en bénéficiant alors de deux avantages : n'effectuer le versement de ce tiers qu'au moment où lui était remboursé en espèces son prêt initial, et s'acquitter de ce tiers, non en espèces, mais en papiers royaux dépréciés.

Supposons par exemple qu'une traite de 45 000 livres fût venue en renouvellement. L'emprunteur s'engageait à la rembourser en espèces trois mois plus tard avec une majoration d'un tiers ; majoration qui s'élevait donc à 15 000 livres et portait la nouvelle traite à 60 000 livres.

Trois mois plus tard, l'emprunteur, s'il n'avait toujours pas de quoi payer la traite, en demandait de nouveau le renouvellement, et pour un montant de nouveau majoré d'un tiers, soit donc maintenant pour 80 000 livres ; tandis que grossissait également d'un tiers l'engagement en papiers royaux du prêteur, qui, joint à l'ancien (15 000 livres), s'élevait donc désormais à 15 000 + 20 000 = 35 000 livres. Et au bout d'une année, de renouvellement en renouvellement, tout ne cessant de s'additionner, une lettre de change de 45 000 livres finissait par s'élever à 140 000 livres, et sa contrepartie en papiers royaux dus par le prêteur à environ 100 000 livres.

Si le prêteur était alors remboursé, il remettait pour 100 000 livres de papiers royaux, qui, vu leur dépréciation ne lui coûtaient que 50 000 livres. Résultat : il avait reçu 140 000 livres en espèces, en n'ayant eu que 50 000 livres à débourser. Et les 90 000 livres de différence, alors que son prêt initial avait été de 45 000 livres, lui faisaient, même en tenant compte de l'intérêt qu'il devait payer sur les papiers royaux, dont le versement avait été différé, un bénéfice d'environ 100 %.

Evidemment, il pouvait ne pas être remboursé, mais alors, pour peu qu'il vendît sa traite sur le marché, son bénéfice s'augmentait encore de tous les papiers royaux qu'il n'était plus tenu de fournir puisqu'il n'avait pas été remboursé de son prêt initial. Et vendre sa traite sur le marché ne posait pas de problèmes, car toujours de nouveaux acheteurs se présentaient, avides de posséder des effets qui permettaient de faire de si fabuleux bénéfices !

Genève, Bernard savait par ses appâts « réveiller les appétits et renouveler les ardeurs ».

Or en 1709, au payement lyonnais de « Rois » (avril), les traites dont Bernard demanda le renouvellement atteignait le chiffre alors astronomique de 38 millions de livres tournois. Déjà, faute de liquidités sur la place, le payement précédent de « Saints » (novembre) avait dû – fait sans précédent ! – être prolongé trois fois de suite. Et de sombres rumeurs commencèrent à circuler : les traites ne pourraient être remboursées en espèces ! Bernard n'avait plus que des « billets de monnaie » à offrir !

Les rumeurs étaient fortement exagérées, mais elles n'en poussèrent pas moins les prêteurs à réclamer leur remboursement, et Bernard ne put les satisfaire.

A Genève, devant l'afflux de ceux qui vinrent retirer leurs fonds, la banque Lullin (frères) & Marcet fut obligée de fermer ses portes, et sa faillite, qui laissa notamment les 2/3 de ses dépôts impayés, en entraîna une cascade d'autres[1].

La situation était alors d'autant plus critique qu'à eux seuls les Genevois détenaient plus d'un tiers (13 à 14 millions) des 38 millions de traites émises par Bernard ; que de plus il ne leur était offert en dédommagement que des rentes sur l'Hôtel de Ville ou des promesses à long terme sur le Trésor français ; et que, s'ils étaient assez nombreux à avoir des capitaux en Allemagne, en Hollande et surtout en Angleterre, la guerre ne leur permettait plus de les réaliser sans de lourdes pertes.

Certes, tous ne furent pas atteints. Jean-Antoine Lullin, par exemple, sut se débarrasser à temps d'une grande partie de ses effets et fit finalement de beaux bénéfices. Jacques-

1. Le bilan de cette faillite a ceci d'intéressant qu'il permet de se faire une idée de l'étendue des affaires que pouvait brasser une banque de l'époque.

Côté actif, celle-ci avait des fonds et des effets à Londres et à Lisbonne, étant associée, d'une part à la maison Marcet & Cie que dirigeait le frère aîné de Jacob Marcet, et de l'autre à une société en commandite, du nom de Jacquet & Laverne. Elle disposait en Angleterre, en Hollande et en Espagne de marchandises diverses, dont des soieries et des dorures. Elle possédait enfin des effets et marchandises de sa « fabrique » de dorures à Genève. Mais malheureusement pour elle, elle avait également pour un million de livres de lettres sur Lyon, dont 800 000 de Bernard, et environ 160 000 des frères Hogguer, anciens titulaires du contrat de remises.

Côté passif, elle devait rembourser pour près de 600 000 livres, en argent courant de Genève, de dépôts reçus, dépôts qui, étant immédiatement exigibles, l'obligèrent à fermer ses portes.

François Fatio trouva dans sa concession de la vente du sel français à Genève et en Suisse un facile remploi à la moitié de ses papiers royaux. Guillaume Boissier, dont tout l'argent était resté à Gênes dans la société qu'il avait fondée avec son richissime beau-frère Jean-Jacques Naville, se tint soigneusement à l'écart des affaires de France. Mais presque tous n'eurent plus entre les mains que des titres dépréciés de près de la moitié. Brossant un tableau de la Genève d'alors, Jacques-François Fatio parle d'une atmosphère de « désolation », compare ses habitants à des « gens à qui on a entièrement coupé bras et jambes, et qui ne donnent plus que quelques légers signes de vie ». Ce que confirment les lignes suivantes du résident de France, La Closure, à son ministre : « Tous les banquiers sont sur le point de manquer, ayant tout leur bien chez Bernard, et les particuliers qui ont leur argent chez ces banquiers sont sur le point aussi d'être réduits à la mendicité. »

Dès les premiers jours d'avril 1709 il n'est plus question au Grand Conseil que des faillites qui secouent la ville. On discute de la possibilité d'un moratoire général, de démarches à effectuer à la cour de France, de prêts à faire accorder par la Chambre des blés. Et bien qu'en France le contrôleur général des finances, Desmarets, eût alloué à Bernard 30 millions de livres pour solder son bilan, le nombre de ceux que le Grand Conseil exclura de ses rangs pour faillite, suspension ou insuffisance de paiements, sera tel que, lorsque selon l'usage on écarta leurs parents des débats, les bancs du Conseil demeurèrent pratiquement vides. Et, jusqu'en 1713, suspensions et exclusions continueront.

Toutefois le plus intéressant est de voir ce que, à trois ou quatre exceptions près, ces exclus firent. Ils n'ont plus de liquidités, mais leur portefeuille est bourré de papiers royaux. A tous ces effets sur le Trésor, toutes ces rentes sur l'Hôtel de Ville qu'on ne peut aujourd'hui vendre sans sacrifier les 2/3 de son capital, ils vont essayer de trouver un remploi en France ; et comme, depuis la crise de 1709, Lyon a perdu au profit de Paris sa prééminence financière, c'est à Paris qu'ils « monteront ».

Le nombre de banquiers genevois qui s'installent alors dans la capitale est considérable. Sans même parler de tous ceux qui n'ont pas pignon sur rue, on relève parmi les quinze banquiers qui figurent aux Almanachs royaux de 1714-1716, le chiffre énorme de onze Genevois ! Bien évidemment, ils ont gardé le contact avec ceux qui, à Genève, n'ont pas pu ou voulu se débarrasser à grande perte de leur amas d'effets royaux, et ils leur signalent les moindres chances qui s'offrent de protéger et même de revaloriser leurs créances : troquer par exemple leurs « mauvais papiers » contre d'autres qui, nouvellement émis, ne sont pas encore trop dépréciés, ou ne pas se laisser surprendre par un Trésor qui, dans les premières années de la Régence, s'ingénie à annuler le plus possible de ses anciennes dettes !

Ainsi, comme prise à la glu, Genève qui, pendant les dernières guerres de Louis XIV, avait associé son destin financier à celui de la France, dut, bon gré, mal gré, par l'effet de toutes ces créances impayées, rester, comme le note amèrement un contemporain, au « service du roy ».

On devine la suite. Quand Law fit son apparition dans l'Histoire et accepta de reprendre ces vieux effets à leur valeur nominale et même avec prime, quels furent les étrangers à se presser les plus nombreux rue Quincampoix et ultérieurement place Vendôme ? Mais les Genevois, bien sûr !

Non sans envie, La Closure parle dans sa correspondance avec son ministre des « profits immenses » qu'ils ont réalisés au début, ajoutant qu'après avoir, malgré un change désastreux, rapatrié leurs capitaux, ils les ont tous investis dans la pierre et les terres.

La Closure évidemment exagérait. D'abord parce que, contrairement à ce qu'on croit généralement, les hôtels que l'on construisit alors dans la Ville-haute ne furent pas le fruit de l'« agiotage ». Rue des Chanoines et rue de la Tertasse, ceux de Jean-Louis Calandrini dataient du XVIIe siècle, et, rue Neuve-Saint-Germain (l'actuelle rue des Granges), ceux qui s'élevèrent de 1719 à 1722 existaient déjà antérieurement, à l'état de projet.

Ensuite parce que les profits ne furent pas immenses et encore moins généralisés. Certes, il y eut des Genevois qui, instruits par le krach de 1709, surent se retirer à temps du jeu et purent même profiter de la ruine des autres pour acquérir à vil prix leurs avoirs et leurs propriétés. Saluons parmi ces heureux le père et le fils Vasserot, ainsi que le banquier Pierre Cramer. Mais était-il si facile de ne pas se laisser prendre par la fièvre ambiante, de résister à l'envie de voir grossir fabuleusement son capital ? Etait-il possible, même si on n'avait pas personnellement spéculé, d'en éviter les conséquences pour peu qu'on eût à faire avec la France – cas de la plupart des banquiers et commerçants genevois ?

Et, en fait de profits « immenses », l'année 1720-1721 sera de nouveau pour Genève une année de suspensions de paiement ; d'autant qu'à la déconfiture du « Mississipi » se sera ajoutée, pour un créancier genevois, celle du « South Sea

Bubble », autre compagnie exotique, doublant la défaillance des débiteurs français de celle de débiteurs anglais.

Le 10 octobre 1719, Ami Gampert, le banquier, ne peut faire face à ses échéances. Même chose, quelques mois plus tard, pour Gaspard Boissier, fils de Guillaume, un des plus riches négociants de Genève, qui, ayant sur les bras « deux millions de billets de Banque pour des remises... faites en France en novembre et décembre 1719 », doit demander un moratoire à ses créanciers. Et ce ne sont là que deux exemples d'une longue liste d'insolvables impliquant quelques-unes des premières familles genevoises, comme les Lullin de Châteauvieux, les Favre, les Tronchin, les Rilliet. Personne n'a plus d'argent liquide, alors que tout le monde exige le remboursement de ses créances. Et La Closure lui-même, revenant sur son optimisme de l'année précédente, note en novembre 1720 que « toutes les grandes fortunes qu'on paraissait y avoir faites s'évanouissent, pour ainsi dire, et deviennent rien ».

On s'était cru riche et on se retrouvait pauvre. Ou plutôt on se retrouvait dans la situation d'autrefois. Car, à part quelques imprudents qui aventurèrent leur patrimoine, les Genevois ne hasardèrent dans l'expérience de Law que leurs anciens papiers royaux. Les actions de la Compagnie du Mississipi, devenue Compagnie des Indes, n'étaient, si l'on peut dire, qu'une réincarnation : l'avatar final des billets émis par la France pendant la guerre de la Succession d'Espagne. En les souscrivant, les Genevois n'avaient fait que troquer certains effets contre d'autres, qui d'ailleurs s'apprécieraient un jour. En 1720, personne n'aurait prêté un liard sur eux, mais dans quelques années leurs cours remonteraient et laisseraient finalement un bénéfice appréciable.

On sait qu'après la tentative de Law, la France renonça pendant longtemps à ses expériences bancaires, retombant dans les ornières d'une politique qui, faute de faire circuler l'argent, ne pouvait en trouver qu'auprès des financiers – intendants, contrôleurs, trésoriers, fermiers. Mais les banquiers genevois, eux, n'en continuèrent pas moins à jouer un rôle à Paris, sinon auprès de l'Etat, du moins auprès des particuliers. Ils continuèrent à gérer – désormais paisiblement – les portefeuilles de valeurs françaises détenues par leurs compatriotes et aussi par les étrangers – Hollandais, Suisses, Allemands – qui, reconnaissant leur expérience dans ce domaine, en devinrent les clients. Et c'est ainsi que lorsque, aux abois, la France, peu avant la Révolution, décida de renouer avec la tradition bancaire, celui qu'elle appela à son secours fut tout naturellement un banquier genevois : Jacques Necker.

Mais, autant que financières, les conséquences pour Genève de l'expérience de Law furent psychologiques. Du jour au lendemain, par le miracle de la spéculation, on pouvait se croire devenu riche – fabuleusement ! A quoi bon, dès lors, honorer l'effort, les vieilles vertus du travail et de l'économie ? Une nouvelle mentalité à base d'argent facile secoua la cité de Calvin. Sans qu'on puisse parler ici de dissipation, l'austérité disparut. Ce qui ne sera d'ailleurs pas entièrement négatif. Car quelque peu repliée jusque-là sur elle-même, malgré l'activité de ses pasteurs et de ses hommes d'affaires, et volontiers dogmatique, Genève s'ouvrira davantage au monde, intellectuellement. Elle se laissera baigner par les grands courants philosophiques qui vont bientôt agiter les esprits. Elle aura aussi des savants et des écrivains... Effets imprévus de la guerre de la Succession d'Espagne !

Mais en attendant de modifier ainsi la vie de Genève, cette guerre eut également dans le domaine politique et social d'importants prolongements, qui, après Philibert Berthelier, allaient finalement faire un second martyr de la liberté : Pierre Fatio.

Troubles politiques et sociaux

En mettant leurs capitaux au service de la France, les grands marchands de Genève portèrent en effet de nouveau un coup sévère à la dorure et à la passementerie locales, désormais privées de leurs matières premières d'or et d'argent, et frappées de surcroît de représailles par les Alliés. Mais cette fois les travailleurs se révoltèrent.

Dès décembre 1702, des troubles éclatent. Des libelles sont suspendus à l'entrée de la Maison de Ville, accusant les marchands-drapiers et plus particulièrement la maison Lullin (frères) & Marcet de réduire les passementiers au chômage. Puis un autre libelle reparaît le mois suivant.

C'était avant que le gouvernement n'interdise aux Genevois de souscrire à des contrats de remises et de fournir du numéraire aux armées françaises. Il promulgue donc son interdiction. Or ne voilà-t-il pas qu'en février 1703 la maison Mallet et Debary est surprise envoyant à Milan des caisses pleines d'or pour elles ! Et surprise par qui ? Par les passementiers eux-mêmes, qui, doutant de l'application de l'interdiction gouvernementale, avaient tenu à faire leur propre police.

Le gouvernement aurait peut-être sévi vigoureusement si, par la bouche de La Closure, la France ne l'avait sommé de faire fi des « agissements de la populace ». Il fit donc restituer leurs caisses à Mallet et Debary, et se contenta de leur infliger un blâme pour ce qu'il appela leur « imprudence ».

Tout juste blâmés, seulement taxés d'imprudence, leur or rendu, Mallet et Debary continuèrent de plus belle leurs envois, et, deux ans et demi plus tard, ce n'est pas trois, c'est cinq caisses contenant 23 000 louis d'or à destination de l'Italie, que des partisans savoyards leur saisissent à quelques pas de la frontière genevoise !

Cette fois, les suites seront graves. S'estimant bafoué, l'empereur ferme totalement ses Etats au commerce genevois, en confisque les marchandises et arrête même un certain nombre de ses négociants. Dès lors, ce ne sont plus seulement les passementiers qui, réduits au chômage, manifestent, mais tous ceux qui travaillaient pour l'exportation : tireurs d'or, veloutiers, horlogers, etc. En vain, les alliés de l'empereur – Angleterre, Hollande, Prusse – dont le commerce avec Genève transitait par l'Allemagne s'entremettent-ils ; ce dernier ne lèvera son embargo qu'en 1706 : trop tard pour sauver d'un déclin définitif la dorure et la passementerie genevoises dont le chiffre d'affaires diminuera de 70 à 80 % et dont bon nombre d'artisans s'expatrieront[1].

Peut-être dans la ville l'agitation aurait-elle pu finir par s'atténuer, si sur ces entrefaites n'était survenue une grave affaire mettant directement en cause, cette fois, le gouvernement.

A Genève, le vin obéissait à un régime singulier. On distinguait selon qu'il était « bourgeois » ou « étranger ». « Bourgeois », c'est-à-dire provenant d'une vigne appartenant à un bourgeois ou à un citoyen, il bénéficiait de divers avantages : même destiné à la vente, il ne payait pas de droit d'entrée ; vendu, la taxe qui le frappait était moindre ; enfin il pouvait être débité tout au long de l'année, contre quelques mois seulement pour son concurrent, l'« étranger ». Par ailleurs, qu'il fût « bourgeois » ou « étranger », seuls des bourgeois pouvaient le vendre ou le revendre – cabaretiers dans leur taverne, simples particuliers dans leur cave ; eux seuls, au cas où ils n'étaient pas propriétaires de vignes, pouvaient en importer en franchise un certain nombre de chariots ; enfin, réunis en Conseil général, eux seuls en fixaient, sur proposition des Conseils, le prix de gros pour l'année – prix sur

1. S. Stelling-Michaud, *Deux aspects du rôle financier de Genève pendant la guerre de la Succession d'Espagne,* B.H.G., t. VI, Genève, 1933-1936.

lequel le Petit Conseil se basait pour déterminer le prix de vente au détail, majoré, suivant la coutume de 80 à 100 %.

Or, en 1704, le gouvernement va, dans ce domaine sensible, prendre une décision explosive. L'année avait été mauvaise pour les vins genevois qui étaient devenus plus chers, mais excellente en revanche pour ceux de la France et de la Savoie voisines qui, à une meilleure qualité, ajoutaient maintenant l'avantage de coûter moins cher. Craignant donc de ne pouvoir écouler la production de leurs propres vignes, les membres du Conseil frappent d'une taxe prohibitive le droit de consommer du vin étranger : un écu par setier (soit 10 florins, 6 sols), contre un demi-florin seulement au milieu du XVIIe siècle !

Mesure d'autant plus maladroite, que bourgeois et citoyens avaient déjà été rendus furieux par deux précédentes restrictions : le refus de considérer comme bourgeois le vin de terres qu'ils avaient acquises à l'étranger après 1677, et la suppression, cinq ans auparavant, d'une de leurs importantes sources de revenus : le droit de vendre à Genève du vin étranger.

Dès lors, faisant cause commune, toute la population, citoyens comme habitants, se dresse contre le gouvernement. Tandis que huit délégués se rendent auprès du procureur général, dans chaque compagnie de la milice quatre officiers s'en vont trouver leur capitaine ; et tous les dizeniers de quartiers, ainsi que tous les maîtres de jurandes en font autant auprès de leurs seigneurs-commis respectifs.

Surpris de cette unanimité, le Petit Conseil essaie de calmer l'agitation par des demi-mesures, mais, à chaque fois, la résolution de la population l'obligera à céder davantage, jusqu'à ce que finalement il se voie contraint de rapporter toutes ses dispositions sur le vin.

Ainsi le pouvoir avait capitulé ! Il avait suffi au peuple de s'organiser pour triompher ! Or les griefs que les citoyens nourrissaient contre lui n'étaient pas seulement d'ordre économique, et pour peu qu'ils pussent se trouver un chef, c'est la forme même du régime qui risquerait d'être remise en cause.

Pierre Fatio était le quinzième enfant d'un des hommes les plus riches de Genève. Banquier du résident de France, François Fatio avait en effet acquis, à Nyon et à Morges, la ferme du courtage des marchandises, ainsi que celle des péages ; puis, de la France, il avait obtenu la concession du commerce dit « du transit du Rhône », c'est-à-dire du trafic des marchandises du Levant, exempté, comme on l'a vu[1], de tout droit sur le trajet de Marseille à Genève. Or, François Fatio s'était attiré l'hostilité de la classe dirigeante. Elle redoutait sa puissance. Quand il voulut acquérir la ferme des halles à Genève, elle s'y était opposée unanimement. Surtout elle ne lui pardonnait pas ses idées économiques. A une époque où, sans égard pour le consommateur, le mercantilisme voulait qu'on cherchât ses profits dans de hauts prix de vente, lui – entrepreneur déjà moderne – augmentait ses bénéfices en vendant moins cher à davantage de personnes[2]. Aussi écoulait-il à Genève ses produits du Levant, le sucre notamment, bien au-dessous du prix courant. Il n'est donc pas impossible que, d'un tel père, Pierre Fatio ait hérité son anti-conformisme, ou qu'en tout cas, à son contact, il ne se soit guère senti solidaire de la classe dirigeante.

Sa carrière cependant avait bien commencé. Docteur en droit à vingt-quatre ans, il entre à vingt-six au Grand Conseil, devient juge de Saint-Victor et Chapitre, puis auditeur, et, à trente-quatre ans, se trouve châtelain de Peney. Pourtant l'année précédente, il a essuyé un premier échec. Désigné par le Petit Conseil comme l'un des deux candidats au siège du procureur général, il n'a pas été choisi. Déjà on lui reprochait son indépendance, une agressivité peu encline au respect, l'ironie dont il relevait son éloquence. A trente-neuf ans, il présente sa candidature au Petit Conseil. Elle est écartée. Et c'est alors que surgit, en 1706, le procès Vaudenet.

Un procès ? Plutôt, vu la qualité de ses protagonistes, une « affaire » ! Vaudenet était un citoyen et son adversaire, Pierre Gautier, un conseiller. Ils s'étaient pris de querelle, et Vaudenet avait été jeté en prison. Or, contrairement aux édits, on le détenait depuis deux mois sans lui avoir signifié de chef d'accusation.

Pierre Fatio prend sa défense, et avec un brio tel, qu'il obtient son acquittement. Triomphe dans la ville ! Son succès est salué comme une victoire du peuple sur le gouvernement. Dès lors pour la classe dirigeante, Fatio est un transfuge, un ennemi.

En revanche, bourgeois et citoyens se sont trouvé un chef et, enhardis par leurs récents succès, misant également sur le ressentiment causé par la situation économique, ils portent maintenant la lutte sur le terrain qui leur tient le plus à cœur : celui de leurs droits politiques.

1. Voir p. 143.

2. A. M. Piuz, « Entrepreneur et développement économique à Genève au XVIIe siècle », *Mélanges Babel,* t. I, Genève, 1963.

Terrain dangereux ! Ils le savent et s'y engagent d'abord prudemment. Leur première requête vise simplement à obtenir le secret du vote au Conseil général. On votait en effet alors en glissant à l'oreille d'un secrétaire le nom de son candidat. Eux demandent « le vote à la balotte », c'est-à-dire par bulletin.

Mais ils ont abordé le terrain politique, et, toute anodine que soit cette première requête, le Conseil la rejette. Il propose à la place une solution qui peut paraître bouffonne : dissimuler les secrétaires derrière un rideau !

Mais voici qu'arrive le 2 janvier 1707, date de l'élection des syndics. Dès la proclamation des résultats, un citoyen s'avance : François Delachenaz, tailleur à Longemalle. Il tient un écrit à la main et s'apprête à en donner lecture. Fatio l'arrête : il ne s'agit pas de sortir de la légalité qui interdit au Conseil général de faire des propositions de lois. Le papier n'est donc pas lu et simplement remis aux auditeurs. Il était explosif !

Il demande que soit mis fin au système de l'« emboîtage » qui monopolisait le pouvoir entre les membres des mêmes familles ; le Grand Conseil devrait seul décider de sa propre composition. Puis, toujours pour mettre fin à l'oligarchie, il demande qu'on limite dans les organes du gouvernement le nombre des membres d'une même famille. Enfin, pour rendre moins arbitraire l'application de la loi, il demande que les édits soient portés à la connaissance de tous, c'est-à-dire publiés.

La requête est aussitôt saisie. Alors Delachenaz en rédige une autre qu'il va faire signer de maison en maison. Le Conseil lui donne l'ordre de cesser ce colportage. Fort bien ! Il récolte les signatures – six cents ! – dans sa boutique même. Convoqué par le premier syndic, il répond : « Un honnête homme, fidèle à Dieu et à sa patrie, ne craint pas plus les hommes que les vers de terre, à quelque classe et caractère qu'ils appartiennent ! »

Son cas est porté devant le Grand Conseil. Pierre Fatio prend sa défense et, devançant de quelque soixante-dix ans les pères de la Déclaration d'Indépendance des Etats-Unis, il s'écrie qu'il est des cas où, loin d'être répréhensible, c'est la désobéissance au magistrat qui est digne de louanges ! Delachenaz n'en est pas moins sommé de comparaître devant les syndicts avec sa requête. Et, le recevant chez lui, le premier syndic, Jean de Normandie, jette celle-ci au feu.

En fait c'est beaucoup plus qu'une requête qu'il aura mis en feu : la ville elle-même ! Des rassemblements se forment.

Fatio et son ami, le conseiller Pierre Gallatin, convoquent pour le lendemain une assemblée au manège de la Corraterie. Quatre cents citoyens s'y rendent. Avec peine le procureur général obtient leur dispersion.

Mais d'eux-mêmes ils reviennent le lendemain. En vain, Gallatin, que le Conseil leur a dépêché, les exhorte-t-il au calme. Ils envahissent les abords de la Maison de ville. Trois syndics et quelques conseillers paraissent à la porte. Jean-Robert Chouet, le moins impopulaire des syndics, déclare qu'en jetant la pétition au feu le premier syndic n'avait nullement voulu outrager les signataires. D'ailleurs le Grand Conseil est prêt à recevoir une délégation.

De cette délégation, composée de dix-huit citoyens, Fatio sera le porte-parole. Cette fois, il aborde le vrai problème. Le pouvoir souverain, déclare-t-il, appartient au Conseil général, non aux autres Conseils. Et il demande sa convocation pour abattre « une infinité d'abus ».

Maintenant les positions sont claires. Face à la classe dirigeante, un parti s'est constitué dont Fatio est le chef. Ce qu'il veut, c'est faire du Conseil général, assemblée de tous les bourgeois et citoyens, l'organe législatif de la République.

C'est donc la guerre. Le Petit Conseil, et plus particulièrement le premier syndic, essaie de faire exclure Fatio du Grand Conseil. Il échoue. Fatio riposte en soumettant une motion qui – acheminement vers la démocratie directe – rendrait obligatoire la discussion de toute proposition de loi appuyée par un certain nombre de citoyens et de conseillers. La tension devient bientôt telle, qu'à la séance du 7 mars, le procureur général finit par s'écrier : « S'il fallait recevoir la loi de quelqu'un, j'aimerais mieux la recevoir de nos Alliés que de trois ou quatre particuliers ! » Paroles redoutables qui, en fait, annonçaient ce qu'était en train de préparer le gouvernement, resté en contact suivi avec Berne et Zurich.

Le 14 mars, le Conseil interdit toute réunion publique. Mais, le 15, huit cents citoyens s'assemblent au manège. Pour gagner du temps, le gouvernement promet d'examiner sans tarder leurs demandes, promesse qu'il est en vérité d'autant moins disposé à tenir, qu'il sait maintenant pouvoir compter sur ses alliés ; qu'en outre quelques défections se sont produites dans le parti de Fatio ; et que la Compagnie des pasteurs, jusqu'alors neutre, mais ayant maintenant à choisir entre l'oligarchie et la démocratie, s'est ouvertement prononcée en sa faveur.

Arrêtons-nous ici un instant pour souligner de nouveau qu'il ne convient pas de juger une époque avec l'optique d'une autre. Ce qui paraît aujourd'hui inadmissible était alors dans la ligne du temps. Au début du XVIIIe siècle, le pouvoir est partout entre les mains d'une infime minorité. Même la très démocratique Venise avait fini par remettre son sort à un nombre restreint de grandes familles. Replacée dans le contexte de l'époque, l'attitude des gouvernants de Genève peut donc se comprendre. Ce qui en revanche ne peut se justifier, c'est la fin tragique qu'ils donneront à l'affaire.

Répondant donc à l'appel du Conseil, les envoyés de Berne et de Zurich arrivent à Genève les 17 et 18 mars. Ils sont toutefois pour la conciliation et demandent au gouvernement de convoquer un nouveau Conseil général.

Il est réuni le 5 mai. Au nom de ses collègues, le syndic Chouet prend la parole. D'emblée, il reconnaît la souveraineté du Conseil général, mais c'est pour ajouter aussitôt qu'il eût été dangereux de lui laisser pleinement exercer ses pouvoirs ; aussi a-t-il bien fallu en confier l'exercice à des conseils restreints.

Le peuple était souverain, mais son intérêt exigeait qu'il obéît !

Fatio n'a pas de peine à souligner le caractère chimérique d'une telle souveraineté. Et il conclut : « Il faut simplement ne pas souffrir que l'on fasse des lois sans consulter le peuple ».

Commencées dans un calme relatif, les choses ne tardent pas à se gâter, et, après plusieurs heures de discussions tumultueuses, on décide de se retrouver le dimanche suivant, 12 mai.

Ce jour-là, un des partisans de Fatio, le docteur Chenaud, membre du Grand Conseil, fait un discours remarqué. Par réalisme, dit-il, il propose de s'en tenir aux seules demandes initiales : publication des édits (mesure acceptée entre temps par le gouvernement), introduction du « vote à la balotte » et démocratisation de l'appareil politique par l'adjonction au Grand Conseil de quarante nouveaux membres et la récusation des personnes de trop proche parenté. Du pouvoir législatif à conférer au Conseil général, il n'est donc plus question. Fatio combat la proposition. Mais ses partisans ne le suivent plus tous, et le premier syndic en profite pour ajourner la séance à quinzaine.

Quinzaine marquée par une activité intense. Pour accentuer la division adverse, le gouvernement lâche du lest. Il accepte la limitation au sein des Conseils du nombre de personnes de même parenté et la réunion, tous les cinq ans, d'un Conseil général doté de pouvoirs législatifs ; délai que Fatio, tout en se félicitant du recul du gouvernement, veut néanmoins réduire à un an.

Et le 26 mai arrive. Stupeur ! Pierre Gallatin, l'ami de Fatio, son soutien de la première heure, déclare se rallier aux propositions du gouvernement. Les partisans de Fatio essaient de faire accepter un compromis : que les Conseils généraux législatifs se réunissent au moins tous les trois ans. On est sur le point de passer au vote au milieu d'un tumulte indescriptible, quand, précipitant la défaite de ses amis, un autre partisan de Fatio, Dentand, s'écrie : « Citoyens, on nous trompe ! » et sort, suivi de 200 à 300 personnes. Dès lors la partie est jouée. 429 personnes contre 38 mettent Fatio en minorité.

Le premier syndic lève aussitôt la séance ; mais Fatio et ses amis restent dans la cathédrale, bientôt rejoints par ceux que Dentand avait entraînés avec lui. De leur côté, magistrats, pasteurs et partisans du gouvernement se sont réunis à la Maison de Ville. On parle d'arrêter Fatio et ses lieutenants. Cependant, toujours enclins à l'apaisement, les délégués bernois font accepter qu'on se borne à les convoquer. Accompagné de trois de ses partisans, Fatio se rend donc à la Maison de Ville et promet de s'employer à faire évacuer la cathédrale.

Entre-temps, toutefois, les partisans de Fatio se sont mis à sonner le tocsin, c'est-à-dire à ameuter la ville. Le gouvernement donne aussitôt l'ordre à trois compagnies d'aller investir la cathédrale. En toute hâte, Fatio retourne auprès des siens. Mais la nouvelle des ordres donnés par le gouvernement s'est répandue. Les boutiques ferment. Le gros de la population qui, privé de droits électoraux, s'était jusque-là tenu à l'écart du débat politique, manifeste maintenant sa solidarité avec Fatio. C'est l'émeute.

Cependant, toujours sur les conseils des délégués bernois, le gouvernement s'efforce de ramener le calme. Il rappelle ses soldats et promet une amnistie générale. Mais le calme ne se rétablit que pour peu de temps. Dès le lendemain, à Coutance, des troubles éclatent. On pousse des cris séditieux, on brise des vitres, on moleste et on menace de mort les partisans du gouvernement. Quoique Fatio soit parvenu à rétablir l'ordre sans que le sang ait coulé, le Conseil n'en procède pas moins à de nombreuses arrestations. Genève est pratiquement en état de siège.

L'émeute a changé la situation. Jusqu'ici conciliants, les délégués de Berne et de Zurich s'engagent maintenant à envoyer des troupes, et le gouvernement n'hésite plus à user de la force. Le 6 juin, il fait exclure Fatio du Grand Conseil ; puis il crée une commission secrète chargée de le surveiller. L'arrivée des troupes bernoises accroît encore sa détermination. Au matin du 17 août, Lemaître, un des lieutenants de

Fatio, est arrêté. Pour ne pas subir le même sort, Piaget, un autre de ses lieutenants, essaie de se sauver à la nage et se noie dans le Rhône. Fatio lui-même est appréhendé dans l'après-midi, et Delachenaz le lendemain. Partout on perquisitionne dans l'espoir de découvrir la trame d'un complot.

Il n'y a pas eu de complot ; mais un homme taré, un certain Brochet, propriétaire de l'auberge de la « Tour perse », vient déclarer qu'il a entendu Lemaître dire au cours d'un repas qu'on allait égorger les quatre syndics, jeter les Suisses dans le Rhône et piller les maisons des patriciens. Lemaître nie. Mis à la torture, il continue à nier. Il n'en est pas moins pendu. A son tour Delachenaz passe en jugement, mais comme on le tient pour à moitié fou – c'était en effet un excentrique –, on se borne à le bannir.

Reste Fatio.

Depuis son arrestation, il est au secret. On ne lui a même pas accordé d'avocat. L'instruction de son procès se déroule elle aussi en secret. Mais, malgré tous ses efforts, le Conseil n'arrive pas à l'impliquer dans un complot. Qu'importe ! Fatio est nuisible, il faut s'en débarrasser ! Le premier syndic, Jean de Normandie, le dira sans ambages. Il faut, déclare-t-il devant le Grand Conseil, « délivrer la République des scélérats qui en troublent le repos, ne pas tant s'attacher à la formalité... qu'à faire réflexion à la souveraine loi, qui est le salut de l'Etat, qui veut que les perturbateurs du repos public soient ôtés de parmi nous ». Propos qu'on jugerait aujourd'hui cyniques, du moins de ce côté-ci du rideau de fer, mais qui, à l'époque, furent certainement prononcés avec la certitude d'avoir la raison pour soi.

Et le 31 août le Petit Conseil condamna Fatio à mort. Procédure insolite : le 5 septembre, le Grand Conseil en fit autant. Et le 7 septembre, à l'âge de quarante-cinq ans, contrairement aux édits qui exigeaient une exécution publique, Fatio fut dans la cour même de sa prison « arquebusé », c'est-à-dire passé par les armes.

La mort de Lemaître et de Fatio, les multiples condamnations dont furent frappés leurs comparses ramenèrent l'ordre à Genève. L'ordre des baïonnettes, serait-on tenté de dire, n'eût-ce été que le gouvernement avait, par ses promesses, précédemment réussi à détacher de Fatio nombre de ses partisans.

Seulement ses promesses, il n'avait pas l'intention de les tenir, surtout celle de réunir à la date prévue un Conseil général législatif. Or si pour les autres promesses, il lui était possible de faire traîner les choses en longueur, pour cette dernière il avait à faire face à une échéance inéluctable : et celle-ci approchant, il redoutait de nouveaux troubles, quand, fort heureusement pour lui, un événement imprévu se produisit dont on ne peut douter qu'il l'ait grandement servi.

La bataille de Willmergen

Au printemps de 1712, Genève reçoit un appel à l'aide. Berne et Zurich sont entrées en guerre contre les cantons catholiques. Officiellement, elles veulent obliger le prince-abbé de Saint-Gall à cesser de persécuter ses sujets réformés de Toggenbourg ; en réalité, elles veulent venger leur défaite de 1656 qui a, depuis cinquante ans, donné au sein de la Confédération la prépondérance aux Etats « papistes ».

Pour des cantons qui, comme Berne et Zurich, ont aligné des dizaines de milliers d'hommes et disposent, grâce à la défection de Fribourg et de Soleure, d'une supériorité numérique de trois contre un[1], il peut sembler singulier d'appeler en renfort les quelques centaines d'hommes que la petite Genève est capable de fournir. Mais le traité qu'ils ont tous trois signé en 1584 prévoyait qu'au cas où l'un des contractants serait impliqué dans une guerre « contre la justice et la raison » — et quelle guerre a jamais été censée se faire contre la justice et la raison ! –, les deux autres devaient venir à son secours.

Genève répond donc à l'appel. Elle détache de la garnison trois compagnies de cent hommes chacune, qu'elle place sous l'autorité diplomatique du conseiller Jean Trembley, homme « loyal », mais « tout d'une pièce », qu'on aura d'ailleurs l'occasion de retrouver vingt ans plus tard, dans des conditions dramatiques.

Et la guerre a lieu. Après plusieurs mois d'opérations, une bataille décisive s'engage, le 25 juillet, à Willmergen, près de Lenzbourg, bataille acharnée qui en une journée fit plus de 3 000 morts, mais qui, gagnée par les protestants, mit fin à la prépondérance catholique au sein de la Confédération. Les Genevois naturellement en furent, et si brillamment qu'une lettre du bailli de Morges porte cette phrase : « Mon frère qui était à la bataille m'écrit en propres termes ces mots : "Nos Allemands ont combattu avec beaucoup de fermeté, ceux du

1. G. de Charrière, « La campagne de 1712 », *Revue militaire suisse*, 1867.

Pays de Vaud bien, ceux de Neuchâtel passablement, et ceux de Genève comme des lions !" »

Inutile de dire comme, à son retour, le détachement genevois fut fêté. Coups de canon, parade, feux de joie, prise d'armes sur la plaine de Plainpalais : rien ne manqua ! Et quand, clôturant vingt-quatre heures de réjouissances, le gouvernement passa en revue ses glorieuses troupes dans leur bel uniforme bleu à parements et bas rouges, il ne fit pas qu'honorer des vainqueurs : il se désigna aussi lui-même à la reconnaissance publique pour avoir été l'artisan de la victoire.

Or, coïncidence ou conséquence ?, en cette même année 1712, contre la promesse plus qu'ambiguë de le saisir de toute affaire dont l'importance « demanderait son autorité », le gouvernement obtint du Conseil général d'être relevé de sa promesse de le convoquer tous les cinq ans en assemblée législative.

Après les premiers troubles du siècle, la page semblait donc définitivement tournée en faveur du gouvernement.

II

NOUVEAUX TROUBLES

Mais on ne peut définitivement tourner la page au prix d'une ambiguïté. Le gouvernement ne va pas tarder à s'en apercevoir.

Deux ans plus tard éclate en effet l'affaire des fortifications. De sa seule autorité, le gouvernement a décidé de les moderniser. Entièrement ! Travail gigantesque qu'il compte d'abord financer par l'impôt. Viande, peaux, cartes à jouer, poids du blé, papier marqué : toute une gamme de produits sont frappés. Il n'a pas consulté le Conseil général, puisque, comme on l'a vu[1], il a obtenu, sous réserve de l'accord du Grand Conseil, le droit de lever de lui-même des impôts. Or ce n'est pas ainsi que l'entendaient maintenant les citoyens qui, depuis l'édit de 1712, comptaient bien être consultés sur toute question importante. Ils font des « représentations » (pétitions) qu'ils renouvellent en 1715, 1716 et encore en 1718. Ils inspirent même un violent pamphlet, auquel le gouvernement répond non moins violemment.

Or, vu l'ampleur des travaux, l'affaire n'était pas de celles à s'éteindre rapidement. Etablis pour dix ans, les impôts durent être reconduits ; et, les dépenses ne cessant de croître, le gouvernement fut bientôt obligé de recourir à divers expédients, par exemple à l'emprunt, dont la fréquence greva le budget de lourdes constitutions de rentes. Ainsi, au bout de vingt ans, aura-t-on demandé à l'emprunt 270 000 écus, alors que l'impôt n'en aura fourni que 10 000. Et les fortifications ne seront encore qu'aux trois quarts terminées !

Pendant longtemps, sans doute, les citoyens se borneront

1. Voir p. 107.

à mener contre le gouvernement une lutte sourde au sein du Conseil général ; mais lorsque le feu couve, ne suffit-il pas d'une étincelle pour provoquer l'incendie ?

L'étincelle de 1734

L'étincelle se produit en 1734. Las de leur obstruction au sein du Conseil général, le gouvernement s'est résigné à laisser les citoyens lui adresser une « représentation ». Ce sera, le 4 mars, l'occasion d'un beau défilé qui verra plus d'un million de citoyens, répartis en autant de groupes que la garde bourgeoise comprenait de compagnies, escorter dans un ordre parfait les vingt-six délégués chargés par le Conseil général d'aller remettre au domicile personnel du procureur général et de chaque syndic l'exposé motivé de leurs revendications.

Mais ce sera aussi pour l'historien l'occasion de faire une curieuse découverte : chacun à l'époque se déclare conservateur. Les changements dans l'Etat sont une mauvaise chose ! De bonnes lois doivent rester éternelles ! Et c'est au nom du passé que les citoyens demandent l'instauration d'une démocratie, de même que c'est au nom du passé que le gouvernement défend le régime actuel — l'« aristo-démocratie », comme il l'appelle : démocratie parce que le Conseil général a le droit d'élire ses principaux magistrats et de se prononcer sur tout éventuel changement à la Constitution ; mais aristocratie, dans la mesure où, par contrat, il a sagement délégué à des Conseils restreints le soin de le gouverner. On aura reconnu, mise en forme juridique, l'argumentation développée par le syndic Chouet en 1707.

Des points de vue aussi opposés ne pouvaient évidemment se concilier, et, après avoir pris connaissance de la représentation, le Conseil va user de la tactique qui lui avait si bien réussi naguère : atermoyer, diviser l'opposition.

Mais il ne s'agit plus aujourd'hui de choisir, parmi diverses revendications, les plus anodines. Il faut répondre par oui ou par non. Et, loin d'apaiser les esprits, ses atermoiements ne feront qu'envenimer la situation ; d'autant que ses partisans n'hésitent pas à répandre des libelles venimeux. Le 30 juin, des rassemblements se forment qui n'augurent rien de bon.

A deux reprises, le premier syndic Louis Lefort convoque les chefs des protestataires. Il leur déclare que le gouvernement va d'ici peu faire connaître sa réponse et indique même la date du 2 juillet, tout en se gardant bien de dire qu'elle sera négative. Les rassemblements se dispersent.

Or, le 2 juillet au matin, comme une charrette, venant du bastion de Chantepoulet dans le quartier populaire de Saint-Gervais, passait par la place Bel-Air, un citoyen demande à ceux qui la tiraient ce qu'elle contenait. « De la bourre pour la Maison de ville », lui répond-on. Il soulève la bâche et voit deux petits canons. Déjà la veille les habitants de Saint-Gervais avaient été émus de découvrir tout à fait fortuitement que, dans leur magasin d'artillerie, les canons avaient été rendus inutilisables par des tampons de bois enfoncés dans leur gueule.

Maintenant pour eux tout est clair : les Conseils préparent un coup de force et veulent les priver des moyens de se défendre ! Ils remplissent les places, discutent, s'échauffent et finalement dépêchent deux délégués auprès du premier syndic. Mais celui-ci n'a aucune explication à fournir : il est tout aussi surpris qu'eux !

Une enquête révèle que le « tamponnement » des canons est l'œuvre de trois hommes : l'auditeur et lieutenant d'artillerie Philippe de Carro qui en a eu l'idée, le conseiller et général de l'artillerie Charles Lullin qui a appuyé l'idée, et le syndic de la garde Jean Trembley – celui-là même qui fut de la bataille de Willmergen – qui a laissé exécuter l'idée.

En réalité, le gouvernement n'est pas aussi innocent qu'il le prétend. En prévision des troubles que n'allait pas manquer de provoquer son refus d'accéder aux demandes des citoyens, il avait prié Trembley de préparer un plan de défense ; simplement il en ignorait les détails, Trembley, homme de caractère, n'étant pas de ceux qui jugent plus prudent de se faire couvrir dans l'exécution d'une mission.

Sans connaître l'existence d'un tel plan, le fait de savoir que trois magistrats ont pris des mesures contre eux suffit à provoquer la fureur des citoyens, qui réclament la remise à leurs compagnies de la garde de la ville, le retour à Chantepoulet des canons qu'on y a pris et le « détamponnement » des autres.

Le premier syndic était un homme débonnaire qui, se sachant populaire, voulait le rester. De son côté, le lieutenant de justice, Jean-Louis Chouet, n'était pas partisan de la manière forte. De toute façon, n'y avait-il pas à redouter que les citoyens ne s'emparent eux-mêmes des armes qu'on leur refuserait ? Le Conseil cède.

Voilà donc les citoyens maîtres de la ville. Les compagnies bourgeoises évincent partout la garnison soldée et parfois même la séquestrent. Le pouvoir est à la rue. Mais la rue n'a pas de chef. Il n'y a pas, en 1734, de Pierre Fatio pour canaliser l'effervescence et la rendre efficace. Elle peut tout et, sauf dans le domaine des libertés individuelles, ne changera rien. On va bien le voir quand, ayant exigé du Conseil qu'il convoque un Conseil général sur la question des fortifications et des impôts, les citoyens, à l'unanimité de leurs 1 364 votants, approuvent bien sagement la proposition gouvernementale de continuer les travaux et de proroger les impôts pour dix ans !

L'affaire semblait donc terminée. Les citoyens ont eu une satisfaction de principe, le gouvernement a reçu une approbation de fait ; et lorsque arrivent les médiateurs que, comme en 1707, le Conseil avait prié Berne et Zurich de lui envoyer, il semble que ceux-ci n'aient plus qu'à repartir dans la joie générale.

Cependant il restait encore une question morale à régler et, comme on le sait, ces questions-là sont toujours les plus difficiles à résoudre. Les citoyens veulent qu'un acte officiel justifie leur action en qualifiant le « tamponnement » de criminel.

On comprend l'embarras du gouvernement, dont le projet de défense avait motivé le tamponnement. Il commence par le traiter de « manœuvre innocente, mais peu prudente » et, tout en proposant au Grand Conseil de le déclarer « peu convenable », l'invite à ne pas le sanctionner par des poursuites judiciaires.

Les citoyens n'objectent pas à l'absence de poursuites, mais s'indignent des termes « peu convenables ».

Le gouvernement se remet donc à la tâche et, cette fois, le trouve « blâmable ». Les citoyens veulent bien se déclarer satisfaits. De nouveau l'affaire semble terminée ; et les envoyés suisses s'en retournent au milieu des embrassades.

Or Trembley qui, écœuré d'être sacrifié, avait demandé l'autorisation de se retirer dans ses terres, écrit au premier syndic pour lui rappeler le plan de défense qu'il avait été chargé de préparer, ajoutant que lui-même n'avait été informé du tamponnement qu'en termes imprécis. De quoi donc le gouvernement pouvait-il le blâmer dont il ne fût également responsable ?

Une fois connue dans la ville, sa lettre va produire l'effet d'une bombe. Il y avait donc eu un plan de défense, un complot du gouvernement contre les citoyens ! Un libelle répand même de terrifiants détails. Le 29 juin, à minuit, réunies chez le conseiller Tronchin, une vingtaine de personnes, dont Trembley, avaient convenu de laisser ouverte une des portes de la ville pour y introduire une troupe armée, tandis que, coupés, les ponts sur le Rhône ne permettraient plus aux habitants de Saint-Gervais d'intervenir. Et ils comptaient fusiller sur la Treille quarante des principaux citoyens !

Le gouvernement dément. On ne le croit pas. A l'étranger, les amis de Trembley s'affairent. Le résident de Grande-Bretagne en Suisse intervient auprès de Berne et de Zurich. La rumeur court que, comme en 1707, Berne va envoyer des troupes. Une commission tripartite de pasteurs, de membres des Conseils et de représentants de la bourgeoisie n'arrive pas à s'entendre. Et dans cette atmosphère survoltée, le 5 décembre, les délégués des seize compagnies de la milice bourgeoise adressent au premier syndic un véritable ultimatum : Trembley, Lullin, Carro et trois autres magistrats doivent être chassés des Conseils et privés de tout emploi public. Trembley, de surcroît, doit être banni à vie. Et, partout où en ressortira le mieux « l'atrocité », le « détestable » complot ourdi contre la liberté doit être proclamé « horrible, criminel, infâme, contraire au droit des gens et violant la foi publique ».

Le Grand Conseil se réunit. Trembley, Lullin et Carro sont privés de leur charge, et la démission des trois autres magistrats est acceptée.

Les représentants des citoyens attendaient dehors. A l'annonce par les syndics de ces demi-mesures, ils les insultent. Certains conseillers qui voulaient se retirer sont contraints à rentrer. Dans la rue, le cri de « Aux armes ! » retentit, et bientôt les citoyens s'emparent de la garde des portes. C'est l'émeute. Cette fois, le Grand Conseil en passe par toutes leurs volontés.

Et, tandis que le Petit Conseil fait savoir à Trembley par l'entremise de son frère, venu rendre son bâton syndical, qu'il est accablé de tristesse, les mesures imposées par la bourgeoisie sont, sous le nom d'*Edit de Pacification,* entérinées le 20 décembre par un Conseil général pratiquement unanime...

Si donc avec l'exécution de Fatio et le vote de l'Edit de 1712, le gouvernement avait remporté une manche, les citoyens venaient d'en remporter une autre, et, fait remarquable, sans qu'une goutte de sang ait été versée.

Hélas, il y en aurait une troisième, sanglante celle-là !

Les troubles de 1737

La bourgeoisie n'était forte qu'à la condition de rester unie. Or, dès 1735 une affaire va la diviser.

Non sans peine, les citoyens avaient obtenu pour tout accusé le droit d'être assisté d'un conseil. Cependant, sous prétexte qu'il était étranger, le gouvernement n'avait pas permis à un avocat de Chambéry de venir défendre un jeune homme, pourtant menacé de la peine capitale pour avoir participé à un complot ourdi contre le régime par un certain Micheli du Crest – un brillant ingénieur, soit dit en passant, qui, voulant déjà faire de Genève une grande ville, avait violemment critiqué l'exiguïté du périmètre que lui laissait le plan de fortifications de 1714.

Emues par cette violation des droits de la défense, les compagnies bourgeoises s'assemblent. Mais toutes ne sont pas sûres qu'il faille protester auprès du gouvernement. Et quand, bâton syndical en main, Louis-Frédéric Bonet et Jacob Du Pan les somment de se disperser, certaines obtempèrent.

De cette division, n'était-ce pas le moment de profiter ? C'est ce qu'un homme pensera. Ancien officier aux Gardes suisses en France, il est actuellement membre du Grand Conseil et s'appelle Bernard de Budé, comte de Montréal. Il propose au gouvernement d'enrôler ceux qu'on n'entend pratiquement jamais, car chacun s'accorde à leur dénier tout droit politique – ce qui, par parenthèse, enlève beaucoup de sa valeur au combat que les citoyens sont censés mener au nom de la démocratie – : les habitants et les natifs (fils d'habitants, nés à Genève), soit plus des trois cinquièmes de la population totale.

Le gouvernement accepte et, grâce à lui, se trouve bientôt à la tête d'une petite troupe décidée de volontaires – le terme de « mercenaires » conviendrait sans doute mieux, vu les moyens utilisés.

Grand émoi chez les citoyens qui viennent protester auprès des syndics. A quoi ceux-ci répondent, non sans malice, qu'en des temps où tant de gens, vifs et emportés, cherchaient à renverser le gouvernement, ils n'étaient que trop heureux d'en trouver de bien intentionnés qui fussent pleins de zèle pour les institutions !

Naturellement pour les citoyens, ces « gens pleins de zèle » ne sont que des « crapules », des « vendus », des « fainéants » : toutes épithètes qu'ils jetteront à la face des syndics au cours d'une entrevue orageuse, qui les verra conclure qu'un gouvernement est bien à plaindre quand il en est réduit à prendre appui sur des individus de cet acabit ! Et comme Montréal ne cesse d'intensifier le recrutement de ses « goujons » – ainsi appelés peut-être par déformation du mot « goujat » : valet d'armée –, la situation va vite dépendre du moindre incident.

Et l'incident va se produire.

Le 21 août 1737, on devait juger quatre citoyens qui avaient fait courir le bruit que le gouvernement, par défiance du quartier populaire de Saint-Gervais, avait renforcé la garnison de l'Ile. Or, sur le chemin de l'audience, leurs parents et amis sont insultés et bousculés par les « goujons » qu'en prévision de troubles possibles Montréal tenait massés sous la halle de la Maison de ville. Soudain, venu d'on ne sait où, un cri retentit : « Aux armes ! »

Craignant une émeute, le Conseil rassemble la garnison et arme les goujons. Il n'en essaie pas moins de calmer une effervescence qui a maintenant gagné toute la Ville-basse, chargeant un de ses conseillers de négocier avec les compagnies bourgeoises leur dispersion contre la promesse de désarmer les goujons. « Que les goujons quittent d'abord la Maison de ville ! », lui répond-on.

Si le pouvoir ne dispose que d'un millier de soldats face aux 1 600 hommes des compagnies bourgeoises, tenant la Ville-haute, il a l'avantage de la position. Pour l'heure toutefois, personne, sauf Montréal qui veut balayer les rues Basses à coups de grenades, ne recherche l'affrontement.

Mais voici qu'à deux heures de l'après-midi, grenadiers en tête, 500 hommes, commandés par le citoyen Balexert, remontent de front la rue de la Cité. Partis en toute hâte à leur rencontre, les syndics parviennent à les arrêter à la hauteur de la rue de la Pélisserie, leur promettant que lorsque la cloche de Saint-Pierre sonnera quatre heures, ils feront une proclamation ordonnant à chacun de déposer les armes. Balexert qui déclare ne pas en avoir au gouvernement mais aux « canailles » de Montréal consent à l'attendre sur place.

Quatre heures sonnent et la proclamation est faite. Non sans peine, Montréal et ses goujons sont désarmés. Dès lors le syndic de la garde, Jean-Louis Pictet, se rend au Perron où, sans être au contact, les adversaires n'en étaient pas moins à portée de fusil, les uns tenant la terrasse au débouché de la rue des Chanoines, les autres étant postés en dessous, à l'intersection des rues du Perron et du Petit-Perron. Il affirme qu'il ne reste plus de troupes à l'Hôtel de Ville. Les compagnies doivent donc se retirer.

Un citoyen demande à s'en assurer. Accompagné de quatre miliciens, il remonte la rue et constate qu'en effet la terrasse a été évacuée. Rassuré, il s'apprêtait à faire demi-tour, quand, par malchance, débouche, venant de la Maison de Ville, un détachement de la garnison. Une violente altercation éclate, et, perdant son sang-froid, un des capitaines de la garnison commande le feu. Une balle traverse la main gauche et emporte un doigt de la main droite du syndic Philippe Des Arts. Riposte des bourgeois qui, pénétrant dans les maisons, tirent par les fenêtres. Les soldats finissent par se retirer, mais il y a maintenant une dizaine de morts sur le pavé.

Dès lors la bourgeoisie ne veut plus entendre parler de désarmement. Au contraire, de tous côtés elle se met à converger sur la Maison de Ville. Parti de Rive, un corps monte au Bourg-de-Four et arrive jusqu'à la Taconnerie où, devant le Consistoire, il rencontre un détachement gouvernemental. Mis en joue, Marc Pictet, son commandant, n'en avance pas moins tout seul au-devant de lui et affirme que l'affaire du Perron n'a été que l'effet d'un malentendu. Son courage évite l'affrontement. Et c'est également sans effusion de sang que, venus, l'un du Molard et l'autre de Bel-Air, deux corps bourgeois gravissent les pentes de la Ville-haute, le premier syndic Gabriel Grenus s'étant même, dans le second cas, offert en otage.

Donc, lorsque la nuit tombe, les compagnies bourgeoises se sont sans coup férir rendues maîtresses d'une grande partie de la Ville-haute. Le gouvernement, qui a désarmé les goujons, ne tient plus que les abords de l'Hôtel de Ville ; encore, faute d'eau, ne pourra-t-il le faire longtemps, la machine hydraulique ayant été mise hors d'usage par les insurgés.

A quatre heures du matin, les délégués des seize compagnies s'assemblent. Faut-il donner l'assaut au gouvernement ou négocier ? Et tandis qu'on pouvait encore craindre le pire, un homme va s'entremettre : le résident de France, La Closure. Prenant contact avec les rebelles, il parvient à réunir les parties, et les convainc de conclure une trêve. « On s'embrassa » même. Mais les compagnies ont maintenant pris possession de tous les postes de garde. Une fois de plus, elles sont maîtresses de la cité. Alors se produit un exode comme on n'en avait plus vu depuis la victoire de la Réforme ! Non seulement Montréal vide les lieux, mais il est suivi de tous ses goujons et d'une foule de familles patriciennes. Si nombreuses furent ces dernières à quitter la ville, que le Petit Conseil perdit près des trois cinquièmes de ses membres, et le Grand Conseil les trois quarts !

Mais restait à transformer la trêve en paix.

Berne et Zurich, que le Petit Conseil avait tenues informées de la situation, envoient de leur propre chef des députés qui arrivent, les uns le 27 août et les autres le 2 septembre.

La bourgeoisie a préparé une liste de revendications qui, sans toucher à la forme du gouvernement, tendent à rendre celui-ci plus démocratique. Ainsi veut-elle n'admettre aux

Petit et Grand Conseils que respectivement deux et quatre personnes du même nom ; elle veut également faire ratifier par le Conseil général la composition du Petit Conseil. Et elle propose – preuve que les citoyens se sont eux aussi mis à courtiser les natifs – que ces derniers puissent désormais accéder, dans tous les métiers, à la maîtrise.

Le 8 septembre, les représentants de Berne et de Zurich engagent des pourparlers avec, d'une part le gouvernement, et de l'autre les délégués des compagnies. Ceux-ci récusent leur arbitrage. Mais il y a toujours La Closure...

De son ministre, d'Amelot, que l'envoyé genevois à la cour de France, Isaac Thellusson, avait soigneusement « travaillé », il a reçu une lettre lui enjoignant d'offrir la médiation du roi. La médiation d'un souverain absolu ? Le Conseil est ravi qui remercie « le grand monarque » d'avoir « la générosité de jeter les yeux sur notre petite République ». Les compagnies sont évidemment moins joyeuses ; mais avec elles La Closure emploie la manière forte : elles ont deux jours pour accepter la médiation de la France, sinon...

Ce « sinon », Thellusson l'a, quelques jours auparavant, exposé au gouvernement : rappel du résident, interruption de toute relation commerciale entre la France et Genève, révocation de tous les privilèges fiscaux et autres dont jouissent les Genevois en France, et expulsion, dans la meilleure des hypothèses, de tous les Genevois de France.

Grande est la colère des compagnies, mais plus grande encore leur crainte des représailles françaises. Et par 698 voix sur 887 votants, elles acceptent, le 26 septembre, la médiation du roi, à laquelle viendront se joindre, quoique sur un mode mineur, celles de Berne et de Zurich.

Le médiateur français sera le comte de Lautrec, lieutenant général en Guyenne, maréchal des camps et armées du roi. Il arrive le 18 octobre, dans une ville hostile ; mais il la quittera, regretté de tous.

Capable d'écouter chacun avec patience et doué d'un esprit pénétrant, sa bonne grâce et son affabilité de grand seigneur achèveront de lui acquérir la sympathie et bientôt l'affection générale. Son succès sera total.

Quand, le 8 mai 1738, le Conseil général, par 1 318 voix contre 39, accepta son projet de ***Règlement pour la pacification de la République de Genève,*** la joie éclata, les cloches sonnèrent, la foule emplit les temples, et on entendit chanter : « La voici l'heureuse journée où Dieu fit merveille à Sion. » Malgré l'avis du Consistoire, mais pour le plus grand agrément des médiateurs, une pastorale, écrite pour la circonstance, fut jouée à la Comédie et même les enfants, dit-on, en profitèrent pour se dissiper : lorsque le régent voulut leur faire faire des thèmes de piété, ils se sauvèrent.

Pourtant le Règlement de Médiation n'apportait pas grand-chose de nouveau, du moins au plan politique. A part la restitution au Conseil général du droit de voter les impôts, rien n'était changé aux pouvoirs respectifs des Conseils. Même le système de l'emboîtage était préservé. On restait, selon le vœu du gouvernement, en « aristo-démocratie ». Tout au plus, pour atténuer le népotisme, excluait-on du Petit Conseil les frères et neveux de ceux qui y siégeaient déjà, et, pour permettre à un plus grand nombre de familles de participer à la vie publique, portait-on les membres du Grand Conseil de 200 à 250, tandis que, gage de meilleure compétence, l'âge d'admission y était porté de 25 à 30 ans.

En outre, si le gouvernement acceptait de réduire les effectifs de la garnison à treize compagnies de soixante hommes, la bourgeoisie, elle, faisait une concession autrement importante : elle acceptait de se laisser désarmer. Sous peine de mort, ses compagnies ne pourraient plus s'assembler et s'armer que sur l'ordre exprès des syndics ou du Petit Conseil, et elles ne devaient plus avoir de délégués.

Même les mesures prises contre les auteurs du « tamponnement » étaient rapportées. Ceux-ci avaient servi « avec honneur », retrouvaient dans les temples leurs places privilégiées, et quoique leurs charges ne leur fussent pas rendues, ils en toucheraient, leur vie durant, les émoluments.

Le gouvernement cependant n'était pas le seul avantagé. Toujours au détriment de la bourgeoisie, qui aurait finalement fait cette concession pour rien, les natifs recevaient le droit d'accéder partout à la maîtrise.

Pourtant, tel qu'il était, le Règlement allait — chose remarquable à Genève au XVIIIe siècle ! — assurer à la ville vingt-cinq années de paix qui fructifieraient en un demi-siècle de prospérité.

III

CINQUANTE ANS DE PROSPÉRITÉ

Le XVIIe siècle avait mal commencé, puis mal fini, mais pendant cinquante ans il avait connu une période de grande prospérité. Il en sera de même au XVIIIe, sauf que cette fois les deux moteurs de l'économie ne seront pas l'horlogerie et la dorure, mais l'horlogerie et l'indiennerie.

L'indiennerie avait été introduite à Genève dès 1687 – certains disent même au milieu du XVIIe siècle[1] ; toutefois ce n'est qu'en 1691 qu'elle commença à intéresser celui qui fut à l'origine de son prodigieux développement : Daniel Vasserot, un réfugié du Dauphiné.

Mais qu'est-ce que l'indiennerie ?

C'est l'art de fabriquer des « indiennes », ces toiles de coton peintes et imprimées, que l'Europe, avide de s'en vêtir et d'en orner sièges et murs, commença par importer au XVIIe siècle de l'Inde, avant de les produire elle-même à l'aide de procédés sans cesse perfectionnés.

L'apprêt de ces toiles enchanteresses aux noms pittoresques : *calanca, mi-calanca, petite façon, miniature, chagrin, péruvienne,* etc., exigeait le concours de toute une variété d'artisans : dessinateurs, qui créaient les motifs enjolivant la toile ; graveurs, qui sculptaient les moules ou les planches à imprimer ; imprimeurs, qui, pour fixer le dessin sur la toile, utilisaient ces moules ou ces planches ; coloriste, responsable des teintures et du travail des imprimeurs ; et enfin calandreurs, qui donnaient aux toiles leur finesse ultime en les passant à la calandre – machine à cylindres ou à rouleaux.

1. Louis Dufour-Vernes, *Industries et état social de Genève au XVIIIe siècle d'après les minutes des notaires*, M.D.G., t. XX.

Deux de ces démiurges étaient particulièrement choyés. Le dessinateur qui, non content d'être un artiste, cherchait à s'adapter aux goûts sans cesse changeants de la clientèle – clientèle essentiellement étrangère, car, même adoucies, les lois somptuaires continuaient à limiter la capacité d'absorption du marché intérieur. Plus le siècle s'écoule et plus il voyage, se rendant pour rester à la page en Angleterre, en Hollande et dans les grandes foires. Mais il n'était pas seulement tributaire de la mode : qu'eussent en effet valu ses plus admirables dessins, si les couleurs qui les égayaient n'avaient pu résister aux intempéries ou aux nombreux lavages exigés par leur impression ? D'où l'importance du coloriste, en réalité un chimiste, dont l'entrepreneur protégeait si jalousement les secrets de teinture qu'il interdisait à ses ouvriers l'entrée de son laboratoire[1].

Or, de cette industrie, Genève sera au XVIIIe siècle l'un des centres principaux. D'abord pour une raison politique : jusqu'en 1759, la France, afin de protéger ses manufactures, interdit chez elle la fabrication des indiennes, mais favorisa indirectement la contrebande en permettant à la Compagnie des Indes orientales d'en importer de ses comptoirs ; et quand elle leva l'interdiction, elle avait pris un tel retard qu'elle ne put longtemps rivaliser avec la production genevoise. Ensuite pour des raisons techniques. A l'indiennerie, il faut de l'eau et de l'espace : de l'eau pour les bains constants que demande l'impression du dessin, de l'espace pour l'étendage et le séchage des toiles. Or, avec le Rhône et surtout le lac aux rives couvertes de prairies, ce n'était ni l'eau, ni l'espace qui manquaient alors à Genève !

La première fabrique fut installée aux Eaux-Vives. En 1710, Genève en compte déjà quatre, en 1729 sept. Et jusqu'en 1785, où elle n'en comptera pas moins de douze, l'indiennerie ne cessera de prospérer, employant – sans même tenir compte de ses professions annexes, comme la blanchisserie, ou des besoins de son commerce – jusqu'à 20 % environ de la main-d'œuvre de la ville[2].

A ses entrepreneurs, parmi lesquels se détache, après celui de Vasserot, le nom de Fazy, elle assurera généralement la fortune. Ceux-ci semblent surtout s'être autofinancés, réinvestissant leurs bénéfices dans leur propre entreprise, faisant

1. H. Deonna, « Une industrie genevoise de jadis : les indiennes », *Genava*, 1930.

2. A.-M. Piuz, « Note sur l'industrie des indiennes à Genève au XVIIIe siècle », *in L'Industrialisation en Europe au XIXe siècle. Cartographie et typologie*, Paris, 1972.

ainsi apparaître, pour la première fois à Genève, une industrie indépendante du marchand-capitaliste et présentant donc une structure déjà moderne.

Malheureusement il en ira de l'indiennerie à la fin du XVIIIe siècle comme il en avait été de la dorure et de la passementerie à la fin du XVIIe : son déclin, pour des raisons que nous verrons ultérieurement, sera aussi rapide que son essor avait été éclatant...

Non moins éclatant, mais cette fois plus durable, fut celui de l'horlogerie, qui, en un siècle, multiplia par huit le nombre de ses maîtres-artisans et par vingt le chiffre de sa production annuelle – 100 000 montres en 1786, contre 5 000 en 1686 ! Production qui s'exportait dans des pays aussi lointains que la Russie, la Turquie, les Indes, la Chine, le Japon, les possessions espagnoles et portugaises d'Amérique, sans oublier, quand ils se créèrent, les Etats-Unis eux-mêmes, et faisait vivre jusqu'à trente professions, dont trois corporations.

A la fin du siècle on estimait que l'ensemble de la fabrique occupait, outre une importante main-d'œuvre rurale, plus de 40 % de la population active de la ville[1] dont un tiers environ par la seule horlogerie[2]. En 1770, un dénombrement, par professions, des électeurs au Conseil général montre que, sur ses 1 369 membres, près de la moitié (600) appartenait à la fabrique : orfèvres, graveurs, monteurs de boîtes, joailliers et, bien entendu, horlogers.

C'est dire le poids politique qu'eut l'horlogerie à Genève au XVIIIe siècle, contraignant le gouvernement à ménager ses dirigeants, et transformant en fait toute guerre économique contre Genève en une « guerre d'horlogers », comme fut surnommé, ironiquement mais justement, le blocus exercé par Choiseul de 1766 à 1768.

A la différence de l'indiennerie, généralement abandonnée aux habitants et aux natifs, l'horlogerie, elle, était aux mains des bourgeois et des citoyens qui s'en réservaient jalousement le monopole. Même le rôle de marchand-capitaliste, tenu naguère par la classe dirigeante, était maintenant assumé par d'anciens horlogers enrichis – ce qui par ailleurs prouve deux choses : la richesse qu'elle pouvait procurer, et le désintérêt manifesté au XVIIIe siècle pour la production locale par la classe dirigeante, qui, lorsqu'elle commerçait encore, ne s'intéressait plus, comme le

1. A. Perrenoud, *op. cit.*

2. A. Babel, *Histoire corporative de l'horlogerie, de l'orfèvrerie et des industries annexes*, Genève, 1916.

richissisme Gabriel Lullin, qu'aux productions étrangères.

Pareille prospérité, essentiellement due à l'industrie, n'a naturellement pas été sans transformer profondément la vie quotidienne.

D'abord elle a attiré à Genève une foule de travailleurs étrangers, modifiant du coup les caractères de l'immigration : naguère confessionnelle et essentiellement française, celle-ci est surtout devenue professionnelle et suisse ou allemande.

Ensuite, la population a beaucoup augmenté, passant de 18 000 habitants en 1711 à environ 30 000, banlieue comprise, en 1788. Augmentation due en partie à l'immigration, mais davantage encore aux autochtones eux-mêmes.

Non que leur taux de natalité se soit accru. Comme dans toutes les périodes de mieux-être, il a au contraire fortement diminué. Si, en effet, pendant la première moitié du XVIIe siècle, un ménage avait encore en moyenne entre cinq et six enfants, il en a à peine trois dans la première moitié du XVIIIe. En fait, l'accroissement provient de la diminution de la mortalité. Au XVIIIe siècle, seuls deux enfants sur quatre parvenaient à l'âge adulte ; au XVIIIe, avec 650 adultes pour 1 000 naissances, le déchet n'est plus que de 35 %.

C'est que les conditions de vie se sont beaucoup améliorées. La prospérité a permis de mieux se nourrir : le pain est devenu plus blanc, la viande plus fréquente. L'hygiène a également fait l'objet de soins plus attentifs. Et les épidémies ont ainsi perdu de leur virulence : la peste ne sévit plus après 1640, et les autres maladies récurrentes – rougeole, variole, dysenteries, grippes, « fièvres putrides bilieuses », etc. – feront de moins en moins de victimes.

De ce progrès, il faut également créditer le développement des services médicaux. Dans la première moitié du siècle, Genève comptait déjà – chiffre appréciable pour l'époque – de trente à quarante médecins, chirurgiens, vétérinaires et apothicaires. Quarante ans plus tard, ces trente à quarante seront une soixantaine. Parallèlement, la qualité des soins s'est améliorée : tout apprenti chirurgien suit des cours d'anatomie, toute sage-femme reçoit un enseignement spécialisé. Et, avec l'apparition du médecin de quartier, ces mêmes soins se sont faits moins distants.

De son côté, l'hôpital a cessé de n'être qu'un mouroir pour devenir aussi un centre médical. Contre la variole, on y pratique, depuis 1750, la vaccination – ou plus exactement l'inoculation. Et peu à peu l'épidémie qui, sur 10 000 personnes en tuait 622 au XVIIe siècle, n'en tuera plus que 544 au XVIIIe – baisse qui aurait d'ailleurs pu être plus sensible, n'eût-ce été pour la peur encore inspirée par cette toute nouvelle thérapeutique.

Et cette remarque vaut plus généralement pour l'ensemble des soins médicaux. Trop de méfiance entoure encore la médecine, pour que, malgré les efforts de la Chambre de la santé – une création du XVIIIe siècle –, la population en retire le plein bénéfice. Sur trois cents enfants de moins de dix ans qui décèdent alors chaque année, seul un sur deux a vu un médecin ! Mais enfin le XVIIIe siècle aura eu le mérite d'avoir créé l'infrastructure dont allait pouvoir profiter le siècle suivant.

Un autre bénéficiaire de la prospérité a été le cadre de vie, c'est-à-dire la ville elle-même. Le XVIIIe siècle a connu une véritable fièvre de construction. Sans parler des fortifications qui l'ont occupé pendant plus de trente ans, ou de l'édification, grâce à un legs du syndic Lullin, du Temple Neuf (Fusterie), il n'a cessé de bâtir et de percer des rues, créant de nouveaux quartiers, transformant les anciens. La poussée démographique l'y a parfois contraint, comme aux Pâquis, à Châtelaine, aux Eaux-Vives, au Pré-l'Evêque ; mais il a tout aussi bien obéi à des mobiles esthétiques. D'alors datent les beaux ensembles de la Treille, des Bastions et de la porte Neuve, ces adductions d'eau qui orneront la ville de jolies fontaines, l'enjolivement du paysage devant le Rhône, sur les deux ponts duquel, enfin reconstruits, toute édification de maisons fut désormais interdite. D'alors aussi date la métamorphose de la cathédrale de Saint-Pierre qui, enrichie par les fonds d'une collecte volontaire, s'est fait faire un nouveau visage. La façade gothique a été remplacée par un péristyle doté de colonnes de marbre, imité du Panthéon romain, tandis que la nef se meublait de bancs neufs pour 2 200 personnes. Puis, avec les 54 000 francs qui restaient des 200 000 livres de la collecte, on a acheté un orgue – le premier à reparaître à Genève depuis la Réformation ! Et comme on craignait que le son de cet instrument insolite ne troublât les fidèles, on jugea plus prudent, le jour où, sept ans plus tard, la cathédrale fut rouverte au culte, d'en faire quelque peu couvrir les accents par la conjonction de tous les chantres de la ville !

Enfin, même la paix extérieure fut, au cours de ces vingt-cinq années de paix civile, consolidée, grâce à deux traités de délimitation de frontières.

Si, à la France, Genève cédait, à l'exception de Genthod, Malagny, Malval, Dardagny et du mandement de Peney, tous

14. *Plan de Genève vers 1775*

15. *Place de la Fusterie (1804)*

16. *Place de la Porte Neuve (1810)*

ses droits sur les villages et terres enclavés, ainsi que sur Challex, Thoiry et Fenière, elle en recevait cette fois définitivement Chancy et Avully et, à la condition qu'y fût maintenue la religion catholique et qu'aucune de ses terres ne passât aux mains d'un protestant, Russin.

L'autre traité, passé avec la Savoie-Sardaigne (le duc de Savoie était devenu en 1718 roi de Sardaigne), fut beaucoup plus difficile à conclure. Les droits des deux parties étaient presque inextricablement enchevêtrés et innombrables étaient les questions à régler. Genève en outre s'appuyait sur le traité de Saint-Julien de 1603, dont la Savoie contestait la validité. Et puis le roi de Sardaigne faisait traîner les négociations, conscient que, disposant de la force, la situation ne pouvait qu'évoluer en sa faveur.

Pour aboutir au traité signé à Turin le 3 juin 1754, il fallut que Genève se cherchât des appuis à l'étranger : en France, en Angleterre, en Prusse, en Hollande et surtout à Berne et à Zurich.

Finalement, elle abandonnait tous ses droits sur divers villages de sa proche banlieue, dont Bossey, Landecy, Onex, Lancy, Avusy, Villette et Pressinge ; et la Sardaigne en faisait autant pour Cartigny, La Petite Grave, Epeisse, Grange-Canal, Vandœuvres, La Belotte, Gy et d'autres lieux de moindre importance. Genève s'engageait à verser 250 000 livres de France, tandis que le roi accordait aux Genevois une totale exemption fiscale pour leurs biens en Savoie, et octroyait aux habitants des villages cédés le libre exercice, pendant vingt-cinq ans, de leur religion...

Mais les années de paix passent toujours trop vite et, après cette embellie, voici que de nouveaux troubles vont éclater dont, des derniers en 1782, on a pu dire qu'ils n'avaient été rien moins que la préparation et la répétition sur un théâtre restreint de ceux de la Révolution française[1].

1. Albert Sorel, *l'Europe et la Révolution française*, Paris, 1885.

IV

DE NOUVEAU LES TROUBLES

A la différence des troubles précédents, ceux que Genève va maintenant connaître auront un retentissement qui dépassera de loin ses frontières. Curieusement en effet, les deux principaux écrivains du siècle y auront joué un rôle important.

Rousseau d'abord.

Genève avait commencé par être fière du couronnement d'un des siens par l'Académie de Dijon. Même le ***Discours sur l'Inégalité*** avait été accueilli favorablement. En 1755, le Conseil se réjouit « qu'un de ses concitoyens s'illustre par des ouvrages qui manifestent un génie et des talents distingués ».

Mais voici qu'en juin 1762 arrivent les premiers exemplaires de l'*Emile*. La « Confession de foi du Vicaire savoyard », panégyrique de la religion naturelle, est d'autant plus mal reçue, que ***Genève,*** l'article de d'Alembert dans l'Encyclopédie, venait de dépeindre la cité de Calvin comme convertie au socinianisme, doctrine niant la divinité du Christ et réduisant finalement la religion à une morale. Ne pas s'indigner contre Rousseau eût donc été donner raison à d'Alembert.

Puis parviennent les premiers exemplaires du *Contrat social*. Cette fois, ce ne sont plus les fondements de la religion qui sont sapés, ce sont ceux de l'Etat. Aucun contrat, dit en effet Rousseau, ne peut indéfiniment lier le peuple à ses gouvernants, car, étant la seule source de la loi, la volonté générale peut toujours défaire ce qu'elle a une fois fait.

Lecteur passionné de la *République*, Rousseau, notons-le en passant, y avait découvert la notion grecque de « l'Etat-personne morale », Etat qui, comme toute personne, a une volonté (celle de la majorité des citoyens) que doivent exécuter ses dirigeants – de simples mandataires ; tandis que ses adversaires, fussent-ils des libéraux, tels Montesquieu ou les Encyclopédistes, estimaient avec le droit romain – peu porté aux abstractions – que c'était les dirigeants personnellement qui, par un contrat passé avec le peuple, détenaient la souveraineté (*imperium*), à charge pour eux de gouverner dans l'intérêt général.

Confronté à deux livres aussi révolutionnaires, le Conseil se hâte d'en faire saisir tous les exemplaires. Et, le 19 juin, le procureur général, Jean-Robert Tronchin, rapporte contre eux. Tant l'*Emile* que le *Contrat social* sont condamnés à être livrés au bourreau pour être lacérés et brûlés ; et leur auteur, s'il pénètre sur le territoire de la République, devra être immédiatement arrêté.

A ce moment l'autodafé provoque peu de remous. Mais quand, en mai de l'année suivante, Rousseau, pour protester contre les rigueurs dont il a été victime, renonce spectaculairement à sa bourgeoisie genevoise, la réaction s'organise.

Le 18 juin 1763, un an donc après la condamnation de ses livres, un de ses partisans, le vieil horloger Jacques-François De Luc, vétéran des troubles de 1734, prend la tête de l'opposition et, accompagné de ses deux fils et d'une quarantaine d'amis, remet au Conseil une représentation – d'où le nom de *Représentants* qui sera dès lors donné au parti de la bourgeoisie –, s'étonnant que, contrairement à la loi, Rousseau n'ait pas été entendu, ni le Consistoire consulté.

Le Conseil refuse de recevoir la représentation, déniant à tout autre qu'à l'intéressé ou à sa famille le droit de recourir contre une condamnation. Nouvelle protestation des Représentants, qui veulent porter la controverse devant le Conseil général, « puissance législative ». Second refus du Conseil qui n'admet pas que de simples particuliers puissent demander à ce dernier d'interpréter la loi. Et comme les autres insistent, il déclare que lui, Petit Conseil, détient en matière de représentation un droit de veto, un « droit négatif » – d'où le nom de *Négatifs* que recevront ses partisans.

Le différend est maintenant devenu politique et l'opinion appuie les Représentants. Le procureur général Tronchin fait alors paraître anonymement les *Lettres de la campagne* où, se plaçant habilement du point de vue d'un simple bourgeois, il défend dans un style direct et facilement compréhensible la thèse du gouvernement en faveur de l'« aristo-démocratie ». Surtout, il met en garde les citoyens contre une argumentation qui pourrait se retourner contre eux, car qu'arriverait-il vraiment de leurs privilèges économiques si, à leur tour, les

17. *Jean-Jacques Rousseau*

habitants et les natifs se mettaient à enfourcher le cheval de la démocratie ?

Les *Lettres de la campagne* font une forte impression. Aucun Représentant ne se sent le talent ou la capacité de les réfuter ; aussi Rousseau est-il sollicité de reprendre la plume. Et ce seront les fameuses *Lettres de la montagne* qui, si elles lui vaudront bien des attaques, gagneront à la démocratie un grand nombre de partisans.

« Les esprits de notre ville s'échauffent beaucoup par la lecture des *Lettres de la montagne* », écrit, désolé, le secrétaire d'Etat Lullin au ministre de Genève à Paris, Crommelin ; ajoutant, comme celles-ci venaient de paraître : « Mandez-nous promptement si ce livre est connu à Paris, quelle sensation il produit tant sur les Français que sur nos concitoyens ; nous apercevons déjà ici que cette sensation ne saurait être faible ! »

Elle ne le fut pas. Non seulement le Conseil aura contre lui la jeunesse, mais même ses propres partisans commenceront à vaciller. Alors il se résout à un geste dramatique : il fait savoir qu'il démissionnera !

Oui, il démissionnera, à moins que ses concitoyens ne viennent solennellement déclarer qu'ils le tiennent pour « bon et fidèle ». Il communique sa décision au Grand Conseil qui, dans l'émotion générale, semblait prêt à en faire autant – « la sensibilité était extrême, dit un compte rendu, la douleur étouffait la voix, tous les yeux étaient baignés de larmes » –, quand, le 7 février 1765, sous la conduite de Marc Chappuis, l'ami de Rousseau, un millier de citoyens se rendent à la Maison de ville et, sans renoncer à leurs revendications, viennent assurer les membres du Conseil de leur entier respect et de leur parfaite confiance. Ils repartent même en les appelant, au milieu des effusions, « pères de la patrie ».

Du coup, voilà le gouvernement revigoré ! Non seulement il ne parle plus de démissionner, mais il fustige les *Lettres de la montagne* – « affreux tissu de calomnies » que, « supérieur à ces atroces imputations », il a dédaigné de poursuivre. Il est même si revigoré qu'il repousse maintenant toutes les revendications des citoyens, sauf une, mineure, sur le vin étranger.

Les Représentants sont naturellement indignés et, s'estimant joués, décident par représailles de recourir à leur vieille tactique : rejeter systématiquement en Conseil général tous les candidats aux postes de l'Etat proposés par le gouvernement. En novembre, ils laissent sans titulaires les charges de procureur général et de lieutenant de justice et, en janvier 1766, celles des quatre syndics.

Voilà de nouveau les rouages de l'Etat grippés, la machine bloquée. De nouveau, il ne reste d'espoir que dans une intervention étrangère. Et non sans réticences, car la précédente avait quelque peu hypothéqué son indépendance, le Conseil se résigne à faire appel aux trois puissances médiatrices : France, Berne et Zurich.

Le rôle de Rousseau est maintenant terminé ; celui de Voltaire commence.

Voltaire

Dans cette seconde médiation, c'est encore la France qui tiendra la vedette. A cet égard, les premiers mots du nouveau résident, Hennin, à son arrivée à Genève, le 28 décembre 1765, n'avaient laissé aucun doute. « J'ose me flatter, Messeigneurs, avait-il déclaré au Conseil, que je ne suis pas destiné à être l'inutile témoin de vos discussions. »

Il le prouvera en effet en ne cessant d'agir sur le médiateur français : le chevalier de Beauteville, ambassadeur du roi auprès des cantons, vieillard goutteux qui ne demandait d'ailleurs qu'à entrer dans ses vues.

Or derrière Hennin se trouvait Voltaire.

D'abord retiré aux *Délices*, maison de campagne aux portes de la ville, du côté du pays de Gex, Voltaire s'était depuis 1759 installé à Ferney. Les charmes de sa société attiraient chez lui une foule de Genevois, fiers de fréquenter un écrivain aussi célèbre.

Or Voltaire méprisait les bourgeois, qu'il trouvait lourds et bornés. Leur engouement pour Rousseau n'avait fait qu'ajouter à son antipathie. Enfin peut-être caressait-il déjà le projet de fonder une fabrique d'horlogerie et donc d'attirer à lui les natifs, gens fort montés alors contre les bourgeois qui, malgré l'Edit de Pacification de 1738, s'ingéniaient à leur barrer l'accès de la maîtrise ou à la leur rendre de peu d'intérêt.

Ami du tout-puissant Choiseul, Voltaire n'était pas un personnage à dédaigner pour un diplomate ; Hennin transmit d'autant plus volontiers ses avis à Beauteville qu'il était personnellement un adversaire résolu de la démocratie.

C'est en mars 1766 qu'arrivèrent les ministres des puissances médiatrices. Le gouvernement aurait bien voulu les empêcher de prendre contact avec les citoyens, mais – ancêtres de ceux que connaîtrait la France pendant la Révolution – les cercles qu'ils avaient formés depuis qu'ils ne pouvaient plus se réunir dans leurs compagnies obtiennent le droit de se faire représenter par vingt-quatre « commissaires », dont De

Luc, Chappuis, François d'Ivernois et Etienne Clavière – le futur ministre girondin.

Si les citoyens fondaient quelque espoir sur les médiateurs, ils déchantèrent vite. Dès le 27 juillet, ceux-ci publiaient une déclaration, vantant l'administration « légale, intègre et paternelle » du Conseil et stigmatisant comme partisans et passionnels les reproches qu'il avait encourus.

Tout au long des pourparlers, le climat sera d'ailleurs détestable. Constamment les citoyens seront toisés, bafoués, voire menacés d'arrestation par Beauteville et son jeune et arrogant secrétaire Taulès.

On ne s'étonnera donc pas que le Règlement de novembre 1766 ait donné entière satisfaction aux Négatifs. Le droit de représentation était étroitement réglementé et limité, le droit de voter les impôts restreint, le droit de refuser indéfiniment les candidats proposés par les Conseils supprimé. Et supprimé également était le droit pour les citoyens de tenir des assemblées ou de se retrouver dans des cercles.

Seules concessions à la bourgeoisie : les lois de la République seraient, comme l'avait prévu l'Edit de 1738, codifiées et publiées (mais la mesure ne fut pas appliquée !) ; le droit de décider de la recevabilité d'une représentation serait désormais confié à un tribunal (mais l'oligarchie y détenait la majorité !) ; et le Petit Conseil, chaque fois que cinquante sièges seraient devenus vacants au Grand Conseil, y élirait sept citoyens ou bourgeois, pris dans chacun des quartiers de la ville (mais tous les citoyens ou bourgeois n'étaient pas nécessairement du parti des Représentants !).

Cependant, pour être applicable, le Règlement devait être approuvé par le Conseil général. Or, malgré toutes les pressions – et rarement gouvernement s'y employa avec plus d'énergie ! – celui-ci, le 15 décembre, le repoussa par plus des deux tiers des voix, et la ville laissa éclater sa joie.

De nombreux patriciens furent aussitôt pris de panique. Certains, comme Tronchin, quittèrent même la ville. Et le gouvernement, atterré, ne put qu'exprimer à Choiseul sa confusion, ainsi que sa « profonde douleur » de s'être vu refuser par « un peuple égaré » le bonheur que « ses mains paternelles lui tendaient ».

Alors, pour faire plier les citoyens, Choiseul va, sur les conseils de Voltaire, engager pendant deux ans une véritable guerre économique contre Genève. Le long de la frontière, des soldats se déploient pour bloquer tout échange, tandis qu'à Versoix commence à surgir de terre une ville, qui, reliée par une route à Pontarlier, est destinée à détourner de Genève l'important commerce qu'elle entretient avec la Suisse.

De leur côté, les médiateurs ont gagné Soleure pour y préparer un « Prononcé » qu'ils sont prêts à imposer par la force.

Le Conseil pourrait se réjouir de la fermeté de ses alliés, si le principal d'entre eux, la France, n'était en train de ruiner son économie – l'horlogerie surtout, qu'elle avait jusqu'alors traitée comme une industrie indigène – et n'exigeait qu'il châtiât immédiatement les vingt-quatre commissaires de la bourgeoisie, ce qui ne manquerait pas de provoquer une émeute.

Il essaie donc de négocier, discute, ergote. Les pourparlers traînent. Huit mois se passent ainsi dans l'attente du Prononcé et, ne voyant rien venir, la bourgeoisie commence à redresser la tête. Des billets circulent qui parlent tout bonnement de pendre les Négatifs avec les boyaux des Tronchin. Finalement, le 16 octobre 1767, au milieu d'une haie formée de femmes et d'enfants, un millier de citoyens se rendent à la Maison de ville pour exiger du gouvernement qu'il recherche avec eux un accommodement.

Mais entre-temps le Prononcé a été signé, et sera connu à Genève le 25 novembre. Il n'est donc plus question de discuter. Et même pas de se réjouir, ni du côté de la bourgeoisie, ni d'ailleurs du côté du patriciat. Car si les médiateurs donnaient satisfaction au pouvoir sur le fond, ils ne changeaient rien au mode d'élection des principaux magistrats et n'enlevaient donc pas aux citoyens la possibilité de recommencer leur obstruction.

Ce qu'ils ne vont évidemment pas manquer de faire lors des élections de syndics en janvier suivant, replaçant ainsi le gouvernement dans la situation passée – que dire : dans une situation pire, puisqu'il n'a plus maintenant de recours !

Dès lors il ne lui restait plus qu'à « enfiler la pente du précipice », c'est-à-dire composer. Les discussions dureront deux mois et failliront souvent échouer, mais finalement un accord se réalisera que, le 11 mars 1768, par 1 204 voix contre 23, le Conseil général ratifiera sous le nom d'*Edit de Conciliation*. Pourtant il y eut un certain nombre d'abstentions, venues des ultra-Négatifs qui, estimant que le gouvernement avait négocié l'arme sur la tempe, ne parleront plus que de l'« édit des Pistolets » et contesteront sa validité.

En revanche, dans la ville, c'est l'allégresse. Tandis qu'à toute volée les cloches sonnent, la bourgeoisie, sur tout le parcours de Saint-Pierre à la Maison de Ville, fait la haie et salue par des vivats le passage des magistrats. Dans la salle des festins, les citoyens défilent devant eux, et, pris par l'émotion générale, l'un d'eux s'écrie : « Nous vous rendons nos cœurs, Messeigneurs ! » à quoi la foule, en chœur, répondit : « Amen ! Amen ! » – on s'attendrissait facilement dans la seconde moitié du XVIIIe siècle, et pas seulement à Genève : les annales de la France sont tout aussi pleines de larmes et d'effusions. Hélas, on ne sait que trop comment cette sensiblerie finit !

Qu'apportait l'Edit de 1768 ?

D'abord, il accentuait la démocratisation du régime. Ce n'était plus sept bourgeois ou citoyens qui entreraient au Grand Conseil chaque fois que cinquante sièges y seraient devenus vacants, mais vingt-cinq, et ces vingt-cinq seraient désignés par le Conseil général lui-même – qui finirait donc par élire la moitié de ses membres. En outre, le Conseil général recevait dans certains cas le droit de soumettre le Petit Conseil à réélection et de récuser quatre de ses membres. En contrepartie, la bourgeoisie perdait la faculté de bloquer indéfiniment la nomination des principaux magistrats. Enfin, nul ne pourrait plus être emprisonné sans interrogatoire préalable, soit d'un magistrat, soit du Petit Conseil.

Mais il y avait mieux. Sur les instances tant du résident de France, poussé par Voltaire, que du gouvernement, désireux de s'assurer des alliés contre la bourgeoisie, l'édit accordait d'importants avantages économiques aux natifs. Ceux-ci pouvaient désormais vendre les articles qu'ils fabriquaient, devenir dans la plupart des professions maîtres jurés et embrasser les carrières de médecin, de chirurgien ou d'apothicaire : tous privilèges jusqu'ici réservés aux seuls bourgeois et citoyens.

Ces concessions auraient pu assurer une longue vie à l'édit. Malheureusement l'attitude de la bourgeoisie allait tout remettre en question. Et c'est ici qu'il faut revenir un peu plus en détail sur la condition des natifs.

Depuis au moins une génération, et souvent depuis plusieurs, ces milliers d'hommes étaient Genevois. Jadis, rien ne leur était plus facile que d'acquérir, en devenant bourgeois, la plénitude des droits politiques et économiques. Mais, au cours des siècles, un mur d'argent s'était dressé devant eux. S'érigeant de plus en plus en caste, la bourgeoisie avait en effet rendu prohibitifs pour des gens de condition modeste les droits qui ouvraient ses portes. En revanche, l'étranger de fraîche date, pour peu qu'il eût des capitaux, pouvait sans problème devenir citoyen et les toiser de haut.

A quoi s'ajoutaient de sottes brimades. Dans les tirs militaires ils ne pouvaient remporter de prix. En se mariant, ils payaient une taxe à l'hôpital – qui sait ? ils pourraient mettre au monde des indigents – et, à l'hôpital, ils ne recevaient ni la même nourriture, ni les mêmes vêtements que les citoyens.

Sans doute, au cours du XVIIIe siècle, la loi, comme on l'a vu, leur avait-elle accordé divers avantages ; mais ces avantages, les citoyens s'étaient ingéniés à les amenuiser ou à les faire acquérir au plus haut prix : par exemple exiger du natif, à son entrée en apprentissage, des droits d'admission seulement dus lors de l'accession à la maîtrise, ou lui interdire d'employer des compagnons ou des apprentis, ou encore l'empêcher, alors que le troc était un moyen courant de règlement, de payer ou de se faire payer en marchandises.

Or, ce droit de devenir maître juré que l'Edit de 1768 venait de leur reconnaître, voici que dans la pratique les citoyens le bafouent, voici également qu'ils leur font sèchement rappeler qu'ils ne peuvent faire du troc. La fièvre monte.

Car eux aussi ont constitué des cercles, eux aussi se sont enflammés pour les idées démocratiques, et avec une ardeur qu'accroît la colère d'être les victimes de ceux-là mêmes qui les invoquent si bruyamment. En outre, le résident de France et Voltaire – le second poussant le premier – les encouragent à la révolte.

Et deux incidents vont éclater.

Jean Bacle, un natif, avait refusé dans un acte de procédure judiciaire de faire suivre sa signature des mots : natif de Genève, et on l'a condamné – sanction démesurée ! – à dix ans de bannissement. Puis, à peu de temps de là, on arrête un autre natif, Resseguerre, qui s'est permis de chanter en public des couplets subversifs. C'en est trop pour les natifs ! Le jour du procès, ils se massent aux abords de la Maison de Ville et, lorsqu'il sort de l'audience, condamné à six mois d'arrêts domiciliaires, ils l'acclament, le portent en triomphe jusqu'à Chevelu où ils le ceignent d'une épée – arme de la bourgeoisie. Arrive le soir. Enivré par sa popularité, Resseguerre rompt ses arrêts et parade dans les cafés où il est de nouveau acclamé.

Cette fois, c'en est trop pour les citoyens ! Ils demandent à prendre les armes. Or si le gouvernement s'est fait l'ami des natifs, ce n'était pas pour qu'ils revendiquent des droits politiques, c'était pour mieux limiter ceux de la bourgeoisie. Il veut bien leur accorder des avantages économiques qui, de toute manière, ne lui coûtent rien, puisque, se livrant au grand commerce ou exerçant des professions libérales, ses membres ne sont pas soumis à leur concurrence ; mais là s'arrête sa bienveillance. Et ce coup-ci l'affaire a pris une allure politique. Le Conseil accorde donc la prise d'armes.

Elle sera brève. Avant même d'avoir eu le temps de s'organiser, les natifs sont vaincus. S'ils n'ont eu que trois tués, ils se retrouvent par centaines en prison. Et le 22 février 1770, par 1 182 voix contre 99, le Conseil général vote un édit destiné à mettre fin à leurs prétentions politiques. Leurs cercles sont dissous, et qui soutiendra que la loi ne leur donne pas assez de droits sera châtié comme perturbateur de l'ordre public. Enfin, ceux-là mêmes qui avaient si violemment protesté contre la condamnation de Rousseau, condamnent sans jugement au bannissement sept de leurs chefs.

Soucieux toutefois de détacher la masse des natifs de leurs dirigeants, ce même édit a la sagesse, sur l'impulsion du gouvernement, de leur concéder certains avantages matériels : leur permettre de remporter des prix lors d'exercices militaires ; les dispenser de payer en se mariant un impôt à l'hôpital ; leur assurer au moins un maître juré dans les corporations où il y en a plus de deux ; et enfin ne pas les taxer dans les halles davantage que les bourgeois.

Malgré ces mesures, des centaines de natifs suivront leurs chefs dans l'exil. Beaucoup se fixeront à Versoix où la France ne demandait qu'à les recevoir, bien que les maisons y fussent toujours rares. L'un d'eux, Georges Auzière, y installera même une fabrique d'horlogerie qui subsistera quelques années avant de péricliter faute de capitaux. Certains iront alors à Ferney offrir leurs services à Voltaire qui, s'étant lancé dans la fabrication et le commerce des montres, les accueillit avec joie. Mais la plupart demanderont bientôt à rentrer à Genève où ils ne tarderont pas à être entraînés dans de nouveaux troubles, hélas beaucoup plus sanglants !

Les troubles de 1780-1782

Jusqu'ici la partie s'était déroulée à trois : gouvernement, bourgeoisie, natifs. Or voici qu'un quatrième parti surgit dans le jeu politique : celui des ultra-négatifs ou « Constitutionnaires », qui se refusait, on l'a vu, à accepter l'édit de 1768 — l'« Edit des Pistolets », comme il l'appelait. Peu à peu, il obtient en effet la majorité au Grand Conseil, donnant finalement, de la Genève politique de la décennie 1770-1780, le tableau suivant : aux ultra-négatifs, le Grand Conseil ; aux négatifs modérés, le Petit Conseil ; à la bourgeoisie, le Conseil général ; et, en toile de fond, les natifs qui, s'ils sont toujours exclus des Conseils, restent le nombre et peuvent toujours descendre dans la rue.

Tant bien que mal, pendant un certain temps, le gouvernement parviendra à stabiliser la situation, mais finalement l'équilibre se rompra pour une question qui, sous son apparence juridique, cachait en fait des desseins de haute politique.

Pendant trente-six ans, on avait « oublié » d'exécuter une des décisions de la première médiation : la codification des lois de la République. Aujourd'hui on s'y résout. Tâche colossale ! Il faut harmoniser plusieurs siècles d'arrêtés et d'édits souvent discordants, voire contradictoires, et parfois inapplicables.

Réunie pour la première fois en 1774, la Commission de révision s'aperçoit au bout de trois ans d'efforts que ses tentatives de rapiéçage n'ont mené à rien et qu'en réalité ce qu'il faut, c'est une refonte de toute la législation.

Quand ses conclusions sont connues, la bourgeoisie, qui déjà lui reprochait de faire traîner les choses en longueur, s'agite, ou plutôt intensifie son agitation. Pour l'apaiser, le gouvernement s'empresse de créer une nouvelle commission où il l'invite à siéger à égalité de représentants avec lui. De la collaboration, pensait-il, naîtrait la collaboration.

Ce fut la confrontation. Un jour Vieusseux, un Représentant, s'écriera qu'en cas de violation de la Constitution les citoyens seraient parfaitement fondés à « casser la tête à Messieurs les syndics », et quatre ultra-Négatifs aussitôt se lèveront pour ne jamais revenir. C'est dire que le climat s'était fort dégradé quand, enfin, au terme de près de six cents séances, la commission fit, en avril 1779, imprimer et publier son projet de code.

Immédiatement, les ultras protestent. Au lieu en effet de reproduire en bloc les dispositions de l'Edit de Médiation de 1738, elle les a démembrées et fondues dans l'ensemble. Chicanerie de juriste ? Nullement. Si l'Edit ne figurait pas tel quel dans le code, la garantie des puissances médiatrices qui y était attachée tombait ; on ne pouvait plus les appeler à l'aide. Or c'est justement ce que les ultras voulaient faire, pour mettre fin à la démocratisation du régime.

Curieusement, ils ont trouvé des alliés là où, à première vue, on ne s'y serait guère attendu : chez les plus éloignés d'eux socialement, les natifs. En réalité, la chose était naturelle. Se rappelant les interventions de Voltaire et de Hennin en leur faveur, ceux-ci comptaient trouver en la France une alliée. Accessoirement, ils n'ont pas pardonné à la bourgeoisie la prise d'armes en 1770 et, en vertu du principe que les ennemis de ses ennemis sont des amis, ils font, sous la conduite d'un des leurs, Isaac Cornuaud, cause commune avec les ultras.

Le premier affrontement a lieu le 30 août 1779. Alors que le Petit Conseil proposait au Grand Conseil de proroger jusqu'en 1785 l'existence de la Commission de refonte des lois, un ancien syndic, Jacob de Chapeaurouge, en demande, lui, la dissolution : il en veut une autre. C'était détruire toute l'œuvre précédemment accomplie. Des Négatifs modérés comme Gédéon Turrettini et des citoyens comme Jacques-Antoine Du Roveray – le futur ami et collaborateur de Mirabeau – tentent de s'y opposer. Par 105 voix contre 45, Chapeaurouge l'emporte – en violation, par parenthèse, de la Constitution qui aurait voulu que le Petit Conseil eût préalablement délibéré de l'affaire.

Il s'agissait là d'une action concertée. Le représentant du gouvernement à Paris, un ultra, avait en effet, aidé de Hennin devenu maintenant un important personnage au ministère des Affaires étrangères, convaincu Vergennes d'intervenir. Et voici que celui-ci informe Genève, Berne et Zurich, qu'il n'assistera pas sans réagir à des troubles possibles. Il prépare même un plan de paix favorable aux ultras et aux natifs, qu'il tâche de convaincre Berne et Zurich d'imposer à Genève.

Il est pathétique de voir les efforts que déploie alors le gouvernement pour éviter à tout prix cette intervention étrangère. Mais comment concilier des adversaires qui se haïssent, et dont les uns veulent à tout prix cette intervention ! De plus les événements vont se retourner contre lui.

Le 29 novembre 1780, le chargé d'affaires de France à Genève, Gabard de Vaux, convoque Isaac Cornuaud et les principaux natifs. Il a à leur lire une lettre de Vergennes. Le ministre les remercie de leur soutien et les assure que lorsqu'il lui sera donné d'influer sur la pacification de la République, le roi ne perdra pas de vue leurs intérêts.

Intervention sans précédent, contraire à tous les usages ! Et à laquelle va répondre, sous la pression des Représentants (citoyens) une intervention non moins contraire aux usages ! Courageusement, mais bien imprudemment compte tenu de ses fonctions, le procureur général, Jacques-Antoine Du Roveray, lit devant le Conseil une « Remontrance » où, ironiquement, lourdement, violemment même, il prend à partie Vergennes et Gabard de Vaux.

Les conseillers le supplient de ne jamais laisser sortir de ses mains un texte susceptible d'attirer à la République les pires ennuis, mais Du Roveray fait publier et distribuer sa harangue, aussitôt acclamée par les citoyens. Résultat : l'alliance des Négatifs modérés et des citoyens est brisée. Ceux-ci sont maintenant isolés face aux autres partis, que dominent les ultras ; mais isolés aussi face à la France qui, aussitôt la harangue connue, exige que réparation lui soit donnée dans les vingt-quatre heures. Sinon elle rompra toute relation diplomatique.

Du Roveray est mis aux arrêts à la Maison de Ville, et de « très humbles excuses » sont présentées à Vergennes. Mais si la France va juger ces mesures dérisoires et insistera pour que le coupable soit destitué et chassé du Grand Conseil – ce que s'empressera de faire le Conseil, en livrant également sa remontrance au bourreau –, les citoyens, eux, les trouveront scandaleuses. Ils prennent les armes. Les ultras en font autant, des escarmouches éclatent : à la Cité, à Rive, au Molard, à Saint-Gervais.

En toute hâte, le 5 février 1781, le Conseil dépêche un courrier à Berne et à Zurich, sollicitant l'envoi immédiat de « quelques seigneurs de leur Sénat ». Comme si leur seule présence pouvait rétablir le calme !

En fait, c'est maintenant la guerre civile. Toute la nuit, les combats font rage, et à l'aube du 6 février les citoyens ont gagné la partie.

Bloqué dans la Maison de Ville, le gouvernement se résout alors à solliciter de Vergennes une « médiation conciliatrice », tandis qu'il presse de nouveau Berne et Zurich d'envoyer des émissaires. En attendant il subit la loi du vainqueur. Au Petit Conseil d'abord, au Grand Conseil ensuite, les citoyens font adopter un édit dit « bienfaisant », entériné le 10 février par le Conseil général à l'écrasante majorité de 1 117 voix contre 29.

Ses dispositions ne manquaient pas d'habileté. Dans l'espoir de se concilier la France et d'isoler le gouvernement, de peur aussi de perdre ses récentes conquêtes politiques, la bourgeoisie s'était surtout préoccupée, cette fois, d'améliorer le sort des natifs.

L'édit leur accordait non seulement l'égalité professionnelle avec les citoyens, mais, outre divers avantages militaires, l'admission automatique à la bourgeoisie si, exerçant un métier utile, ils étaient de père et de grand-père genevois.

De plus, il prévoyait de donner chaque année la bourgeoisie à huit natifs, à un habitant et à un sujet (rappelons que ce dernier terme désignait les paysans des territoires de la République) ; et pour commencer, il l'offrait gratuitement à cent natifs, vingt habitants et deux sujets.

Enfin, dans les fiefs appartenant à l'Etat, il abolissait la taille et les corvées.

Devant tant de gracieusetés, acquises sans qu'ils aient eu seulement à lever le petit doigt, les natifs désertent en majorité le camp des ultras et se rallient aux citoyens.

Mais il y a les puissances médiatrices ! Entraînées par la France, plus hostile encore aux prétentions démocratiques de la bourgeoisie qu'elle n'était l'amie des revendications professionnelles des natifs, encouragées aussi en sous-main par le gouvernement qui ne voulait pas rester sur sa défaite, aucune d'elles n'entend reconnaître le fait accompli. Même le roi de Prusse, à qui pourtant personne ne demandait rien, écrit aux cantons pour que soit maintenue « l'ancienne Constitution légale ».

En mai, les trois Puissances médiatrices se réunissent à Soleure et préparent un nouveau plan de paix. Aussitôt le Conseil déclare qu'il n'appliquera pas le précédent Edit, né de l'anarchie et mort avec elle. Redevenu libre, s'il exécutait un acte imposé par la force, il trahirait son mandat, la patrie !

Mais il a maintenant presque toute la ville contre lui. Ce n'est pas encore la Révolution, puisqu'il demeure en place. Cependant qui nierait que, aboutissement de tout un siècle de luttes entre le Tiers Etat et le patriciat, on soit, sept ans avant la France, en train de s'y acheminer à grands pas ?

Prélude à la Révolution française

Réunies à Soleure, les puissances médiatrices n'arrivent pas à se mettre d'accord. La France voudrait que, pendant les délibérations, le Conseil général cesse de se réunir pour élire de nouveaux magistrats, Berne et Zurich s'y refusent au nom de la souveraineté des Etats. Mise en minorité, la France se retire du jeu et, privées de son concours, Berne et Zurich en font autant.

Voici donc maintenant le gouvernement sans garants : et d'autant plus atterré, que la France fait savoir qu'elle ne tolérera pas qu'il soit porté atteinte à la vie ou à la liberté d'un seul de ses partisans ! Et elle masse 500 hommes de troupe à Versoix et à Gex.

Pour faire revivre la médiation, le Conseil tâche de convaincre les citoyens de surseoir aux élections annuelles. Or, non seulement, le 24 décembre, ils n'acceptent pas, mais ils exigent qu'ait bien lieu dans les six semaines prévues l'élection des vingt-cinq membres du Grand Conseil.

Tout de suite, le nouveau résident de France, le baron de Castelnau, déclare que la France s'y oppose. Et voici le gouvernement placé devant un choix dramatique : ou la révolution ou l'intervention armée !

Il choisit de risquer l'intervention et permet l'élection. Cependant il ne veut toujours pas exécuter le tout dernier édit, celui dit « bienfaisant » de 1781, et les natifs menacent la bourgeoisie d'abandonner son camp, si elle n'en obtient pas l'application.

Le 18 mars 1782, neuf cents citoyens viennent donc solennellement à la Maison de Ville, demander sa mise en vigueur. Le gouvernement persiste dans son refus. Dès lors, ce n'est plus la révolution ou l'intervention armée qu'il risque, mais les deux à la fois !

A la nouvelle, le 7 avril, retentit le cri : « Aux armes ! » Le tocsin sonne, des bandes armées se précipitent sur le parc d'artillerie, chassent la garde de l'Hôtel de Ville, s'emparent de l'arsenal et assiègent la garnison aux trois portes de la ville.

Dans ces troubles les principaux Représentants ne sont pour rien. Au contraire, ils voudraient bien mettre fin à l'émeute et supplient le gouvernement de parlementer. Le dialogue est refusé et, comme ils sont les chefs, ils suivent leurs troupes.

Faits bientôt prisonniers à la Maison de Ville, les syndics acceptent d'ordonner un cessez-le-feu et – décision courageuse – d'en porter eux-mêmes l'ordre à la garnison. A Rive, les choses se passent sans incident, mais à Cornavin le capitaine Lavabre est blessé et, sur le chemin, le syndic Sarasin est frappé d'un coup de baïonnette dans les reins. A la porte Neuve, le syndic Claparède est malmené, son frère blessé, et le capitaine De Combes, déjà atteint pendant le combat d'une balle dans la jambe, reçoit, quand il se rend, quatre coups de baïonnette dans le corps et n'est sauvé que par l'intervention des Représentants. La haine a fait son apparition à Genève.

Un des premiers soins des émeutiers a été d'arrêter les principaux Constitutionnaires (ultras), dont six membres du Petit Conseil et dix du Grand. Ils sont destinés à servir d'otages, c'est-à-dire de monnaie d'échange. Car maintenant c'est vraiment la révolution ! Rompant avec la tradition qui voulait qu'en cas de coup de force on se bornât à faire plier le gouvernement en place, on épure et on renouvelle les Conseils. Onze membres du Petit Conseil sont destitués et trente-deux du Grand, remplacés par des Représentants. Seuls sont épargnés les quatre syndics – ne sont-ils pas les élus du suffrage populaire et de ce fait inviolables ? Comme le sera plus tard le révolutionnaire français, le révolutionnaire genevois est légaliste ! D'ailleurs, le véritable pouvoir ne tarde pas à passer ici aussi à un Comité de salut public : la « Commission de sûreté pour le rétablissement de la tranquillité et du bon ordre », nommée, moins d'une semaine plus tard, par le Conseil général.

Mais à l'extérieur, comme on s'en doute, « Saxe et Cobourg » s'organise. La France bien sûr, mais aussi Berne et Zurich refusent de reconnaître le nouveau régime et lèvent des troupes. Le roi de Sardaigne en fait autant. Le résident de France quitte Genève.

Alors la population se met en état de défense. On évacue le faubourg Saint-Gervais, trop menacé, et on renforce les remparts. Femmes, enfants, tous se mettent à l'œuvre, dépavant les rues, faisant de la charpie. Le temple de la Fusterie est aménagé en hôpital, le Collège en corps de garde. Soixante-quinze quintaux de poudre sont entreposés à Saint-Pierre. On évoque l'Escalade et toutes les vaines tentatives du duc de Savoie de forcer la ville et, une fois de plus, on est sûr de l'emporter.

Cependant les armées française, sarde et bernoise ont fait mouvement sous les ordres des nobles qui les commandent. Fin juin, leurs travaux d'approche sont terminés, et leurs batteries, installées aux Délices, s'apprêtent à bombarder la ville de haut.

Le 29 juin, à six heures du matin, un trompette sarde jette par-dessus les murs un ultimatum : Genève a quatre heures pour se rendre et bannir vingt et un Représentants, nommément désignés. Ce délai néanmoins sera deux fois prorogé de vingt-quatre heures, pour permettre aux syndics de convaincre la population de la vanité de toute résistance.

Le 1er juillet, les cercles sont donc convoqués d'urgence. Ils nomment une commission de cent vingt citoyens qui se réunit à dix heures du soir sous la présidence de la Commission de sûreté.

Quand, dans l'après-midi, doutant de l'efficacité des remparts, les principaux Représentants avaient évoqué la possibilité de pourparlers, ils avaient été conspués et accusés de trahison. Il en sera de nouveau ainsi. L'assemblée se prononce pour la résistance à outrance. Alors le pasteur Mouchon se lève. Il revient du camp sarde et fait un tableau apocalyptique du sort qui attend Genève. Un second tour de scrutin est ordonné. Cette fois, il donne une faible majorité en faveur de la reddition. Ce fut aussitôt, dit un contemporain, « une scène de frénésie et d'horreur ». On brisa ses épées.

La Commission de sûreté se dissout — saluons au passage son bon cœur : son dernier acte, la veille, au milieu des branle-bas de combat, avait été de se préoccuper du sort des chiens et des chats de Saint-Gervais abandonnés par leurs propriétaires ! Le pouvoir est remis aux syndics, qui informent les généraux alliés de la situation et les supplient d'arriver au plus vite, la ville étant devenue la proie de bandes qui, dans leur désarroi et leur fureur, semblent avoir perdu l'esprit, déchargeant leurs fusils en l'air, ou les brisant, ou les jetant dans le Rhône. Beaucoup de personnes s'enfuient : en premier lieu les chefs des Représentants, maintenant poursuivis et parfois molestés par leurs anciens fidèles.

Le 2 juillet, à une heure du matin, les otages sont libérés, et à cinq heures les assiégeants pénètrent dans la ville : les Sardes par la porte Neuve, les Français et les Bernois par Cornavin ; bientôt on les voit bivouaquer sur les places et dans les rues. Trente-trois ans plus tard, les soldats de l'Europe absolutiste en feront autant à Paris, quand, après la chute de Napoléon, seront provisoirement enterrées les conquêtes de la Révolution française.

La Révolution genevoise, elle, n'aura pas duré cent jours. Cent jours, c'est peu pour laisser une grande trace dans l'Histoire. Et, de ce point de vue, d'aucuns pourront regretter que les remparts de la ville n'aient plus eu la même efficacité qu'au temps de Calvin, que la « Rome protestante » du XVIe siècle ne soit pas devenue, avant la France de 1793, la « Rome républicaine » du XVIIIe. Mais l'écho de son soulèvement ne fut pas perdu à l'extérieur, en France surtout où Mirabeau s'en fit le champion et Brissot le narrateur[1], et où certains Représentants poursuivirent en y laissant parfois la vie, ce que, en l'absence d'un Valmy genevois, ils n'avaient pu réaliser dans leur patrie.

En tout cas, Genève va maintenant elle aussi connaître la Terreur Blanche, encore qu'on ait donné le nom de « noir » à l'Edit qui rétablit l'Ancien Régime. On exile, on destitue. Exilés à perpétuité : Dentand, ex-syndic, président de la Commission de sûreté, Flournois, Vieusseux, Clavière, Du Roveray, d'Ivernois, Rochette ; bannis pour dix ans : Grenus, Chauvet, Ringler, Janot, Lamotte, le pasteur Gasc, Thuillier et Schraidt ; destitués : Vernes, le pasteur, et Anspach, le régent !

Une proclamation gouvernementale ayant provisoirement privé du droit de vote ceux qui avaient pris les armes ou voté la destitution du gouvernement, c'est un Conseil général exsangue qui se réunit le 21 novembre à Saint-Pierre. Plus d'un quart des présents ont quand même le courage de s'oppo-

1. *Le Philadelphien à Genève, ou lettres d'un Américain sur la dernière révolution de Genève...,* Dublin, 1783.

ser aux nouvelles mesures : notamment l'ancien syndic Guainier, parent de Necker, tous les Trembley et la plupart des pasteurs.

Le Conseil général perd désormais beaucoup de ses droits : celui d'élire la moitié du Grand Conseil, celui de démettre le Petit Conseil et de récuser quatre de ses membres, et enfin celui de s'opposer, à la simple majorité des voix, au retour en charge tous les quatre ans des syndicts et du lieutenant de justice : il faut maintenant trois quarts d'opposants. Les cercles, si chers aux citoyens, sont supprimés et remplacés... par des cafés publics où, comme dans le salon de Mme de la Môle, on pourrait parler de tout, sauf de politique ; transformé en indicateur de police, le tenancier devait y veiller. A cela s'ajoutait toute une série d'impôts — nouveaux ou majorés —, allant du blé et du sel à la vaisselle et aux enterrements !

C'était donc de sérieuses atteintes aux libertés publiques, à peine tempérées par quelques concessions à la liberté individuelle, comme l'indemnisation de l'incarcéré reconnu innocent, l'abolition de la torture ou l'interdiction de fausser une instruction par des menaces ou des promesses d'impunité.

Parallèlement, la bourgeoisie était rendue inoffensive par la dissolution de ses compagnies et par l'interdiction de posséder des armes à feu ; tandis qu'à l'inverse les effectifs de la garnison étaient augmentés de moitié et casernés, et que les natifs étaient apaisés par l'octroi des « droits utiles », c'est-à-dire de l'égalité professionnelle avec les citoyens.

Enfin un *Acte de garantie* venait sanctionner le tout : la France et la Sardaigne s'engageaient à ne souffrir aucune modification à ces dispositions.

Le code adopté, les plénipotentiaires partent ; mais les troupes d'occupation restent ; le résident de France revient ; un autre — celui de Sardaigne — s'installe, eu égard pour lequel on cessa de célébrer l'Escalade.

Le patriciat triomphe. Non seulement il n'a plus rien à craindre d'une bourgeoisie désarmée, mais il peut compter sur de puissants secours extérieurs ; et certains parleront même de jeter bas les fortifications. En attendant, les yeux fixés sur la cour de Versailles, les jeunes s'amusent. Les jeunes et les moins jeunes. On a construit au Bastion bourgeois un théâtre que fréquente la classe dirigeante, mais que boude, malgré son nom, la bourgeoisie.

C'est l'ordre, ce n'est pas la paix. Humiliés, meurtris, les citoyens rejettent les bribes de droits qu'on leur a laissés ; et les élections de janvier 1783 ne rassembleront pas trois cents votants.

Beaucoup sont déjà partis et beaucoup aspirent à le faire. Des colonies genevoises se créent à Neuchâtel, à Constance, même à Bruxelles et à Londres. François d'Ivernois essaie d'en fonder une à Waterford, sur la côte sud-est de l'Irlande – *New Geneva*, comme on l'appellera. Le vice-roi d'Irlande, lord Temple, et le gouvernement britannique avaient promis leur appui ; une somme de 50 000 livres devait être fournie pour la construction ; les terrains étaient donnés. De Dublin, Clavière en avait brossé un tableau enchanteur. Quelques familles étaient déjà en route. Hélas, un changement ministériel vint ruiner le projet, et, de New Geneva, il ne resta plus guère que la première pierre, qu'on avait solennellement posée.

Quelques années vont maintenant passer où, toujours grâce à l'horlogerie et à l'indiennerie, la prospérité demeure. La ville est même alors au zénith de sa richesse. En 1785, sur les quelque 240 millions de rentes viagères sur le Trésor français émis par Necker lors de son premier passage aux finances, Genève, à elle seule, en détient pour 12 millions ! Et, fait plus remarquable encore, les souscripteurs, à la différence des temps de Law, n'appartiennent plus seulement à la classe dirigeante. Enrichie, la bourgeoisie s'est, elle aussi, mise de la partie, et sur une échelle telle, qu'on a pu dire de Genève qu'elle était devenue « une ville rentière », où un simple artisan tirait davantage de revenus de ses rentes sur le Trésor français que de son métier ! Ce qui, par parenthèse, ne sera pas sans nuire finalement à l'économie, car, en se laissant attirer par la spéculation, ces capitaux cesseront de s'investir utilement et priveront l'indiennerie comme l'horlogerie des perfectionnements techniques nécessaires à leur compétitivité. Il n'aura décidément pas été profitable à Genève de se faire le banquier de la France !

Or, à partir de 1785, la roue va tourner. La concurrence étrangère commence à susciter de sérieuses difficultés économiques. En 1787, Calonne fermera même à l'indiennerie le marché français. Le climat social graduellement s'alourdit, et, dans cette conjoncture déjà mauvaise, voici qu'en 1788-1789 survient un hiver des plus rigoureux. Le lac et le Rhône gèlent. Le blé rentre mal, et le froid paralyse les moulins. A Genève cependant, grâce à la Chambre des blés, le prix du pain n'a pas augmenté, mais à l'extérieur la pénurie l'a fait renchérir. Les exportations en ont reçu un coup de fouet qui risque de vider les greniers. Le 25 janvier, le gouvernement décide donc de porter le prix du pain de 4 à 5 sols.

Seulement, la population a eu vent de la mesure et, la

veille de sa proclamation, a fait de tels achats, que le lendemain se produit ce que précisément le gouvernement avait voulu éviter : le pain vient à manquer !

Des troubles aussitôt éclatent, qui dégénèrent bientôt en émeute. Les devantures des magasins sont éventrées, les boutiques pillées. D'abord la garnison parvient à rétablir l'ordre. Dix-sept personnes sont arrêtées : de petites gens, pour la plupart des travailleurs étrangers. Mais le lendemain les troubles recommencent. Un chariot de pain, escorté par la troupe, est attaqué ; un natif est tué, et son cadavre, attaché sur un fauteuil, est promené à travers la ville, avant d'être jeté, tout sanglant, devant la porte de l'Hôtel de Ville.

Maintenant, l'émeute est devenue une insurrection. Des barricades s'élèvent, et, du haut des maisons, les pavés qu'on a arrachés des rues servent, comme les tuiles des toits, de projectiles.

La nouvelle garnison comptait maints éléments douteux, déserteurs de divers pays. Elle était de plus mal commandée ; bien que le principal armement qu'elle eût à affronter consistât en des tuyaux à incendie, propulseurs d'eau bouillante, elle n'arrive pas à prendre l'avantage.

Le Conseil pouvait regretter aujourd'hui d'avoir désarmé la bourgeoisie, qui non seulement n'était pour rien dans ces troubles, mais déplorait tout autant que lui les déprédations et les pillages de la populace ! D'un secours de la France, sa principale protectrice, il ne pouvait non plus être question, car à Vergennes avait succédé Montmorin, peu porté à se faire le champion de l'absolutisme, et d'ailleurs pris, en ce début d'année 1789, par bien d'autres soucis !

Alors le gouvernement capitule. Il ramène le prix du pain à 4 sols, proclame une amnistie et relâche les prisonniers. En un instant, le calme revient. Mais il y avait une leçon à tirer des désordres, une leçon que sauront tirer les classes dirigeante et moyenne : toutes deux n'avaient rien à gagner à rester divisées. Au contraire, d'une insurrection populaire, l'une comme l'autre avaient à craindre le pire. Et les voici qui se réconcilient. Ô retournements de la politique !

Elles commencent par patrouiller de compagnie au sein d'une garde civique qui remplace la garnison démoralisée et affaiblie par des désertions ; puis elles concrétisent leur accord par une complète révision du Code noir.

Les milices bourgeoises sont rétablies, et la garnison — réduite en effectifs — cessera d'être casernée. Les cercles sont rouverts, et les exilés peuvent rentrer. Les impôts sont ramenés à leurs niveau et état d'avant 1782. Les syndics seront de nouveau réélus à la simple majorité des suffrages. Les natifs de la quatrième génération seront admis à la bourgeoisie. Enfin, disposition capitale qui conduisait directement à la démocratie : le Conseil général nommerait désormais le Petit Conseil ; à chaque vacance, le Grand Conseil lui proposerait trois candidats, entre lesquels il aurait toute liberté de choisir. Cette dernière mesure ne devait toutefois entrer en vigueur que dix ans plus tard. Heureux magistrats qui, en 1789, croyaient pouvoir légiférer pour une décennie !

Le Grand Conseil adopte le projet par 139 voix contre 9, et, le 10 février, le Conseil général le ratifie par 1 321 voix contre 52. Alors la joie éclate. A leur sortie du Conseil général, tandis que les conseillers se rendent de Saint-Pierre à l'Hôtel de Ville, de nombreux jeunes gens, en tenue d'apparat, les ceignent de guirlandes de fleurs, et la foule crie son allégresse.

Le 10 février fut vraiment, après tant d'années de troubles violents, une fête de la réconciliation, le retour de tous au sein de la patrie commune, presque une fête de famille. Le soir, toutes les maisons furent illuminées, même les résidences de France et de Sardaigne !

Restait à obtenir la garantie des puissances médiatrices. Si la Sardaigne ne s'y opposait pas, Berne faisait la difficile, et, pour la décider, il fallait que la France donnât l'exemple. Or, là, le projet se trouvait pris entre deux feux. D'un côté, Louis XVI hésitait à souscrire à une Constitution jugée trop libérale, et de l'autre les « Constitutionnels », sous l'impulsion de Mirabeau, lui-même endoctriné par les exilés genevois — Du Roveray, Clavière, Dumont —, la trouvaient trop réactionnaire.

Mais Necker était maintenant devenu un personnage et il n'oubliait pas qu'il était Genevois. Ce fut lui qui convainquit finalement le ministère des Affaires étrangères, et, le 8 septembre 1789, les trois Puissances signaient un nouvel Acte de garantie.

Cette Constitution, les Genevois déclarèrent qu'eux et leurs enfants la « maintiendraient à jamais ». « Jamais », en cette fin de siècle, était évidemment un mot à proscrire. Dans une Europe entraînée par la France dans l'ère des tempêtes, tout ne cesserait plus d'être vite balayé. Il en alla donc de la Constitution de Genève comme de toutes celles de la France révolutionnaire : elle ne dura même pas deux ans, emportée par le grand vent venu d'outre-monts, vent qui s'était toutefois levé, quelques années plus tôt, sur ses rives, après que l'eut préparé tout un siècle de troubles.

V

LES SCIENCES, LES LETTRES ET LES ARTS

Jusqu'alors la cité de Calvin n'avait eu qu'un but : lutter contre le catholicisme. Tout Genevois devait se tenir pour un missionnaire. On ne l'instruisait qu'en vue d'« évangéliser ». La culture était donc axée sur la théologie ou sur ce qui pouvait la servir. Si l'on connaissait le latin, le grec et l'hébreu, c'était pour mieux approfondir les Ecritures ; si on avait pratiqué les écrivains antiques et l'art du discours, c'était pour se rendre éloquent, c'est-à-dire plus capable de convertir.

En revanche, on ignorait à peu près tout de ce qui n'était pas utile à la foi. Du gymnase de Calvin, le collégien, on l'a vu, sortait, à quinze ans, n'ayant pas consacré un instant de son temps à l'étude des sciences, de l'histoire ou de la géographie. Seulement à l'Académie recevait-il quelques rudiments de physique, et encore juste une demi-heure par semaine ! En 1633, Jean-Rodolphe Fabri, titulaire de la chaire de grec, obtint bien la permission de donner gratuitement un cours de mathématiques, mais ce cours, destiné en partie à « attirer des estrangers », disparut avec lui[1]. Quant aux arts plastiques, vestiges de l'idôlatrie, on n'était pas loin de les tenir pour œuvres de Satan. Longtemps le seul monument funéraire à Genève fut le tombeau du duc de Rohan, le héros protestant, que sa veuve et sa fille obtinrent de lui élever en 1659 dans la cathédrale de Saint-Pierre, où il avait été enterré quelque vingt ans plus tôt. Encore dissimula-t-on soigneusement sa statue derrière une cloison de planches.

1. Ch. Borgeaud, *Histoire de l'Université de Genève,* t. I : *L'Académie de Calvin, 1559-1798.*

Du haut des chaires, les sermons qu'on entendait n'étaient, encore au XVIIe siècle, que des exposés exégétiques, destinés à prouver, Bible en main, la supériorité du protestantisme ; et encore à la veille du XVIIIe quand l'homme cultivé prenait la plume, c'était pour « rivaliser d'ingéniosité théologique avec les "spectables" ministres de la Parole[1] ». La culture était donc essentiellement militarisée, cléricalisée, car on était toujours en guerre, en guerre de religion.

Or au XVIIIe siècle tout change.

D'abord, avec la prospérité et le mieux-être, l'ardeur combattante a passablement décru. Mais surtout on n'a plus affaire au même ennemi. L'ennemi maintenant, c'est, avec le triomphe de Locke et du sensualisme, le matérialisme, l'incrédulité. Il s'agit de lutter contre tous ceux qui nient que l'homme soit esprit et que l'âme soit rien d'autre qu'une « sécrétion du corps ». Et, menant ainsi le combat du spiritualisme contre l'athéisme, les pasteurs découvrent qu'avant d'être des protestants ils sont des chrétiens et que le christianisme est surtout une religion d'amour.

Rien n'est plus frappant que de voir l'évolution que connaît au cours du siècle la Vénérable Compagnie. Sa grande figure n'est plus le farouche et dogmatique François Turrettini, mais son fils, Jean-Alphonse, apôtre de la tolérance et de la charité. Sous son influence, la liberté des catéchismes est adoptée ; et, avec la substitution dans l'enseignement officiel du catéchisme d'Ostervald à celui de Calvin, l'instruction religieuse gagne en douceur. La formule du *Consensus,* d'abord rendue plus libérale, est finalement supprimée et remplacée par un simple engagement pastoral de défendre la doctrine des Ecritures, telle que l'a résumée le catéchisme de Calvin. Enfin les sermons perdent leur caractère dogmatique pour s'axer sur la morale, la piété, la conduite – ce qui, abusant d'Alembert, a pu lui faire croire que l'Eglise de Genève avait au fond d'elle-même renoncé à la Révélation pour la religion naturelle.

Cessant donc d'être sectaire, Genève s'ouvre davantage au monde et en subit d'autant mieux l'influence que, devenus plus faciles, les voyages favorisent les échanges.

Or, même si Locke, Hume et Newton ont mis l'anglomanie à la mode, le XVIIIe siècle est essentiellement le siècle de la France. C'est vers elle que rois et « philosophes » tournent les regards, c'est d'elle que viennent les « lumières ». A plus forte raison Genève ne pouvait qu'entrer dans sa mouvance, elle qui l'avoisinait, parlait sa langue et lui était politiquement et

1. G. Léonard, *op. cit.*

économiquement liée ; elle qui enfin fut la patrie de l'un des deux plus grands écrivains de langue française de l'époque et pratiquement l'hôte de l'autre. Entraînée donc par la France dans le grand courant rationaliste de l'époque, Genève, au fur et à mesure que le siècle s'écoule, abandonne de plus en plus la théologie pour la culture profane.

Des gazettes, nombreuses après 1750, la tiennent au courant de l'actualité. La plus lue est *Le Mercure suisse ou Recueil de Nouvelles historiques, politiques, littéraires et curieuses*. Y collaborent, régulièrement ou occasionnellement, des savants ou écrivains comme Bernoulli, Voltaire, Fontenelle, Rousseau. On y trouve des comptes rendus de livres, une correspondance littéraire, politique et économique, ainsi que des études sur des auteurs réputés, tels que Hume, Locke, Montesquieu, Diderot. Circulent également à Genève des gazettes étrangères, dont la *Gazette de France* et la *Gazette de La Haye*. En 1752, paraît la *Feuille d'Avis de Genève* ; en 1787, le *Journal de Genève,* alors hebdomadaire.

De plus en plus de gens lisent. En 1720, la Bibliothèque publique, fondée au XVIe siècle, avait 7 000 volumes, elle en a 26 000 en 1756, et 30 000 en 1759 – ce qui contraindra le Conseil à agrandir ses locaux et à augmenter son personnel.

De même, les bibliothèques privées se multiplient et n'appartiennent plus toutes au patriciat. Certains artisans, des horlogers surtout, s'en sont constituées, tel ce Jacques Argand, lecteur d'Homère, de Thucydide, de Théophraste, d'Hérodote, de Virgile, de Lucien, de Bayle, de Voltaire et de Rousseau. Si, entre 1700 et 1715, les écrits de Calvin tiennent encore la place principale, avec les années ils cèdent de plus en plus le pas à la littérature profane. « Entre 1775 et 1780, sur quatre-vingt-cinq séries analysées, note A.-M. Piuz[1], le score est bouleversé par les nouveaux venus : Rousseau est rencontré 99 fois, Voltaire 57, Montesquieu 37, Locke 22, *L'Encyclopédie* 13, Calvin 8. »

Parallèlement, un grand effort se fait en faveur de l'alphabétisation. En 1736, une association se fonde : la « Société des catéchumènes », qui se propose de répandre l'instruction parmi ceux qu'en prive le manque de ressources. En trois ans, son succès est tel, que le Conseil l'invite à créer des classes primaires pour les enfants qui ne peuvent suivre le collège ; classes dont le nombre, au fil des années, ne cessera de croître. En 1787, il y en a dix, dont cinq de filles et cinq de garçons,

1. « La Genève des Lumières », *Histoire de Genève, op. cit.*

avec une population scolaire variant, du moins pour les plus fréquentées, de 65 à 80 élèves.

Et Robin de la Tremblaye, gentilhomme angevin venu à Genève en 1771, ne sera pas le seul à s'émerveiller « de la masse d'instruction répandue dans toutes les classes des citoyens, depuis les syndics de la République jusqu'au dernier artisan ». L'année suivante, John Moore dira même avoir vu de simples ouvriers lire, pour se distraire, Locke, Newton et Montesquieu !

Sans doute, le souci du pittoresque peut amener un voyageur à embellir la réalité, mais Rousseau mentait-il, quand, à propos de son père, Isaac, un simple horloger, il disait voir « Tacite, Plutarque et Grotius, mêlés devant lui aux instruments du métier[1] » ? D'ailleurs, de ces progrès de l'alphabétisation, on a pour preuves la multitude de ces libelles politiques contre le patriciat et plus encore le nombre d'almanachs destinés au petit peuple de la ville et de la campagne. Baedekers de la vie courante, ils donnaient mille informations – sur les noms des magistrats, les dates des foires voisines, les équivalences monétaires et métrologiques, les taux de change, les heures d'arrivée et de départ des courriers. Grâce à eux on sait qu'en 1789 une diligence partait de Genève pour Paris chaque jeudi à 13 heures, que le prix des places était de 92 livres genevoises, ou de 120 livres avec la nourriture, et qu'elle effectuait le trajet en six jours. Ils donnaient aussi des conseils « agricoles » ou médicaux, susceptibles de revigorer hommes, bêtes et plantes. Ils distrayaient par des énigmes, des charades, des récits pittoresques et visaient très sérieusement à propager la culture par des renseignements aussi précieux que les noms et âges des souverains régnants et de leurs épouses, ainsi que la durée d'existence de l'univers, à une année près !

Mais les Genevois ne se sont pas bornés à acquérir de la culture, ils ont également tenu à y apporter leur contribution. A défaut de s'illustrer dans la littérature proprement dite, où il faut se forcer pour citer les noms de Jean Du Pan, auteur de poèmes burlesques et d'une comédie : *le Délire des politiques*, et de Mallet-Butini qui écrivit un long poème satirique sur l'Escalade, ils mirent leur plume au service de la politique, soit comme publicistes – tels Mallet Du Pan, qui dirigeait à Paris le *Mercure de France* pendant la Révolution, ou Etienne Dumont qui, à la même époque, rédigeait avec Du Roveray, Clavière et Reybaz le *Courrier de Provence* –, soit comme rapporteurs des événements auxquels ils avaient participé

1. Dédicace à la République du *Discours sur l'inégalité*.

– tels François d'Ivernois, Représentant passionné, auteur d'une *Histoire des révolutions de Genève,* et, dans l'autre camp, Isaac Cornuaud, champion des natifs, grand ami et admirateur de Voltaire, auteur de précieux *Mémoires sur Genève et la Révolution de 1770 à 1795.*

Cependant, pour intéressante et nouvelle que soit cette activité, c'est ailleurs que Genève a le mieux manifesté alors son génie – ailleurs, c'est-à-dire essentiellement dans les sciences.

Jean-Jacques, Burlamaqui écrit des *Principes de droit naturel* et des *Principes de droit politique* qui, publiés dans onze pays et réédités une soixantaine de fois, exerceront une grande influence sur les pères de l'Indépendance américaine et serviront de manuels dans les universités de France, d'Espagne et de Grande-Bretagne.

Charles Bonnet, correspondant à vingt ans de l'Académie des Sciences de Paris, découvre la reproduction asexuée. On raconte que, passionné par les vers et les insectes, il s'enferma trente-quatre jours avec une puceronne androgyne, pour voir si elle obéissait aux lois de l'accouplement, et constata à regret qu'il n'en était rien.

Abraham Trembley réalise la greffe animale et découvre les mystères de la vie et de la reproduction des polypes. Jean-André De Luc invente l'hygromètre. Le premier, François Huber étudie les mœurs et les travaux des abeilles, et son fils Pierre ceux des fourmis.

Bien qu'il ait fallu attendre l'année 1799 pour que Genève se dote d'une chaire de médecine, on sait le renom que lui valut le docteur Théodore Tronchin. Champion de l'inoculation, auteur de nouvelles méthodes curatives, celui-ci attirait de partout dans son cabinet une foule de malades, dont Mme d'Epinay et maintes Parisiennes.

Mais de tous ces savants, dont on ne peut évidemment citer que les principaux, le plus grand demeure, et de loin, Horace-Bénédict de Saussure ; physicien qui inventa de nombreux instruments, géologue qui découvrit de nouveaux minéraux, apôtre de la météorologie dont il posa les premiers principes, et enfin professeur de philosophie et de sciences naturelles. A la fois « la tête et les jambes », il parcourut les Alpes pendant trente ans, fit avec Balmat la deuxième ascension du Mont-Blanc et, tout autant que Rousseau, mit à l'honneur la montagne et les beaux paysages de la Suisse.

Si donc la contribution de Genève dans le domaine des

sciences fut grande, elle le fut à peine moins dans celui des arts.

Et pourtant les préventions dont il lui fallut se défaire ici étaient fortes ! A l'art, s'il était pieux, le calvinisme reprochait de favoriser l'idôlatrie et, s'il était profane, d'éveiller le goût du luxe. C'est à l'étranger qu'avait été obligé de travailler au XVIIe siècle Jean Petitot, « le Raphaël de la peinture sur email » ; et encore en 1739 les Ordonnances frappaient d'amende quiconque encourageait « les excès de la sculpture ».

Ainsi s'explique qu'on ait dû attendre l'année 1748 pour que se crée enfin à Genève une école de dessin. Mais, créée, sa moisson fut fructueuse. D'elle sortit l'un des plus grands pastellistes du siècle : Jean-Antoine Liotard, et des graveurs réputés, comme Jean Dassier et son fils Antoine, quoique tous trois aient préféré passer le plus clair de leur temps à l'étranger. Ultérieurement dans le siècle, viendront ceux qu'on peut tenir pour les précurseurs de l'Ecole genevoise de peinture : Jean-Pierre Saint-Ours, au style classique imité de David, premier peintre d'Histoire qu'eut Genève ; Pierre-Louis De la Rive, paysagiste, et Adam Töppfer, que séduisirent tant la Savoie et ses paysans. Vers la fin du siècle se fonde, sur l'impulsion de Saussure et de l'horloger Faizan, la « Société pour l'encouragement des Arts », plus populairement appelée la « Société des Arts », tandis que maintenant les particuliers se constituent des collections de tableaux, dont de loin la plus importante fut celle de François Tronchin, l'ami de Voltaire.

Cependant quelque difficulté qu'aient eue les arts à s'implanter à Genève, aucun n'eut la partie plus dure que l'art dramatique. Outre que Genève ne produisit aucun auteur, le théâtre lui-même fut chez elle l'objet d'un ostracisme obstiné.

Mais de nouveau Voltaire apparaît dans son histoire. Installé aux *Délices* en 1755, il a vite fait d'y aménager un théâtre et de monter une pièce, aux répétitions de laquelle il convie ses amis genevois. Le Conseil lui fait des remontrances : le théâtre est interdit sur tout le territoire de la République. Voltaire s'excuse et, pendant les trois années où, fuyant la bise, il passe l'hiver à Montrion (Lausanne), il s'abstient de donner des spectacles chez lui. Mais c'est pour construire aussitôt après en territoire français, à la frontière même, dans sa nouvelle maison de Tournay (Pregny) une salle qu'il consacre à Thespis et où, pour attirer plus sûrement le public, il fait venir des artistes de la Comédie française, dont le fameux tragédien Lekain. Il incite même plusieurs dames de la société genevoise à se joindre à la troupe. La Compagnie des pasteurs fulmine, le Conseil tonne, Rousseau prend bientôt la plume ; mais que faire ? Tournay n'est pas en territoire genevois !

Voltaire pousse même la malice jusqu'à se procurer un fauteuil ayant appartenu à Calvin et à le mettre sur scène lors du fameux entretien d'Auguste et de Cinna dans la pièce de Corneille : « Prends un siège, Cinna... »

En 1766, il fait mieux encore. Il obtient du médiateur français, d'Hauteville, qu'il exige du Conseil qu'un théâtre soit créé à Genève. Tout en regimbant, les autorités n'osent s'opposer à la France, et, place Neuve, surgit une salle en bois. Mais l'âme de Calvin devait veiller. Le 5 février 1768, vers six heures du soir, le ciel s'embrase du côté de la place. Chacun accourt avec son seau d'eau. L'antre diabolique brûlait ! Alors, raconte-t-on, prise d'un beau zèle religieux, à moins qu'elle n'ait cédé à la rancune d'avoir été jusque-là privée d'un plaisir coûteux, la population mit bas ses seaux et s'écria : « Eh bien ! mes beaux Messieurs, que ceux qui ont voulu l'incendie, l'éteignent ! »

Le théâtre ne fut pas rebâti, du moins du vivant de Voltaire. Mais, en 1782, lorsque les Alliés s'emparèrent de la ville, le représentant de la France, le marquis de Gaucourt, exigea, comme son prédécesseur d'Hauteville, la construction d'une nouvelle salle, et cette fois en pierre. Elle fut inaugurée en 1784 par *les Jeux de l'Amour et du Hasard*. Et jamais depuis le théâtre n'a cessé d'être présent à Genève.

Quant à la musique, elle ne fait encore figure que de parente pauvre, tout juste honorée par des concerts spirituels à Saint-Pierre, quelques concerts privés à l'Hôtel de Ville et de rares opéras au théâtre. Il faudra attendre la Restauration pour qu'elle commence enfin à obtenir la place qu'elle mérite.

RÉVOLUTION
ET OCCUPATION FRANÇAISE

I

LA RÉVOLUTION A GENÈVE

Quand la Révolution éclate en France, Genève est à un double titre menacée de déstabilisation. La crise économique qui sévit depuis 1789 s'est aggravée, frappant sévèrement l'horlogerie et plus encore l'indiennerie, dont divers ateliers ont fermé ou émigré. Et maintenant la Révolution française fait paraître sa Constitution anachronique.

A défaut de pouvoir agir sur la première cause, en grande partie étrangère, le gouvernement décide d'agir sur la seconde et de démocratiser la Constitution. Il nomme donc une Commission d'étude qu'il compose de Négatifs éclairés comme Ami Lullin et Horace-Bénédict de Saussure, et de Représentants modérés comme Du Roveray. Etant donné que tous désirent sincèrement aboutir, il semble qu'on puisse bien augurer de l'avenir.

Apparence en fait trompeuse, car, dans le jeu politique, il existe une troisième force : les vaincus de 1789, c'est-à-dire les natifs et les sujets de la campagne, qui non seulement ne font pas partie de la Commission, mais disposent maintenant de chefs véhéments, tels ce Georges Auzière, promoteur malheureux de la fabrique d'horlogerie à Versoix, et surtout Jacques Grenus, un transfuge, comme Pierre Fatio, du patriciat.

Pour impressionner la Commission et peut-être même pour renverser le gouvernement, ces derniers fomentent, le 15 février 1791, une émeute. Des paysans assaillent la porte de Cornavin, tandis qu'à l'intérieur les natifs s'arment. Pris entre deux feux, le gouvernement se résignait à composer, lorsque Du Roveray le convainc de résister. La fermeté sera payante : l'émeute finit par tourner court ; et, sauveur du régime, Du Roveray arrive à faire adopter à la Commission la plupart de ses vues.

De cette Constitution du 22 mars 1791, on peut dire qu'elle engageait résolument Genève dans la voie des réformes. A l'exemple de Mirabeau, qui avait voulu faire de la monarchie française une monarchie constitutionnelle, Du Roveray, son ami et conseiller, obtenait du patriciat genevois qu'il acceptât le principe d'une démocratie tempérée. Même si le Conseil général ne recevait pas encore le droit d'initiative – quoique, par compensation, le droit de pétition fût élargi – il était formellement reconnu pour l'organe souverain, détenteur de tous les pouvoirs, dont ceux, non délégables, de faire les lois, de déclarer la guerre et la paix, et de pourvoir aux principales charges de l'Etat.

Cependant, inspirée par la bourgeoisie, la Constitution avait surtout en vue ses propres intérêts. Tout en assurant aux natifs et aux sujets la pleine égalité civile et professionnelle, elle ne leur reconnaissait aucun droit politique.

Alors de nouveau les natifs s'agitent. Leurs cercles haussent le ton ; de l'autre côté de la frontière, Grenus qui, après l'émeute de février 1791, avait été exilé à vie, se déchaîne. Il a fondé un périodique, les *Sifflets de Saint-Claude*, qui enflamme les campagnes et surexcite la ville. Comme chez tout révolutionnaire, la passion idéologique l'a emporté chez lui sur le patriotisme, et il a partie liée avec ceux qui en France songent à annexer Genève. Or bientôt un appui de taille va lui être apporté, soulignant le double danger auquel, jusqu'à la fin du siècle, Genève sera presque constamment soumise.

En septembre 1792, un corps d'armée français, sous les ordres du général de Montesquiou, arrive en effet aux frontières du canton. Il vient d'envahir la Savoie dont le souverain, le roi de Sardaigne, s'était allié à l'Autriche et à la Prusse, en guerre contre la France. Certes, ce n'était pas la première fois que la France occupait la Savoie, mais aujourd'hui elle ne fait pas mystère de son intention de « libérer » les peuples, et, au gouvernement, Clavière, bien que Genève ait été récemment admise dans la neutralité suisse, veut l'annexer.

Alarmé, le Petit Conseil appelle à l'aide Berne et Zurich qui lui dépêchent en toute hâte des renforts. Ses craintes n'étaient pas vaines. Bientôt Montesquiou marche sur la ville. De Carouge, il lance même une proclamation, invitant le peuple à se soulever. Seulement Berne n'était pas disposée à le laisser faire et masse près de 12 000 hommes dans le Pays de Vaud.

Par bonheur, la France se trouvait alors trop occupée ailleurs pour se charger d'un nouvel ennemi, et Montesquiou reçoit l'ordre d'essayer d'obtenir, contre l'engagement de respecter le territoire genevois, le retrait des garnisons bernoise et zurichoise. A plusieurs reprises un accord se fera sur place que Paris refusera de ratifier. Mais finalement, le 21 septembre, la Convention décide d'elle-même de retirer ses forces, pourvu que d'ici le 1er décembre les Suisses en aient fait autant. Ce qui sera le cas.

La première tentative française d'annexer Genève avait donc tourné court.

La fin de l'Ancien Régime

Hélas, par un triste jeu de bascule, à peine Genève a-t-elle écarté le péril extérieur, qu'elle voit renaître le péril intérieur. Frustrés de leurs espoirs révolutionnaires par le retrait des troupes françaises, mais encouragés par le départ des renforts suisses, les natifs, toujours poussés par Grenus, reprennent les armes et, tirant prétexte du meurtre d'un des leurs, se jettent, dans la nuit du 4 au 5 décembre, sur les postes de garde. En peu de temps ils en occupent la moitié. Maintenant circulent sur les remparts des hommes coiffés du bonnet révolutionnaire : le fameux bonnet phrygien que portaient alors les galériens, et qu'adopta la Révolution après qu'elle eut tiré de prison et fait défiler les soldats mutinés et condamnés aux galères du commandant Lullin de Châteauvieux – galériens genevois par parenthèse, ce qui double d'une anecdote la contribution déjà grande de Genève à la Révolution française !

Le Genevois de jadis, on l'a vu, n'était pas avare de sobriquets. Un nouveau mot apparaît aujourd'hui : celui d'*Egaliseurs*. Il désigne les natifs qui réclament l'égalité politique. Et ces Egaliseurs, coiffés de leur bonnet rouge, s'emparent finalement de la ville.

Mais ils n'entendent pas sortir de la légalité – le Genevois aime les révolutions ordonnées ! – et, le pouvoir pris, ils nomment un Comité de quarante membres qui convoque un Conseil général. Sans doute ce dernier n'était-il plus libre. Mais quel Conseil général l'avait vraiment été au cours du XVIIIe siècle ? Et, le 12 décembre il met fin à l'Ancien Régime.

Par 802 voix contre 161, il proclame l'égalité politique. Aucune distinction ne sera plus faite entre bourgeois, natifs, habitants, sujets et même simples « domiciliés » : tous sont déclarés citoyens. Puis, par 777 voix contre 335, il charge une Assemblée nationale de préparer un nouveau projet de Constitution. Enfin, par 777 voix contre 179, il annule tous les jugements politiques rendus au cours du siècle, notamment ceux condamnant Rousseau et ses ouvrages.

Mais, toujours par souci de la légalité, il a laissé en place le pouvoir existant. Ce qui n'est pas du goût du plus excité des cercles populaires, celui de la Grille. Et c'est de nouveau la révolution. Ameutant ses sociétés, ce dernier déclenche en effet une nouvelle insurrection, l'emporte et remplace le gouvernement par deux Comités provisoires de treize membres chacun : le Comité de sûreté et le Comité d'administration.

Cependant si maintenant dans la ville le calme est revenu, favorisé par la modération des membres des Comités – on y trouve, présidant l'un, un ancien syndic, et, parmi les commissaires, le pasteur Anspach, Etienne Dumont et même Horace-Bénédict de Saussure –, en revanche le danger extérieur surgit de nouveau.

En vain Genève engage-t-elle à Paris, à Carouge, à Grenoble des négociations pour maintenir la liberté de ses communications avec ses villages enclavés, la France cherche à l'asphyxier par un blocus déguisé, et Kellermann, le nouveau commandant de l'armée des Alpes, ne craint pas de parler ouvertement d'annexion.

Le 13 avril 1793 toutefois, la Convention, sous l'impulsion de Danton, s'interdit de s'immiscer dans les affaires de ses voisins. Genève respire. Hélas le jeu de bascule reprend de nouveau, les troubles intérieurs recommencent.

Encouragés en effet par les défaites de Dumouriez, les *Englués* – nouveau sobriquet désignant cette fois les nostalgiques de l'Ancien Régime – s'affrontent bientôt à coups de nerfs de bœuf avec les plus excités des Egaliseurs : ceux dits – toujours les sobriquets ! – les *Marseillais*. Plus que jamais les sociétés populaires s'agitent. Au « Grand Club », association de tous leurs délégués, Grenus souffle sur la braise. Le gouvernement commence à être débordé.

Le pouvoir, certes, n'est pas encore à la rue, mais un homme va tout faire pour qu'il y tombe : Soulavie, le nouveau résident de France. Protégé par Robespierre, ce sans-culotte doublé d'un historien a beau avoir été chargé de ne rien entreprendre contre l'indépendance de Genève, son ambition et sa méfiance lui font voir dans la Maison de Ville un nid de contre-révolutionnaires. Comme Grenus, avec lequel il entretient d'étroites relations, il est partisan de l'annexion. En juillet 1793, quand, repassant à l'offensive, Kellermann, qui avait été refoulé par les Piémontais au-delà de Sallanches, reprend la Tarentaise, la Maurienne et le Faucigny, il le convainc de paralyser Genève par un blocus franc et total.

Cependant à Paris, Robespierre est entré au Comité de salut public et en est devenu le maître. Or, à la différence des

Girondins, lui est un adversaire résolu de la guerre. Avant de provoquer la révolution générale, pense-t-il, il faut l'asseoir solidement dans son pays d'origine – Staline, si pénétré de la Révolution française, se serait-il souvenu du précédent ? Il lève donc le blocus et promet de rappeler Soulavie. En même temps, par deux décrets, il fait proclamer par la Convention sa volonté de respecter la souveraineté des cantons suisses et de leurs alliés.

Est-ce enfin la paix pour Genève ? Non, car le jeu de bascule reprend. Soulavie n'est pas encore remplacé – en fait il ne le sera même pas après le 9 thermidor ! – et lui en sous-main, Grenus ouvertement excitent les clubs, qui peu à peu arrivent à faire la loi à Genève.

Tout fonctionnaire qui leur déplaît est révoqué. Pour avoir fait comprendre en invoquant un ancien texte, qu'il ne reconnaissait pas le nouvel ordre des choses, l'ex-syndic Ami Lullin est condamné à quatre ans de prison et au bannissement perpétuel – il est vrai qu'il parviendra à s'échapper. Pour avoir servi l'Ancien Régime, les deux secrétaires d'Etat, Puerari et Rochemont, doivent démissionner. Se découvrant dans le Mandement de Jussy, resté en majorité fidèle aux vieilles idées, rien moins qu'une « Vendée genevoise », les clubs montent contre lui une expédition armée. Aux magistrats chargés d'enquêter sur l'évasion de Lullin, ils imposent la tutelle de leurs propres enquêteurs et, preuve de la dégradation accélérée de la situation, ils finissent même par obtenir, malgré son zèle et ses convictions révolutionnaires, le rappel du résident genevois à Paris, Reybaz, qui déplaisait à Grenus.

Cependant, au milieu de tous ces désordres, cent vingt personnes sont restées impassibles : les cent vingt membres de l'Assemblée nationale chargés de préparer un projet de Constitution. Ils ont tenu près de quatre cents séances et, en février 1794, ils soumettent et font approuver des dispositions qui, pour la première fois, introduisaient à Genève la démocratie directe et la séparation des pouvoirs.

Face en effet à un exécutif réduit à treize membres, il était institué un Conseil législatif de quarante-deux membres, dont les décisions ne prenaient force de loi qu'après avoir été approuvées par les citoyens en Conseil général. Quant à la justice, présidée par un procureur général élu, et démocratisée par la création d'un jury criminel décidant de l'opportunité des poursuites et concourant au prononcé de la sentence, elle échappait entièrement à la tutelle, tant de l'exécutif que du législatif.

En outre la liberté de la presse, à l'exclusion de toute

censure, était solennellement proclamée ; la liberté individuelle était mieux protégée ; et par l'exercice d'un droit dit de « réquisition » (on dirait aujourd'hui « d'initiative »), il était permis à des groupes de citoyens de proposer des modifications à la législation.

Enfin, la Constitution était précédée d'une *Déclaration des droits et des devoirs de l'homme social,* qui, quoique évidemment inspirée par la Déclaration française des droits de l'homme, la surpassait dans la mesure où elle fixait aussi à l'homme des devoirs – notamment celui de respecter les droits d'autrui.

Une faille néanmoins, et de taille ! Elle ne reconnaissait pas la liberté religieuse et de culte ; un seul culte pouvait être célébré en public, une seule religion permettait de disposer de droits politiques : le protestantisme.

Surtout, elle avait le grand défaut de voir le jour en 1794, à une époque où tout à Genève n'allait plus tarder à se décomposer.

La Terreur à Genève

En 1794, la situation économique est en effet devenue désastreuse. Les troubles ont eu pour résultat de multiplier les faillites et de généraliser le chômage. De plus, qui a souscrit des billets solidaires – pratique malheureusement courante – est entraîné dans la déconfiture de ses codébiteurs insolvables, et qui a souscrit des rentes françaises est désormais payé en assignats, autrement dit en monnaie de singe. Pendant ce temps, le coût de la vie n'a cessé d'augmenter, entraîné par la raréfaction des denrées, elle-même aggravée par les multiples entraves mises aux frontières par la Convention, anxieuse de ruiner, au profit de Besançon, la fabrique genevoise !

Certes, le gouvernement a fait ce qu'il a pu. Pour stimuler l'activité, il a créé en 1793 un atelier national : l'Etablissement patriotique, renfloué la Caisse d'escompte, financé une fabrique d'ébauche et une manufacture de cotonnades, monté une fabrique de montres en laiton, accordé à tout donneur d'emploi des prêts à très faible taux d'intérêt. Au plan alimentaire, il a fait planter des pommes de terre, affecté à la culture tout ce qui pouvait être moissonné : champs vacants à Saconnex, au Pré-l'Evêque, à Plainpalais, terrains des corporations communales précédemment nationalisés. Il est venu en aide aux plus démunis, que la Chambre des blés fournit en pain à prix réduit, qu'approvisionne par des distributions aussi équitables que possible un Comité des subsistances, qu'assiste financièrement un Comité de secours publics.

Mais toutes ces mesures ont coûté cher. Et en un temps où la crise économique a amenuisé les rentrées fiscales, où le péril extérieur a enflé les dépenses militaires, voici que les fonds publics commencent à manquer. Une crise financière dans un tel contexte ne pouvait que mettre le feu aux poudres. Et quand, en juillet 1794, le Conseil général refuse de voter des taxes – successorales et locatives – qui auraient pu l'atténuer, ce n'est qu'un cri dans les clubs : on veut étrangler la Révolution ! Qui donc ? mais les « aristocrates » ! – terme alors aussi damnable que celui de « fasciste » aujourd'hui. Qu'on leur fasse donc dégorger leur argent, le peuple n'aura plus faim et le chômage cessera !

Le 15 juillet, la rumeur court qu'un projet d'imposition frappant plus lourdement les riches va être repoussé par les Englués. Rumeur suivie d'une autre plus menaçante encore : un complot est en train de s'ourdir dans les départements voisins de l'Ain et du Mont-Blanc contre la Révolution. Alors cette fois c'est l'explosion !

Réuni d'urgence le 18 juillet, le Grand Club, rebaptisé plus révolutionnairement Club de la Montagne genevoise, décrète une prise d'armes et renverse le gouvernement, ou plus exactement – on est à Genève ! – le laisse en place mais le met de côté. A l'Hôtel de Ville, sous la présidence de l'avocat Alexandre Bousquet, récemment revenu de Paris, il installe un Comité révolutionnaire de sept citoyens, chargé d'organiser la Révolution.

Et si ce dernier l'organise ! « Aristocrates » et Englués sont arrêtés en masse. Un tribunal révolutionnaire est formé. Une milice révolutionnaire est créée. La Constitution est suspendue.

Genève connaît la Terreur.

Le tribunal révolutionnaire juge d'une manière expéditive. Pas de ministère public, pas de défenseurs, guère de témoins et des interrogatoires rapides. Certains de ses membres siègent en bonnet rouge, la pipe à la bouche, avec des verres et des bouteilles devant eux, quelquefois à demi nus, car la chaleur est grande, tandis que dans les tribunes le public vocifère.

Quand, le 21 juillet, il entre en fonction, il a à juger quatre cents personnes, accusées de « crimes » divers : avoir été partisan en 1782 de l'appel aux puissances garantes, avoir résisté aux idées révolutionnaires de liberté et d'égalité, avoir comploté contre l'indépendance de la République, avoir été pour la France quand il fallait être contre, ou contre quand il fallait être pour, etc.

Le 23, il commence par juger quatorze prévenus. Mais il n'a pas encore la main : il laisse la vie sauve à trois « aristocrates », comme le fera le Conseil général, appelé à ratifier la sentence. Aussitôt des bandes de Montagnards marchent sur la prison et s'emparent des détenus. D'autres bandes se rendent auprès du tribunal et le menacent. Alors, comprenant enfin où était son devoir, il rend une nouvelle sentence, de mort cette fois. Et les trois « aristocrates », ainsi que quatre autres personnes déjà condamnées à la peine capitale, sont conduits aux Bastions et fusillés.

Le tribunal révolutionnaire siégera du 23 juillet au 10 août ; en ces dix-huit jours il prononcera 37 condamnations à mort dont 26 par contumace, 98 à l'exil perpétuel ou à temps, 17 à la réclusion perpétuelle ou à temps dans la maison de force, 264 à la « détention domestique », et seulement 21 acquittements.

Hélas, il ne suffit pas de condamner pour remplir les caisses de l'Etat. Une commission est donc nommée, « révolutionnaire » naturellement, qui doit dans le délai d'un mois procéder à toutes les confiscations et percevoir toutes les indemnités nécessaires au salut de la Révolution. Cependant pour complaire aux clubs, elle commence par allouer une paie journalière à tous les révolutionnaires armés ; puis elle se met au travail. Elle rend obligatoire la déclaration de toute fortune dépassant 12 000 livres et procède à une série de confiscations. Mais, devant la paralysie économique qui gagne la ville, elle doit bientôt revenir sur certaines de ses mesures. Alors le club des Montagnards crie à la trahison et propose aux autres sociétés de déclencher une nouvelle insurrection.

Or depuis un mois un grand changement s'est produit en France. Le 9 thermidor (27 juillet), Robespierre a été guillotiné, et maintenant le pays est en pleine réaction « thermidorienne ». Genève a eu trop longtemps les yeux fixés sur sa puissante voisine pour ne pas en subir le contrecoup. Cette fois, le club des Montagnards n'est pas suivi. Au contraire, les autres sociétés chargent la Commission révolutionnaire de s'ériger à son tour en tribunal.

Ce second tribunal révolutionnaire sera très différent du premier, car si, pour défendre, comme il le dit, la Révolution et l'indépendance nationale, il continue à poursuivre Englués et Aristocrates, c'est en fait aux clubs les plus fanatiques qu'il porte la plupart de ses coups.

Une perquisition à celui des Montagnards amène la

découverte d'un mémoire du résident Soulavie, destiné par ses calomnies à provoquer une intervention de la France. Accusés de comploter contre l'indépendance de la République, les chefs du club sont condamnés à mort et exécutés, et la plupart de ses membres bannis ou emprisonnés. Ce qui va mettre fin, à Genève, au courant extrémiste.

Mais la crise financière n'est toujours pas résolue. Le 19 septembre, une nouvelle commission est nommée qui, preuve de l'évolution des esprits, prend cette fois le nom de « nationale ». Autre preuve de cette évolution, on a appelé à y siéger Isaac Cornuaud, réactionnaire notoire. Dire cependant qu'elle manifesta toute l'équité désirable serait assurément forcer la note ! Chargée d'asseoir et de percevoir une taxe extraordinaire – qui, par parenthèse, achèvera de ruiner les particuliers et le potentiel économique de la ville –, elle classa en effet les fortunes selon les opinions politiques de leurs propriétaires : celles des patriotes payèrent de 2 à 25 %, celles des Englués de 3 à 30 %, et celles des Aristocrates de 5 à 40 %. Ainsi récolta-t-elle près de trois millions de livres sur lesquelles l'Etat vivra jusqu'à l'Annexion.

Ce devait être le dernier acte du pouvoir insurrectionnel. D'eux-mêmes, le 3 novembre, les clubs conviennent de ne plus siéger, rendant le pouvoir au gouvernement légal. Puis, après avoir décidé de mettre un terme aux jugements d'exception, le Conseil général, le 5 avril, procédait à l'élection régulière des quatre syndics. La page sanglante était définitivement tournée ; pour Genève aussi, c'était « Thermidor ».

Vers l'Annexion

Un « Thermidor » qui n'apportera cependant pas tout de suite la tranquillité. C'est maintenant au tour des conservateurs de hausser le ton. Dans le club qu'ils ont formé, celui des Droits de l'homme, ils entendent « surveiller la chose publique et soutenir les autorités constituées ». Ils ont eux aussi leurs « merveilleux » jeunes gens affublés d'une cravate verte, qu'ils sont allés acheter à Lyon où l'arborent les réactionnaires victorieux. Et, à l'occasion, tout ce monde se mesure avec les révolutionnaires. A deux reprises, des rixes éclatent qui manquent de dégénérer en insurrection. Mais finalement le bon sens l'emporte, et également le patriotisme, meurtri par tant de déchirements.

Le 19 août, à l'initiative du club des Droits de l'homme, les adversaires se rencontrent au temple de la Fusterie et jettent les bases d'une entente, que matérialisera, le 31, une *Adresse à tous les Genevois*. Si les uns acceptaient sans réserve les principes posés par la Constitution de 1794 : démocratie directe et séparation des pouvoirs, les autres s'engageaient à respecter la légalité du gouvernement et à abroger toutes les sentences des tribunaux révolutionnaires.

Sur ces bases, le Conseil général, à une écrasante majorité, entérine le 21 septembre un projet d'édit préparé par le Conseil législatif, scellant ainsi la réconciliation. Les cloches sonnent, les canons tonnent, les pasteurs remercient Dieu. Genève s'est enfin retrouvée ! Et le 6 octobre 1796, à une majorité d'environ mille voix, une nouvelle Constitution est adoptée qui ne corrigeait que sur des points secondaires celle de 1794. Aux éléments les plus conservateurs, une petite consolation était cependant donnée : le syndic chargé de la force publique reprenait le titre de syndic de la garde, et le Consistoire, s'il ne rentrait pas dans tous ses pouvoirs, retrouvait la place temporairement occupée par un Conseil des mœurs.

Mais il était dit qu'en cette fin de siècle, Genève ne connaîtrait pas longtemps la paix. Le vieux scénario se répète : à peine a-t-elle écarté la menace intérieure que resurgit le péril extérieur. Sans doute tout alla bien tant que demeura en poste Pierre-Auguste Adet, le successeur de Soulavie, finalement destitué et même arrêté. Malheureusement, en décembre 1794, un nouveau résident le remplace : Félix Desportes.

On aurait pu croire que, sauvé de justesse de la guillotine par le 9 thermidor, Desportes était un modéré. Malheureusement sur Genève ses vues étaient extrêmes : il voulait son annexion. Un instant révoqué, il reprend ses fonctions le 26 janvier 1796 et dès lors mettra tout en œuvre pour amener la chute de la République.

En France, le Directoire a maintenant remplacé le dernier Comité de salut public, et ni le directeur Reubell, ni son ministre des Relations extérieures, Delacroix, n'éprouvent de sympathie pour Genève. Ils n'en font que davantage confiance aux rapports tendancieux que Desportes leur envoie. Selon Desportes, Genève ne cesse d'encourager la contrebande de tout ce qui nuit à la France en guerre. Ainsi peu à peu se laissent-ils gagner à l'idée de l'annexion, mais d'une annexion en douceur, de ces annexions où l'on se borne à répondre aux « vœux de la population ».

La position de Genève est assurément délicate : si elle témoigne à la France de l'hostilité ou simplement de la tiédeur, elle risque, en ces temps manichéens, de s'attirer une intervention armée ; mais si elle lui marque trop de sympathie, elle fournit des arguments aux partisans de l'annexion ! La seconde attitude lui semble cependant la moins dangereuse, et elle ne manque pas une occasion d'afficher sa francophilie. Quand sont signés les préliminaires de Leoben, mettant fin à la campagne d'Italie, elle tire joyeusement le canon, et quand Bonaparte lui-même passe dans ses murs le 21 novembre 1797, elle l'acclame.

Cependant à Paris la situation n'évolue pas à son profit. Si à Delacroix a succédé Talleyrand, le ministère ne lui est pas plus favorable ; d'autant que le coup d'Etat du 18 fructidor l'a encore privée au Directoire de deux amis : Carnot et Barthélemy, ancien ambassadeur de France en Suisse, tandis qu'y entrait Merlin de Douai, apôtre de la « régénérescence » des Etats par la révolution et au besoin par l'annexion.

En fait, il semble bien que dès la fin de l'année 1797 le Directoire, dont les armes ont été partout victorieuses, ait pris la décision de s'emparer de Genève et peut-être aussi de la Suisse. On peut en voir la preuve dans le blocus auquel il soumet la ville et plus particulièrement son commerce avec la Confédération. Déjà, provoquant la ruine de nombreux négociants genevois, il avait interdit l'importation en France de marchandises dites anglaises – terme des plus compréhensifs, qui incluait tous les produits dont l'Angleterre faisait habituellement le commerce –, et voici que le 7 décembre 1797, à ses contrôles terrestres (et, par terre, depuis que le roi de Sardaigne lui avait le 15 mai 1796 cédé la Savoie, la France enserrait Genève de partout) il ajoute un contrôle fluvial et lacustre total, faisant nuit et jour croiser des chaloupes canonnières au large de Versoix, tendant des chaînes sur le Rhône pendant la nuit et projetant de construire, en aval de la ville, un pont sur le fleuve.

Or, tandis que le Conseil essaie en vain d'obtenir le rappel de ces mesures, on apprend que, répondant aux vœux pressants des révolutionnaires vaudois et bâlois, le Directoire a décidé de « régénérer » la Suisse, ouvrant du même coup à ses armées la route du Simplon. Le général Ménard a concentré 15 000 hommes dans le Pays de Gex et demande à Genève le droit de passage. Elle ne peut refuser, et, fin janvier, Ménard marche sur Lausanne. Bientôt ce seront les batailles de Grauholz et de Neueneck qui sonneront le glas de la vieille république bernoise et, après elle, celui de toute la Suisse. Alors, évidemment, à Genève, c'est la panique. Comment éviter un sort semblable ?

On ne l'évitera pas. Le 25 mars 1799, le Directoire charge Desportes de « recevoir le vœu » des Genevois, c'est-à-dire leur ardent désir d'être réunis à la France.

Mais recevoir le vœu de gens qui, de toute leur âme, vous désavouent, n'est pas chose aisée, et Desportes dut faire preuve de beaucoup de diplomatie. Est-ce lui qui, pour couvrir de confusion ses interlocuteurs, fit, une nuit, barbouiller d'encre le drapeau français de la Résidence – d'où le jeu de mots, quand on en accusa des Carougeois : « Hors *des portes*, personne n'est coupable ? » En tout cas, il accueillit avec magnanimité les excuses éplorées du gouvernement et ne s'en trouva que plus à l'aise pour convaincre le Conseil législatif de faire nommer par le Conseil général une Commission extraordinaire qui « prendrait et arrêterait définitivement toutes les résolutions qu'elle estimerait nécessaires au salut [de tous] » – il était en effet plus facile d'intimider une centaine de délégués que des milliers de citoyens !

Seulement ses calculs seront déjoués. Loin de se laisser impressionner, les cent quarante membres de la Commission ne chercheront qu'à gagner du temps, espérant qu'à Paris le ministre Michel Micheli parviendrait à ramener le Directoire à de meilleurs sentiments.

Alors Desportes décide d'en finir. Il a sous ses ordres un corps de troupes commandé par le général Girard, et le 12 avril il somme la Commission de lui fournir, d'abord dans la journée, puis d'ici le 18 à minuit, la réponse qu'il attend d'elle. Encore ne patientera-t-il pas jusque-là. Le 15, invoquant un prétendu complot des clubs de la Grille et du Faisceau, il fait entrer par les trois portes de la ville ses soldats : grenadiers, artilleurs, hussards, qui, au pas de charge et tambour battant, débouchent, après avoir désarmé la garde, devant l'Hôtel de Ville, dont ils cernent toutes les issues.

C'est dans de telles conditions, et encore à une faible majorité, que la Commission vota ce jour-là l'annexion à la France. Annexion qu'un traité, dit de réunion, vint sceller onze jours plus tard. Et les patriotes purent pleurer : la République, plusieurs fois centenaire, de Genève avait vécu.

II

L'OCCUPATION

Avec ce chapitre s'ouvre pour Genève une période sombre, une période que le lecteur risque même de trouver morne. Car la fière cité qui, au cours des siècles, avait triomphé de tant d'ennemis, qui, faisant mieux encore que de se défendre, était partie à la conquête religieuse du monde, née dès le XIVe siècle à la liberté, maintenant n'est plus qu'un chef-lieu de département.

Et d'un département hybride, mal conçu, qui, formé du Pays de Gex, du Chablais, du Faucigny et d'une partie du Genevois, ne comprend même pas Annecy et associe à des citadins, républicains et protestants de longue date, des ruraux catholiques, n'ayant pour la plupart connu que le despotisme.

Un chef-lieu abrite dans ses murs les principales instances du département, et, chef-lieu de celui du Léman, Genève y devint le siège de la préfecture et de l'appareil judiciaire : tribunal civil, tribunal correctionnel, tribunal de commerce – à l'exception toutefois de la cour d'appel, restée à Lyon. Elle eut droit à un hôtel des Monnaies, à un bureau du timbre et de l'enregistrement, et à une école centrale. Longtemps deux des siens représentèrent le département au Corps législatif, à Paris ; et ce fut encore un des siens qui, au Tribunat, succéda à Benjamin Constant.

Mais était-ce un homme du chef-lieu, c'est-à-dire un Genevois, qui gouvernait la circonscription ? Nullement ! Le préfet vient d'ailleurs, comme viennent d'ailleurs la plupart des membres des Conseils – Conseil général et Conseil de préfecture – qui l'assistent : tous personnages nommés selon le bon plaisir du pouvoir central.

Reconnaissons cependant que Genève eut de la chance

avec ses préfets. En Ange-Marie Eymar, elle trouva un grand admirateur de Rousseau et donc d'elle-même. Homme d'Ancien Régime, Claude-Ignace Bruguière de Barante comprit vite que, quoique déclarés « Français nés », les Genevois ne pouvaient que lentement s'intégrer à la « Grande Nation » et ménagea les transitions. Quant au troisième et dernier, Guillaume-Antoine-Benoît Capelle, bien que républicain convaincu, il ne craignit pas au besoin de tourner la loi en faveur de ses administrés, ce qui lui valut d'ailleurs le courroux de son maître, bien décidé, lui, à effacer toute « trace d'indépendance... dans ce coin de France ».

Car l'attitude de Napoléon à l'égard de Genève fut beaucoup moins bienveillante que celle de ses préfets. Pour tout dire, elle ressemble fort à celle d'un amant déçu. Lorsque, le 21 novembre 1797, il arrive pour la première fois dans ses murs, il salue ses notables du titre de « vieux enfants de la liberté » et voudrait que la France fût « entourée par une ceinture de républiques semblables à elle », ajoutant même que « si Genève n'existait pas, il faudrait la créer ». Mais, revenant deux ans plus tard, il s'irrite de lui voir tourner les yeux vers l'Angleterre. Et son irritation ne fait que croître quand, lors des discussions qui aboutiront à la paix d'Amiens (1802), Ami Lullin et une cinquantaine de Genevois établis à Londres interviennent, le premier auprès de lui personnellement, les autres auprès du cabinet britannique, pour que leur patrie retrouve l'indépendance. Et cette irritation se transformera vers la fin en une véritable animosité, dont il est peut-être possible de trouver la clef dans une phrase d'une de ses lettres à Fouché le 18-19 avril 1807 : « Ces Genevois, dit-il, qui nous ont fait tant de mal. »

Tant de mal ? Phrase assurément flatteuse pour de si petits adversaires, et qui pourrait surprendre, faute de savoir que dans le cœur de tout commerçant genevois sommeillait un contrebandier. Or quelle période fut davantage propice à la contrebande !

Ne parlons pas de sa petite variété, domestique, familiale, qui consistait à se rendre en vieux habits à Nyon ou à Coppet et à en revenir nippé de drap anglais. Il s'agit de la grande contrebande, à l'échelle industrielle, destinée à approvisionner les ateliers en matières premières interdites et à alimenter le marché en manufactures prohibées.

Son terrain d'élection était le lac, intermédiaire commode avec la Suisse, et sa période de prédilection, l'approche du solstice d'hiver aux longues nuits et aux vents complices. Elle opérait par bandes, avec voitures, chevaux et mulets. Trente contrebandiers furent d'un seul coup arrêtés en 1810 à Chêne qui venaient de débarquer à Hermance force ballots de mousseline. Elle avait même ses assureurs ! La prime normale était de 15 %, quoique, en 1805 – preuve de laxisme chez les douaniers ! – elle fût descendue à 12 %. L'un d'eux devint célèbre. Il s'appelait Lavergne et était domicilié à Versoix. Assureur doublé d'un transporteur, il soudoyait les paysans du Pays de Gex, avait des agents à Collonges et au Fort-l'Ecluse, et possédait des voitures de roulage, dont le chargement expédié à Nantua repartait, par les soins d'un de ses agents, pour Lyon. Lui exigeait 22 % de prime et devait disposer d'importants appuis, car lorsque en 1812 on voulut l'arrêter, il exhiba un passeport le désignant comme... commissaire pour la culture de la betterave en Côte d'Or !

Mais, de cette contrebande qu'elle reprochait tant aux Genevois, les autorités françaises n'auraient-elles pas dû s'accuser d'abord elles-mêmes ? Le commerce et l'industrie ont besoin de liberté, et elles les étouffaient. Au moment de l'Annexion, Desportes s'était montré lyrique : ce serait la résurrection de l'économie ! A l'indiennerie et à l'horlogerie le marché français s'ouvrirait désormais en grand ! Et l'Etat français fournirait pour deux millions de francs de subventions !

Or en admettant que ces perspectives idylliques se fussent réalisées, il ne s'agissait là que d'un aspect de la question, même pas du plus important. Car l'atout majeur de Genève – on n'a cessé de le voir au cours de cette histoire – était d'être, de par sa position géographique, l'entrepôt naturel du commerce entre l'Italie d'une part, l'Allemagne et le nord de l'Europe, Angleterre comprise, de l'autre. Or, son rattachement à la France, presque continuellement en guerre avec l'Angleterre et l'Europe continentale, faisait maintenant d'elle l'ennemie de ses clients. Au mieux, quand ses biens n'étaient pas mis sous séquestre, elle ne pouvait plus communiquer avec eux. Le 14 décembre 1798, l'empereur d'Autriche avait ordonné aux actionnaires de la banque de Vienne de doubler leurs apports, sous peine de perdre leurs capitaux : venant de devenir Français, les Genevois ne purent, sans être accusés de trahison, répondre à l'appel. Ils furent spoliés.

Mais même durant les brèves périodes de paix, Genève ne retrouvera pas la prosperité. Il y avait une incompatibilité abolue entre le libéralisme qu'exigeait son économie et le protectionnisme dont, depuis Colbert, la France avait fait sa philosophie – protectionnisme de surcroît dirigé contre une de ses meilleures clientes et pas seulement pour des raisons militaires. Même la paix d'Amiens maintint l'interdiction d'importer des manufactures anglaises. Et même avant le blocus continental, la loi du 22 ventose an XII (1803) étendit de nouveau cette interdiction à tous les produits anglais — que dire : à tous ceux dont l'Angleterre faisait habituellement le commerce.

Ce n'est pas, cependant, que l'administration française n'ait essayé, dans le cadre du moins de sa philosophie économique, d'aider le plus possible le commerce et l'industrie de Genève. Elle y créa une Chambre et une Bourse du commerce et, dans le département, un Conseil du commerce, des arts et de l'agriculture ; elle aménagea en 1800 la route du Simplon et en 1807 celle du Jura (Faucille). Elle organisa des expositions à Paris où, en 1806, l'industrie genevoise remporta quelques succès, notamment la maison Bordier, qui avait exposé des réverbères pour l'éclairage des villes au moyen d'une lampe à double canal d'air. Constamment le préfet était chargé d'enquêter sur les moyens de mettre en valeur les ressources locales. C'est ainsi qu'en 1807 il apprit du maire que depuis plus de quinze ans un dénommé Schweppe fabriquait à Genève des eaux minérales artificielles — lequel Schweppe, ajoutons-le en passant, ayant établi une succursale en Angleterre, y vendit ses produits avec le « s » possessif anglais, donc sous le nom de *Schweppe's*, marque aujourd'hui mondialement connue, sans toutefois l'apostrophe : nouvelle contribution de Genève, sinon à la civilisation (soyons mesuré !), du moins à la petite Histoire.

Mais après avoir donné d'une main, les autorités reprenaient volontiers de l'autre. A Genève, qu'avaient singulièrement appauvrie, outre les excès de sa propre révolution, la chute des rentes françaises et le séquestre auquel ses biens à l'étranger étaient trop souvent soumis, combien de contributions ne furent pas imposées ! Exagérément d'ailleurs, car, de tous les bourgs et villes du département, elle était proportionnellement la plus taxée. En 1802, le maire prouva, pièces à l'appui, qu'au lieu des quelque soixante mille francs qu'elle payait en contributions personnelles, mobilière et foncière, une bonne justice démographique eût voulu qu'elle versât moins de la moitié[1].

Une bonne justice économique eût même voulu qu'elle ne payât pratiquement rien, à en juger du moins par les comptes rendus, la correspondance et les journaux personnels de l'époque, où ne cessent de revenir les mots de chômage et de misè-

1. E. Chapuisat, *Le Commerce et l'industrie à Genève pendant la domination française* (*1798-1813*), M.D.G., t. XXVIII, 1908.

re. Jamais, pour ne parler que des deux mamelles de Genève, la situation de l'indiennerie et de l'horlogerie n'avait été aussi sombre. Sur les onze ateliers que la première comptait en 1785, six, faute de débouchés, avaient déjà disparu en 1801. Puis vinrent pour elle des difficultés de matières premières. En 1803, des droits considérables sur les importations de toiles de coton – qu'elle faisait généralement venir de Suisse – l'obligèrent à licencier les trois quarts de ses ouvriers. En 1806, toute importation en fut même interdite et, de licenciements en licenciements, à la chute de l'Empire, celle qui au temps de sa splendeur avait fait vivre 20 % de la main-d'œuvre salariée, n'occupait plus que 700 ouvriers.

Quant à l'horlogerie, si on se fie aux chiffres de Sismondi qui, pour avoir été secrétaire du Conseil du commerce, des arts et de l'agriculture du département, devait écrire en connaissance de cause, sa production, en 1801-1802, avait, par rapport à 1785, baissé de plus d'un tiers en volume (60 000 montres contre 85 000) et de la moitié en valeur (2 415 000 francs contre 4 865 000). Et la situation n'ayant fait que s'aggraver sous l'Empire, le préfet Capelle en arriva le 23 décembre 1811 à adresser à son gouvernement les lignes suivantes : « Des 5 000 ouvriers horlogers ou bijoutiers que renfermait Genève en l'an XII (1803), un cinquième environ, ou a quitté cette ville, ou s'est adonné à un autre genre d'occupation ; un tiers est actuellement employé et gagne à peine de quoi se sustenter ; le reste est sans ouvrage. » Précisons à l'appui de ses dires que, selon des estimations, la paie d'un horloger, qui était en moyenne de 12 francs par jour en 1786, était tombée en 1812 à 4 et même 2 francs !

Pour compléter ce sombre tableau, notons que l'imprimerie et la librairie, redevenues si prospères au XVIIIe siècle, furent à ce point frappées par la censure et les prohibitions impériales, que, des douze imprimeurs que Genève comptait quelques années avant l'Annexion, il n'en restait plus que la moitié en 1810, et que le nombre de ses périodiques s'était réduit à deux en 1812 : la ***Feuille d'affiches, annonces et avis divers de la ville de Genève,*** journal d'informations locales, et la ***Bibliothèque britannique,*** revue scientifique fondée juste avant l'Annexion par Marc-Auguste Pictet, Charles Pictet-de-Rochemont et Frédéric-Guillaume Maurice.

Dans un tel contexte, on ne s'étonnera pas que la population qui, avant l'occupation, n'avait cessé de croître, comptant en 1789 plus de 26 000 habitants, se retrouve en 1814 au même point qu'en 1802 avec seulement 21 000 à 22 000 habitants[1].

Voilà qui assurément donne une triste idée de ce que fut le sort de Genève sous l'occupation française. Encore n'avons-nous pas mentionné le pire. Bien que le Traité de réunion de 1798 l'eût exemptée de toute conscription, le premier consul, après la rupture de la paix d'Amiens, le viola et, eu égard à sa population, Genève dut fournir le quart des soldats exigés du département. La pratique du remplacement lui permit, il est vrai, d'y échapper en grande partie. Mais, en devenant sans cesse plus meurtrières, les guerres napoléoniennes en firent tellement hausser le coût, que les classes moyennes ne purent plus y recourir, et l'impôt du sang ne fit qu'augmenter avec le temps. Les conscrits furent pour la plupart affectés aux 5e et 35e régiments de ligne et au 8e d'infanterie légère. Autant dire qu'ils ne furent pas épargnés. Surtout ceux du 35e dont peu survécurent à la campagne de Russie. Or si déjà en France on avait fini par surnommer Napoléon l'Ogre, on imagine quels sentiments pouvaient nourrir à son égard ceux contraints de s'immoler pour un pays qui n'était même pas le leur !

Est-ce à dire cependant que les Genevois restèrent entièrement passifs sous la férule de l'occupant ? Outre ceux qui « collaborèrent » délibérément en entrant dans les grandes carrières de l'Etat français, la plupart ne se dérobèrent pas, lorsqu'on fit appel à eux pour défendre les intérêts de la ville. Et s'ils ne tinrent guère de place dans les postes supérieurs de l'administration départementale où, de toute manière, ils n'étaient pas les bienvenus, en revanche ils furent nombreux à gérer les affaires municipales.

Comme toutes les communes de France, Genève avait à sa tête un maire, assisté ici de deux adjoints et d'un Conseil municipal de trente membres. L'esprit qui y régnait était si bien celui de l'ancien gouvernement, qu'au dire du préfet Capelle on aurait pu prendre le maire, le Genevois Frédéric-Guillaume Maurice, resté en poste de 1801 à 1814, pour un vrai syndic.

A cette Genève-là se rattachait une institution originale : la *Société Economique,* dont les membres, recrutés par cooptation, étaient tous Genevois. Elle gérait le patrimoine de l'ancienne République dont le Traité de réunion avait remis la

1. 21 643 habitants au recensement de 1802 et 21 812 au dénombrement de juin 1814 (pour leur crédibilité, cf. A. Perrenoud, *op. cit.*, p. 17).

propriété à tous les citoyens indivisément. Patrimoine considérable, estimé en 1798 à près de quatre millions et demi de florins et qui comprenait notamment les biens de la Chambre des blés, de la Chambre des comptes, de la Caisse d'épargne, d'escompte et de dépôt, de la Compagnie des pasteurs, des Bourses étrangères et de la Bibliothèque. Scrupuleusement dirigée par quatre bureaux ou départements, elle eut la chance d'avoir à la tête de celui des finances l'ex-trésorier de la République, Laurent Bernier, qui, en quelque seize ans, transforma un budget, initialement déficitaire d'environ cent mille florins, en un budget à peu près en équilibre[1]. Pendant l'occupation, c'est elle qui se chargea entre autres de l'entretien du culte réformé et des établissements d'enseignement, domaines sensibles où le pire était à craindre. Le pire, parce que, s'agissant d'abord de la religion, la France avait eu beau proclamer la liberté du culte, elle était catholique et Genève protestante. Et tandis que, dès 1803, le temple de Saint-Germain – le premier à avoir célébré la Cène à Genève – redevenait le premier à y célébrer la messe, l'Eglise de Genève subissait un contrôle soupçonneux, voire une certaine pression. A la longue, cependant, cette défiance disparut, et elle put officier sans entraves, toujours dirigée par la Compagnie des pasteurs et par un Consistoire composé comme naguère d'ecclésiastiques et de laïcs, sauf qu'y entraient maintenant trois membres de la Société Economique et un membre de la Société de bienfaisance (nouveau nom donné à l'Hôpital général).

Et, plus spectaculairement encore, il en alla de même dans le domaine de l'enseignement. Là en effet l'obstacle à surmonter n'était rien moins que la tendance centralisatrice et uniformatrice de la France. Or si grand demeurait le prestige de l'Académie de Calvin, que ni le Directoire ni Bonaparte ne changèrent rien à son organisation. Mais qu'allait faire le tout-puissant empereur ?

Il promulgua, le 17 mars 1808, un décret instituant autant d'Académies que de cours d'appel, ce qui entraînait la disparition de celle de Genève, puisque la cour d'appel du département se trouvait à Lyon. Mais toujours son prestige, joint à la considération dont jouissaient ses savants, finit par la sauver. Fontanes, le grand maître de l'Université, petit-fils d'un Camisard réfugié à Genève, se laissa fléchir par Marc-Auguste Pictet et Augustin-Pyramus de Candolle, auxquels

1. Et non, comme on l'a souvent dit, en excédent de près de 63 000 florins : M. Peter, *La Société économique et la gestion des biens de l'ancienne République de Genève, de 1788 à 1814*, Genève, 1955.

s'était joint Cuvier lui-même, et il fit accepter par le Conseil de l'Université, le 13 janvier 1809, un statut qui conservait dans l'Université impériale l'Académie de Genève, avec un ressort toutefois limité à la ville et à son arrondissement. Outre des écoles préparatoires de droit et de médecine, il lui était reconnu trois Facultés : une Faculté de théologie réformée, une Faculté des sciences et une Faculté des lettres. Quant au Collège de Genève, il fut assimilé à un lycée.

En 1811, Genève fut promue au rang des bonnes villes de France, et les armoiries qu'elle reçut symbolisent assez bien le sort qui était devenu désormais le sien : elles comportaient toujours une clef et une aigle, mais la clef se détachait maintenant sur fond azur et l'aigle était mutilée.

Comment n'eût-elle pas aspiré à retrouver le vieux fond de son passé et de sa clef, et à remplumer son aigle des dépouilles de l'autre ?

Donnons cependant à ce sombre chapitre un post-scriptum plus clair. C'est de 1803 que date l'introduction à Genève du franc français de germinal, avec sa division décimale. Sans doute, redevenue indépendante, Genève ressuscitera-t-elle son florin avec ses 12 sols et ses 12 deniers. Mais l'incommodité de ce vieux système le lui fera définitivement abandonner le 1er janvier 1839. Et comme son exemple ne fut pas perdu pour le reste de la Suisse, on peut presque dire que le franc suisse d'aujourd'hui a trouvé son origine dans l'occupation française de Genève...

VERS LA GENÈVE MODERNE

I

ENTRÉE DE GENÈVE DANS LA CONFÉDÉRATION

La défaite de Napoléon à Leipzig (18 et 19 octobre 1813) marque une date dans l'histoire de Genève. L'offensive appartenant dès lors aux Alliés, une armée autrichienne envahit en effet la Suisse à la fin décembre et, après être entrée à Berne, marche sur Lausanne et Genève.

Aussitôt une dizaine de Genevois, entraînés par deux anciens syndics : Ami Lullin et Joseph Des Arts, sortent de l'ombre et, avant même le départ du résident et de la garnison française, forment une « Commission de gouvernement », bientôt transformée — par l'élection de quatre syndics et l'appel à de nouvelles personnalités — en Gouvernement ou Conseil provisoire. Le 1er janvier 1814 au matin, grande fut la surprise des habitants de lire, placardée durant la nuit, une proclamation annonçant la restauration de la République.

La République ? la fin de la servitude ? C'est une explosion de joie ; mais une joie assez vite assombrie : une contre-offensive française n'est-elle pas possible ? Et, avec la victoire du principe de légitimité, n'y a-t-il pas lieu de craindre un retour à l'oligarchie ?

La contre-offensive a lieu, et le Conseil provisoire démissionne ; cependant l'armée autrichienne ne tarde pas à réoccuper le département du Léman, et c'est alors qu'une pétition, signée de 6 530 citoyens, vient demander au Conseil de reprendre ses fonctions et de resserrer le plus possible les liens de Genève avec la Suisse.

Pétition capitale, qui non seulement conférait au Conseil provisoire une légitimité jusqu'alors discutable, mais lui permettait, comme le désirait Ami Lullin, sûr que la survie de

Genève l'exigeait, de s'engager dans la voie de l'intégration à la Confédération.

Seulement la tâche n'était pas aisée. Il fallait d'abord faire agréer par les Puissances et la Suisse le principe du rattachement, puis se faire consentir les agrandissements de territoire nécessaires à la transformation du canton en un tout continu et facilement défendable.

Sur le principe du rattachement, il n'y eut finalement pas de difficultés, mais sur les agrandissements de territoire avec leurs transferts de souveraineté l'accord faillit bien ne jamais se faire. Pour offrir en effet à la Confédération un canton acceptable, Genève devait assez sérieusement empiéter sur le Pays de Gex et désenclaver, au détriment cette fois de la Savoie, ses mandements de la rive gauche du lac et du Rhône. Or, aux négociations de Paris, en mai 1814, entre les vainqueurs et le vaincu, Talleyrand, qui jamais n'aima Genève, lui refusa toute cession de territoires, invoquant — lui le prêtre défroqué — des scrupules religieux : à la « Rome protestante », la fille aînée de l'Eglise ne pouvait abandonner des sujets catholiques ! Et tout ce que Charles Pictet-de Rochemont, l'envoyé de Genève, put obtenir, à l'article 4 du traité, fut le libre usage vers la Suisse de la route française de Versoix. Quant au désenclavement des mandements de la rive gauche, la solution en était renvoyée en septembre au Congrès destiné à refaire, à Vienne, la carte de l'Europe.

L'affaire ne se présentait donc pas au mieux. Mais il ne faut jamais faire fi de l'élément humain dans l'Histoire ; et justement un élément humain va s'y introduire.

En mai 1814, apprenant que la garnison autrichienne était sur le point de partir, le Conseil provisoire, appuyé par les Alliés, avait obtenu de la Diète helvétique l'envoi d'un contingent militaire. Ainsi débarquèrent le 1er juin, au port Noir, deux compagnies de Fribourg et une compagnie de Soleure.

Genève ne faisait pas encore partie de la Confédération, mais la venue de ces soldats ne l'y rattachait-elle pas déjà humainement ? C'est en tout cas ainsi qu'on le prit de part et d'autre. Quelle liesse accueillit ces hirondelles politiques, annonciatrices de lendemains chantants ! Jean-François Chaponnière composa un hymne : « Enfants de Tell, soyez les bienvenus ! » Et on banqueta, et on porta des toasts, et on s'embrassa. Il en fut de même à chaque nouvelle arrivée de contingents suisses, venus, presque sans discontinuer, se relayer jusqu'au 6 février 1815. Et encore de nos jours, si on a cessé de banqueter et de s'embrasser, on ne manque pas à

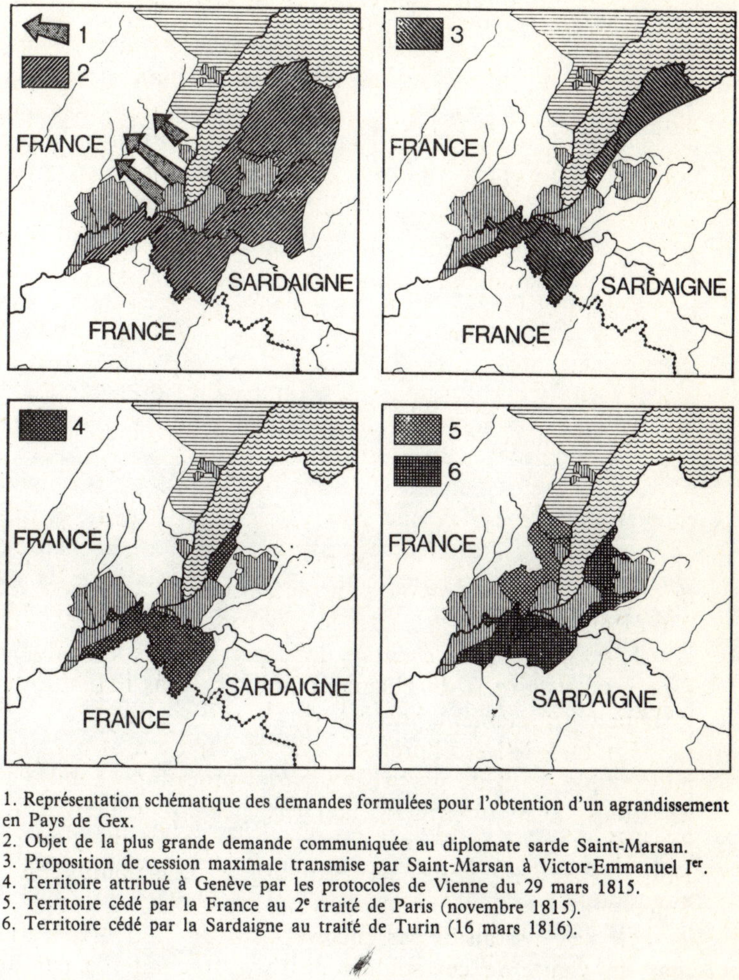

1. Représentation schématique des demandes formulées pour l'obtention d'un agrandissement en Pays de Gex.
2. Objet de la plus grande demande communiquée au diplomate sarde Saint-Marsan.
3. Proposition de cession maximale transmise par Saint-Marsan à Victor-Emmanuel Ier.
4. Territoire attribué à Genève par les protocoles de Vienne du 29 mars 1815.
5. Territoire cédé par la France au 2e traité de Paris (novembre 1815).
6. Territoire cédé par la Sardaigne au traité de Turin (16 mars 1816).

18. *Congrès de Vienne, deuxième traité de Paris et traité de Turin*

Genève, au 1er juin de chaque année, de se rendre en cortège au port Noir pour célébrer un événement qui d'une certaine manière plébiscita l'entrée de Genève dans la Confédération.

Puis voici que septembre arrive et que s'ouvre le Congrès de Vienne. Outre ses envoyés officiels, Genève s'y est fait représenter par deux hommes éminents : toujours Pictet-de Rochemont, avantageusement connu maintenant des milieux diplomatiques et très lié de surcroît avec un des chefs de la délégation russe : le comte Capo d'Istria ; et François d'Ivernois qui, depuis la Révolution, s'était établi en Angleterre et y avait si bien servi la couronne, qu'il portait le titre de « Sir » : donc un précieux atout auprès des plénipotentiaires britanniques.

Par la correspondance des deux hommes et le journal de leur secrétaire, on peut vivre au jour le jour les péripéties de leurs harassantes négociations. On y voit aussi danser le soir Mmes Eynard et d'Ivernois, et, comme on le sait, à ce congrès-là, il n'était pas mauvais d'être accompagné de dames à la jambe sinon légère, du moins alerte.

Malheureusement, encore une fois les Genevois ne pourront obtenir de Talleyrand plus que le libre usage de la route de Versoix. Mais, du côté de la Savoie, ils seront plus heureux. Une combinaison est non sans peine échafaudée — le mot d'échafaudage convient en effet bien à cet arrangement à plusieurs étages.

Au dernier, le roi de Sardaigne acceptait de céder à Genève deux bandes de territoires : l'une sur la rive du Léman, de Vésenaz à Coudrée ; l'autre à l'intérieur des terres, entre le mandement occidental de la Champagne, l'Arve et le Salève, jusqu'à Veyrier inclusivement. Mais il ne les cédait que parce que, à l'étage au-dessous, l'Autriche lui avait abandonné ses fiefs dans l'ex-République de Gênes. Et si l'Autriche abandonnait ces fiefs, c'est parce qu'à la base les Alliés lui avaient accordé la Valteline.

Dès lors, poussée par les Alliés et son opinion, rassurée aussi, comme nous le verrons, par la Constitution que Genève s'était donnée, la Confédération helvétique va enfin accepter en son sein la cité du bout du lac. Le 19 mai 1815 — jour entre tous mémorable ! —, dans l'enceinte de la Diète, à l'abbaye de la Mésange à Zurich, l'acte authentique d'union était signé à l'unanimité ; et le 9 août, le député de Genève avec ceux des autres cantons prêtait le serment de fidélité au Pacte fédéral.

Genève avait définitivement tourné une page de son histoire. D'Etat souverain, elle devenait un simple canton de la Confédération. Mais, après seize années d'occupation, ne fallait-il pas tout faire pour éviter le retour de la servitude ? D'ailleurs les liens confédéraux étaient encore lâches. La Confédération n'était pas encore un Etat fédératif, imposant son droit public aux cantons. Pour l'heure, Genève n'aliénait que sa politique extérieure et le soin de sa défense. Etait-ce trop payer la sécurité ?

Plus férus d'Histoire, ceux qui, comme Joseph Des Arts, combattirent si longtemps le « cantonnement » de Genève, auraient su que, tout au long de son passé, même au temps de Calvin, elle n'avait cessé de vouloir s'agréger à la Suisse. Plus ouverts surtout aux réalités extérieures, ils auraient vu que l'époque des petits pays était bien révolue. Pendant mille ans, le monde avait connu une République prestigieuse, riche comme peu d'Etats l'avaient été, puissante au point d'avoir pendant des siècles colonisé l'Europe, et que lui était-il maintenant arrivé ? Après avoir été, elle aussi, rayée de la carte par la Révolution française, elle gémissait aujourd'hui sous la botte de l'occupant. Assurément, mieux valait être une Genève suisse mais libre, qu'une Venise autrichienne et serve !

Hélas, la carte de l'Europe va bientôt être remise en question, et avec elle celle de Genève. Napoléon est revenu de l'île d'Elbe. C'est de nouveau la guerre. Et quand revient la paix, on va modifier le tracé des frontières.

Cette fois, Genève est dans le camp des vainqueurs, ayant renforcé d'un contingent, après Waterloo, les forces suisses qui, entraînées malgré elles dans le conflit, avaient envahi la Franche-Comté. A Paris, la Confédération – bel hommage rendu à ses talents ! – a décidé de se faire représenter par Pictet-de Rochemont qui, voyant les Alliés résolus à diminuer des deux tiers les conquêtes que le traité de Paris avait laissées à la France, remet sur le tapis la question de la rétrocession du Pays de Gex à Genève. Seulement se produit un événement qui va ruiner ses espoirs.

Plutôt que d'accepter les demandes alliées, Talleyrand préfère démissionner et est remplacé par le duc de Richelieu, ancien gouverneur d'Odessa, qui, grand ami du tsar, arrive à considérablement adoucir les exigences des vainqueurs. Par ailleurs, nombreux étaient à Genève ceux qui, entraînés par le syndic Des Arts et la Compagnie des pasteurs, voulaient empêcher le protestantisme de se diluer dans un canton comprenant trop de catholiques. Même la Confédération objectait à d'importantes annexions qui en rendraient la défense plus astreignante. Et finalement, au traité de Paris du 20 novembre 1815, Genève ne recevra qu'une partie du Pays de Gex : Versoix,

Bellerive, Collex-Bossy, le Grand-Saconnex, Pregny, Meyrin et une portion de la commune de Sauverny : au total 43,9 kilomètres carrés et 3 350 habitants. Mais au moins avait-elle réussi à désenclaver le mandement de Peney et à se raccorder, ne fût-ce que par un étroit couloir, à la Suisse. En outre, le recul des douanes françaises à l'ouest du Jura établissait à son profit une zone franche.

Quant aux problèmes avec le roi de Sardaigne, une négociation s'ouvrit à Turin, toujours conduite par Pictet-de Rochemont. D'elle devait achever de sortir la configuration de l'actuel canton. Par le traité du 16 mars 1816, Genève conservait en effet le littoral du lac, ramené toutefois à la limite d'Hermance, et obtenait, sur la rive gauche, le complet désenclavement de ses mandements. C'était au total 108,8 kilomètres carrés et 12 700 habitants qu'elle recevait avec l'annexion des communes d'Avusy, Laconnex, Soral, Perly-Certoux, Plan-les-Ouates, Bernex, Aire-la-Ville, Confignon, Onex, Lancy, Bardonnex, Compesières, Troinex, Veyrier, Chêne-Thônex, Puplinge, Presinge, Choulex, Meinier, Collonge-Bellerive, Corsier, Hermance, Anières et Carouge. Ici aussi une zone franche était créée par le recul des douanes sardes.

Non sans raison, on a critiqué ces arrangements qui donnaient à Genève « des frontières tourmentées et malcommodes[1] ». Certes, ses mandements n'étaient plus enclavés, mais ne s'était-elle pas enclavée elle-même ? Alors que l'ancienne Genève, celle des Romains, celle des évêques avait été un véritable carrefour commercial, elle restait quelque peu en dehors des grandes voies de communication, contournée en effet et non traversée par la route – puis plus tard par la ligne de chemin de fer – Bellegarde-Annemasse-Thonon.

Faut-il en incriminer Pictet-de Rochemont ? Au contraire, cet agronome, ami des campagnards et libéral éclairé, avait eu pour Genève de plus vastes ambitions. Mais il devait obéir à des instructions. Et si on a pu reprocher à la Confédération d'avoir manqué ici de perspicacité, on ne doit pas non plus oublier qu'elle avait, à Genève même, le plein appui du patriciat et des pasteurs.

Comme nous l'avons dit, le Conseil provisoire ne s'était pas borné à changer le statut international de Genève, il l'avait aussi dotée d'un nouveau statut intérieur.

1. Paul Guichonnet et Paul Waeber, « Révolutions et Restauration », *Histoire de Genève*, Toulouse-Lausanne, 1974.

Dès le début de l'année 1814, il chargeait en effet une Commission de jeter les bases d'une Constitution. Travail que celle-ci, lorsqu'elle s'y attela vraiment, fit très vite, trop vite même, car il eût été plus démocratique de consulter de larges secteurs de l'opinion. Mais, justement, ni ses membres ni les dirigeants d'alors ne voulaient d'une Constitution démocratique. Pour la plupart, ils étaient des nostalgiques de l'Ancien Régime, regardant avec horreur ce qui avait été accompli depuis le 28 décembre 1792. Et, voulant avant tout faire entrer Genève dans la Confédération, ils se préoccupaient d'offrir d'elle l'image rassurante d'un Etat stable où ne se renouvelleraient plus jamais les troubles qui n'avaient cessé au siècle précédent de la déchirer. Il leur fallait aussi s'aligner sur les autres cantons, qui, libérés de l'influence française, s'étaient donné ou redonné des constitutions « serrées », c'est-à-dire marquées par l'omnipotence du pouvoir exécutif et l'abandon, sauf au Tessin et dans les cantons primitifs, du principe de la souveraineté populaire.

Certes, la Commission se défendra d'avoir voulu ressusciter le passé – dont d'ailleurs elle avait éliminé le népotisme. Hautement elle proclamera son respect pour les principes de la séparation des pouvoirs et de l'égalité de tous les citoyens devant la loi. Mais la réalité était bien différente !

D'abord le Conseil général est supprimé. On le couvre de fleurs, on le qualifie de « sanctuaire de la liberté », mais on le supprime. A la place, on investit de la souveraineté un organe restreint : le *Conseil Représentatif,* où vingt-huit de ses 278 membres siègent de droit et en fait à vie, et dont les autres – renouvelables chaque année par tranches de trente – sont élus, comme on le verra, au total mépris de l'égalité des citoyens. En outre, si sur le papier ce Conseil détient des pouvoirs qui, étant en principe ceux de l'ancien Conseil général, peuvent impressionner, il n'est destiné en fait qu'à être une chambre d'enregistrement, privée de tout droit d'initiative. Le pouvoir, lui, appartient à l'exécutif : un Conseil d'Etat, de vingt-huit membres, réincarnation, avouée d'ailleurs, du Petit Conseil, auquel il a emprunté sa composition : syndics, lieutenant de justice, trésorier, conseillers, et dont il a hérité de la compétence presque illimitée. Il n'est jusqu'au titre dont on gratifie ses membres qui ne rappelle son très aristocratique prédécesseur : « Très honorés Seigneurs ».

Quant à la prétendue séparation des pouvoirs, non seulement l'exécutif empiète sur le législatif en s'étant réservé l'initiative des lois, mais il contrôle étroitement le judiciaire, dont il préside et compose en partie les tribunaux, et d'où il a naturellement éliminé le jury populaire.

Quant au principe de l'égalité de tous devant la loi, voici comment fonctionne le droit de vote pour l'élection des membres renouvelables du Conseil Représentatif, l'organe dit « souverain » du nouveau régime. Ne peut voter que celui qui, ayant vingt-cinq ans révolus, est assez riche pour payer une contribution directe d'au moins vingt livres de Suisse (63 florins, 9 sous). A moins que – seconde dérogation au principe d'égalité – il ne soit pasteur, membre de l'Académie, régent du Collège ou membre de certaines administrations. Mais avoir la capacité de voter ne suffit pas pour l'exercer. Ne votent en réalité que douze cents personnes tirées au sort, à qui d'ailleurs on ne fait qu'à moitié confiance, car elles doivent choisir deux fois plus de représentants qu'il n'est nécessaire, de façon à permettre aux plus conservatrices d'entre elles (corps dit « rétenteur ») de n'en garder que les plus rassurantes. Et le tout, énoncé dans un langage si obscur – Sismondi parlera de « galimatias inintelligible » –, qu'on ne peut s'empêcher de penser que cette inintelligibilité n'était peut-être pas entièrement innocente.

Ayant donc travaillé à la hâte, la Commission transmet aussitôt ses « bases constitutionnelles » au Conseil provisoire qui, après les avoir à peine modifiées, les communique à la Diète helvétique. Et comme celle-ci lui fait savoir qu'elle les trouve judicieuses et de nature à décider de l'entrée de Genève en son sein, le Conseil les soumet sans plus tarder aux citoyens, leur donnant tout juste huit jours, malgré les vives protestations de certains, pour les examiner, en discuter et se prononcer.

Les 22 et 23 août 1814, la Constitution sera adoptée par 2 444 suffrages contre 344, chiffres qui, vu le nombre considérable d'abstentions (près de 50 %), montrent qu'elle suscita peu d'enthousiasme et ne fut approuvée que pour faciliter l'entrée de Genève dans la Confédération.

Sur un point cependant la Constitution ne justifia pas le pessimisme de ses détracteurs : malgré la volonté de ses rédacteurs le Conseil Représentatif ne fut pas une chambre d'enregistrement. Outre que toute assemblée a tendance à élargir ses pouvoirs – le Grand Conseil l'avait bien montré naguère –, il se dota, grâce à Etienne Dumont qui connaissait à fond le système parlementaire anglais et avait vu fonctionner les premières assemblées de la Révolution française, d'un règlement intérieur qui fit l'admiration générale.

D'abord il corrigeait ce qu'avait d'outrancier le droit

d'initiative réservé à l'exécutif. Il prévoyait en effet que, saisi par ce dernier d'un projet de loi, le Conseil nommerait – chose nouvelle dans le droit genevois – une commission qui l'étudierait et au besoin l'amenderait. Or, comme des membres de l'exécutif étaient appelés à y siéger, non seulement ces éventuels amendements perdaient tout caractère de défi à son égard, mais une sorte de collaboration s'établissait par la force des choses entre les deux pouvoirs. Si donc le pouvoir législatif ne disposait toujours pas du droit d'initiative, il s'était acquis un droit de contre-initiative, arme efficace dont il fit un large usage. Il alla même d'ailleurs jusqu'à se doter d'un embryon de droit d'initiative en permettant à chacun de ses membres, fût-il de l'opposition, de faire, le cas échéant, des propositions à l'exécutif, propositions que celui-ci pouvait évidemment rejeter, mais après avoir motivé son refus.

Enfin pour améliorer la qualité du travail en évitant les décisions précipitées, le règlement prévoyait que tout examen d'un projet de loi devait faire l'objet de trois débats bien différenciés, et dont seul le dernier, survenu après au moins un jour de réflexion, donnerait lieu à un vote définitif.

Si la Constitution de 1814 dura près de trente ans, sans doute le dut-elle à la possibilité donnée à ses deux Conseils de la réviser, mais elle le dut aussi au règlement de Dumont qui transforma le Conseil Représentatif en un organe assez proche d'un Parlement, attentif à la voix de sa minorité, vigilant à l'égard du gouvernement.

II

LA RESTAURATION A GENÈVE

Les débuts du nouvel Etat ne furent pas faciles. En s'opposant en effet à l'incorporation de Genève à la Confédération et donc à l'agrandissement de son territoire, Joseph Des Arts et ses amis n'avaient pas eu que de mauvaises raisons.

Certes, en redevenant indépendante, Genève s'était empressée de refaire du protestantisme la religion dominante. La Vénérable Compagnie des pasteurs avait retrouvé son titre et ses prérogatives d'avant 1792, et au Consistoire avaient été rendus, sauf en matière matrimoniale, tous ses pouvoirs. Seulement, Genève avait maintenant annexé plus de 16 000 catholiques qu'elle s'était engagée, à Vienne et à Turin, à traiter aussi bien que ses anciens sujets. Elle leur avait notamment garanti la liberté du culte et l'égalité civile et politique, et s'était même chargée – ô Calvin ! – de faire vivre le catholicisme de ses propres deniers et jusque dans ses murs.

Ainsi d'Etat unitaire, la nouvelle République était-elle devenue un Etat mixte, englobant deux communautés totalement étrangères l'une à l'autre, – que dire ? dressées l'une contre l'autre par le curé de Genève, un certain Jean-François Vuarin, prêtre de choc qui voyait dans « la fusion des croyances religieuses le plus grand fléau dont la malédiction de Dieu pût nous laisser atteindre[1] ». Pour un traditionaliste, Genève s'était donc reniée. Et personne n'a jamais eu à se féliciter d'être un rénégat !

De premières difficultés surgissent à propos du diocèse auquel rattacher les cures du territoire. Selon le traité de

1. Fleury et Martin, *Histoire de M. Vuarin et du rétablissement du catholicisme à Genève,* Genève, 1861.

Turin, ce devait être celui de Chambéry, à moins que le Saint-Siège n'en décidât autrement. Or Chambéry était en Savoie, et Genève préférait celui de Lausanne, ville suisse. Les négociations avec Rome dureront quatre ans, sans cesse traversées par Vuarin, jusqu'à ce qu'enfin, le 20 septembre 1819, Pie VII, cédant à la pression de la Prusse, consente à accepter le diocèse de Lausanne dont le titulaire recevra désormais le titre d'évêque de Lausanne et Genève. Une convention est alors conclue avec ce dernier, réglant les rapports du clergé avec le pouvoir civil. Payés par lui, les curés devront prêter serment au Conseil d'Etat qui pourra solliciter la révocation de certaines nominations.

En vain, Vuarin s'opposera-t-il à la prestation du serment, mais en vain aussi le gouvernement essaiera-t-il d'obtenir son transfert. Et la tension ne fera que croître entre les autorités de l'Etat et le curé de la ville. En s'agrandissant, Genève avait perdu la paix religieuse.

Elle l'avait même perdue doublement, car, également du côté protestant, des heurts se produisent. Réagissant à la présence catholique, certains Réformés ont en effet senti se réveiller leur foi, voulu retourner aux sources. Le mouvement a commencé chez les étudiants qui, enflammés par l'enseignement d'un Ecossais arrivé en 1816 à Genève, Robert Haldane, fondateur de l'Eglise du Tabernacle, ont, comme aux XVIe et XVIIe siècles, agité l'Académie de discussions sur les divers points du dogme : prédestination, grâce opérante ou efficiente, péché originel, manière dont la nature divine s'est unie à la personne du Christ, etc.

La Vénérable Compagnie, qui depuis le Siècle des Lumières mettait plus volontiers l'accent sur la morale que sur la théologie, s'en est émue et a interdit les débats. Mais même en son sein son attitude a été critiquée. Et, en 1817, une scission s'étant produite, il n'y eut plus à Genève une Eglise réformée, mais deux, rivales ! La nouvelle s'installa au Bourg-de-Four – d'où le nom qu'elle prit – et appela pour la diriger un adepte des conventicules de la très mystique baronne de Krüdener, Henri-Louis Empaytaz. Et les catholiques purent ricaner de ces querelles entre « hérétiques », vite devenues si violentes que le gouvernement devra intervenir pour assurer aux dissidents la liberté de leur culte.

Encore n'était-ce là qu'un début. En 1823, à la suite de démêlés avec la Vénérable Compagnie, le pasteur César Malan fonde une troisième Eglise, dite du Témoignage, qu'il rattache à l'Eglise presbytérienne d'Ecosse. Et quelques années plus tard, sous l'impulsion du pasteur Louis Gaussens, on en voit même surgir une quatrième autour du temple de l'Oratoire !

Or les questions confessionnelles vont bientôt déborder le cadre religieux et, gagnant le terrain politique, provoquer un véritable changement de régime.

Rétablissant en matière matrimoniale les dispositions en vigueur sous l'Occupation, le Conseil Représentatif avait, le 26 novembre 1821, cessé de rendre obligatoire la cérémonie religieuse. Seulement, dans la mesure où sa décision s'appliquait aussi aux nouveaux sujets catholiques de la République, elle violait le Protocole de Vienne et le traité de Turin, et le roi de Sardaigne aussitôt protesta auprès de la Diète fédérale. De longs pourparlers s'ensuivirent, au terme desquels le Conseil d'Etat se résolut à déposer devant le Conseil Représentatif un projet de loi rétablissant l'obligation du mariage religieux. Tous les conservateurs l'appuient ; l'ancien syndic Joseph Des Arts, maintenant âgé de quatre-vingt-un ans, sort même de sa retraite pour lui apporter son soutien. Or, stupeur ! ceux qui avaient jusqu'ici gouverné l'Etat sont battus. La loi du 24 janvier 1824 ne rétablit l'obligation du mariage religieux que pour le territoire cédé par le traité de Turin, et encore uniquement si l'un des époux est catholique. Une nouvelle majorité s'est donc formée qui va désormais donner à Genève un visage différent.

Le « régime Rigaud »

Jusqu'alors, si elle avait toujours pu se faire entendre, l'opposition libérale ne s'était guère fait écouter. Même après la démission du syndic Des Arts, seule la manière de gouverner s'était adoucie. Les élections continuaient à être à deux degrés malgré la possibilité, sous certaines conditions, d'élections directes, et le cens électoral, quoique réduit de plus de moitié, continuait à écarter des urnes la majorité de la population. D'une certaine manière, la situation s'était même aggravée, puisque, en 1823, sous la pression de la Sainte-Alliance et sur la recommandation de la Diète, mais au mépris de la Constitution, la censure politique avait été rétablie.

Cependant, petit à petit étaient entrés au Conseil Représentatif des hommes plus ouverts aux réalités de l'époque. Pour s'imposer, il leur avait jusqu'ici manqué l'audace et un chef. L'audace va leur venir d'avoir réussi à mettre le gouvernement en minorité, et, le chef, ils le trouveront en la personne de Jean-Jacques Rigaud.

Né à Genève d'une famille immigrée à la fin du XVIe siècle, celui-ci a, en 1824, près de quarante ans. Sa carrière a été rapide. Nommé en 1816 auditeur, puis, cinq ans plus tard, conseiller d'Etat, il devient l'année suivante lieutenant de justice avant d'être, en 1825, porté à la plus haute charge de l'Etat, charge que – aussi souvent que le permettait la non-rééligibilité immédiate d'un syndic –, il ne cessera pratiquement plus d'occuper jusqu'en 1841. Et, au plan fédéral, c'est encore lui qui, presque sans interruption, représentera Genève à partir de 1830. Aussi, dominée par sa forte personnalité, on comprend que la période 1825-1841 ait pu être qualifiée de « régime Rigaud ».

Par ses origines, sa culture, ses relations, il est un patricien, et, comme tel, bien vu des conservateurs. Mais par ses idées il est l'ami des libéraux. Entre les deux, il était donc normal qu'il servît de trait d'union. Et convainquant les uns d'abandonner une opposition stérile, et les autres de s'éviter le risque de nouvelles défaites, il va, dans un premier temps, amener les adversaires à collaborer sur le plan technique. Il en résultera cinq années assez exceptionnelles où, mettant de côté leurs divergences idéologiques, les deux partis ne penseront plus qu'à administrer au mieux les affaires, entreprenant, comme nous le verrons, de grands travaux d'urbanisme, développant les institutions d'utilité publique, encourageant les sciences, les lettres et les arts, levant même la censure préventive.

Cependant, au plan politique, rien n'était changé : les conservateurs ne voulaient toujours pas libéraliser les institutions. Et comme pour modifier la Constitution il fallait, tant au Conseil d'Etat qu'au Conseil Représentatif, une majorité des deux tiers, longtemps les efforts de Rigaud se firent en pure perte. Mais une fois de plus les événements de France vont influer sur le destin de Genève.

Survient en effet à Paris la révolution de 1830. Dans la plupart des cantons de Suisse, au cri de « Régénération ! », des assemblées populaires réclament et obtiennent une profonde démocratisation de leurs Constitutions. Genève ne pouvait rester à l'écart du mouvement, et c'est ainsi que, sans vouloir aller aussi loin que les cantons « régénérés », Rigaud put faire accepter par les conservateurs tout un train de réformes : élection directe des députés au Conseil Représentatif ; suppression de l'inamovibilité des conseillers d'Etat et des juges, tous soumis désormais à réélection ; admission du public aux séances du Conseil Représentatif ; laïcisation de l'Académie ; et enfin abaissement du cens à une somme dérisoire, n'excluant plus du scrutin que ceux payant l'équivalent de moins de 3,23 francs d'impôts par an.

Mais, toute remarquable qu'elle fût, cette œuvre souffrait d'un grave défaut : le paternalisme. Partisan du « Progrès graduel », Rigaud était l'ennemi des changements radicaux, notamment de la souveraineté populaire – d'où le désintérêt que, même sous son régime, le peuple continua à marquer à la chose publique, boudant les urnes dans une proportion de 95 %. Or, stimulés par la profonde démocratisation de tant d'autres Constitutions suisses, deux hommes ne vont pas tarder à organiser contre lui une vigoureuse opposition : le député Antoine Fazy-Pasteur, auteur d'une brochure incisive, soulignant le retard pris par Genève au triple plan du suffrage électoral, du droit d'initiative et du droit de pétition ; et le publiciste Jean-Jacob, dit James, Fazy, fondateur, à côté du *Journal de Genève* reparu en 1826, d'un périodique de combat : *L'Europe centrale.*

Un climat de fronde était alors entretenu à Genève par la présence de nombreux réfugiés, proscrits par la Sainte-Alliance, et, quand, contrariant l'expédition de Mazzini et de Ramorino contre la Savoie, le gouvernement désarma ceux qui avaient voulu se servir de la ville comme base de départ, toute une partie de l'opinion, entraînée par les deux Fazy, le lui reprochèrent violemment.

Cependant, dans l'ensemble, la conjoncture lui demeurait encore favorable. D'abord, il y eut, en 1835, les fêtes du tricentenaire de la Réforme, célébré avec éclat, mais aussi dans le recueillement. Puis vint un violent mémoire de l'abbé Vuarin et du clergé catholique contre « l'hérésie et ses pièges », qui ressouda l'opinion protestante derrière le gouvernement. Mais surtout il y eut l'affaire Louis-Napoléon Bonaparte.

Le futur Napoléon III se trouvait alors en Suisse, au château d'Arenenberg en Thurgovie. Deux ans auparavant, il s'était efforcé de soulever la garnison de Strasbourg et avait été, comme on le sait, interné au fort de Ham d'où il s'était évadé. Or le 1er août 1838, l'ambassadeur de France demande son extradition. A la commission nommée par la Diète pour examiner la requête, Rigaud, suivi par nombre de ses collègues, s'y oppose, Louis-Napoléon étant devenu Suisse pour avoir obtenu, en 1832, la bourgeoisie thurgovienne. Alors une division française fait mouvement vers la frontière occidentale de la Suisse.

Celle-ci toutefois ne se laisse pas intimider et déploie aussitôt deux corps d'observation, en partie formés de contingents genevois. Dans la ville, c'est l'enthousiasme, non seulement parce qu'il s'agit de faire pièce à l'ancien occupant, mais aussi parce que Louis-Napoléon incarne à l'époque les idées de liberté. Finalement, l'affaire tournera court, Louis-Napoléon ayant quitté de lui-même la Suisse pour l'Angleterre, mais longtemps la population resta reconnaissante à Rigaud de la fermeté dont il avait fait preuve.

Malheureusement, le Conseil Représentatif va bientôt commettre une faute grave, que l'opposition saura habilement exploiter.

La Constitution avait provisoirement placé la ville de Genève sous un régime aussi singulier qu'indigne de son passé. Privée entièrement d'autonomie, celle qui, en tant que Commune, avait plus que tout autre donné naissance à l'Etat, était aujourd'hui soumise, comme à l'époque napoléonienne, à un maire nommé par le pouvoir et à un conseil qui, de municipal, n'avait que le nom, puisqu'en tenait lieu une Chambre des comptes, grossie de quatre membres également nommés par le pouvoir. Déjà rétrograde en 1814, ce régime était devenu en 1840 tout à fait anachronique. Une première fois, en 1835, il avait été question de le modifier, mais le projet de Rigaud de faire élire par les citoyens un Conseil municipal de trente-six membres avait été repoussé par le Conseil Représentatif, qui décidait de laisser les choses en l'état pour cinq ans encore – cinq ans, c'est-à-dire jusqu'en 1840.

Or, en 1840, alors que les idées de liberté et de démocratie avaient partout gagné en force, que font, malgré les efforts de Rigaud, le gouvernement et le Conseil Représentatif ? Ils prorogent encore de cinq ans ce régime arbitraire !

Aussitôt, cent quarante citoyens se groupent en une association qui se donne le nom du « Trois-Mars » – jour de sa fondation. Décidés maintenant à en finir avec le paternalisme, ils réclament non seulement un Conseil municipal électif, mais aussi une plus grande participation populaire à la conduite des affaires. Leur association tient de fréquentes réunions et publie une série de brochures : les *Intérêts genevois*. Si elle est surtout composée de libéraux avancés, comme Fazy-Pasteur et Guillaume-Henri Dufour (le futur général), elle compte aussi des éléments plus radicaux, comme James Fazy qui milite pour un retour à la démocratie de jadis : celle du Conseil général et du suffrage universel. Et c'est entre les mains de ces derniers qu'elle va finalement basculer à la suite d'une malencontreuse affaire, préfigurant celle du Sonderbund, où le gouvernement avait pris le parti du Conseil fédéral contre le canton d'Argovie, qui avait illégalement fermé quatre couvents de nonnes.

Accusant donc le gouvernement de collusion avec le catholicisme et avec la Confédération – péchés capitaux à une époque où la catholicisme était tenu pour le suppôt de la réaction, et l'autorité confédérale pour la complice de la Sainte-Alliance –, Fazy et ses amis prennent le contrôle de l'association et lancent, le 11 novembre 1841, un véritable ultimatum au gouvernement. Réclamant au besoin la convocation d'une Assemblée constituante, ils exigent l'extension du droit de suffrage, la séparation des pouvoirs exécutif et législatif, la réduction de la durée des fonctions et du nombre des membres du Conseil Représentatif, la reconnaissance du droit de pétition et l'institution d'un Conseil municipal électif.

C'était là beaucoup de revendications, et le gouvernement essaie de composer. Le 22 novembre, il soumet au Conseil Représentatif un train de réformes répondant à la plupart de ces demandes, sauf, toutefois, à celle concernant le Conseil municipal. Or, la veille, l'association du Trois-Mars a convenu d'un rassemblement massif sur la Treille pendant que délibérerait le Conseil représentatif. Redoutant des troubles, le gouvernement poste aux abords de l'arsenal et de l'Hôtel de Ville deux compagnies de grenadiers, doublées de volontaires – mesure qui, rappelant fâcheusement les « prises d'armes » du XVIIIe siècle, ne fait qu'ajouter à l'effervescence. Le 22 au matin, la foule envahit les rues de la Ville-haute et ne parle rien moins que de forcer les portes de l'Hôtel de Ville. Le gouvernement pourrait essayer de la refouler, mais il est mal secondé par ses troupes et il ne veut pas verser le sang. Finalement, il préfère céder. Et, au terme des trois débats prévus par son règlement, le Conseil Représentatif accepte, le 22 novembre 1841, qu'une Constituante, élue au suffrage universel, donne de nouvelles institutions à la République. Comme l'écrira, le 26 novembre, le journal conservateur *Le Fédéral*, une nouvelle ère commençait à Genève.

La Constitution de 1842

A la surprise générale, les élections à la Constituante donnent la victoire aux modérés. Il est vrai que dans son découpage de la ville en quatre arrondissements, le gouvernement, laissé provisoirement en place – toujours le légalisme genevois ! – n'en avait attribué qu'un au quartier populaire de Saint-Gervais. C'est donc d'une majorité de modérés qu'est formée la Commission chargée de préparer le projet de Constitution, projet que la Constituante acceptera sans grandes modifications, et qui, soumis au peuple, fut le 7 juin 1842 adopté par une majorité qu'on serait tenté de qualifier d'écrasante (4 844 voix contre 530), si les abstentions n'avaient été plus nombreuses encore.

Faite par des modérés, la Constitution de 1842 n'en est pas moins un texte révolutionnaire. Contrairement en effet à l'opinion courante, c'est elle et non celle de 1847 – simple amélioration de ses dispositions – qui a transformé les structures de l'Etat, et, d'une République représentative, fait de Genève une République démocratique à caractère libéral. Rétablissant le suffrage universel, elle a redonné la souveraineté au peuple ; attribuant à chaque membre du pouvoir législatif le droit d'initiative, elle a étendu le principe de la séparation des pouvoirs ; la dotant d'un Conseil municipal électif et d'une administration autonome, elle a émancipé la ville de Genève ; enfin, rétablissant le jury et garantissant nommément un certain nombre de droits individuels, elle a, mieux que par le passé, assuré la liberté de chacun.

Plus prosaïquement, elle a également, par souci d'efficacité, diminué les effectifs des organes dirigeants, en même temps que – gage de démocratie – elle raccourcissait la durée de leur mandat. Son pouvoir exécutif, le Conseil d'Etat, ne compte plus que treize membres, élus pour quatre ans, avec seulement deux syndics, élus pour un an. Et, également élu pour quatre ans, mais renouvelable par moitié tous les deux ans, son pouvoir législatif – le Grand Conseil – comporte environ un tiers de membres en moins que l'ancien Conseil Représentatif.

Il n'est jusqu'à la laïcité que, pour complaire aux radicaux, elle n'ait renforcée. Au Consistoire, désormais dominé par l'élément laïc – élément de surcroît élu par les citoyens –, elle enlève en effet son caractère de tribunal, pour n'en faire plus qu'un organe directeur de l'Eglise.

En l'acceptant, James Fazy et ses amis ne firent donc pas preuve d'une belle hauteur d'esprit, comme on l'a prétendu d'une manière, il est vrai, quelque peu intéressée[1], ils ne faisaient qu'approuver la réalisation de leurs principales revendications. Seulement, un texte ne vaut en définitive que par son application. Et c'est là que le bât va blesser.

A la Constituante, on l'a vu, les modérés avaient obtenu la majorité : au Grand Conseil, dont l'élection ne tarda pas à suivre, le glissement à droite s'accentue, donnant cette fois la

1. Henri Fazy, *Les Constitutions de la République de Genève*, Genève-Bâle, 1878.

victoire aux conservateurs. Dire que ceux-ci s'efforcèrent de vider la Constitution de son contenu serait assurément excessif, mais du moins leur gouvernement l'appliqua-t-il avec un paternalisme d'un autre âge. De plus, au lieu d'associer la minorité radicale – véritable marraine de la Constitution – aux responsabilités, il l'en écarta brutalement. Au nom de l'ordre public, il en vint à bafouer la liberté d'expression, chassant par exemple de la ville un des principaux rédacteurs du *Journal de Genève*, puis faisant main basse sur le journal.

Cependant, en dépit, en 1843, d'une émeute qui fit trois morts et plusieurs blessés, il ne semble pas que l'opinion lui en ait tenu rigueur : trois mois plus tard en effet, il remportait les élections au Grand Conseil et, mieux encore, obtenait pour la première fois en 1845 la majorité au Conseil municipal.

Seulement, en 1846, éclate l'affaire du Sonderbund. En juin, on apprend que, pour se défendre contre des raids incessants, partis des cantons réformés, les sept cantons catholiques – Lucerne, Uri, Schwyz, Unterwald, Zoug, Fribourg et le Valais – avaient conclu entre eux une alliance défensive. Une Diète fédérale est aussitôt convoquée pour en examiner la légalité. Or le malheur voulut que Genève, ayant réservé sa position, devînt, à égalité des voix « pour » et des voix « contre », l'arbitre du différend. Déjà émue par le retour en 1844 des Jésuites à Lucerne – un des trois cantons directeurs de la Confédération –, l'opinion radicale somme alors le gouvernement conservateur de condamner le Sonderbund. Les esprits sont d'autant plus échauffés qu'une grave crise économique vient de mettre fin à vingt-cinq années de prospérité. Cependant, malgré le fâcheux précédent des couvents d'Argovie, fatal au régime Rigaud, le Grand Conseil refuse, le 3 octobre, de condamner l'alliance, tant que des moyens n'auront pas été trouvés de mettre fin aux raids.

Dans son nouveau journal, la *Revue de Genève*, parue le lendemain encadrée de noir, Fazy se déchaîne contre un vote qu'il déclare inconstitutionnel. A Saint-Gervais, pas moins de quatre assemblées se tiennent, de plus en plus enfiévrées, et il est bientôt question d'une prise d'armes. De son côté, le gouvernement, qui vient de recevoir le renfort de 600 volontaires, mobilise ses forces. Sa résolution fait quelque peu tomber la fièvre ; eût-il à ce moment promis une amnistie, que tout serait rentré dans l'ordre. Mais à Rigaud, vieilli et fatigué, a succédé Jean-Marc Demole, un homme roide. Loin de parlementer, il fait lancer des mandats d'amener contre les meneurs. Du coup, la fièvre remonte. Une dernière tentative de conciliation, le 7 octobre, aurait pu aboutir, les insurgés ayant offert de déposer les armes et d'éloigner pour un temps James Fazy, contre la promesse qu'une Diète extraordinaire se prononce sur la validité du vote du Grand Conseil. Mais intransigeant jusqu'au bout, Demole refuse. C'est la guerre civile où, faute d'avoir voulu recourir aux moyens extrêmes, le gouvernement est vaincu.

Alors, le 9 octobre, Fazy et ses amis réunissent au Molard un Conseil général qui, d'une part nomme un gouvernement provisoire dont Fazy prend naturellement la tête, et de l'autre prévoit d'élire un nouveau Grand Conseil chargé de préparer la révision de la Constitution.

Dans la turbulente Genève, encore un régime venait de s'effondrer. Mais cette fois les radicaux s'étaient emparés du pouvoir, et c'en serait bien fini, désormais, de la Restauration.

Bilan

« Vingt-sept années de bonheur ! » On connaît cette exclamation des conservateurs genevois, évoquant, nostalgiques, la période de la Restauration. S'ils avaient évidemment leurs raisons pour regretter ce passé, il n'en reste pas moins qu'après les sombres années de l'Occupation, Genève s'était mise à renaître, retrouvant une prospérité qui ferait de nouveau d'elle une ville en expansion, tant démographique qu'économique.

Sans doute certaines de ses industries ne remonteront-elles plus jamais la pente : l'imprimerie par exemple. D'autres vont même disparaître tout à fait. En 1817, l'indiennerie n'emploie plus que 500 ouvriers dans deux ateliers. L'un fermera ses portes en 1826, l'autre en 1834.

Mais l'horlogerie s'est bien ranimée, fabriquant en 1845 100 000 pièces contre 64 000 en 1820. De nouveau elle exporte dans le monde entier : jusqu'aux Indes, en Perse, en Chine et dans les Amériques. Elle fabrique de tout : des montres plates, ou rebondies, des oiseaux chantants, des boîtes à musique, de véritables bijoux et surtout des chronomètres, que deux mesures ont alors rendus insurpassables : la création en 1824 d'une école d'horlogerie, et la construction en 1829 d'un nouvel Observatoire qui n'a pas tardé à les contrôler avec un équipement perfectionné. Elle innove : en 1839, Georges Leschot, de la maison Vacheron et Constantin — citée par parenthèse dans le *Capital* — produit une montre entièrement faite à la machine, et peu après Adrien Philippe crée le remontoir qui détrône la clef.

Si éprouvé pendant l'Occupation, le secteur bancaire a lui aussi repris son essor avec l'apparition de nouvelles banques dont certaines existent toujours. Plus spectaculaires encore sont les progrès de l'agriculture. Si bien a-t-elle développé la culture de la pomme de terre, que celle-ci est devenue un élément essentiel de l'alimentation et s'est substituée au pain sur la table des paysans. Grâce aux *puisserandes* qui élèvent le niveau du Rhône, les jardiniers, plaisamment surnommés « plante-poireaux », font mainteant pousser des cultures maraîchères jusque dans Genève : à Plainpalais et surtout à la Jonction. D'alors date l'apparition, tellement bénéfique, des premières laiteries collectives, appelées, on ne sait trop pourquoi, les *fruiteries*.

Ayant retrouvé la prospérité, Genève se fait plus belle. Si, par fidélité au passé, elle se refuse toujours à détruire des fortifications rendues pourtant anachroniques depuis son incorporation à la Confédération, elle n'hésite pas, ailleurs, à faire toilette. Elle désencombre ses places et ses principales rues de leurs boutiques en bois – les hauts-bancs –, ainsi que de leurs « dômes » – ces piliers aux excroissances également en bois. Elle émonde ses rives par la construction de quais : Grand-Quai du Rhône, entre Longemalle et la Fusterie ; quai des Bergues ; quai du Seujet ou du Cheval-Blanc ; quai de la Poste et quai des Etuves. Par-dessus le lac, elle jette le pont des Bergues, en partie en bois, qu'elle relie par une passerelle à l'île des Barques (île Rousseau). Plus en aval, à la pointe de l'Ile, elle construit, toujours en bois, le premier pont de la Machine. Elle dote le trafic par le lac de nouveaux ports : port du Commerce sous le Monument national actuel, et, plus en avant, port de la Scie. Elle construit ses premiers grands hôtels : les Bergues et l'Ecu. Elle s'embellit de nouveaux quartiers, comme celui des Bergues avec la place Chevelu qui remplace les jardins et indienneries des Fazy-Labarthe, ou, sur les fossés, l'ensemble de la Corraterie avec son bel alignement de maisons aux frontons triangulaires, d'une facture toute classique. Elle en transforme d'autres ; beaucoup de maisons au Bourg-de-Four, à la rue Etienne-Dumont, à la Grand'Rue datent d'alors. Comme d'alors date la disparition, au 14 de la rue de l'Hôtel-de-Ville, d'une vieille arcade romaine, vestige du palais burgonde, remplacée – moins poétiquement sans doute, mais plus élégamment – par l'hôtel De la Rive, de style florentin.

Elle améliore ses promenades, replantant par exemple des arbres sur la promenade de Saint-Antoine, favorisée à l'époque d'une jolie vue sur le lac. Elle aménage tout l'exté-

19. *Le port de la Scie, 1865*

20. *Vue prise du bout de la promenade Saint-Antoine à Genève (1814)*

rieur de ses fortifications, faisant notamment surgir aux Bastions le premier jardin botanique (1817). Elle remblaie en partie les fossés des fortifications et jette sur les autres des passerelles pour piétons. Dufour, qui avant d'être général était ingénieur, construit au bastion du Pin le plus ancien pont suspendu d'Europe avec celui de Tournon sur le Rhône. Pour l'emprunter, les piétons payaient deux centimes. Deux autres ponts suivent bientôt : aux Pâquis sur le Fossé Vert, et à la Coulouvrenière.

Dans les environs, de nouvelles villas s'élèvent. Naguère, sur la rive droite, le patricien préférait tourner le dos au lac, dédaignant les Alpes tourmentées pour le paisible Jura. Depuis Horace-Bénédict de Saussure, c'est tout le contraire. Des aspects lointains, une belle vue sur le Mont-Blanc : voilà les charmes qu'on attend maintenant d'une résidence secondaire.

La ville aussi s'est dotée de nouveaux bâtiments, la plupart dans le style classique de l'Empire : marché couvert de Bel-Air, plus tard transformé en poste, siège aujourd'hui du Crédit lyonnais ; Musée Rath, don des demoiselles Rath à la Société des Arts ; Observatoire. Sur les remparts, Jean-Gabriel Eynard fait construire en 1827 un palais de style italien, dessiné par Salucci. Pour les Bartholoni, l'architecte français Callet fils édifie dans la banlieue une villa avec loggia à l'italienne.

De moins bel aspect, mais d'une utilité assurément plus générale, apparaît en 1844 l'usine à gaz de la Coulouvrenière, plus tard transférée à Châtelaine, très vite regardée cependant avec suspicion, car peu après survenait à Genève la première maladie de la pomme de terre ! Et si Genève se dota en 1822 d'un nouveau lieu de distraction : le Casino de Saint-Pierre, rue de l'Evêché, elle compensa sa frivolité en bâtissant trois autres temples : ceux de Carouge, de l'Oratoire et de la Pélisserie.

En harmonie avec ces embellissements, la vie sociale s'est, de son côté, faite plus plaisante. Certains, d'esprit sans doute chagrin, ont parlé des « mines longues » et des « visages renfrognés » de la Genève de la Restauration. Tout au contraire, mémoires et lettres de l'époque laissent l'impression d'une ville enjouée, ouverte aux plaisirs – aux plaisirs simples et de bon ton, s'entend.

Certes, les passe-temps traditionnels n'ont pas cessé. On accourt toujours aux *Exercices de l'Arquebuse*, aux concours de la *Société de l'Arc*, ou aux *Fêtes de la Navigation*. Et, en fin de journée, après avoir consacré au travail des heures appliquées mais dépourvues de fièvre, les hommes, retroussant leurs manches, se retrouvent volontiers sur un terrain de boules, vieille distraction. Les « cercles » ou « clubs » continuent à servir de prétexte à des réunions joyeuses où l'on discute, chante et refait le monde ; tandis que de leur côté les femmes, du moins celles de condition, ont leurs « sociétés » – « sociétés du Dimanche, « sociétés du Jeudi » –, où, dans la paix de quelque jardin, elles papotent autour d'une tasse de thé, l'Angleterre, victorieuse, étant aujourd'hui à la mode. On peut même maintenant se promener en bateau à vapeur. En 1823 est apparu sur le lac le *Guillaume-Tell* avec ses 12 H.P., puis en 1825 le *Winkelried* et le *Léman vaudois*, avec respectivement 50 et 60 H.P. Suivant qu'on prend le premier, le deuxième ou le troisième, on est en mesure de faire le trajet Genève-Coppet-Nyon-Rolle-Ouchy en huit, six et même quatre heures et demie ! En 1840, en dépit des pessimistes qui estimaient que le lac n'était pas assez grand pour une flotte aussi nombreuse, et prédisaient que « le champ de bataille n'offrirait que des cadavres », un quatrième bateau viendra s'ajouter aux trois premiers : l'*Helvetia*.

Mais là n'est pas la Genève qui, à la Restauration, charma tant de visiteurs, ravit Sainte-Beuve et fit dire à Stendhal que telle était sa « gloire » qu'à la différence de villes comme Lyon, Rouen ou Nantes, elle « forçait le voyageur à consacrer trois pages à la description de son caractère[1] ». On la trouve au crépuscule, dans l'une ou l'autre de ses demeures patriciennes. Car il n'est maintenant de jour où la bonne société ne se réunisse, même s'il ne s'agit que de réunions de famille, de réunions d'intimes, n'excédant pas une quinzaine de personnes, mais d'où n'est exclu aucun étranger apportant un peu de l'air du monde.

Toujours à la mode anglaise, on commence tôt, mais, ici, c'est aussi pour ne pas veiller tard. Après minuit, tout bruit est tenu pour tapage, s'agirait-il d'un bal. Point de décorum : les hommes arrivent à pied, les femmes en chaise à porteurs. La voiture ne s'utilise que pour les « avant-soirées » à la campagne, d'où l'on revient à la nuit, en payant aux portes de la ville – alors fermées par fidélité à la tradition – un droit d'octroi, proportionnel à l'écoulement du temps.

Dans un décor d'où toute ostentation est bannie, où, confondu avec l'art, le luxe ne consiste qu'en objets, peintures ou livres de prix, qui, en fait de laquais en livrée, voit circuler de modestes servantes, et dont l'ornement féminin brille plus

1. *Mémoires d'un touriste.*

par la grâce que par la « puissance des volants et des jupes bouffantes », la grande affaire est de converser.

On converse sur tout – du moins, soulignent les chroniqueurs, sur tout ce qui n'est pas vulgaire. Et quoi de plus vulgaire par exemple que les affaires ! « Je ne pense pas, remarque Adolphe de Circourt, avoir entendu deux fois à Genève parler fonds publics, spéculation, économie domestique, dépenses privées dans un salon. » Et d'ajouter qu'on n'y parlait pas davantage bridge – pardon, whist ! – voitures, c'est-à-dire chevaux – encore qu'on en eût de fort beaux. En revanche, on est intarissable sur la marche du monde, sur les arts, sur la littérature, sur la musique et sur la poésie, dont on discute « d'autant plus pertinemment, note avec malice le même Circourt, qu'à Genève, en lisant beaucoup de vers, on en composait fort peu ». Cependant, à l'inverse du siècle précédent, le théâtre et les spectacles n'intéressent plus guère.

Dans cette « société nouvelle », comme elle aime à s'appeler, deux hommes et même trois tiennent la vedette : Etienne Dumont, l'ancien révolutionnaire, aujourd'hui bien assagi ; Sismondi, qui a ses « jeudis » au Bourg-de-Four ou à Chêne et compense par son feu intérieur une « diction lourde et vicieuse » ; et, Bernois installé à Genève, Charles-Victor de Bonstetten, qui, à tous les charmes d'une grande culture, joint le prestige d'avoir connu Voltaire et surtout Mme de Staël. Car, s'il est alors un titre à la considération, c'est bien d'avoir appartenu par le sang ou par l'amitié à « l'exilée du Léman ». De là la popularité dont jouissent Mme Rilliet-Huber, sa cousine germaine, et Guillaume Favre, toujours prêt, à la rue des Granges et dans sa somptueuse demeure de *La Grange*, à raconter de piquantes anecdotes sur les beaux jours de Coppet. S'il fallait même d'une phrase caractériser la vie sociale d'alors, on pourrait dire que c'est avant tout son esprit – « l'esprit de Coppet » – que s'est efforcé de recréer dans ses salons la Genève de la Restauration.

Tant de goût pour la conversation n'a cependant pas diminué l'intérêt porté naguère aux sciences. Au contraire ! l'esprit de Coppet se veut ouvert sur l'univers. Et tandis qu'à l'Académie, laïcisée, la Faculté des sciences, détrônant celle de théologie, est devenue la Faculté « maîtresse », que les érudits et spécialistes trouvent dans la *Société de physique et d'histoire naturelle,* ou dans la nouvelle *Société d'Histoire et d'Archéologie* ou encore dans la *Société médicale,* une aide à leurs travaux, les profanes maintenant disposent, eux aussi, de leur société. Elle se trouve à la Grand'Rue, dans l'ancien hôtel des résidents de France, rebaptisé *Hôtel du Musée*. Henri Boissier lui a fait don de son « cabinet » d'histoire naturelle, M. de Chapeaurouge de sa collection d'instruments de physique et d'astronomie, M. Necker fils de son « cabinet » d'ornithologie. Et c'est là, au sous-sol et au premier étage, qu'auditeurs et auditrices viennent suivre des « cours particuliers », dont le revenu permet aux professeurs de l'Académie d'améliorer leurs fins de mois. Au second étage, fondée en 1829, la *Société de Lecture* offre aux uns et aux autres un lieu de délassement et de conversation, et surtout une bibliothèque dont l'importance ne cessera de croître. Est-il besoin de dire qu'elle existe toujours, accueillante au docte comme au moins docte ?

Mais, en dépit de l'intérêt qui la porte surtout vers les sciences, ce serait faire injustice à la Genève de la Restauration que de ne pas mentionner les noms de ceux qui l'honorèrent dans les lettres et les arts.

A Genève, notait Amiel, « la poésie paraît perpétuellement exotique. Les poètes... y restent des singularités et ne deviennent pas populaires, les chanteurs exceptés. » De fait, quels poètes peut-on donc citer ici ? Imbert Galloix, qu'avait distingué Victor Hugo, mais qui mourut à vingt et un ans, avant d'avoir pu donner sa mesure ? Charles Didier, qui, à la mode du jour, « cria en mesure et se désespéra avec élégance », mais fut surtout connu par ses amitiés, souvent suivies de brouilles mortelles, avec les célébrités du temps : Chateaubriand, Sainte-Beuve, Lamartine, George Sand, etc. ? A dire vrai, la seule grande figure littéraire de la Genève d'alors est l'auteur des *Nouvelles genevoises* et du *Presbytère* : Rodolphe Töpffer, qui, fidèle à la tradition classique malgré de nécessaires concessions au romantisme, a, par sa verve et sa fantaisie, aussi bien séduit ses compatriotes que les fines bouches d'outre-Jura.

En peinture, en revanche, Genève a donné naissance à une véritable Ecole. Après Saint-Ours, Vaucher et De la Rive, sont venus, pour ne citer que les principaux, Charles-Joseph Auriol et Adam Töpffer, père de Rodolphe : peintres de genre, habiles à saisir – le second surtout – la vérité familière et anecdotique d'une rue, d'un village, d'un paysage de campagne. Sans oublier Firmin Massot, le portraitiste très fécond de la Restauration, ni, quoiqu'ils aient peu vécu à Genève, les trois frères Agasse – Jacques-Laurent particulièrement. Sans oublier non plus Louis Arlaud-Jurine et Pierre-Louis Bouvier, miniaturistes et peintres sur émail. Puis, quand en 1830 triomphe le romantisme, vient avec Diday et Calame l'heure de la montagne, des lacs paisibles et des clairs de lune qui met la peinture genevoise à la mode. Toujours à la même époque et toujours sous l'influence du romantisme – non moins porté sur le passé que sur l'Alpe majestueuse –, celle-ci se fait aussi historique. Jean-Léonard Lugardon illustre l'histoire suisse et Joseph Hornung, dont les *Adieux de Calvin* seront en 1829 acquis par souscription nationale pour le Musée de Genève, se passionne pour la Réformation genevoise.

Moins heureuse en sculpture où elle ne donna pas naissance à une Ecole, Genève n'en eut pas moins deux brillants artistes : d'abord Pradier, universellement célébré, et même tenu par Flaubert pour le plus grand sculpteur de son temps, qui, bien que devenu Français, n'oublia pas Genève qu'il gratifia d'une statue de Jean-Jacques Rousseau et du monument d'Auguste-Pyramus de Candole aux Bastions. Il l'a également dotée des bustes de Sismondi, de Charles Bonnet, du général Dufour et de Marc-Auguste Pictet. Il eut un élève : Jean-Elie dit John-Etienne Chaponnière, mort hélas à trente-quatre ans. De sa *Jeune Grecque pleurant sur le tombeau de Byron,* le modèle de plâtre se trouve au Musée de Genève. Son *Fils de Tell* est au Musée de Berne, sa *Prise d'Alexandrie par Kléber* orne l'un des côtés de l'Arc de Triomphe à Paris. Mais surtout, agrémentant l'une des pelouses de la promenade des Bastions et coulé en bronze après sa mort par souscription nationale, il a sculpté un *David rendant grâce à Dieu,* d'une grande finesse, dégagée de toute froideur néo-classique.

Enfin, bien qu'à part François-Gabriel Gras, auteur de recueils de chants, qui appartient d'ailleurs surtout à la seconde moitié du siècle, Genève ne puisse s'enorgueillir d'aucun compositeur, disons quelques mots de la musique. Le remarquable intérêt qu'elle lui porte aujourd'hui est en effet l'œuvre de la Restauration. Jusque-là l'activité musicale se bornait, comme on l'a vu, à des concerts spirituels à Saint-Pierre, à quelques concerts privés à l'Hôtel de Ville ou à des représentations d'opéras au Théâtre. Or en 1823 se crée la *Société de Musique,* et en 1827 la *Société de Chant sacré* qui vont familiariser la population avec l'art d'Euterpe. Parallèlement, François Bartholoni se préoccupe de susciter des vocations, et en 1835 le Conservatoire voit le jour au Casino de Saint-Pierre, qui connaîtra des débuts éclatants, puisqu'en 1835 et 1836 il comptera parmi ses professeurs Franz Liszt lui-même.

III

JAMES FAZY

Jusqu'ici Genève avait été gouvernée par des patriciens attachés à la tradition, fidèles à son passé de « cité-citadelle », partisans d'une patrie pure et donc sélective. Or, avec James Fazy arrivent au pouvoir des hommes essentiellement préoccupés de progrès économique, c'est-à-dire tournés vers l'avenir et ne s'intéressant au passé de la ville que dans la mesure où il avait été empreint de liberté. C'est une révolution.

Fazy était né à Genève en 1794, dans cette famille Fazy qui, chassée de France par la Révocation de l'édit de Nantes, y avait fait prospérer l'indiennerie. D'abord destiné par son père aux affaires, il obtient en 1814 l'autorisation d'aller à Paris étudier le droit ; le voici qui se passionne pour l'économie politique et l'organisation des Etats. S'il rejoint alors l'opposition libérale, c'est surtout – fait rare à l'époque – pour des raisons économiques, s'étant en effet persuadé qu'il ne peut y avoir de prospérité dans un régime de contrainte. Déjà ses premiers ouvrages dénoncent l'usage que les banques font en France de leurs capitaux : non pour promouvoir le commerce et l'industrie, mais pour se livrer stérilement, au profit d'une classe de privilégiés, à l'agiotage sur les fonds publics.

Revenu à Genève en 1825, il crée l'année suivante, avec le concours d'amis comme le poète Jean-François Chaponnière, l'écrivain Petit-Senn et un homme de lettres français, Charles Durant, un périodique auquel il donne le titre de *Journal de Genève,* avec pour devise : « Que nul ne soit en office, s'il n'est agréable au peuple. » Mais la position du journal, bientôt devenu partisan du « progrès graduel », ne tarde pas à lui paraître trop modérée, et il retourne à Paris.

Là, Fazy est de ceux qui préparent la révolution de 1830. Plus que jamais il est convaincu que seul l'accroissement de la production grâce à la mécanisation naissante triomphera de la misère, et qu'il faut pour cela libéraliser les institutions et développer, comme dans les pays anglo-saxons, le crédit. Mais déçu par la Monarchie de Juillet et l'arrivée au pouvoir d'une aristocratie d'argent, jeté d'ailleurs un moment en prison pour sa constante opposition, il décide en 1833 de rentrer à Genève où, fondant, comme on l'a vu, d'abord le journal ***L'Europe Centrale,*** puis la ***Revue de Genève,*** il ne cessera de combattre la classe dirigeante, responsable selon lui d'entretenir la pauvreté par son égoïsme financier et sa rigidité politique.

Tel est donc l'homme qui, à part une courte interruption, va, de 1846 à 1861, gouverner Genève.

La Constitution de 1847

Chargé de réunir une assemblée constituante, le gouvernement provisoire de 1846 rend à son prédécesseur la monnaie de sa pièce, en effectuant à son tour un découpage électoral favorable à ses intérêts. Afin de donner dans la ville la majorité au quartier populaire de Saint-Gervais, et dans le canton la majorité à la ville, il n'institue, d'accord avec le Conseil général qui l'a élu, que trois sections de vote : une seule, dite de « la Ville », pour Genève même, et deux seulement pour le reste du canton, divisé en Rive droite et Rive gauche (du lac et du Rhône).

Et les élections de 1847 donnent effectivement la victoire aux radicaux qui, dans le nouveau Grand Conseil, obtiennent deux fois plus de sièges que les conservateurs et composent de dix des leurs, dont naturellement James Fazy, qui y jouera un rôle déterminant, la Commission de onze membres chargée de préparer la nouvelle Constitution. Finalement celle-ci est adoptée par le corps électoral, le 24 mai 1847, par 5 547 voix contre 3 187.

Même si, comme nous le disions, cette dernière est moins novatrice qu'on ne le croit généralement, elle mérite cependant, à un double titre, de retenir l'attention : d'abord, à peine modifiée, elle régit encore le canton de Genève ; ensuite, après celle du Tessin, elle se trouve être la plus ancienne Constitution cantonale en vigueur dans la Confédération helvétique – plus ancienne même que la Constitution fédérale qui n'a transformé la Confédération en un Etat fédératif qu'en 1848.

Sans entrer dans le détail de ses dispositions, qui fréquemment, répétons-le, se bornent à reprendre celles de 1842,

21. *James Fazy*

soulignons rapidement en quoi consistent ses nouveautés.

D'abord elle rétablit l'ancien Conseil général, quoique avec une compétence moindre – réduite à l'élection des organes dirigeants de l'Etat et à la révision de la Constitution, qu'une disposition originale soumet maintenant à réexamen tous les quinze ans. Le peuple ne participe donc pas directement au pouvoir législatif, qui, comme en 1842, reste de la compétence du Grand Conseil – un Grand Conseil désormais renouvelable entièrement tous les deux ans, et dont le nombre des membres ne doit plus dépasser la centaine.

Quant au pouvoir exécutif, le Conseil d'Etat, maintenant incarné par sept personnes au lieu de treize – elles aussi élues pour deux ans, et chacune chargée d'un département –, il ne comprend plus de syndics, et son président, élu pour une année sans être immédiatement rééligible, n'a pas de pouvoirs propres. Tous ses membres sont donc mis sur un pied d'égalité, et même rendus responsables *in corpore,* c'est-à-dire collégialement. Si on voulait le comparer avec une institution de type parlementaire, on pourrait dire qu'il est à la fois un Conseil des ministres et un chef d'Etat, aussi indépendant à l'égard du corps législatif – qui ne peut le renverser – que le corps législatif l'est envers lui – qui ne peut le dissoudre.

Par ailleurs, on ne s'étonnera pas que, pour s'assurer de nouveaux partisans contre leurs adversaires – les traditionalistes –, les radicaux aient entendu libéraliser l'obtention de la nationalité genevoise – une tactique déjà utilisée, on l'a vu, par Calvin. La Constitution l'accorde donc désormais aux natifs de la deuxième génération et, suivant qu'ils ont respectivement cinq ou dix ans de résidence, aux Confédérés nés dans le canton[1] et aux réfugiés apatrides.

Laïcisant et démocratisant encore davantage l'Eglise protestante, la Constitution en confie la direction à un Consistoire composé de vingt-cinq laïcs contre seulement six ecclésiastiques, tous élus pour quatre ans par l'ensemble des protestants du canton. Même la fonction pastorale devient maintenant élective, étant soumise dans chaque paroisse au vote des fidèles.

Enfin ajoutons que, dans le domaine des droits individuels, la Constitution, en les énonçant de manière plus détaillée, s'en fait une meilleure garante ; que, poursuivant son œuvre de démocratisation jusque dans l'enseignement, elle a institué la gratuité de l'instruction primaire, et que, dans le

1. Délai de résidence ramené, l'année suivante, à deux ans, en application de la Constitution fédérale de 1848.

domaine politico-économique, elle a pris une mesure tenue par certains[1] pour l'une de ses plus importantes innovations : la suppression de la *Société Economique* – nous en verrons plus loin la raison.

Le « régime fazyste »

Le nouveau régime connaît d'heureux débuts. Son premier acte est évidemment d'inverser la décision de son prédécesseur sur le Sonderbund, qui, devenu dès lors illégal et n'ayant pas voulu se dissoudre, est défait dans une courte guerre où Genève s'illustra en fournissant à l'armée fédérale deux bataillons et surtout son commandant en chef, le général Dufour, qu'une statue équestre, œuvre d'Alfred Lanz, sur une des principales places de la ville, récompensera un jour.

Fazy n'en applique que plus résolument son programme. Par priorité, en cette période de crise économique, il lui faut ranimer l'activité. Aussi crée-t-il avec une partie des biens de la Société Economique (première raison de sa dissolution) deux organismes de crédit : la Caisse hypothécaire et la Banque de Genève, qui remédieront au manque de capitaux productifs, et il se lance dans une politique de grands travaux.

L'année 1846 n'est pas terminée, qu'il décide la construction de deux routes sur la rive gauche du lac, l'une reliant les Eaux-Vives à Vésenaz et destinée à former quai jusqu'à la Belotte, l'autre allant de Vésenaz à Hermance. Mais surtout il va, dès que possible, occuper les chômeurs de la ville – trois mille, si on en croit une brochure de l'époque – à une œuvre de longue haleine, cadrant de plus avec ses vues politiques : la destruction du corset de pierre qui, sans profit militaire et d'entretien fort coûteux, empêchait Genève de s'étendre et de bénéficier de tous les apports démographiques susceptibles d'en faire une véritable métropole ouverte sur l'avenir.

Ainsi commencèrent sous son impulsion les travaux de démolition des fortifications qui allaient complètement transformer le visage de la ville et, en l'espace d'une décennie, faire passer la population du canton de quelque 64 000 habitants à près de 83 000 – une augmentation où les autochtones ne figureront que pour un millier d'unités. Voici d'ailleurs les chiffres : en 1850, pour 39 756 autochtones, le canton comptait 9 141 Confédérés et 15 249 étrangers ; en 1860, ces caté-

1. L. Fulpius, *L'Organisation des pouvoirs publics dans les Constitutions de la République et canton de Genève,* Genève, 1942.

gories deviennent respectivement 40 796, 13 200 et 28 700.

Parallèlement, Fazy s'efforce de démanteler les « bastilles » intérieures (cause principale de la suppression par la Constitution de la Société Economique). Il dissout le Comité des orphelins, rattache la Bourse française à l'Hôpital général, contraint la Caisse des familles à disparaître, affecte à la Caisse hypothécaire les fonds des Chantres des églises protestantes et de la société dite des Catéchumènes, et place sous la tutelle de l'Etat la Caisse d'épargne. Il enlève à la Société des Arts son caractère de fondation, la dépossède du musée Rath et lui suscitera en 1852 la concurrence d'un « Institut national pour l'encouragement des sciences, de la littérature, des beaux-arts, de l'industrie et de l'agriculture », plus succinctement appelé « Institut national genevois ». Il met au pas l'Académie dont avaient démissionné en signe de protestation nombre de professeurs, notamment l'illustre physicien Auguste de La Rive, la rattachant désormais, comme toutes les autres branches de l'instruction publique, à un département du Conseil d'Etat et soumettant ses enseignants à de nouvelles élections. Plus d'un perdra ainsi son poste. Mais il y eut en 1849 un remplaçant de marque : Henri-Frédéric Amiel.

Et tandis qu'au plan cantonal il menait ainsi la lutte contre les formes du passé, Fazy, qui admirait fort la Constitution des Etats-Unis et avait été un ami de La Fayette, poursuit au plan fédéral une action non moins novatrice. Partisan du renforcement « à l'américaine » du pouvoir exécutif, il siégera, lors de la révision en 1848 du Pacte fédéral, à la Commission chargée d'examiner les articles relatifs à la centralisation administrative; et toujours par admiration pour la Constitution des Etats-Unis, il sera le véritable père du présent système bi-caméral de la Confédération où, à une diète unique, ont été substituées deux assemblées, l'une représentant les cantons et l'autre le peuple.

Croire cependant que toutes ces réformes s'accomplirent sans heurts serait évidemment faire preuve de naïveté. L'opposition conservatrice demeurait forte, comme l'avait d'ailleurs montré le nombre des opposants à la Constitution : plus d'un tiers des suffrages exprimés, et la presse ne ménageait pas ses critiques. De ses divers organes, le plus véhément était maintenant le *Journal de Genève* qui, significativement, avait changé sa devise en un lapidaire « Nous maintiendrons ». Mais les élections qui ne cessaient de se succéder – Conseil d'Etat et Grand Conseil étant notamment élus par alternance à une année d'intervalle – continuaient à donner la victoire aux radicaux. En 1850, leur majorité au Grand Conseil est même telle, qu'ils pourront sans se vanter lancer aux conservateurs l'apostrophe : « Nous gouvernerons sans vous, contre vous, malgré vous ! »

Radical, Fazy n'était toutefois pas – et il faut le souligner – socialiste. C'est en dehors de toute idée de système qu'il se penchait sur la misère individuelle, à laquelle il était fort sensible – ne lui doit-on pas, par exemple, la création de l'Asile des vieillards et de l'Hôpital cantonal de Genève ? Déjà en 1841 il s'écriait : « Ce n'est point une révolution sociale que nous opérons : il n'y a pas un seul esprit de système mêlé à tout cela : il n'y a ni terrorisme jacobin, ni babouvisme, ni saint-simonisme, ni communisme, ni fourriérisme s'agitant au sein de notre rénovation. » Pour lui, il ne pouvait y avoir de progrès économique sans liberté politique, et toute contrainte, même inspirée par un idéal humanitaire, ne pouvait qu'engendrer la tyrannie.

Et c'est ce qui va lui valoir de premières difficultés avec ses partisans, dont certains lui reprocheront, après qu'il eut généreusement accueilli de nombreux réfugiés socialistes des révolutions manquées de 1848 et 1849, de trop facilement céder aux ordres d'expulsion de la Confédération, elle-même soumise à de fortes pressions diplomatiques. De plus, son caractère autoritaire et ses tendances au favoritisme rebuteront peu à peu beaucoup de ses vieux amis. On lui reprochera aussi de trop avantager les catholiques – il leur accordera notamment une seconde église, près de Cornavin : l'église de Notre-Dame. On l'accusera, plus encore, de ruiner l'Etat, dont le déficit, malgré de fortes augmentations d'impôts, finira par s'élever à la somme, jugée alors astronomique, de cinq millions de francs[1] – on a évidemment fait beaucoup mieux depuis ! Et, en 1853, une conjonction hétéroclite de conservateurs, de socialistes et de radicaux dissidents réussira à l'écarter pour deux ans du pouvoir.

Il y eut donc en quelque sorte deux périodes « fazystes », la première de 1846 à 1853, la seconde de 1855 à sa chute définitive en 1861. Or, comme il arrive souvent des grands réformateurs, comme ce fut par exemple le cas de Roosevelt et de son *New Deal*, c'est au début que les transformations s'opèrent. Après, il ne s'agit plus guère que d'administrer le changement. La seconde période paraît donc relativement terne en comparaison de la première ; à part une mise au pas de la Caisse d'épargne et une lutte d'ailleurs vaine contre la Société

1. Il s'agit naturellement ici, ainsi que dans le reste de cet ouvrage, de francs suisses.

des agents de change pour arracher la Bourse à son emprise, elle aussi aurait pu adopter sans mentir la devise du *Journal de Genève* : « Nous maintiendrons ».

Deux événements cependant l'ont marquée, dont les conséquences n'ont pas cessé de se faire sentir, l'un dans le domaine économique, l'autre dans le domaine politique.

Economiquement, c'est d'alors que date la première liaison ferroviaire de Genève. Le 16 mars 1858, au milieu de joyeux coups de canon, fut solennellement inaugurée la ligne Lyon-Genève, qui, trois mois plus tard, se prolongea jusqu'à Versoix et Céligny pour se raccorder à la ligne Morges-Yverdon. On s'étonnera peut-être qu'il ait fallu attendre si longtemps, surtout après onze années presque ininterrompues de pouvoir fazyste, et tandis que le premier chemin de fer suisse datait de 1844. En fait, Genève fut victime de la politique.

Dès 1844 en effet, un banquier genevois établi à Paris, François Bartholoni, celui-là même à qui Genève doit son Conservatoire de musique, avait, lors d'un de ses passages à Genève, offert d'aider le Conseil d'Etat à relier Genève à Lyon. La commission chargée de se prononcer sur la création d'une ligne de chemin de fer commença par trouver l'idée « peu désirable du point de vue moral », mais ce fut pour la qualifier aussitôt après de fort intéressante économiquement ; et comme il est rare que les considérations économiques ne l'emportent pas sur les exigences morales, Bartholoni fut autorisé, en 1845, à fonder une société où se retrouvèrent de nombreux banquiers genevois : Hentsch, Lombard, Odier & Cie, Pictet, Chaponnière, Ferrier et surtout Christian Kohler. La ligne devait passer par Pont d'Ain et Nantua. Malheureureusement l'année suivante, c'était la révolution à Genève, et deux ans plus tard la révolution à Paris. L'association fut dissoute, et il fallut attendre encore deux ans pour qu'une autre société, toujours formée par Bartholoni et Kohler, mais avec le concours cette fois du général Dufour, fort bien vu du Prince-Président de France, reprît le projet, encouragée par une subvention de deux millions de francs du gouvernement Fazy. Le « débarcadère », c'est-à-dire la gare, devait se trouver à la Servette. Or, nouvelles vicissitudes : en 1853, Fazy est chassé du pouvoir, et ses successeurs, après avoir passé le projet au crible, ne voulurent plus d'une gare à la Servette, jugée trop excentrique, la ville ne s'étendant pas encore jusque-là. Et c'est alors que le choix se porta sur Cornavin, malgré les protestations des gens de Saint-Gervais qui s'estimaient « barrés » de leur banlieue. Enfin, en 1857, la société de Bartholoni ayant fusionné avec le P.-L.-M., le tunnel du Credo fut percé, et l'année suivante tout était terminé.

A cette première ligne une seconde faillit même s'ajouter. Dès 1851, Fazy avait en effet pensé relier Genève à Annecy par chemin de fer et en avait discuté avec le gouvernement sarde. Mais deux ans plus tard ses successeurs renonçaient à une entreprise dont la gare genevoise devait se trouver aux Eaux-Vives. Revenu au pouvoir, Fazy reprit les discussions, prévoyant un raccord avec Cornavin par Veyrier-Carouge et le plateau de Lancy. Mais lui aussi finit par en abandonner l'idée, afin de ne pas mécontenter la partie de son électorat laissée à l'écart de la ligne.

En fait, comme on s'accorde à le reconnaître, Genève a manqué la révolution ferroviaire et, déjà desservie par le tracé de ses frontières, elle n'a jamais su par la suite, faute peut-être de prévoyance ou de clairvoyance, retrouver l'occasion de devenir un nœud de communications régional. C'est ainsi que la ligne Vollandes-Annemasse, reliant Genève à la Savoie, ne fut ouverte qu'en 1888, et qu'elle n'est toujours pas raccordée à Cornavin par la gare de triage de la Praille.

L'autre événement marquant de la seconde période fazyste est de portée plus grande encore, puisqu'il a affecté le sort de la Savoie du Nord. Le Protocole de Vienne et le second traité de Paris de 1815 avaient prévu que le Chablais, le Faucigny et tout le territoire situé au nord d'Ugine seraient compris dans la neutralité suisse. En cas de guerre, ils devaient être dégarnis de troupes, et la Suisse pourrait l'occuper au cas où elle le « jugerait à propos ».

Or voici qu'en 1859 la France et la Sardaigne s'allient contre l'Autriche pour libérer l'Italie. Déjà en 1848 la question de cette libération avait agité les chancelleries, et, s'il n'avait dépendu que de Fazy, la Confédération aurait répondu affirmativement aux avances militaires du roi de Sardaigne, Charles-Albert. Donc en 1859 la guerre éclate, et immédiatement se pose pour la Suisse la question des régions neutralisées. Certains, au Conseil fédéral, veulent les occuper, comme le permettent les traités internationaux, mais la prudence l'emporte et la Confédération décide de voir venir.

Comme on le sait, elle voit venir la défaite de l'Autriche, et du coup apprend que le roi de Sardaigne s'est engagé à abandonner à la France la Savoie et le comté de Nice. Grande émotion à Berne, qui demande des explications. La France la rassure, du moins verbalement : en cas de cession, elle lui abandonnera le Chablais et le Faucigny. Mais quand, le 24 mars 1860, le traité de cession est signé à Turin, aucune mention n'est faite de la promesse. Tout au plus Napoléon III accepte-t-il d'engager des pourparlers avec elle et les puissances concernées. Il fait néanmoins une concession : il respectera le vœu des populations.

Dès lors, la Savoie devient le théâtre d'une intense propagande. Les uns se démènent pour le rattachement à la France, d'autres pour le maintien du *statu quo*, et, animé surtout par les Genevois spécialement intéressés à la question, un troisième parti se dépense en Savoie du Nord pour une adhésion à la Suisse. Non sans succès apparemment, puisqu'une pétition à cette fin y recueillit 13 000 signatures, alors que les deux autres tendances n'en réunissaient même pas 4 000 à elles deux.

Toujours à Berne des voix s'élèvent pour une occupation préventive. A Genève, où l'opinion les appuie unanimement, Fazy et le Grand Conseil pressent le Conseil fédéral d'intervenir. Mais la Confédération s'en tient à une politique prudente, pour ne pas dire timorée, de concertation diplomatique. Elle sait notamment que l'Angleterre est hostile à la cession à la France de la Savoie, mais elle se trompait en pensant qu'en cas de cession elle serait favorable à un démembrement.

Et c'est alors que, désespérant de la Confédération, Fazy va essayer de forcer le cours des événements. On n'a certes pas de preuves formelles de sa participation, mais tout laisse à penser qu'il inspira l'opération. Celui qui la monta était en effet un de ses principaux lieutenants, voire son homme de main ; nombre de ses amis y trempèrent, et lui-même ne fit rien pour décourager des préparatifs qu'il ne pouvait ignorer.

John Perrier ne va donc tenter rien moins que de soulever les populations, estimées « suissophiles », de la Savoie du Nord. Il réunit ses amis le 29 mars 1860, se fait délivrer par l'Arsenal une caisse de munitions, mobilise dans la nuit un bateau à vapeur, l'*Aigle N° 2*, et y embarque une trentaine d'hommes armés.

A 7 heures du matin l'*Aigle* accoste à Thonon, et Perrier descend avec quelques compagnons non armés. Mais où sont les acclamations attendues ? On lui fait plutôt grise mine, et, déçu, il met le cap sur Evian où, toujours sans armes, sa troupe débarque. L'accueil ici est meilleur. On crie : « Vive la Suisse », on chante *La Marseillaise*, on déambule dans les rues et on va déjeuner dans un café du port. On mange beaucoup, on boit plus encore, et quand, à deux heures de l'après-midi, arrive le bateau *L'Italie*, les « envahisseurs » sagement rembarquent. Il faut dire que Perrier est alors ivre mort et que ses compagnons dorment debout !

L'équipée pourrait paraître bouffonne, si elle n'avait provoqué les plus graves remous. L'indignation est générale, même chez les interventionnistes. Et quoique le Conseil d'Etat se soit pressé de désavouer l'affaire, le Conseil fédéral ira jusqu'à placer Genève sous occupation militaire. En Savoie du Nord, en admettant que la Suisse y eût conservé quelques chances, ce coup de force terminé dans le ridicule les lui fait perdre complètement ; d'autant que peu après la France, qui avait déjà envoyé des troupes à Chambéry, procédait, avec la bénédiction du gouvernement sarde, à une occupation déguisée du pays. Les 22 et 23 avril, le plébiscite donne une majortié massive pour l'annexion à la France. Même au Chablais, au Faucigny et au Genevois, il y eut près de 60 000 « oui », contre 161 « non » et 3 256 abstentions.

Le résultat ne fut cependant pas entièrement négatif pour Genève, car, afin de pouvoir plus sûrement triompher, Napoléon III avait promis aux Savoisiens de faire du Faucigny et du Chablais une zone franche, lui ouvrant ainsi un vaste marché où ses produits purent dès lors entrer librement. Mais la Suisse, elle, refusa de reconnaître le nouvel ordre des choses. Une conférence internationale lui offrit des compensations qu'elle refusa, espérant que des changements sur l'échiquier européen lui permettraient de procéder un jour à l'annexion désirée. Vingt ans, elle attendit de la sorte, puis finalement, le 14 juin 1881, elle se résigna à prendre acte du fait accompli. Et voilà comment, pour le meilleur ou pour le pire, les Savoisiens du Nord ne devinrent pas suisses, mais français !...

L'incident Perrier aurait pu mettre fin à Genève au pouvoir radical, il n'en fut rien. Aux élections suivantes du Grand Conseil et à celles, au plan fédéral, du Conseil national, les radicaux obtinrent en effet une majorité appréciable. Mais les jours de Fazy étaient maintenant comptés. Les critiques contre le laxisme de sa politique religieuse redoublent de violence. Déjà le 2 juin 1861 il n'avait été réélu qu'en fin de liste, quand, pour protester contre une décision judiciaire jugée trop clémente contre un homme qui l'avait agressé, les membres du Conseil d'Etat avaient démissionné. Et voici qu'aux élections régulières de novembre, après avoir reçu un camouflet au sein même de son parti, il est battu. On n'en veut pas à ses idées, car la liste radicale, elle, passe. C'est de lui personnellement qu'on ne veut plus ! Ainsi s'acheva brutalement, le 24 novembre 1861, le règne d'une des personnalités les plus marquantes de la vie politique genevoise.

Quel bilan peut-on dresser de ses quinze années de

pouvoir presque ininterrompues ? Disons, pour remonter du particulier au général, que d'abord Genève lui dut de traverser la grave crise économique des années 1846-1849 sans les insurrections qui ensanglantèrent la France. Il réduisit en effet le chômage en créant de grands chantiers nationaux et l'empêcha de s'étendre en mettant à la disposition de l'économie, par le truchement de ses deux créations : la Banque de Genève et la Caisse hypothécaire, les capitaux plus ou moins dormants de la Société dite Economique. Plus tard, ces mêmes capitaux, prêtés à l'industrie, entretinrent l'activité, et prêtés à l'agriculture, libérèrent les cultivateurs des griffes des usuriers. Puis, quand ces capitaux furent épuisés, la Banque et la Caisse s'en procurèrent de nouveaux : celle-là par des moyens sans doute ordinaires, mais celle-ci par un procédé original, conçu par Fazy et imité presque partout en Europe : l'émission, au fur et à mesure de ses prêts, d'obligations négociables d'un montant équivalent. Ainsi Genève put-elle profiter au mieux de la conjoncture, quand, après 1850, celle-ci redevint favorable.

Evidemment toutes ces mesures de relance – et là apparaît le revers de la médaille – coûtèrent cher, et pour les financer Fazy n'hésita pas à constamment emprunter : 2, 250 millions de francs en 1848, 6 millions en 1856, un million en 1861, encore trois millions en 1862 – emprunts qui n'étaient pas toujours négociés aux meilleures conditions et qui finirent par faire dans le budget des trous considérables, trous que – cercle vicieux – Fazy bouchait par de nouveaux emprunts. Ses adversaires eurent donc beau jeu de l'attaquer sur sa gestion des fonds publics – non sans quelque perfidie d'ailleurs, car ses difficultés eussent été moindres si les financiers genevois ne lui avaient pas, pour précipiter sa chute, refusé le plus souvent leur concours.

Et c'est ici qu'on touche au cœur du cas Fazy. Jamais homme ne fut plus haï que lui, ne fut davantage insulté, vilipendé. Et non sans raison, il faut bien le dire, d'un certain point de vue : il fut un iconoclaste ! Cette Genève que chérissaient tant de Genevois, avec son passé, ses traditions, sa personnalité, il la jeta bas. En quinze ans, il fit surgir une ville qui n'avait plus rien de commun avec l'ancienne. Pour les conservateurs, c'était un assassinat ! Ils étaient sincères quand ils s'écriaient en plein Parlement : « Vous avez fait le malheur de votre pays ! », proférant, sans le savoir, les mêmes malédictions contre lui que, trois siècles plus tôt, Ami Perrin et ses partisans lançaient contre Calvin. Apparentement qui n'a d'ailleurs rien de fortuit : s'il est en effet deux hommes qui

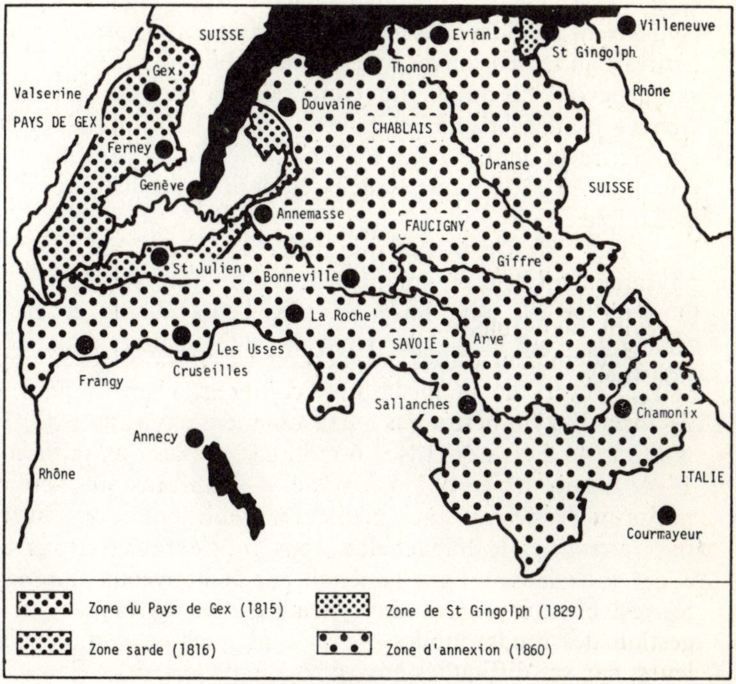

22. *Les zones franches*

changèrent la face et le destin de Genève, c'est bien Calvin et lui !

Encore Fazy ne put-il réaliser tout son programme. Il ne parvint pas à réaliser son rêve d'industrialisation. Comme le soulignait Karl Marx dans le *Capital*, rien n'est plus difficile que d'introduire la grande industrie mécanisée dans une manufacture hétérogène – dont précisément il citait l'horlogerie, principale activité genevoise de l'époque, comme le prototype – où maints métiers, chacun apportant sa pièce, concourent à l'élaboration du produit fini. Et, de plus, Fazy se heurtait au tempérament foncièrement individualiste de l'artisan genevois. Ce qui explique que pour la période 1850-1861 Genève n'ait fabriqué en moyenne que 70 000 montres par an, contre le double pour La Chaux-de-Fonds et même cinq fois plus, en 1854, pour Neuchâtel, dont la production s'était mécanisée.

Mais l'affaire n'était que différée. En ouvrant Genève, physiquement et économiquement, au monde extérieur, Fazy fit venir à elle une foule de travailleurs suisses et étrangers grâce auxquels elle pourrait enfin entrer dans l'ère industrielle.

IV

L'APRÈS-FAZYSME

Fazy a beau avoir été écarté du pouvoir, longtemps encore sa forte personnalité va dominer la scène politique. Son influence continue en effet à être grande sur son parti, resté comme on le sait au pouvoir, ainsi que sur les masses populaires de Saint-Gervais – on le verra bien le 22 août 1864 ! Et, à l'inverse, si ce n'était pour lui, nombre de radicaux qui ont fait dissidence regagneraient le bercail, cessant de donner, au Grand Conseil, une majorité à l'opposition, maintenant groupée dans un nouveau parti, dit « indépendant ». Il sera même cause, un jour, d'un violent conflit entre l'exécutif et le législatif, celui-ci l'accusant d'être un tenancier de tripot, sous prétexte qu'il avait loué son hôtel, au coin du quai et de la rue du Mont-Blanc[1], à un cercle de jeux, et sommant le gouvernement de faire fermer le local ; celui-là lui disant de se mêler de ses affaires et l'envoyant en vacances en dépit d'urgentes mesures qui attendaient d'être votées.

Or, écarté du pouvoir, Fazy a de pressantes raisons de vouloir y revenir. En 1853, à l'époque de sa retraite provisoire, il avait fondé, avec le concours de capitaux français, anglais et italiens, une banque aux vastes ambitions : la « Banque générale Suisse de crédit international, mobilier et foncier », banque qui, aujourd'hui, lui donne passablement de soucis — elle ne tardera d'ailleurs pas à faire faillite. En tant qu'administrateur, il a fait consentir d'importants crédits à des amis politiques, et lui-même se trouve débiteur de 300 000 francs, en plus de 450 000 francs d'hypothèques sur ses propriétés. Qu'on lui en réclame le remboursement, et il est ruiné.

1. A l'emplacement de l'hôtel de Russie, récemment démoli.

Une première fois, en 1863, il avait essayé de rentrer au Conseil d'Etat, mais si la liste radicale était passée, lui avait été battu de justesse. Or, le 12 juillet 1864, une nouvelle occasion se présente, le président en exercice du Conseil ayant été nommé au Conseil fédéral. Aussitôt les radicaux proposent sa candidature, et ses adversaires lui opposent celle du banquier Arthur Chenevière. Après tant d'échecs, c'est pour lui l'élection de la dernière chance. Tout le monde le sait, et dans la ville les passions s'exacerbent, surtout dans le faubourg Saint-Gervais, pratiquement mobilisé.

Le Conseil général, appelé à pourvoir à la vacance, est convoqué pour le dimanche 21 août. Toute la journée on vote. La nuit vient, qui se passe dans la fièvre ; et le lendemain, le dépouillement du scrutin donne les résultats suivants : Chenevière 5 677 voix, Fazy 5 340. Fazy est battu. Alors, sans même motiver sa décision, le bureau électoral, à majorité radicale[1], refuse de valider l'élection.

Stupeur, colère chez les indépendants ! Deux mille furieux envahissent l'Hôtel de Ville, exigeant du Conseil d'Etat qu'il proclame l'élection de Chenevière. Le Conseil n'en a pas le droit, mais, bousculé, finit par le faire. Son arrêté est lu sur la place de l'Hôtel de Ville, et tout un cortège se met en branle pour en informer les divers quartiers. En tête marche le commissaire de police Coulin, escorté de deux huissiers en manteau jaune et rouge, et de sept tambours, suivis de la masse des indépendants qui brandissent des drapeaux.

Mais de l'autre côté de l'eau, les radicaux de Saint-Gervais se sont armés. On leur a dit que l'élection a été truquée, que le gouvernement est prisonnier d'une insurrection, que leurs conquêtes politiques sont en danger, et ils se sont munis de fusils et même emparés de canons, pris à l'arsenal du Grand-Pré.

Entre-temps, le cortège – non armé, précisons-le – a descendu la rue Verdaine, parcouru les rues Basses, puis traversé la Fusterie, le pont des Bergues et la place Chevelu. Le voici arrivé à la rue du Cendrier. Opposition. Coups de feu. Cinq hommes sont blessés. Mais la foule désarme la résistance et continue sa progression. A Chantepoulet, au haut de la rue, elle voit une centaine d'hommes postés avec fusils et canons. Coulin avance et essaie de parlementer. De nouveaux coups de feu éclatent, d'abord tirés en l'air, puis bientôt à hauteur d'homme. Outre trois blessés, il y a maintenant quatre morts

1. Prime aux « lève-tôt », sa composition était en effet tirée au sort parmi les citoyens présents à l'ouverture du scrutin.

sur le pavé. La foule reflue en désordre vers les ponts, criant : « On nous assassine ! Aux armes ! » Et, des armes, elle aussi va en prendre à l'Arsenal, tandis qu'elle élève des barricades. On se croirait revenu à l'époque romaine où, face aux Allobroges de la rive gauche, se dressaient les Helvètes de la rive droite, car, est-il besoin de le dire ? les gens de Saint-Gervais se sont massés à la tête des ponts, bien décidés à en interdire le passage ?

Aucun gouvernement ne veut la guerre civile, et, bien que de cœur avec Saint-Gervais, le Conseil d'Etat essaie de l'apaiser. Des pourparlers s'engagent, et finalement chaque camp consent à désarmer.

Mais l'affaire ne pouvait s'arrêter là. Dans la ville la fièvre demeure, et Genève est aujourd'hui un canton suisse. Des commissaires fédéraux arrivent qui, pour rétablir le calme, font venir des troupes d'autres cantons. Pendant plus de six mois Genève sera sous occupation militaire, on peut aussi dire sous occupation judiciaire, car les instances fédérales se saisissent également de la question de l'élection et des suites à donner à l'émeute.

Les coups de feu sur une foule sans défense ont fait en Suisse la plus fâcheuse impression. Déjà Fazy n'y était pas aimé, même des radicaux. Le 2 septembre 1864, le Conseil fédéral valide la nomination de Chenevière. Cependant, dans un esprit de conciliation, les Assises fédérales se refuseront, le 30 décembre, à prononcer la moindre condamnation.

Ainsi se conclut la prise d'armes du 22 août 1864, qui, ayant consterné les esprits, sera heureusement la dernière de celles dont Genève avait été si souvent le théâtre et la victime.

Est-ce là toutefois la raison qui a fait de ce 22 août 1864 une date historique ? Evidemment non ! Il se trouvait que ce jour-là un tout autre événement se déroulait à Genève. Tandis qu'on se tuait sur la rive droite, dans ce même Hôtel de Ville, envahi par une foule furieuse, les représentants de douze Puissances apposaient leurs signatures au bas d'une Convention destinée à adoucir le sort des militaires blessés sur les champs de bataille. Convention à laquelle le nom de Genève est resté à jamais attaché, et qui fut essentiellement l'œuvre d'un homme.

Henri Dunant était né à Genève le 8 mai 1828, dans une de ces familles touchées par le Réveil. Lui-même, chrétien fervent, s'était dès son adolescence passionné pour les études bibliques ; passant à l'action, il avait inspiré le mouvement de l'Union chrétienne de jeunes gens. Ce qui ne l'avait pas empêché d'entrer dans les affaires. Et c'est dans le but, fort peu humanitaire, d'intéresser Napoléon III à un projet financier qu'il se trouvait en juin 1859 sur les champs de bataille d'Italie.

Le jour de Solférino, il est à Castiglione della Piave, près d'une ambulance française. Bientôt les blessés affluent. Et les plaies qu'il voit, les gémissements qu'il entend le bouleversent tant, que, de retour à la vie courante, il écrit, en 1862, une brochure de 150 pages : *Un souvenir de Solférino,* récit dramatique où il insiste sur l'insuffisance des services de santé et lance l'idée de sociétés nationales de secours pour les blessés, et de corps d'infirmiers volontaires, que reconnaîtraient les chefs des armées en campagne.

La brochure bouleverse l'opinion et suscite un intérêt passionné. A Genève se fonde un Comité de cinq membres – dont font partie le général Dufour et naturellement aussi Dunant –, qui dès 1863 prend le nom de « Comité international ». Une première Conférence, assemblant des délégués de divers pays, se réunit à Genève du 26 au 29 octobre 1863, qui, approuvant la création de Comités nationaux de secours et de corps d'infirmiers volontaires, ainsi que la neutralisation des ambulances et des hôpitaux, adopte le fameux sigle de la croix rouge sur fond blanc. Et c'est pour donner à ces diverses résolutions la sanction d'un traité international que se tint à l'Hôtel de Ville, du 8 au 22 août 1864, le Congrès d'où sortit la Convention qui allait pour la première fois faire entrer la Croix-Rouge dans l'Histoire...

Philippe Camperio

Même si Fazy n'était pour rien dans les événements d'août 1864, c'est à cause de lui qu'ils avaient éclaté. Et il y avait eu mort d'hommes ! On le haïssait trop, pour qu'il ne se crût pas en danger. Il préféra donc se réfugier provisoirement en France, à Ferney d'abord, puis à Paris. De toute manière, sa carrière publique était brisée. Il reviendra bien à Genève, continuera à siéger au Grand Conseil, mais jusqu'à sa mort, en 1878, c'en sera fini de son influence. Après qu'aux élections suivantes les indépendants eurent pris le pouvoir, un autre homme va dominer la scène politique : Philippe Camperio.

Né au Piémont en 1810, il avait suivi, enfant, ses parents au Tessin, puis était venu à Genève étudier le droit. Reçu « bourgeois » en 1847, il avait débuté dans la politique aux côtés de Fazy, mais s'était séparé de lui pour entrer dans le gouvernement dit « réparateur » de 1853-1855. Elu en 1858 au Conseil administratif de la ville, il fut de ceux qui firent construire le pont du Mont-Blanc, dont les dimensions provoquèrent alors la stupeur. Pensez ! il avait 250 mètres de long, et 16 mètres de large ! Bon juriste, orateur de talent, il était, contrairement à Fazy, d'esprit conciliant, qualité assurément indispensable pour maintenir la cohésion d'un parti hétéroclite de conservateurs et de radicaux dissidents, que seule avait jusqu'ici unis la haine de Fazy, aujourd'hui tombé. Ce sera d'ailleurs son grand mérite, outre celui d'avoir redressé les finances, que d'être parvenu à convaincre les conservateurs de l'irréversibilité de la révolution radicale et à leur faire accepter, en les libérant du passé, les mutations industrielles du présent. Malheureusement il ne put obtenir davantage d'une époque aux antagonismes si vifs.

C'est sous ce qu'on a appelé son « ministère » que Genève commença à prendre une stature internationale, devenant un lieu privilégié d'accueil pour les congressistes du monde entier.

Le 3 septembre 1866 s'ouvre en effet chez elle le premier Congrès de l'Association internationale des travailleurs, créée à Londres deux ans auparavant. En 1865 une section genevoise avait vu le jour, dont le fondateur, Jacques Grosselin, monteur de boîtes et député au Grand Conseil, était un radical, non un socialiste. Pas plus d'ailleurs que n'était encore marxiste cette Première Internationale, pénétrée des idées de Proudhon. Et si, à la Brasserie Treiber, rue de la Terrassière, où se tint le Congrès, le drapeau rouge voisina avec les drapeaux nationaux, ce n'était pas pour préparer la dictature du prolétariat, mais pour assurer la victoire du mutualisme, ami de la liberté.

L'année suivante, c'est encore chez elle que se réunit, du 9 au 12 septembre, le Congrès de la Paix, premier effort international en vue d'empêcher la guerre, mais qui, loin de pacifier les esprits, provoquera à Genève de vifs remous. Au mépris de la neutralité suisse, les régimes absolutistes y furent en effet mis en accusation, et, au mépris cette fois du sentiment religieux d'une grande partie de la population, le catholicisme y fut vivement attaqué.

Genève devait d'ailleurs bientôt payer le prix de cette hospitalité, peut-être imprudente à une époque de crise où, conséquence de la guerre de Sécession et surtout de la guerre austro-prussienne de 1866, l'horlogerie, locomotive de l'économie, avait perdu deux de ses principaux marchés. Des troubles ne tardent pas en effet à éclater. Appuyés par les horlogers, les ouvriers du bâtiment, maintenant affiliés à l'Internationale, se mettent en grève. Ils veulent de meilleures conditions de travail et de plus hauts salaires.

Président du Conseil d'Etat et chef du département de justice et police, Camperio va-t-il, comme on l'y pousse, user de la force ? Fidèle à lui-même, il essaie, au contraire, de concilier les parties. Et dans ce premier grand conflit social entre patrons et travailleurs organisés internationalement, la médiation de l'Etat réussit.

Comme elle réussit l'année suivante, quand éclate, non sans violences cette fois, la grève des typographes, auxquels, protestant contre la violation des accords précédents, s'étaient joints les ouvriers du bâtiment, principalement occupés alors à construire aux Bastions les Bâtiments dits « académiques », dont, comme aujourd'hui, la partie centrale était destinée à l'enseignement et l'une des ailes à la bibliothèque, mais l'autre au musée d'histoire naturelle.

Infortuné Camperio ! L'humeur de Genève à l'époque n'était pas à la conciliation. Loin de lui savoir gré de ces succès, les conservateurs lui reprocheront d'avoir fait la part trop belle aux fauteurs de troubles, sans que de leur côté les ouvriers, restés de cœur radicaux, aient cessé de voir en lui l'adversaire de leur idole, Fazy.

Et il n'aura guère plus de chance, quand il tentera de ramener le calme dans un domaine encore plus sensible : celui des croyances religieuses.

Les protestants étaient alors fort inquiets. L'afflux des étrangers — ils étaient maintenant plus de 30 000 dans le canton — avait fini par donner la majorité aux catholiques : 43 000 environ contre 41 000 protestants. Déjà ils n'avaient pas été trop heureux en 1868 de voir la Constitution renoncer à distinguer entre protestants et catholiques, ce qui permettait aux seconds, en échange des garanties cultuelles qu'ils tenaient des traités de 1815 et 1816, de bénéficier des mêmes secours d'assistance qu'eux. Mais surtout ils s'alarmaient de la combativité grandissante de l'Eglise catholique qui s'efforçait de recréer l'évêché de Genève, ayant fait déléguer par l'évêque du diocèse Lausanne-Genève tous ses pouvoirs dans le canton au curé de la ville, devenu pour la circonstance évêque *in partibus* : Mgr Mermillod.

Or, depuis l'effacement de Fazy qui n'avait eu qu'indifférence pour les croyances religieuses, voire pour la morale courante, une nouvelle équipe de radicaux, ardemment protestante, et par là même d'autant plus anticléricaux, avaient pris les rênes. Ils somment le gouvernement, non seulement de rompre avec Mgr Mermillod, mais de soumettre à autorisation toutes les congrégations du canton, notamment celle, à Carouge, des Frères de la Doctrine chrétienne, ou Ignorantins.

Camperio refuse. Espérant même réduire l'antagonisme entre les deux confessions, il accepte une proposition de supprimer les fêtes qui ne leur étaient pas communes, à l'exception toutefois de l'Assomption et de la Toussaint, particulièrement chères aux catholiques. Et le voici maintenant accusé d'encourager l'« ultramontanisme », sans pour autant recueillir les suffrages des catholiques de la Rive gauche, qui avaient été parmi les plus fidèles partisans de Fazy.

Outre la religion et les rapports sociaux, il était un troisième terrain de discorde : le terrain politique, où, pour une large part, les désordres des dernières années avaient été provoqués par l'écartement du pouvoir d'une minorité pourtant presque majoritaire, à cause précisément du scrutin majoritaire et d'un découpage électoral (Ville, Rive gauche, Rive droite) indifférent aux chiffres de la population.

Le mieux eût évidemment été d'adopter la représentation proportionnelle, avec un découpage par petits arrondissements, mais, à défaut, devant l'hostilité du Grand Conseil, Camperio propose de scinder en deux les secteurs populeux de Rive gauche et Ville ; ainsi aurait-on trois circonscriptions d'importance à peu près égale. Le Grand Conseil accepte, tout en tenant à en référer au peuple ; or, poussé par les radicaux, sûrs maintenant de reprendre le pouvoir, et ne tenant donc pas à le partager, celui-ci, le 10 juillet 1870, repousse le projet.

Les radicaux avaient en effet le vent en poupe : en novembre, grâce à l'appui des socialistes et de nombreux catholiques hostiles à la politique vaticane, ils obtiennent la majorité au Grand Conseil, où Camperio n'est même pas élu. Le Conseil d'Etat alors démissionne en bloc et décide de revenir devant les électeurs. De nouveau il essuie un échec, et de nouveau Camperio est battu. Cette fois, le verdict est clair : la majorité du peuple en a assez des compromis, elle veut l'affrontement.

Et, l'affrontement, elle va effectivement l'avoir avec le régime du successeur de Camperio, Antoine Carteret, qui, à bien des égards, n'est pas sans rappeler celui, en France, du « petit père » Combes.

Antoine Carteret

Pendant les huit années qui suivent, Genève, sous l'impulsion d'Antoine Carteret, va en effet s'engager dans une lutte sans merci contre l'« ultramontanisme », c'est-à-dire contre Rome.

Comme Fazy, Carteret est un dur, mais lui est un pur. Il croit à la religion de ses pères, qu'il identifie, dans sa mentalité de vieux Genevois formé à l'époque de la Restauration, à la patrie. Fazy était un viveur, plongé dans les spéculations financières, sceptique, rusé qui, ne détestant que les conservateurs, avait fait aux catholiques toutes les concessions nécessaires à sa carrière ; Carteret est un homme austère, d'une moralité scrupuleuse, qui englobe dans la même haine catholiques et conservateurs. Contre ceux-ci, en adhérant à l'association du Trois-Mars, il avait dirigé ses premiers coups ; contre ceux-là, en s'opposant à la réouverture des couvents d'Argovie, il avait dirigé les deuxièmes. Et aujourd'hui que la principale menace vient de l'Eglise romaine, c'est sur elle qu'il va s'acharner.

Il commence par s'en prendre aux Congrégations dont il soumet l'existence à l'autorisation du Grand Conseil ; ce qui, par départ volontaire ou expulsion, en éliminera le quart, dont les Ignorantins de Carouge. Puis vient le tour de Mgr Mermillod. Ordre lui est donné d'avoir à borner son ministère à celui de curé de Genève, et donc de cesser d'agir en vicaire général de l'évêque ; et quand ce dernier répond que la question ne regarde que l'Eglise, un arrêté est pris qui ne le reconnaît plus comme curé de la ville et lui supprime son traitement.

Dès lors, l'affaire s'internationalise. Appuyant Carteret, le Conseil fédéral confirme son opposition à la création d'un évêché de Genève et, mettant tout particulièrement Rome en garde contre la désignation de Mgr Mermillod, il l'invite à n'y nommer de vicaire apostolique qu'après consultation avec les autorités cantonales. Le 16 janvier 1873, Rome désigne Mgr Mermillod. Convoqué par le Conseil d'Etat, ce dernier renouvelle son intention d'agir en vicaire général. Alors le Conseil fédéral, bien qu'il n'en eût pas le droit, car Mgr Mermillod était suisse et n'avait commis aucun délit en acceptant d'un pouvoir étranger des fonctions que, lui Conseil, réprouvait, prend un arrêté d'expulsion, aussitôt exécuté. Le pape, dans une encyclique, qualifie la mesure d'« ignominieuse et déshonorante pour ceux qui l'ont décrétée et exécutée » ; à la suite de quoi le nonce apostolique est poliment reconduit à la frontière. Le peuple voulait des affrontements, il est donc servi !

Encore tout cela ne sera-t-il qu'un prélude. Voyant en effet dans l'ultramontanisme le fruit de l'absolutisme, Carteret entreprend rien de moins que de démocratiser l'Eglise catholique de Genève.

Le 19 février 1873, une loi vient subordonner l'entretien du culte catholique par l'Etat à la condition que curés et vicaires soient, comme les pasteurs, élus par les fidèles. Mgr Mermillod élève une protestation solennelle, mais tous les catholiques ne le suivent pas. Le dogme de l'infaillibilité pontificale a en effet troublé plus d'une conscience suisse, et des associations de dissidents se sont formées. Celle de Genève se range derrière le gouvernement. Elle appelle auprès d'elle un carme alors fameux, le Père Hyacinthe Loyson, qui, le jour de Pâques, célébra la première messe en français – un siècle donc avant Vatican II ! Puis, en août, elle adopte le principe d'une Constitution supprimant le célibat des prêtres, ainsi que la confession auriculaire, et faisant participer les laïques au gouvernement de l'Eglise.

Pendant ce temps, le Conseil d'Etat préparait sa nouvelle loi organique, adoptée le 27 août par le Grand Conseil. L'Eglise de Genève comprendra désormais vingt-trois paroisses, avec trois curés pour celle de la ville. Curés et vicaires seront élus par les catholiques inscrits au rôle des électeurs cantonaux, avec un quorum fixé au quart des électeurs inscrits. Ils devront jurer de respecter les lois en vigueur et s'exposeront, en cas de forfaiture, à être suspendus par le Conseil d'Etat. Les paroisses seront administrées par des Conseils de paroisses, et l'Eglise dirigée par un Conseil supérieur.

A Genève, le 12 octobre, 1 200 électeurs sur 2 595 inscrits se présentent pour élire leurs trois curés, qui, sous la protection de la police, prennent possession de l'église Saint-Germain. Les curés de Lancy, de Chêne-bourg et de Carouge, ayant refusé de prêter serment, sont destitués et, le 28 décembre, remplacés par trois curés élus. On vote encore le 10 mai 1874 pour le Conseil supérieur, mais on n'ose pas organiser d'élections dans les cures vacantes d'Hermance et de Presinge. Quant aux catholiques romains, chassés de Saint-Germain, ils ont transformé en église et voué au Sacré-Cœur l'ancien Temple des francs-maçons, acheté par un Gessien pour Mgr Mermillod.

Voici donc maintenant aux prises deux Eglises catholiques : la Romaine et la Libérale – ou Nationale. Sur le papier, la lutte ne semble pas équilibrée, puisque, à égalité de foi, l'une est appuyée par le gouvernement et l'autre persécutée. Mais très vite des tensions vont se manifester au sein de la première. Unis contre Rome, les curés libéraux qui, pour la plupart, venaient de France, ne le sont pas entre eux ; tandis qu'opprimés leurs adversaires serrent les rangs. Le 4 août 1874, Hyacinthe Loyson donne sa démission, suivi d'une dizaine de ses collègues. Et la lutte tend de plus en plus à se circonscrire entre les catholiques romains et le gouvernement.

Dès 1874, l'affrontement prend une tournure aiguë. S'étant avisé que les curés romains n'avaient pas encore prêté le serment exigé, le Grand Conseil les somme, le 28 août, de s'exécuter, faute de quoi ils ne toucheront plus de traitement. Refus des curés, que le gouvernement suspend aussitôt. Mais à l'élection de leurs successeurs, le quorum du quart des électeurs inscrits n'est pas chaque fois atteint. Alors le gouvernement supprime le quorum. Encore faut-il que les élus puissent prendre possession de leurs églises, dont les maires leur refusent les clefs. Alors le gouvernement révoque les maires. Mais les catholiques les réélisent. Et le gouvernement n'a plus d'autre ressource que d'interdire leur réélection immédiate.

Quelques incidents éclatent. Le 20 janvier 1875, le curé « national » de Compesières veut baptiser le dernier-né de la famille Maurice. Il trouve l'église barricadée, avec des scellés sur la porte. Il insiste et reçoit une volée de pierres. Et il n'arrivera, cinq jours plus tard, à faire du petit Maurice un chrétien qu'après avoir brisé les scellés, ouvert une brèche dans le mur et mobilisé trois compagnies d'infanterie, un peloton de cavalerie et quatre-vingts gendarmes !

Dans leur guerre défensive, les curés romains recourent volontiers à la tactique de la terre brûlée. Quand les curés nationaux veulent prendre possession des églises, ils les trouvent souvent vides : objets du culte, meubles et registres paroissiaux, tout a disparu. Le gouvernement a tenté une parade en faisant procéder à des inventaires, mais ses représentants, devant la résistance qu'ils rencontrent, doivent le plus souvent arriver flanqués d'un commissaire de police et d'un « crocheteur officiel » – entendons un serrurier. D'où bien des procès, que le gouvernement ne gagne pas toujours.

Un degré de plus dans la lutte est atteint, lorsque, le 23 août 1875, le Grand Conseil supprime les Congrégations. Et un degré de plus aussi dans l'acrimonie. Car que faire de leurs biens ? Rien de plus simple, a pensé le gouvernement, qui se les est appropriés sans autre cérémonie, tout en conservant cependant leur affectation. Mais, saisie par les catholiques romains, la justice fédérale ne lui en laissera finalement que la possession, sans toutefois de conditions d'affectation.

Certes, cette politique agressive ne fait pas l'unanimité dans tous les milieux, même pas chez les radicaux, dont certains n'avaient suivi Carteret que pour mettre un terme à l'expansion du catholicisme, non pour lui substituer, dans une lutte incertaine, un culte nouveau. Mais le peuple approuve massivement une politique dont l'anticatholicisme remue en lui des fibres profondes, apprécie aussi l'homme dont l'inflexible austérité correspond si bien à l'idéal du calvinisme – de là viendra que, malgré toutes les vicissitudes de la politique, Carteret demeurera populaire et mourra honoré, à la différence de Fazy qui, vaincu, fut en butte à bien des avanies et mourut déconsidéré.

Il ne faut cependant pas croire que chez Carteret l'anticlérical ait éliminé le progressiste. Dans la mesure d'ailleurs où chacun d'eux voulait lutter contre l'obscurantisme, n'étaient-ils pas solidaires ? Et pour satisfaire en lui aussi bien l'un que l'autre, Carteret s'efforcera de répandre l'instruction publique.

La loi du 19 octobre 1872 est en grande partie son œuvre qui crée et subventionne dans chaque commune une école enfantine gratuite, porte dans l'ensemble des cantons de quatre à douze le nombre des écoles moyennes ou secondaires, ouvre en ville une école complémentaire pour jeunes filles, accorde des bourses aux élèves et étudiants méritants, et institue le soir des cours de perfectionnement industriel et commercial. Le tout placé sous le contrôle exclusif de l'Etat, souverain en matière de programmes, de livres et d'attribution de postes. Enfin, il couronne son action par la transformation de l'Académie en Université, désormais dotée, après celles des sciences, des lettres, de droit et de théologie, d'une Faculté de médecine, dont les bâtiments seront inaugurés le 23 octobre 1876. Toujours naturellement sous l'étroite surveillance de l'Etat.

Et c'est ici qu'il faut ajouter une autre composante à la personnalité de Carteret. De lui, il ne suffit pas de dire que, calviniste progressiste, il fut dominé par son aversion du catholicisme et du conservatisme, il fut aussi un ardent champion de l'Etat, en qui il voyait le porte-parole de la volonté générale : de cette volonté que, calviniste doublé d'un rousseauiste, il essaya de faire prévaloir dans tous les domaines, même au sein de la justice où, aux côtés des magistrats de carrière, il institua des assesseurs « laïques », c'est-à-dire profanes, chargés d'exprimer dans le prétoire le sentiment populaire. C'est d'ailleurs son attachement pour elle qui finira par amener, sinon sa chute, du moins le terme de son règne.

On était alors en 1878. Le 6 octobre, Carteret avait soumis au Conseil général un projet de révision de la Constitution, augmentant aux dépens des libertés individuelles et communales – surtout en matière d'instruction publique – les pouvoirs de l'Etat. Le Grand Conseil l'avait approuvé massivement, et il ne doutait pas de la victoire. Or non seulement le projet fut repoussé par le peuple, il le fut à l'écrasante majorité de 8 567 voix contre 2 676 ! Cinglant désaveu, suivi peu après pour Carteret de deux défaites personnelles. Il est battu le 27 octobre à l'élection du Conseil national. Puis, lorsque vient celle du Grand Conseil, où son parti va de surcroît perdre la majorité au profit des conservateurs, rassemblés maintenant au sein d'un parti dit « démocratique », il n'est que l'avant-dernier élu de sa liste. Certes, il restera encore au pouvoir, mais il devra désormais compter avec une opposition suffisamment forte pour ne plus pouvoir imposer sa volonté. Une page de l'histoire de Genève était tournée.

Avant toutefois d'aborder la suivante, on ne peut, à la différence de Carteret qui, absorbé par sa croisade idéologique, ne s'était nullement soucié des questions économiques, passer sous silence deux événements dont l'effet sur l'activité de la ville fut considérable, l'un en bien, l'autre en mal.

D'abord, c'est de cette époque que date la richesse des banques genevoises, née – les malheurs de l'un font parfois le bonheur de l'autre – de la défaite de la France en 1870. La France, il est vrai, leur devait bien cela, elle dont les débâcles financières n'avaient cessé jusque-là de les ruiner !

Après les premiers revers des armées impériales, nombreux avaient en effet été les capitaux à franchir la frontière. Genève était si proche, et la Suisse si neutre ! Dès lors, l'argent que la France avait accumulé sous le Second Empire – et jamais elle n'avait été aussi prospère –, c'est pour une bonne part Genève qui va en faire le courtage. De nouveau elle sera devenue son banquier, mais cette fois dans le bon sens : elle ne prête plus, elle reçoit ! Comme nous le disions, c'est bien d'alors que date la richesse des banques genevoises !

Regorgeant ainsi de capitaux, Genève devient en outre un lieu d'accueil pour qui est en mal de financement : industriels, commerçants, voire gouvernements. Et, place bancaire, elle devient aussi une importante place financière ; elle jouera notamment son rôle, quand, pour s'acquitter de l'énorme tribut de guerre imposé par Bismarck, le gouvernement français dut émettre deux emprunts internationaux – payant donc Genève pour de l'argent en réalité français.

Devant l'extension prise par les affaires financières, les principales banques privées, dont les associations n'avaient été dans le passé qu'épisodiques, institutionalisent désormais leur coopération au sein d'un organisme permanent : l'*Association financière de Genève* ; tandis que de leur côté de grandes banques étrangères viennent maintenant à Genève ouvrir des succursales. Ainsi fait en 1872 la Banque de Paris et des Pays-Bas, née de la fusion de la Banque de Paris et de la Banque de crédit et de dépôt des Pays-Bas ; ainsi fait également en 1876 le Crédit Lyonnais, que des banquiers genevois avaient, en 1863, porté sur les fonts baptismaux.

Cet afflux de capitaux est d'autant mieux venu que la Fabrique a continué de se détériorer. Surtout après que fut assené à l'horlogerie ce qu'on peut appeler le coup de poing américain. Car, ô surprise ! ô consternation ! à l'Exposition de Philadelphie en 1876 on découvrit qu'en se mécanisant, grâce d'ailleurs à un Suisse – on est toujours trahi par les siens ! – l'industrie horlogère américaine, dont les pièces étaient désormais interchangeables, avait pris un essor prodigieux. Et depuis lors, le marché des Etats-Unis s'était définitivement fermé aux produits suisses, et le marché européen avait été inondé de montres à bon marché. Pour survivre, l'industrie genevoise allait donc devoir, elle aussi, se mécaniser. Mais en attendant, c'était la crise – une crise dont une des branches de la Fabrique : la bijouterie, ne se relèverait d'ailleurs jamais complètement. Et peut-être faut-il voir là une raison supplémentaire de la chute du régime Carteret.

Enfin, pour la petite Histoire, signalons que c'est au cours de cette période que le duc de Brunswick légua sa fortune à Genève, dont la contre-partie fut l'érection, au bord du lac, de ce monument plus imposant que gracieux, imité de celui des Scaliger, à Vérone.

Décollage industriel

Dans la période qui s'ouvre, Carteret reste sans doute au Conseil d'Etat et y restera jusqu'à sa mort, mais en fait il ne va même plus diriger son parti, qui graduellement passe entre les mains d'éléments plus jeunes, plus ouverts aux problèmes de l'heure, parmi lesquels quatre noms – le « quatuor », comme on dira – se détachent : Gavard, Lachenal, Moriaud et surtout le brillant rédacteur du *Genevois :* Georges Favon.

C'est que Carteret a cessé d'être l'homme de la situation. Non seulement l'offensive catholique est maintenant brisée, mais, gagné par Rome, le conflit confessionnel ne cause plus au gouvernement que des désagréments. Il s'agit donc maintenant de le liquider. Et c'est à quoi va s'attacher le nouveau Conseil d'Etat. Certes, il ne peut, sans perdre la face, abroger la loi de 1873 qui l'a provoqué, mais n'existerait-il pas quelque autre moyen de tirer son épingle du jeu ?

Le 18 décembre 1878, Henri Fazy, parent du tribun et fondateur avec des radicaux dissidents du groupe de la *Jeune République,* propose au Grand Conseil un remède : séparer l'Eglise de l'Etat. L'Etat cessera de subventionner les cultes et de s'occuper de religion. Le Conseil le suit, mais, soumis au peuple, le projet est rejeté par plus des deux tiers des votants. Du fait qu'il englobait aussi le protestantisme, il sembla sacrilège. Trop longtemps à Genève, Réforme et Etat avaient eu partie liée, pour qu'en se séparant de celle-là, celui-ci ne parût pas renier son passé et perdre son identité.

Fort heureusement un événement imprévu va venir au secours du gouvernement. Le 13 mars 1883 en effet, le titulaire du diocèse de Lausanne et Genève meurt, et le Vatican le remplace par Mgr Mermillod. La menace d'un Mgr Mermillod simple évêque de Genève est donc définitivement écartée. Et comme, dans un esprit de conciliation, ce dernier s'abstiendra de venir à Genève remplir ses fonctions épiscopales, rien ne s'opposera plus, en principe, à la réconciliation. Le Conseil fédéral rétablit ses relations diplomatiques avec le Saint-Siège, et la question catholique, déjà assoupie par le rétablissement entre-temps du quorum aux élections ecclésiastiques, tombe dès lors en sommeil. Genève peut maintenant se consacrer au vrai problème qui la concerne.

Ce problème, méconnu par Carteret, c'est celui de la révolution industrielle. Dans un monde qui n'a cessé de changer, Genève est restée figée. Contrairement à la plupart de ses voisins, Suisse orientale comprise, elle n'a en effet pas dépassé le stade artisanal : petits ateliers, travail à domicile — au grand détriment, comme on l'a vu, de son horlogerie. Même la consolation que, dans la décennie précédente, elle tirait de sa situation de place financière lui a été aujourd'hui enlevée. Le krach en France, en 1881-1882, de l'Union générale a porté à sa Bourse un coup dont elle ne s'est relevée qu'imparfaitement. Il lui faut donc impérativement trouver des activités de remplacement, bref se mécaniser.

Et encouragée désormais par les pouvoirs publics qui, comme nous le verrons, lui fourniront l'infra-structure voulue, l'industrie va enfin faire son apparition à Genève : industrie chimique, quand la maison Prosper Monnet produira des colorants et bientôt des parfums et des savons, mais surtout industrie mécanique grâce à la Société genevoise d'instruments de physique.

Fondée en 1860 par le botaniste Marc Thury, celle-ci s'était, deux ans plus tard, acquis le concours du fameux physicien Auguste de La Rive et, à la rue Gourgas, dans un modeste atelier, elle fabriquait des instruments de mesure de haute précision. Mais, diversifiant considérablement sa production, elle va bientôt servir en quelque sorte d'entreprise pilote à toute une constellation d'industries mécaniques, dont les deux principales prendront plus tard les noms d'Ateliers de Sécheron et d'Ateliers des Charmilles, et pour l'heure s'appellent respectivement la « Cie de l'industrie électrique et mécanique » et la « Société Piccard-Pictet & Cie » que l'on nomme familièrement « Pic Pic ».

Quand à l'infra-structure, subventionnée par l'Etat, elle fut essentiellement l'œuvre d'un homme, véritable père des Services industriels de Genève : Théodore Turrettini. Pendant vingt ans il va en effet s'efforcer de capter la force motrice que, grâce au lac et au Rhône, Genève avait à sa porte, et la mettre à la diposition de l'industrie mécanique.

Dès 1882, date de son élection au Conseil administratif, il convainc le Conseil d'Etat d'accorder à la ville le droit de mettre cette force en valeur, puis de lui accorder les crédits voulus : 1,750 million de francs. Et il passe à l'action. Draguant le port, construisant au pont de la Machine un barrage à rideaux et édifiant à Bessinge un réservoir de 12 500 m^3, il régularise le niveau du lac ; quant au Rhône, il, bâtit en aval de l'Ile une digue longitudinale qui le sépare en deux bras, qu'il fait draguer. Et dès 1886 il a de quoi alimenter, dans le bâtiment de la Coulouvrenière, cinq turbines développant chacune 210 chevaux – turbines devenues même six à la fin de 1887. Un réseau de canalisation à basse pression, qui part d'un réservoir au Bois de la Bâtie, fournit l'eau ménagère, tandis qu'un autre, à haute pression, partant du réservoir de Bessinge, alimente les 175 moteurs industriels de la ville. Puis, quand, vers la fin du siècle, vient l'heure de l'électricité et que, d'hydraulique, la force motrice se fait hydroélectrique, Turrettini, avec un crédit de trois millions de francs, construit à Chèvres une usine qui – date éblouissante ! – fera, le 31 décembre 1895, jaillir à Genève l'électricité.

Restait cependant à régler, toujours dans l'intérêt du développement industriel, le problème ferroviaire du canton. Et là, Genève s'était laissé damer le pion par Annemasse. Aboutissement de dix années d'efforts, Annemasse avait en effet été reliée, en 1883-1884, tant à Annecy, au sud, qu'au Fort-de-l'Ecluse à l'ouest, et à Thonon à l'est, devenant ainsi le centre d'une région que jadis Genève n'avait cessé de dominer économiquement. Il était donc urgent de s'y raccorder. Et, ayant débloqué les crédits voulus, le gouvernement aura, le 27 mai 1888, la satisfaction de pouvoir inaugurer la ligne Genève-Vollandes-Annemasse. A quoi s'ajoutèrent des lignes à voie étroite pour les communications à l'intérieur du canton.

Si résolue Genève est-elle maintenant à jouer la carte de l'industrialisation qu'en 1886, malgré l'opposition de Carteret, elle modifie dans un sens « utilitaire et pratique » sa grande loi de 1872 sur l'instruction publique. Elle veut faire moins d'intellectuels et plus de producteurs. Et, alors que la scolarité est rendue obligatoire jusqu'à l'âge de treize ans, les programmes deviennent plus techniques, le travail manuel est introduit dès le primaire et – innovation jugée alors capitale – elle crée des écoles professionnelles.

Tous ces efforts seront payants. A la fin du siècle, Genève aura plus que rattrapé son retard. La Fabrique s'est enfin mécanisée, et la métallurgie a pris un bel essor. De la population active du canton, le secteur primaire (agriculture, sylviculture) n'occupe même plus 9 %, contre près de 42 % pour le secteur industriel et – ceci conséquence de cela – près de 50 % pour le secteur tertiaire (commerce, transport, services). Industrialisation au demeurant très diversifiée où, en l'absence d'une puissante industrie lourde, la Fabrique, malgré une main-d'œuvre désormais moindre que dans le bâtiment ou la métallurgie, continue à jouer économiquement un rôle essentiel – preuve, comme on l'a justement fait remarquer, d'une transformation plus qualitative que quantitative[1].

Et peut-être faut-il voir là une des raisons de ce fait remarquable : la révolution industrielle s'est accomplie ici dans un climat de liberté politique, elle a coïncidé avec un accroissement des droits populaires. C'est en effet d'alors que date l'introduction du referendum facultatif dans la Constitution (1879), comme c'est alors (1886) que, rapprochant l'urne des électeurs, une loi va permettre, pour toutes les élections, y compris celle du Conseil d'Etat, le vote à la commune même – enterrant ainsi définitivement le Conseil général.

Mais même dans ce contexte l'industrialisation ne pouvait manquer de poser des problèmes. Outre que sous l'afflux des étrangers et des Confédérés Genève voyait graduelle-

1. Jean-Claude Favez et Claude Raffestin, « De la Genève radicale à la cité internationale », *Histoire de Genève,* Toulouse-Lausanne, 1974.

ment se diluer sa spécificité, la grande entreprise ne permettait plus à l'Etat de se désintéresser du sort des travailleurs. Il fallait des lois sociales, et, grâce à Georges Favon, le gouvernement s'engagea peu à peu dans cette voie nouvelle, instituant en 1882 la juridiction des prud'hommes, discutant déjà de la possibilité d'introduire l'assurance-maladie obligatoire.

Paradoxalement, toute cette œuvre était liée à l'existence d'Antoine Carteret. Lui seul avait atténué au sein de son parti l'opposition entre partisans et adversaires du « quatuor ». Mais il meurt le 28 janvier 1889, et cette mort va provoquer chez les radicaux une scission, laquelle, jointe au désordre des finances, ramène au pouvoir les conservateurs, qui, comme on l'a vu, s'intitulent maintenant « démocrates ».

Le programme d'industrialisation avait naturellement coûté cher. D'autant que les radicaux ne s'étaient pas trop préoccupés de ses incidences financières. Ils avaient même fait preuve de négligence, comme dans le cas de la route de Saint-Georges qu'ils firent construire sans avoir pris la précaution de traiter au forfait. Résultat : une facture de deux millions de francs, au lieu du million prévu.

Le premier souci des démocrates sera donc, sous la conduite de leur chef, Gustave Ador, de remettre de l'ordre dans les finances. A la place de déficits budgétaires atteignant parfois plus de 10 % de recettes, ils vont faire surgir des *boni* : 117 961 francs en 1891, 71 121 francs en 1892, 161 965 francs en 1893, 12 059 francs en 1894, 283 262 francs en 1895, 128 236 francs en 1896 et 49 190 francs en 1897 ! Et si en 1898 les déficits recommencent, c'est que les radicaux auront alors repris le pouvoir. Ce qui ne veut toutefois pas dire que les démocrates n'engagèrent pas de dépenses extraordinaires, qu'il fallut bien couvrir par l'emprunt, puisqu'on leur doit, au coût de plus de cinq millions de francs — presque le montant d'un budget annuel ! — la décision de construire l'asile de Bel-Air.

« Démocrates », à défaut de privilégier, eux, l'industrialisation, ils se devaient de donner à la Constitution un visage plus démocratique. Et, tout en portant, par souci d'efficacité, de deux à trois ans la durée du mandat du Conseil d'Etat et du Grand Conseil, ils vont, avec l'aide de certains radicaux, accorder au peuple le droit d'initiative, ainsi que le droit d'élire lui-même les délégués du canton à la seconde chambre fédérale : le Conseil des Etats. Ils feront également adopter enfin la représentation proportionnelle.

Toujours par libéralisme, ils s'efforceront d'atténuer les

rigueurs de la loi confessionnelle de 1873, rendant aux catholiques romains la vingtaine d'églises que la désaffection des fidèles n'avait pas permis de pourvoir de prêtres « nationaux ». Et, quand, devenu cardinal en 1890, Mgr Mermillod quittera son diocèse de Lausanne et Genève, ils noueront avec son successeur des rapports cordiaux.

Mais peut-être l'événement le plus saillant de leurs sept années de pouvoir aura été la mise sur pied de l'Exposition nationale de 1896, à la gloire de la Suisse et de ses activités, dont le clou fut sans conteste, en direction du Bois de la Bâtie, le Village suisse, avec ses 350 habitants, son église, ses industries, ses fêtes. Autour de l'église, des constructions reproduisaient les édifices les plus caractéristiques des diverses régions du pays. Plus loin, au milieu des arbres et des prairies, on voyait des fermes, des étables, des auberges, une montagne où cascadait un ruisseau. On pénétrait dans la montagne et on découvrait le grand panorama des Alpes bernoises.

L'Exposition qui, avec 2,3 millions d'entrées, connut un vif succès, fut en quelque sorte le chant du cygne du gouvernement démocratique. L'année suivante, il sera en effet battu par une coalition de radicaux et de socialistes. Il avait restauré les finances, victimes de l'industrialisation : l'électorat estima qu'il avait rempli sa tâche. Un socialiste entrera même pour un temps au Conseil d'Etat. Le XXe siècle va désormais commencer.

Panorama urbain

Mais que de changements étaient survenus à Genève ! Le canton comprend maintenant 40 % d'étrangers ; et, pour peu qu'ils aient trois mois d'établissement, les Confédérés, depuis la révision en 1874 de la Constitution fédérale, ont le droit de voter, tout comme n'importe quel Genevois — Confédérés presque aussi nombreux que les autochtones : 36 415 contre 43 550 ! Il y a un siècle, la République était presque entièrement genevoise, aujourd'hui les Genevois ne représentent même pas le tiers de la population et n'ont plus qu'une voix sur deux pour décider de leur destin.

Et cette population a, en cinquante ans, pratiquement doublé, passant de 64 146 habitants à plus de 130 000 : croissance qui a surtout été le fait de la ville dont les 37 724 habitants sont devenus 96 393 — en augmentation de plus de 150 % ! Cette dernière a donc dû s'agrandir, s'étendant d'abord jusqu'aux communes suburbaines de Plainpalais, des Eaux-Vives, des Grottes et des Pâquis, puis les débordant pour créer de nouveaux quartiers au-delà du Pré-l'Evêque et des rues du Môle et du Prieuré, ainsi qu'aux Cropettes, à Montbrillant, à la Servette, et à la route de Lyon ; s'étirant le long de la Coulouvrenière jusqu'à la Jonction et autour de la plaine et de la route de Carouge, faisant naître le quartier du Mail ; mais essaimant également en pleine campagne où de jolies villas et de petits hôtels particuliers ont commencé à coloniser la verdure de Florissant et de Champel – le tout, malheureusement, sans le moindre plan d'ensemble et sans qu'ait pu y remédier la loi, trop tardive, de 1878.

Pourtant, par bien des côtés, la ville présente un aspect plaisant. Elle a orné sa rade du fameux jet d'eau, créé le Jardin anglais, achevé par la construction de jetées l'aménagement de son port, poussé plus avant le déroulement de ses quais : celui des Bergues jusqu'au Parc Mon-Repos, celui du Léman (Wilson) jusqu' à la rue de Lausanne, celui de la Poste jusqu'à devenir, en aval du Rhône, celui des Forces motrices. Elle a aussi su se donner de l'air, construisant ou agrandissant les ponts de la Coulouvrenière et du Mont-Blanc, refaisant et réunissant les doubles ponts de l'Ile, remplaçant en métal celui en bois des Bergues. Elle s'est dotée de nouvelles artères, comme la rue du Commerce, la rue Céard, la rue de la Tour-Maîtresse (détruisant, hélas, en 1864 la fameuse tour), la rue du Stand, l'avenue du Mail, le boulevard Saint-Georges et le boulevard du Pont-d'Arve, reliés entre eux par le boulevard Carl-Vogt. Elle a démoli une arcade de la place du Molard pour s'ouvrir sur le lac, élargi la rue de la Corraterie à l'angle des rues Basses, et la place de Longemalle à l'angle de la rue de la Croix-d'Or, dégagé enfin la rue du Mont-Blanc par la démolition de ses casernes.

Sur la place Neuve s'élèvent maintenant le Conservatoire de Musique (1858) et, reproduction de l'Opéra de Paris, le nouveau Théâtre (1874-1879) qui a remplacé l'ancienne Comédie aux Bastions ; de son côté, le quai du Mont-Blanc accueille le Kursaal ou Casino (1874-1879), et la rue Hornung, le Victoria Hall (1893-1894), construit à l'intention de l'Harmonie nautique par un fanatique des fanfares : le consul de Grande-Bretagne, Daniel-Fitzgerald Barton. C'est aussi l'époque où, pour satisfaire un nombre toujours croissant de touristes, apparaissent divers hôtels ; hôtels de Russie (1853), Métropole (1854), de la Paix (1862), Richemond (1863), Beau-Rivage (1865), d'Angleterre (1875), etc ; où sont construites la salle de la Réformation (1862) et, à la Corraterie, la Grande Poste (1892), qui cédera ultérieurement la place au bâtiment du Crédit lyonnais.

Conséquence de la loi sur l'instruction publique, un peu partout des écoles ont surgi : écoles primaires, secondaires, professionnelles. Et il en va de même des hôpitaux, dont beaucoup sont dus à la générosité privée : par exemple l'hôpital Gourgas pour les enfants malades, l'hôpital Rothschild pour les aveugles, et l'Infirmerie Butini qui, grâce à Victor Gautier, pratiquait l'asepsie avant que celle-ci eût été officiellement reconnue.

Les catholiques disposent de nouvelles églises – entre autres Notre-Dame, Saint-Joseph, Saint-Antoine de Padoue –, et les protestants de nouveaux temples : temples de Plainpalais, des Eaux-Vives, des Pâquis, de la Servette, chapelle des Buis. Les anglicans se sont construit une église à la rue du Mont-Blanc (1853), les juifs une synagogue sur l'emplacement de l'ancien bastion de Hollande (1857-1859), les Grecs orthodoxes l'église dite « russe » aux Tranchées (1865).

Mais surtout, preuve que la Genève de la fin du siècle est bien entrée dans l'ère moderne, elle s'est dotée d'un réseau de tramways qui, achevé en 1894, est, avec ses 126 kilomètres de rails, le plus important de Suisse. Il part en étoile de la ville et dessert des villages aussi éloignés que Chancy, tout en étant relié par Annemasse aux lignes de la Savoie. D'abord attelées, ses voitures ont bientôt été tirées par de petites locomotives à vapeur, puis, après 1894, ont commencé à s'électrifier en partant de la ligne Champel-Petit Saconnex.

Mais ce n'est pas seulement l'aspect de Genève qui a changé, ce sont ses goûts. Dans son Parnasse – est-ce parce que tant de transformations donnent la nostalgie du passé ? – une muse nouvelle a fait son apparition, Clio.

Certes, Genève n'a rien perdu de son attirance pour la science. Auguste de La Rive est un physicien de renommée internationale. Et sans citer tous les savants qui honorèrent leur discipline, on peut évoquer le nom de Jean-Alfred Gautier, directeur de l'Observatoire, dont la thèse sur les corps célestes faisait encore autorité quatre-vingt-dix ans plus tard ; ceux aussi de Lucien de La Rive et d'Edouard Sarasin qui aidèrent Hertz à vérifier le bien-fondé de ses conclusions et, ce faisant, découvrirent la résonnance multiple de ses ondes ; de François-Ami Argand qui fut le véritable inventeur du « verre de lampe », seulement perfectionné par Quinquet ; ou encore de Jean-Daniel Colladon dont les perforatrices à air

23. *Les Moulins de l'Ile, 1860*

comprimé aidèrent à percer le tunnel du Gothard. Notons également qu'à Jean-Daniel Sécheron le monde dut le premier épurateur de gaz par choc, et que, grâce entre autres à Jean-Charles Galissard de Marignac, la chimie put substituer à sa vieille théorie des équivalences celle plus féconde des atomes ; qu'Amé Pictet découvrit le rôle des alcaloïdes dans le développement des plantes, et que, par ses vues sur la genèse des pétroles, il découvrit le premier procédé connu de craquage ; qu'un autre Pictet, Raoul, réussit peu de jours après Cailletet, et sans rien connaître de ses travaux, à liquéfier l'air, et qu'appliquant sa découverte il produisit des machines à glace dont le succès de par le monde fut considérable. Sans oublier Carl Vogt, dont le rôle scientifique égala à Genève le rôle politique, célèbre pour les polémiques qu'il soutint en faveur de l'évolution des espèces.

De même voit-on Genève s'intéresser à des sciences nouvelles : à la linguistique par exemple avec Ferdinand de Saussure, Charles Bally et Albert Séchehaye, à la psychologie avec Théodore Flournoy et Edouard Claparède, à la philologie romane avec Eugène Ritter, à l'économie politique avec Antoine-Elisée Cherbuliez, ou encore à la sociologie avec Louis Wuarin. Elle a alors en Ernest Naville et Jean-Jacques Gourd des philosophes connus, en Gaston Frommel un théologien réputé. Et Amiel la fait briller en littérature.

Cependant, comme nous le disions, ce qu'il y a d'essentiellement nouveau maintenant, c'est l'intérêt qu'elle porte à l'Histoire ; au point qu'on peut parler d'une science historique genevoise. Il est d'ailleurs significatif que dès 1861 une charge lui ait été attribuée à l'Académie pour faire mieux connaître le passé de la Suisse.

Mais est-il besoin de préciser que le passé qui intéressa le plus Genève fut le sien propre ? Et plus particulièrement, en ces temps où sa spécificité était en train de se diluer, l'époque où cette spécificité s'était créée, c'est-à-dire le XVIe siècle ? Innombrables sont en effet les études portant sur les luttes de l'indépendance, sur Calvin, sur Théodore de Bèze, sur l'Escalade. Charles Borgeaud écrit des monographies sur Philibert Berthelier et sur Besançon Hugues ; Jean-Jacques Chaponnière sur Bonivard ; Henri Fazy traite de la guerre du Pays de Gex. Et si l'on ne peut mentionner tous les travaux qu'ont consacrés à la période des historiens comme Albert Rilliet, Théophile Heyer, Théophile Dufour ou Lucien Cramer, on se doit en revanche de citer deux livres fondamentaux : l'*Histoire du peuple de Genève depuis la Réforme jusqu'à l'Escalade* d'Amédée Roget et *L'Etat chrétien calviniste au temps de*

Théodore de Bèze, qu'est en train d'achever alors Eugène Choisy. En revanche, si ce n'est pour *L'Histoire de Genève racontée aux jeunes Genevois* de John Jullien, il n'est point d'histoire générale de Genève, peut-être parce qu'un tel travail avait déjà été minutieusement accompli jusqu'en 1690 par l'historiographe Jean-Antoine Gautier.

Toujours dans le but de renouer avec un passé disparu, on voit Louis Dufour-Vernes et surtout les deux Galiffe, père et fils, se livrer à des travaux généalogiques sur les familles genevoises. Et n'est-ce pas la même fin qu'ont poursuivie Jaques Mayor avec son *Ancienne Genève* et Jacques-Augustin Galiffe avec sa *Genève historique et archéologique* ? Même la Genève catholique du Moyen Age n'est pas dédaignée, qui a trouvé en Frédéric Borel, Charles Le Fort, Victor van Berchem et surtout Edouard Mallet d'infatigables chercheurs.

Certains ont encore poussé plus loin leurs investigations, puisque, tels Henri de Saussure et Hippolyte Gosse, ils ont fouillé le site préhistorique de Genève, relatant leurs découvertes et donnant une impulsion à des travaux qui se poursuivent toujours.

Il ne faudrait cependant pas croire que les historiens genevois n'aient eu d'yeux que pour leur ville. Edouard Favre, Pierre Vaucher, Albert Rilliet, Amédée Roget se sont intéressés à l'histoire suisse – sans doute, pensera-t-on, à cause de ses liens avec leur patrie –, mais on voit également un Francis de Crue se pencher sur la France des Valois, un Charles Kohler écrire sur les Croisades, et même un Jules Nicole se passionner, dix ans avant l'abbé Albert Vogt, pour l'histoire de Byzance !

Quant aux arts, là aussi Genève honora dans la seconde moitié du siècle une muse nouvelle.

Non qu'elle ait négligé les anciennes, encore que son commerce avec elles ait été moins fécond que naguère. Car, à moins de faire de Ferdinand Hodler un Genevois, parce qu'il vécut assez longtemps et mourut à Genève, on ne trouve guère à citer en peinture que Léon Gaud et surtout son maître Barthélemy Menn, lui-même élève et disciple d'Ingres, qui ne voyait dans une toile que du dessin revêtu de couleur, et faisait de la beauté et de la vie une question d'ordre. « Dès qu'il y a désordre, affirmait-il, il y a maladie ». Nul doute qu'il eût trouvé notre époque agonisante ! Quant à la sculpture, est-il alors un seul nom qui égale ceux de Pradier ou de Chaponnière, même si un juste hommage doit être rendu à Auguste de

Niederhaüsern, dit Rodo à cause de l'admiration qu'il portait à Rodin, et à ces deux créateurs, entre autres, de fontaines que furent, pour celle de l'Escalade (au bas de la rue de la Cité) et du Grand-Mezel, Johannes Leeb, et pour celle de la place des Alpes (1844), Louis Dorcière, sans oublier naturellement le déjà cité Alfred Lanz, à qui l'on doit la statue du général Dufour à la place Neuve.

En revanche, Genève, qui jusqu'alors n'avait produit que des auteurs de chansons, a maintenant deux compositeurs de musique, tous deux des pianistes et tous deux encore à l'époque des romantiques — la musique, on l'a noté, a d'ailleurs toujours du retard sur les autres arts.

Au premier, François-Gabriel Gras, dit Franz Grast, qui cultivait aussi le violon, on doit de nombreuses *Romances pour piano*, inspirées de Mendelssohn, des chants patriotiques pour chœurs d'hommes et de grandes scènes avec orchestre ; sans parler des deux partitions qu'il écrivit en 1851 et 1865 pour les « Fêtes des Vignerons ».

Si celui-ci est aujourd'hui bien oublié, tel n'est pas le cas de Charles-Samuel Bovy, dit Bovy-Lysberg, qui a à Genève les honneurs d'une rue. Elève à Paris de Chopin pour le piano, et de Marmontel pour la composition, il revint à Genève après la révolution de 1848, où, retiré à Dardagny, il écrivit de nombreuses pièces pour le piano, des chants pour voix seule, un trio et un opéra. Ses mélodies ne manquent pas de charme, et ses pièces, en dépit de leur très grande difficulté d'exécution, ne rebutaient pas les pianistes de l'époque. Il n'en va plus de même aujourd'hui, et on peut le regretter.

En cette seconde moitié du XIXe siècle, grâce à l'impulsion donné par la Restauration, Genève est devenue un véritable centre musical. Le Conservatoire ne cesse d'attirer élèves et aussi professeurs, dont Michel Bergson — le père du philosophe ; de nombreuses chorales se sont créées, notamment *la Cécilienne* qui finit par comprendre plus de cent chanteurs ; et, entraînée par le prodigieux animateur que fut le Bavarois Hugo de Senger, lui-même compositeur, Genève multiplie, ici et là, les manifestations musicales : à la cathédrale de Saint-Pierre, où se donnent des concerts dits populaires ; au temple de la Madeleine, lieu de concerts spirituels où Mendelssohn, Bach et Haendel sont particulièrement honorés ; et au Grand Théâtre que viennent animer des troupes françaises et italiennes. A la soirée inaugurale de ce dernier, le 3 octobre 1879, on monta avec l'aide d'artistes parisiens le *Guillaume Tell* de Rossini, opéra favori des Genevois d'alors ; il fut précédé d'un prologue de Marc-Monnier où l'Ancien Théâtre, incarné par un vieillard aux habits fripés, passait la main au Nouveau, représenté par un jeune homme aussi éclatant d'allure que de vêture. A son tour, sans doute, celui-ci a-t-il vieilli, mais son goût musical est au moins devenu plus éclectique !

V

GENÈVE, DE 1897
À LA PREMIÈRE GUERRE MONDIALE

Ainsi, grâce au parti socialiste, les radicaux avaient repris le pouvoir, et, toujours grâce au parti socialiste, devenu maintenant une force à Genève, ils vont y rester jusqu'à la fin de la Première Guerre mondiale.

Le socialisme ne datait pas d'hier à Genève. Une soixantaine d'années auparavant, une société, dite du Grütli, s'y était constituée, afin de politiser le mouvement ouvrier. Seulement, à l'époque, son économie n'était encore qu'artisanale, avec pour branche principale l'horlogerie : activité de luxe dont, loin de se tenir pour des prolétaires, les ouvriers, généreusement payés en temps normal, avaient la plus haute idée d'eux-mêmes – dans des pages savoureuses, Antony Babel a bien dépeint leur mentalité[1]. Et auprès de ces « cabinotiers », aussi fiers d'habiter le faubourg Saint-Gervais que s'il s'était agi du faubourg Saint-Germain, l'échec d'Albert Galeer, persécuté de plus par Fazy, avait été patent.

Mais Genève avait jeté bas ses fortifications, au propre comme au figuré, et, finalement attirés par la politique d'ouverture économique de Fazy, nombre de travailleurs étaient accourus de Suisse et de l'étranger. Main-d'œuvre peu ou pas qualifiée, qui, influencée par la propagande socialiste, fut à l'origine de la première grande grève de 1868. Puis avec l'apparition de la grosse industrie, le mouvement ouvrier commença à s'organiser, créant son propre journal : *la Voix du peuple*, constituant une fédération syndicale : la « Fédération des syndicats et associations ouvrières », fondant enfin un parti : le « Parti ouvrier socialiste ». En 1892, sur la centaine

1. *La Fabrique genevoise*, Neuchâtel et Paris, 1938.

de députés que comprenait le Grand Conseil, les socialistes en comptaient déjà huit, qui deviendront même quatorze en 1904.

Un indéniable appui leur était venu de la présence à Genève de nombreux réfugiés politiques, très actifs dans les milieux ouvriers : Communards de 1871, restés après 1880 ; et surtout extrémistes russes ayant fui la police tsariste. Quelques-uns avaient, avec Plekhanov, formé un groupe, « Libération du travail », auquel appartenait un certain Vladimir Ilitch Oulianov, dit Lénine. Venu une première fois à Genève en 1895, celui-ci y était retourné en 1903, publiant des tracts, faisant des conférences, éditant un journal. C'est alors qu'il devint membre de la Société de lecture, lieu obligé de pèlerinage pour tout Soviétique en mission à Genève. Or, sur des ouvriers frustes et mal protégés par une législation sociale encore insuffisante, l'influence de ces intellectuels révoltés fut grande. A cause d'eux, les grèves prirent souvent un tour violent ; eux-mêmes ne reculèrent pas toujours devant l'action directe, entretenant à Genève un climat de désordres où ne se retrouvèrent que trop à l'aise des anarchistes comme Lucheni, l'assassin de l'impératrice Elisabeth d'Autriche.

Cependant, malgré la véhémence dont faisait preuve son allié, le parti radical sut ne pas se laisser entraîner. Nombreux étaient dans ses rangs ceux qui s'opposaient aux socialistes – ils avaient même fondé un journal : *La Presse.* En outre, la représentation proportionnelle avait fait entrer au gouvernement des conservateurs (aux élections de 1903, ils seront trois sur sept). Enfin, tout favorable qu'il fût aux idées avancées, Georges Favon, le chef du parti radical, n'était pas sans avoir un sens aigu des réalités et donc des possibilités. De sorte que la politique suivie par Genève au cours des années qui précédèrent la guerre ne fut pas socialiste, mais tout au plus socialisante – et si modérément qu'on la qualifierait aujourd'hui de centre-gauche. De là la dualité qui la caractérise.

D'abord, par souci humanitaire et éducatif, elle augmente, financièrement et médicalement, les prestations de l'assistance publique et étend l'enseignement, tant au profit des jeunes filles que des agriculteurs. A l'université, dont elle agrandit les locaux en exhaussant d'un étage le bâtiment central, elle enrichit la section des Sciences sociales de trois nouvelles chaires : celles d'histoire économique, de géographie politique et économique, et de finances publiques – en attendant que fût créée en 1914 une sixième Faculté, celle des Sciences économiques et sociales et que les Sciences commerciales disposent de leur propre Institut.

Démocratiquement aussi, elle décida que les juges cesseraient d'être élus par le Grand Conseil, pour l'être directement par le peuple. Et elle démocratisa pareillement le recours au référendum qui, pour aboutir, n'eut plus besoin que de 2 500 signatures au lieu de 3 500 – nombre déjà fixé pour les demandes d'initiative.

En revanche, dans le domaine du travail, ses réalisations furent ambiguës. Si elle vota une loi sur le repos hebdomadaire, créa une chambre du Travail et subventionna, tant les sociétés de secours mutuels pour la maladie, que les caisses syndicales de chômage, en revanche deux tentatives de faire également subventionner par l'Etat un système mutualiste d'assurance-vieillesse échouèrent ; et les femmes n'obtinrent pas le droit de siéger aux tribunaux de prud'hommes, ni même de participer à leur élection – elles n'y parviendront qu'en 1930.

Ambiguë fut aussi son attitude face aux conflits du travail. D'un côté le gouvernement prévut une procédure pour les régler, offrant dans un premier temps ses bons offices, et imposant dans un second l'arbitrage de la Commission centrale des prud'hommes ; mais, dès qu'une grève éclatait, il recourait à la force, arrêtait, puis expulsait les meneurs étrangers. Ainsi agira-t-il en 1899 quand Genève connut sa première grève générale, et en 1902 lorsque les conducteurs de tramways cessèrent le travail. Car dans les deux cas, ce fut la troupe qui brisa la grève, appuyée d'ailleurs par l'opinion, fort émue par un genre de troubles encore nouveau pour elle.

Il est cependant un domaine où son attitude fut dépourvue de toute ambiguïté : en matière de construction. Dans la meilleure tradition radicale, le gouvernement fit de ces années d'avant-guerre une période faste pour le bâtiment. L'Hôpital reçut l'autorisation d'emprunter 1,5 million de francs pour une clinique chirurgicale. Lui-même se fit allouer 1,725 million de francs pour une maternité, une école secondaire et supérieure pour jeunes filles, rue Voltaire. Ayant acheté à la ville, en faveur de l'Université, l'aile Jura des bâtiments des Bastions, il accorda au Museum d'histoire naturelle une subvention de 200 000 francs pour aller se reloger ailleurs – un relogement qui se fit, il est vrai, attendre plus de soixante-dix ans ! Au coût d'un million de francs, il entreprit de refaire le Bâtiment électoral, devenu depuis 1855, en remplacement du cloître Saint-Pierre, le lieu où se rendaient les électeurs de la ville. Il fit construire divers locaux pour l'Institut de pathologie, ainsi qu'un vaste édifice, Quai de l'Ecole-de-Médecine, pour les Services d'hygiène et de bactériologie, qui remplaçaient avec des attributions considérablement accrues l'ancien Bureau de salubrité. Il poursuivit aussi, et à grands frais, tant furent dépassés, année après année, les devis initiaux, l'achèvement de la clinique de Bel-Air.

Mais surtout il allait encourager la création, sur l'ancien emplacement du Jardin botanique aux Bastions, du fameux « Mur des Réformateurs ». Un concours international chargea les concurrents de mettre en évidence, dans un groupe central, les figures de Calvin, de Bèze, de Farel et de Knox, non sans honorer par des statues certains chefs et protecteurs de la Réforme, comme Coligny, Guillaume le Taciturne, Olivier Cromwell, le Grand Electeur Frédéric-Guillaume de Brandebourg et les fondateurs des colonies de la Nouvelle Angleterre ; le tout accompagné de bas-reliefs rappelant des scènes historiques des XVIe et XVIIe siècles. Et parmi soixante et onze projets, le jury distingua, le 4 octobre 1908, celui de quatre architectes de Lausanne, intitulé précisément « Le Mur ».

Tant de travaux coûtèrent évidemment cher. Et aux *boni* budgétaires succédèrent des déficits, couverts par l'emprunt et l'impôt – sur les successions notamment, frappé contre le vœu des conservateurs d'un taux progressif, comme l'étaient déjà les taxes mobilière et immobilière, mais sans que, contre le vœu cette fois des socialistes, Genève adoptât déjà l'impôt sur le revenu.

La question ferroviaire ne pouvait non plus laisser indifférents des partisans de l'industrialisation. Longtemps les radicaux caressèrent l'espoir de voir une voie ferrée traverser le Jura à la Faucille, acceptant même de participer pour un million de francs à la construction du tunnel du Simplon qui en était le prolongement alpin. Mais si le tunnel fut inauguré en 1906, le gouvernement français préféra à la ligne de la Faucille un parcours passant par Frasne et Vallorbe. Et de nouveau Genève resta à l'écart de la révolution ferroviaire.

En revanche, le gouvernement radical eut la satisfaction de mettre fin aux querelles religieuses, en parvenant à faire adopter une loi sur la Séparation de l'Eglise et de l'Etat.

Déjà, comme on l'a vu, la situation confessionnelle s'était beaucoup détendue. Malgré l'attitude belliqueuse du *Courrier de Genève*, dirigé par un prêtre français, l'abbé Jeantet, nombreux étaient les catholiques genevois à vouloir l'apaisement. Et, aboutissement de sept nouvelles années d'efforts, le Grand Conseil, par 60 voix contre 23, adopta en juin 1907 la Séparation, qu'acceptait peu après le peuple par 7 653 « oui » contre 6 823 « non ».

Ne pouvant plus dès lors compter sur l'Etat pour sa subsistance, l'Eglise protestante s'organisa en société, sous le nom d'Eglise nationale protestante, avec pour capital les biens et les fonds jusqu'alors gérés par le Consistoire et les Conseils de paroisse. De l'Etat, elle reçut entre autres la propriété de Saint-Pierre et de la chapelle des Macchabées, de l'Auditoire, de la Madeleine, de Saint-Gervais et du temple des Pâquis. Quant à l'Eglise catholique nationale, ou catholique chrétienne, elle aussi se constitua en société, pour se faire remettre l'église Saint-Germain et l'église de Lancy.

Si l'Eglise romaine n'eut évidemment pas ces problèmes d'organisation juridique, elle n'en rencontra pas moins quelques difficultés dans l'attribution des églises : à Chêne-bourg notamment où il fallut une intervention du Tribunal fédéral pour l'envoyer en possession, et dans le cas de l'église Notre-Dame à Genève où elle dut verser 200 000 francs pour en obtenir la pleine propriété.

Ainsi se terminait un conflit qui avait si longtemps agité les esprits. Mais il ne se résolvait pas sans de profondes meurtrissures. Beaucoup de protestants et de patriotes accueillirent avec accablement une mesure qui leur parut être une rupture déchirante avec le passé ; et, pour en avoir été l'artisan, le parti radical vit plus d'un député l'abandonner.

Avant d'en finir avec cette période que, par sa personnalité chaude et ses vues généreuses, Georges Favon, en dépit d'une mort prématurée, marqua d'une profonde empreinte, signalons, outre certaines améliorations apportées en 1906 à la Convention de Genève sur la Croix-Rouge, que le 1er janvier 1912 le Code civil suisse, après que déjà en 1881 le Code fédéral des obligations s'était imposé aux divers cantons, remplaça à Genève le Code Civil français qui n'avait cessé de s'y appliquer depuis l'Occupation. Sans que toutefois tant de changements aient fait oublier à Genève les glorieuses dates de son passé.

Nombreuses furent en effet alors les commémorations : en 1902 celle du troisième centenaire de l'Escalade ; en 1909 celles du quatrième centenaire de la naissance de Calvin et du trois cent-cinquantième anniversaire de la fondation de l'Académie et du Collège ; en 1912 celle du deuxième centenaire de la naissance de Jean-Jacques Rousseau ; et en 1913, celle du centenaire de la Restauration de la République.

Mais la plus fastueuse de toutes fut, à n'en pas douter, celle en 1914 du centenaire de l'agrégation de Genève à la Confédération, fêtée par la venue non seulement du Conseil fédéral, mais aussi, en costume d'époque, de contingents fribourgeois, soleurois, bernois, lucernois et bâlois. Il y eut des banquets, des défilés, la représentation d'une pièce de théâtre patriotique mise en scène par Gémier sur une musique de Jaques-Dalcroze. Et le tout se termina par une brillante fête de nuit sur la rade. Cela se passait les 4, 5 et 6 juillet.

Hélas, le mois suivant, c'était la guerre...

LA GENÈVE MODERNE

I

D'UNE GUERRE À L'AUTRE

Siège du Comité international de la Croix-Rouge et ville neutre, Genève pouvait-elle ne pas prendre l'initiative, durant la guerre de 1914, d'actions humanitaires ? Elle incita le Conseil fédéral à approcher les gouvernements français et allemand pour obtenir l'autorisation de visiter les camps de prisonniers afin d'en hospitaliser en Suisse les plus malades, et à négocier avec les belligérants l'échange et le rapatriement des grands blessés. Surtout, elle mit sur pied, sous l'égide du Comité international de la Croix-Rouge, une « Agence internationale des prisonniers de guerre », installée au musée Rath, qui recueillait et diffusait tout renseignement les concernant.

Activité d'autant plus méritoire, que, même épargnée par la guerre, Genève ne s'en débattait pas moins dans de graves difficultés. Le départ de nombreux étrangers, français et italiens notamment, la fermeture des marchés extérieurs avaient gravement affecté son économie, particulièrement l'horlogerie et la bijouterie, tributaires d'une haute conjoncture. Même celles qui, comme les fabriques de machines et de produits chimiques, ne manquaient pas de commandes, souffraient de problèmes d'approvisionnement, rendus encore plus aigus par la concurrence des Pays-Bas, également neutres et beaucoup mieux placés géographiquement. Finalement, pour ne pas disparaître, une bonne partie de ses entreprises durent se reconvertir dans l'armement. En 1917, elles occupaient près de 10 000 ouvriers.

En des temps où l'Histoire se fait à coups de canon, une petite ville neutre ne pouvait guère faire parler d'elle. Pendant ces quatre années de guerre, le gouvernement, à part son action humanitaire, s'attacha surtout à soulager les souffrances de la population, créant une Commission des approvisionnements et un Office de l'Industrie, versant des allocations aux chômeurs et distribuant aux mobilisés et à leurs familles des secours qui vinrent s'ajouter à ceux de la Confédération.

Mais, quels que fussent ses efforts, il ne pouvait empêcher qu'en période de pénurie le coût de la vie augmentât fortement. De 100 en 1914, l'indice passera à la fin de la guerre à 231,4. Et dans de telles conditions il devient très difficile de maintenir la paix sociale.

En 1917, des manifestations se produisent, que les réfugiés politiques et le grand nombre d'insoumis restés à Genève (on en dénombrait 4500 !) ne font qu'aigrir, surtout après la révolution russe. Et, voici que, le 12 novembre 1918, à minuit, sur l'ordre d'un Comité dit « d'Olten », chargé de coordonner en Suisse l'action du Parti socialiste et de l'Union syndicale, une grève générale éclate dans tout le pays. A Genève, elle aura des suites considérables. Mais pas dans le sens prévu.

Le mouvement révolutionnaire suisse n'y avait pas bonne presse. Outre qu'on y voyait la main du bolchevisme – ce fruit empoisonné de l'Allemagne de 1917 – on n'oubliait pas qu'il était né en Suisse alémanique, très mal vue alors en Suisse romande pour la sympathie qu'elle n'avait cessé de porter aux Empires centraux. Sauf chez les cheminots, les wattmans et les typographes, la grève n'aura donc guère de succès et sera rapidement matée par la troupe, qu'était venue appuyer une importante garde civique spontanément formée par la population. Le seul résultat de l'agitation sera de donner le coup de grâce au gouvernement radical, déjà rendu impopulaire par le désordre des finances et sa trop grande connivence avec le dirigisme fédéral. Les élections de novembre 1918 au Conseil d'Etat assurèrent en effet à une coalition de démocrates, d'indépendants et de « jeunes radicaux » six sièges sur sept. Et tandis que, la paix revenue, l'Europe prenait un nouveau visage, Genève, avec un gouvernement de centre-droit, tournait elle aussi une page de son histoire.

L'après-guerre sembla bien commencer pour elle. Grâce au rôle international et humanitaire qu'elle avait joué pendant la guerre, appuyée aussi par le président Wilson qui se souvenait qu'elle avait déjà servi de lieu d'arbitrage pour régler les différends financiers entre les Etats-Unis et l'Angleterre après la guerre de Sécession, c'est elle qui devint, de préférence à Bruxelles, le siège de la S.d.N. – décision ratifiée cependant à une faible majorité par le peuple et les cantons en raison de l'hostilité de la Suisse alémanique : onze cantons et demi contre dix et demi, 416 870 voix contre 323 719.

C'est le 15 novembre 1920, dans la salle de la Réformation aménagée pour la circonstance, que se tint la première assemblée générale de la S.d.N. Le secrétariat, lui, était logé, quai Wilson, à l'hôtel National, rebaptisé dès lors Palais des Nations. Il allait y rester jusqu'en février 1936, date à laquelle il put emménager dans un bâtiment spécialement construit à son intention dans le parc de l'Ariana, légué en 1890 à la ville par Gustave Revilliod.

Mais Genève n'abritera pas que la S.d.N. Dans la mouvance de cette dernière vinrent se créer une série d'institutions qui élirent naturellement domicile chez elle : par exemple l'Institut universitaire des Hautes Etudes internationales, fondé par William Rappard et Paul Mantoux, sans parler de l'Organisation internationale du Travail d'abord installée dans le domaine de la Châtelaine sur le coteau de Pregny, avant de bénéficier en 1926 d'un local édifié au bord du lac, dans une propriété ayant appartenu aux La Rochefoucauld et donnée par la Confédération.

Il est évidemment inutile de souligner le prestige que Genève allait retirer de cette situation, qui ferait également d'elle un lieu d'élection pour les conférences internationales, comme celle du désarmement de 1932 à 1934, et naturellement celle de 1929 qui révisa dans un sens plus extensif la Convention sur la Croix-Rouge. Mais l'homme, hélas, ne vit pas que de prestige, et quels qu'aient pu être les avantages retirés par l'hôtellerie et le commerce local de l'internationalisation de la ville, l'immédiate après-guerre va être pour elle une période particulièrement difficile.

D'abord la guerre a dévasté l'Europe, et de plus ses suites politiques ont mis le chaos dans les pays vaincus. L'économie mondiale sera donc lente à se rétablir. Ensuite et surtout la France a, en 1919, décidé de supprimer les zones franches — vaste région de 3500 km^2 et de 150 000 habitants — et donc élevé un cordon douanier entre Genève et son hinterland économique. Sans doute des négociations s'engageront-elles. Mais en 1923 le peuple suisse rejettera à une écrasante majorité (à 200 voix près, à Genève) un accord franco-suisse laborieusement conclu en 1921. Une bataille juridique s'engagera qui, à la suite d'un arrêt de la Cour internationale de La Haye, n'aboutira qu'en décembre 1933 à une décision arbitrale, dite de « Territet », exemptant sans doute de tous droits certains produits agricoles et industriels, mais ne rétablissant que très partiellement le système antérieur[1]. On comprend donc que, devant l'absurde coupure de cette entité économique, obstacle majeur à un développement équilibré de la région franco-suisse, on ait pu mettre en opposition la brillante réussite par Genève de son destin international et l'échec de son destin local[2].

Deux chiffres montrent à quel point Genève souffrit de la suppression des zones franches : de 1919 à 1924, ses exportations zonales tombèrent de 14,289 à 2,206 millions de francs[3].

Or dans une économie dégradée, les finances ne peuvent bien se porter, surtout quand leur précédente gestion a laissé à désirer. En fait, jusqu'à la Seconde Guerre mondiale, la situation financière, avec son importante dette flottante et un déficit budgétaire atteignant parfois le tiers des revenus, restera au centre des préoccupations gouvernementales et dominera pour une large part la scène politique.

Dès les lendemains de la guerre, le Conseil d'Etat, pour consolider une partie de sa dette publique, lance deux emprunts, l'un de 20 millions de francs en 1920, suivi, deux ans plus tard, d'un second de 30 millions. Parallèlement, pour réduire le déficit budgétaire, il lève une taxe sur la fortune et surtout fait voter, le 24 mars 1923, par le Grand Conseil cette mesure tant combattue par les conservateurs : l'impôt progressif sur le revenu.

Décision qui aura des conséquences considérables, car la classe possédante va refuser de faire seule les frais du redressement financier, et en juillet et août les banques n'accorderont au gouvernement le renouvellement de ses engagements à court terme (rescriptions) que contre la promesse de pratiquer désormais une sévère politique d'économies. Contraint de s'engager dans la voie de l'austérité, le Conseil d'Etat non seulement supprimera ou différera toute dépense secondaire, mais licenciera une partie de ses fonctionnaires et réduira de 10 % le traitement des autres.

Dès lors, la situation politique se radicalise, écrasant le centre au profit des extrêmes. Enhardi par ce coup de barre à

1. Voir pour d'intéressants développements sur la question : Mlle Marguerite Maire, « Les zones franches de la Haute-Savoie et du Pays de Gex, 1918-1933 », *Histoire de Genève de 1798 à 1931*, Genève, 1956.

2. Cf. J.-Cl. Favez et Cl. Raffestin, *op. cit.*

3. Statistiques des douanes suisses, rapportées par R. Jouvet, *Le problème de la Haute-Savoie et du Pays de Gex*, Genève 1943. Egalement, A. Babel, *La Caisse hypothécaire et le développement du canton de Genève,* Genève, 1947.

droite, un nouveau parti se fonde, qu'on qualifierait aujourd'hui de « poujadiste » : l'Union de défense économique (U.D.E.), qui, mieux que ne l'avaient fait les modérés, entend défendre les intérêts de la classe moyenne, inquiète de la révolution sociale et de l'extension des pouvoirs de l'Etat, c'est-à-dire en fait des transformations de la société industrielle et de la concentration des entreprises. Inquiétudes que n'avait fait qu'aggraver l'attitude du parti socialiste et du mouvement syndical genevois qui, sous la conduite respective de Léon Nicole et de Lucien Tronchet, se réclamaient désormais de la Troisième Internationale, partisane de la révolution et de la dictature du prolétariat. A cette même inquiétude on doit d'ailleurs la création, dans l'esprit de l'encyclique ***Rerum novarum***, des syndicats chrétiens. Et aux élections de 1923 au Grand Conseil – un Conseil que, par parenthèse, une loi du 11 novembre 1926 gardera exceptionnellement en fonction quatre ans au lieu de trois, afin de faire dorénavant coïncider son renouvellement avec celui du Conseil d'Etat – l'U.D.E. va d'un seul coup faire élire, aux dépens des partis centristes – surtout des démocrates –, vingt-quatre représentants.

Mais, à l'autre extrémité de l'échiquier, mettant à profit le mécontentement causé par les mesures déflationnistes du gouvernement et le renchérissement de la vie, les socialistes y obtiennent vingt-neuf sièges, donnant pour la première fois depuis la fin de la guerre la majorité dans le Grand Conseil à la gauche, qui, l'année suivante, l'emporte même au Conseil d'Etat avec cinq élus sur sept.

Cependant la situation financière reste trop préoccupante pour que des gages ne soient pas donnés au grand capital. La gauche au pouvoir confie le département des finances à un représentant de l'U.D.E., Guillaume Pictet, qui, aussitôt nommé, parvient en moins d'un mois à placer dans le public un emprunt de 30 millions, suivi l'année d'après d'un emprunt de 40 millions, et ne cessera, les années suivantes, aidé il est vrai par le retournement de la conjoncture économique mondiale, de réduire le déficit budgétaire.

En 1924, celui-ci n'est plus que de 8 624 867 francs, en 1925 de 6 168 519 francs, et en 1926 de 5 270 700. En 1927, il descend même au-dessous du million, permettant au gouvernement de revaloriser par étapes le traitement des fonctionnaires. Et quand, après la victoire des conservateurs aux élections de 1927, le Conseil d'Etat élargit l'assiette de l'impôt et s'interdit désormais d'engager sans referendum toute dépense supérieure à 125 000 francs ou toute dépense annuelle de plus de 30 000 francs, le budget de 1928 – ô miracle ! – se solde par un *bonus* de plus de deux millions de francs !

Malheureusement, préoccupée par ses finances, Genève a par trop négligé le front social. Trop de travailleurs sont encore mal rémunérés et encore plus mal protégés par une législation nettement insuffisante ; travailleurs qui, pour la plupart, sont aujourd'hui des Confédérés – ayant, ne l'oublions pas, le droit de voter après trois mois de résidence. Déjà en 1925 ils représentaient environ 38 % des 162 627 habitants du canton, contre seulement 27 % aux étrangers et 35 % aux autochtones. Or en 1930 leur pourcentage passe à 42,5 % contre 23,9 % aux étrangers et 33,6 % aux autochtones. Ce qui signifie que maintenant beaucoup plus de la moitié des électeurs sont, et indifférents aux traditions de la ville, et laissés en dehors du progrès. Comment ne voteraient-ils pas « international » et « révolutionnaire » ? De là vient que le parti socialiste, graduellement passé entre les mains de dirigeants plus extrêmes, n'ait cessé, dans l'après-guerre, d'augmenter sa représentation au Parlement, arrivant en 1930 à 37 députés. Etant donné que les effets de la grande crise des années 30 étaient encore à venir, on conçoit que Genève était destinée à connaître des jours très difficiles.

Avant toutefois d'aborder cette période assez triste de son histoire, signalons que celle qui s'achève a vu naître, par l'absorption dans la ville des communes suburbaines de Plainpalais, des Eaux-Vives et du Petit Saconnex, ce qu'on a appelé la « Grande Genève ».

Dès 1931, les effets de la crise commencent à se faire lourdement sentir à Genève. Sans parler de l'hôtellerie, les deux principales activités de la ville – l'horlogerie et la fabrique de machines – perdent peu à peu leurs clients. Le chômage s'installe. Et malgré tous les efforts du gouvernement pour ranimer l'activité et secourir les plus démunis, la tension sociale ne fait que grandir.

Or voici que, dans ce climat déjà détérioré, un scandale financier vient éclabousser la majorité gouvernementale et plus particulièrement le parti radical – maintenant divorcé des socialistes – qui, en la personne d'Alexandre Moriaud, dirigeait le Département des finances. Le 11 juillet 1931, la Banque de Genève ferme en effet ses guichets dans des circonstances déplorables.

Il s'agissait là, on s'en souvient, d'un organisme créé par Fazy pour stimuler l'économie. Son statut était hybride. Alors que son nom, sa présence dans l'annuaire officiel et son papier à lettres avec l'écusson de la ville pouvaient faire croire à un établissement officiel, l'Etat n'y était représenté que par des délégués sans pouvoir de décision. Ce qui ne l'avait d'ailleurs pas empêché en 1927 de si bien augmenter sa participation au capital de la banque, qu'il en était arrivé à détenir 50 % de ses actions ! Or, si ce 11 juillet 1931 celle-ci a dû fermer ses guichets, c'est que, liée à un groupe français de réputation douteuse, elle s'était lancée dans des entreprises hautement spéculatives avec la bénédiction des deux représentants de l'Etat au Conseil d'administration, dont l'un n'était autre qu'Alexandre Moriaud lui-même. Circonstance aggravante, non seulement ce dernier a profité de ses fonctions pour se faire consentir par la banque un prêt considérable (850 000 francs), mais il a frauduleusement dissimulé à ses collègues la dégradation de sa situation, obtenant même pour elle, peu de jours avant sa déconfiture, une avance de 2 millions.

On imagine le scandale et l'exploitation qu'en font aussitôt Nicole et les socialistes. D'autant que, loin de vider d'un coup l'abcès, le gouvernement le laisse maladroitement grossir. Dans l'espoir d'obtenir un concordat, il commence en effet par s'opposer à la mise en faillite de la banque et, une fois le concordat obtenu grâce à des crédits de l'Etat, il le soustrait à l'approbation populaire en faisant jouer les dispositions d'une loi récemment votée, qui permettait en matière d'emprunt de se dispenser du referendum dès l'instant qu'on avait inséré une clause d'urgence.

Malgré l'arrestation de Moriaud, la mesure produit un effet désastreux. L'opinion y voit la preuve de la collusion des milieux gouvernementaux avec le monde des affaires, avec ceux que quotidiennement les socialistes traitent de « fraudeurs », « banqueroutiers », « félons », et que Nicole qualifiera un jour de « vermine ».

L'année 1932 s'ouvre donc dans un climat d'agitation. Agitation encore accrue par le fait que, face à l'extrême-gauche, l'extrême-droite a commencé de s'organiser. Et c'est ici qu'entre en scène un personnage qui, sous le pseudonyme de Dieudonné, se mettra en évidence à Paris pendant l'Occupation comme directeur du journal collaborationniste : *Le Pilori*.

Il s'appelle Georges Oltramare et, par sa mère, est le petit-fils d'Antoine Carteret. Il a commencé à se faire connaître à Genève par un journal satirique qu'il a déjà appelé *Le Pilori* et où, non sans verve, il tourne en ridicule les hommes politiques. Grand admirateur de Mussolini, il a fini par fonder un parti : l'Ordre politique national, qui se réclame du fascisme. Or, en 1932, il reçoit un appui inattendu. L'U.D.E. qui était en perte de vitesse fusionne avec son mouvement pour constituer l'Union nationale (U.N.).

Se réclamant du fascisme, l'U.N. est donc pour le corporatisme, qui veut régler par la collaboration et non par la lutte des classes les rapports du travail et de la production. Ce qui, sur ce plan du moins, lui vaut des sympathies chez les autres partis « nationaux » : indépendants chrétiens-sociaux d'inspiration catholique, démocrates (libéraux) et même radicaux. Surtout que dans l'agriculture une première tentative d'organisation corporative en 1924 a fort bien réussi et que, depuis, sous l'action des indépendants, une « Corporation des Travailleurs du Bois » et une « Corporation du Bâtiment » ont vu le jour et même une « Fédération genevoise des Corporations », dont les assises débordent largement le cadre confessionnel.

Aussi l'U.N. obtient-elle une audience dont l'extrémisme de Georges Oltramare l'aurait à coup sûr privée. Or, pour elle, l'ennemi à abattre, c'est Nicole qui, dans sa passion révolutionnaire, semble s'employer à saper par tous les moyens les fondements du régime. Elle ne doute pas qu'en jetant la suspicion, au cours d'une séance du Grand Conseil, sur l'activité de la Banque de Genève il ait volontairement provoqué ces retraits de fonds qui ont entraîné sa déconfiture. Et elle attribue à cette même volonté de sabotage une de ses récentes initiatives, heureusement rejetée par le peuple, qui, en exonérant de l'impôt sur le revenu 80 000 contribuables sur 97 500, aurait aggravé de près de la moitié le déficit déjà considérable du budget[1].

Le 9 novembre 1932, l'U.N. a donc organisé un meeting dans lequel elle entend mettre Nicole en accusation. Les socialistes ont annoncé une manifestation, que le gouvernement s'est hâté d'interdire. Pour maintenir l'ordre, il a malheureusement fait appel à de jeunes recrues. Pressées par la foule hurlante, celles-ci perdent bientôt leur sang-froid et tirent. Il y a treize morts et soixante et un blessés[2]. Jugé aussitôt par la Cour pénale fédérale, Nicole est condamné à une peine d'emprisonnement.

1. Voir François-Xavier Perroud, *La Vie parlementaire dans le canton de Genève de 1929 à 1939*, mémoire de licence, Fribourg, 1972.

2. Il était donc dit qu'en fait de troubles Genève serait toujours en avance sur la France ! Déjà elle avait devancé de sept ans la Révolution de 1789, et de deux la révolution de 1848 ; et voici que maintenant elle avait, deux ans avant elle, son « 6 février ».

Quoique assez rapidement libéré, le voici devenu un martyr ; et, rendu à la vie publique, il n'en dénonce que plus violemment la collusion du pouvoir et de la finance. Ce qui lui permet de faire d'une pierre deux coups. Car il contribue de la sorte à provoquer ce qu'il dénonce. A une époque où la crise mondiale entretient l'inquiétude, ses violentes campagnes de presse achèvent en effet d'ébranler la confiance du public dans les banques, dont certaines connaissent dès lors des difficultés auxquelles le gouvernement, ne fût-ce que pour sauver l'épargne de leurs déposants, ne peut rester insensible. C'est ainsi que, menacé de faillite, le Comptoir d'escompte a dû, malgré une aide substantielle de la Confédération et de diverses banques genevoises, fusionner avec l'Union financière de Genève. Et, à son tour menacée de faillite, la nouvelle banque a dû, sous le nom de Banque d'Escompte suisse, fusionner avec la Banque de Dépôt et de Crédit. Mais rien de tout cela n'a suffi, et voici maintenant cette cinquième banque sur le point de fermer ses guichets et d'entraîner dans la ruine, outre ses propres clients, ceux des quatre banques précédentes. Se joignant donc à la Confédération et à diverses banques genevoises, qui ont déjà versé quatre-vingt-quinze millions de francs, le Grand Conseil autorise le Conseil d'Etat à fournir cinq autres millions.

Belle occasion pour Nicole de jeter feu et flammes dans son journal *Le Travail* ! Comment ! au lieu d'accorder ces cinq millions aux chômeurs, dont le nombre a presque doublé en un an, le gouvernement préfère les donner aux capitalistes ! Et au cours de l'année ce dernier aura beau affecter à la lutte contre le chômage des sommes considérables : près de deux millions de francs, la classe ouvrière ne lui en saura aucun gré.

Sur ce, novembre arrive, mois du renouvellement du Conseil d'Etat. Trois semaines plus tôt, les élections au Grand Conseil ont de nouveau été marquées par une forte avance socialiste : 45 députés contre 37 précédemment. Cette fois, radicaux, démocrates et Union nationale ont décidé de présenter des listes communes ; mais, à l'issue de leurs tractations, deux candidats ont été retenus qui, malheureusement pour eux, risquent de ne pas faire l'unanimité chez leurs partisans : Henri Berra, un catholique militant peu apprécié des milieux protestants, et surtout Alfred Desbaillets, directeur des *Laiteries réunies*, qui, déjà assez mal vu du petit commerce en tant que dirigeant d'un « trust », vient d'avoir eu maille à partir avec quinze de ses employés.

Et les élections ont lieu. Et tandis que trois candidats « nationaux » sont élus, Berra et Desbaillets mordent, eux, la poussière, permettant à quatre socialistes d'entrer au Conseil d'Etat – d'où la conclusion ironique et désabusée d'Albert Picot, futur chef du parti libéral, que bien des misères auraient été épargnées à Genève, n'eût-ce été pour quinze malheureux garçons laitiers !

Mais maintenant les socialistes ont obtenu la majorité et Nicole prend le pouvoir.

Léon Nicole, un Vaudois, avait commencé sa vie active au Département fédéral des postes. Envoyé à Genève, il s'intéresse à la politique, fait du journalisme et, menant dans *Le Travail* de violentes campagnes de presse, prend bientôt la tête du parti socialiste genevois. Tout en refusant d'adhérer au petit parti communiste, créé après 1920, il devient un inconditionnel de Moscou, adoptant dans tous les domaines et en toute circonstance son point de vue. De lui, on a dit que Staline n'avait pas besoin de le payer : sa passion seule suffisait à l'inféoder à l'U.R.S.S. Il se félicitera même, en 1939, du pacte germano-soviétique et de l'invasion de la Pologne par Staline. Violent, acharné au travail, il se croyait investi d'une mission. C'était donc un fanatique et, de ce fait, il était sincère. Mais les fanatiques, s'ils font dans l'opposition d'excellents tribuns, au gouvernement se révèlent de piètres dirigeants.

A sa décharge, il faut reconnaître qu'il exerça le pouvoir au plus mauvais moment possible. En 1934, la crise a en effet atteint un stade aigu, et, persistant, ne cessera de rendre plus difficile la réalisation de ses promesses. De 1934 à 1937, fortune et revenus continuent à décroître[6], entraînant avec eux les rentrées de l'impôt qui, en trois ans, tombent de 18 à 15 millions – près de deux millions de baisse pour l'impôt sur le revenu et plus de 800 000 pour celui sur la fortune ; alors qu'à eux seuls le service et l'amortissement de la dette n'en absorbent pas moins de onze millions – d'où des déficits de l'ordre de huit millions de francs. A quoi il faut ajouter qu'au Parlement, avec 55 députés contre 45, la majorité est de nouveau revenue aux partis nationaux qui, après avoir bien voulu accorder à Nicole une levée de centimes additionnels et plus de trois millions de francs de crédits pour lutter contre le chômage – il s'agissait, par un programme de grands travaux, de corriger le cours de l'Aïre et de la Drize, et d'aménager l'aérodrome de Cointrin –, vont se montrer de moins en moins disposés à lui faciliter financièrement la tâche – lui rendant

6. De 2 708 000 000 francs à 2 612 000 000 pour la fortune ; de 329 551 000 à 300 754 000 pour les revenus (chiffres arrondis).

d'ailleurs ainsi la monnaie de sa pièce, lorsque lui était dans l'opposition et eux au pouvoir. Et tandis que, au plan budgétaire, Nicole voit ainsi se rétrécir ses possibilités d'action, au plan de la trésorerie le renouvellement des « rescriptions » va, au printemps de 1934, l'acculer.

Ne pouvant pas plus que ses prédécesseurs honorer sans aide leurs échéances, il fait appel aux banques, à ces mêmes banques dont il tient les dirigeants pour de la « vermine » et qu'il n'a cessé de vouloir mettre en faillite, passant d'ailleurs aux actes en refusant, en avril 1934, de verser à la Banque d'escompte suisse les cinq millions de francs – pourtant votés par le Grand Conseil – qui l'eussent sauvée. Faut-il dire que la « vermine » refusa son concours ? Et, en désespoir de cause, Nicole dut se tourner vers la Confédération.

Celle-ci va alors lui imposer une dure politique d'économies, allant jusqu'à se réserver un droit de veto sur toute nouvelle dépense. Non seulement Nicole sera désormais obligé de suivre une ligne des plus conservatrices – il en sera même réduit à diminuer de 10 à 30 % le traitement des magistrats, fonctionnaires et employés du canton ! –, mais il a mis Genève sous la « tutelle du bailli ». C'est un échec total – prévisible d'ailleurs. Consternés en 1933 par sa victoire, les conservateurs auraient dû au contraire s'en réjouir : on ne peut en régime libéral faire du socialisme, quand les caisses sont vides ! En fait Nicole avait reçu des électeurs le plus empoisonné des cadeaux, et, entré vainqueur au Conseil d'Etat, il en sortira trois ans plus tard irrémédiablement battu ; battu et déconsidéré.

Les élections de 1936 seront en effet pour les socialistes une lourde défaite, tant au Grand Conseil où, pour la première fois depuis le début du siècle, ils perdent des sièges (se retrouvant à 40 contre 45), qu'au Conseil d'Etat dont ils sont tous éliminés.

Voici donc les partis nationaux revenus au pouvoir. Leur principal souci est évidemment d'effacer toute trace de l'expérience Nicole. Contre la lutte des classes, ils vont favoriser la concertation ; à la stratégie de l'affrontement, substituer ce qu'on appellerait aujourd'hui la politique contractuelle. Et aussitôt ils rendent exécutoire une loi que, malgré l'opposition socialiste, le Grand Conseil avait votée un mois auparavant : la loi dite « Duboule », du nom de son auteur, donnant d'une part force obligatoire dans une profession à toute convention collective discutée et signée par une majorité de patrons et d'ouvriers de cette profession, et prévoyant de l'autre, pour mieux inciter les parties à s'entendre, que, passé un certain délai sans accord, il appartiendrait au Conseil d'Etat, assisté d'une cour arbitrale composée paritairement de patrons et d'ouvriers, d'imposer à la profession la réglementation voulue. Sans doute cette loi, en portant atteinte à la liberté des non-contractants, était-elle contraire au Code suisse des obligations ; mais, en attendant que le Tribunal fédéral l'eût, un an et demi plus tard, déclarée inconstitutionnelle, elle allait permettre de rendre obligatoires vingt-neuf conventions collectives qui, en liant mille patrons et huit mille ouvriers, ne jouèrent pas un petit rôle dans le rétablissement de la paix sur le front du travail.

Durant son passage au pouvoir, Nicole, pour vaincre l'obstruction des partis « bourgeois », s'était tourné vers l'extrême-gauche, qui, inquiète de la montée du fascisme, avait aussitôt accepté la main qu'il lui tendait. Et pendant les trois ans qu'il dirigea la police, les communistes tinrent, au propre comme au figuré, le haut du pavé, obtenant toute latitude pour organiser autant de manifestations qu'ils voulaient, quitte à livrer de constantes batailles rangées aux contre-manifestants d'extrême-droite. Ces désordres, ainsi que l'émergence d'un Front populaire révolutionnaire avaient donc accru l'hostilité des partis nationaux à l'égard du parti communiste, dont l'existence semblait à certains une menace pour l'Etat.

Ils n'étaient d'ailleurs pas les seuls à s'alarmer. Même au sein du parti socialiste genevois il se trouvait des hommes comme Charles Rosselet, président de l'Union des syndicats du canton de Genève, pour s'opposer à ce « socialo-communisme », également réprouvé par le Parti socialiste suisse, hostile à la dictature du prolétariat et à la prise révolutionnaire du pouvoir.

Sûr donc de ne pas provoquer de trop violentes réactions et encouragé par l'exemple récemment donné par Neuchâtel, le Conseil d'Etat, le 18 février 1937, propose au Grand Conseil d'interdire toutes les associations ou organisations directement ou indirectement affiliées à l'Internationale communiste, ainsi que, pour faire bonne mesure, toute autre organisation, internationale ou étrangère, menaçant la sécurité de l'Etat et l'ordre public ; prévoyant en outre pour qui essaierait de les reconstituer la perte de ses droits civiques et une peine de trois à dix ans de réclusion.

Le 11 avril, le Grand Conseil vote la loi, ramenant toutefois les peines, sur un amendement du député radical Jaccoud, à un maximum de deux ans d'emprisonnement, éventuellement assortis d'une amende ne pouvant dépasser 5 000 francs. Soumise, les 12 et 13 juin, au referendum, l'interdiction est approuvée par 18 337 voix contre 12 092, et les peines par 18 412 « oui » contre 11 988 « non ». La participation au scrutin a été de plus de 63 %, pourcentage élevé pour Genève.

Sur l'échiquier politique, les conséquences seront considérables. Non que l'interdiction du petit parti communiste eût pu, en soi, provoquer de grands changements. Mais Nicole va aussitôt recueillir ses militants, ainsi que ses députés Vincent et Pons auxquels il permettra de se faire élire sur la liste socialiste. Exclu dès lors du Parti socialiste suisse, il fonde, avec le parti socialiste du canton de Vaud, une « Fédération socialiste suisse », future pépinière d'un nouveau parti communiste : le « Parti du Travail », créé en 1944. Quant aux socialistes, ils vont se scinder en deux. Derrière Rosselet, une petite fraction constituera un « Parti socialiste de Genève », seul reconnu par le Parti socialiste suisse ; tandis que la grande majorité continuera, dans le « Parti socialiste genevois », à soutenir l'action de Nicole.

Dans cette lutte contre le communisme, Genève ne restera d'ailleurs pas isolée. A leur tour, les autres cantons romands interdiront le parti communiste, suivis, en novembre 1940, par la Confédération elle-même, qui, au printemps 1941, étendra son interdiction à la Fédération socialiste suisse de Nicole. Ce ne sera qu'après la guerre, avec la victoire de l'URSS aux côtés des Alliés, que ces dispositions seront rapportées.

Mais l'extrême-gauche ne sera pas la seule à souffrir de ces mesures : l'Union nationale voit fondre ses effectifs, au point qu'elle essaiera de fusionner avec le parti démocrate — devenu maintenant, signe des temps, « Parti national démocrate » ; ce qui prouve bien que, loin de répondre dans la petite bourgeoisie à un sentiment profond, le fascisme n'avait été qu'une réaction de défense contre les progrès de l'extrême-gauche. En 1939, l'Union nationale disparaît même de la scène politique, absorbée par les partis modérés. A Genève la petite bourgeoisie avait été trop longtemps attachée à la liberté, avait trop longtemps combattu les excès du pouvoir, pour se laisser vraiment contaminer par des doctrines totalitaires, quelle qu'en fût la couleur.

Ce retour à la démocratie fut d'ailleurs facilité par l'amélioration de la situation économique. A partir de 1937, la crise en effet s'atténue, sauf, il est vrai, dans l'hôtellerie, durement touchée par le déclin de la S.d.N. et des institutions internationales. Une dévaluation de 30 % du franc suisse en septembre

1936 ne sera pas non plus étrangère à la reprise des affaires. Et du coup la situation financière, qui avait tant pesé sur la politique de l'entre-deux guerres et précipité la chute de Nicole, recommence à s'assainir. Le service de la dette reste certes considérable – de l'ordre de huit millions de francs par an –, mais grâce à des rentrées qui, en trois ans, passent de 34 à 38 millions de francs, le budget se rapproche peu à peu de l'équilibre. Si on fait abstraction des sommes consacrées à l'amortissement de la dette publique (3,1 millions en 1937 ; 2,6 millions en 1938 et 3,2 millions en 1939), le déficit est seulement de 2,9 millions en 1937, de 1,1 million en 1938, et en 1939 on prévoyait qu'il n'atteindrait même pas 160 000 francs ! Hélas, la Seconde Guerre mondiale allait bouleverser ces perspectives et de nouveau recommenceraient pour Genève les difficultés financières et autres.

Avant toutefois d'en finir avec ce chapitre, jetons un regard sur ce que la ville est graduellement devenue.

Grâce au développement de son réseau de tramways, Genève s'est considérablement étendue. De plus en plus de maisons ont poussé à la périphérie : au Petit-Lancy, aux Acacias, à Champel, à Florissant, le long de la route de Lyon, de la route de Chêne, de la route de Carouge, en direction du Petit-Saconnex. Mais toujours, hélas, sans véritable plan d'ensemble, laissant trop souvent entre deux rangées d'immeubles des terrains vagues qu'ont vite envahis hangars et ateliers, déparant et dépréciant le tout. Il faudra attendre 1920 pour qu'avec la création d'un bureau d'urbanisme apparaissent peu à peu des plans de quartier qui organiseront rationnellement le développement urbain.

Quant au centre de la ville, lui aussi a changé d'aspect. Après les transformations, au siècle précédent, de la place Bel-Air, du quartier de l'Ile et de celui de la Tour-Maîtresse, c'est Coutance aujourd'hui qui jette bas diverses maisons pour ouvrir la rue Vallin ; c'est la Madeleine qui démolit certains de ses immeubles pour modifier le tracé de la rue de la Fontaine ; c'est enfin la rue de la Corraterie qu'on perce pour faire communiquer la rue du Stand avec les rues Basses (1912-1913).

De nouveaux bâtiments surgissent. Un peu dans tous les styles, donc avec la même anarchie qui caractérise le développement urbain. A l'imitation de l'Ecole des Beaux-Arts de Paris s'élève en 1909-1910, avec des fonds légués par Charles Galland, le Musée d'Art et d'Histoire ; sous l'influence de l'Exposition nationale de 1896 apparaissent entre autres, dans

24. *Les rues Basses, 1904*

le style dit « suisse » avec ses toits avançants et sa recherche du pittoresque : la Banque populaire suisse (1908), la poste du quai de la Poste (1908-1909), l'école de Sécheron (1909), l'Ecole supérieure des Jeunes Filles, rue Voltaire (1913). Ce qui n'empêche pas, çà et là des copies de style gothique, comme la Salle centrale (1906) ou la Mairie des Eaux-Vives (1907-1909), inspirée de l'Hôtel de Ville de Bâle ; avec également des spécimens du style dit « moderne » (Jugendstil), d'un si parfait mauvais goût.

Mais dans la deuxième décennie, on revient à des réalisations plus sobres, comme en témoignent le Théâtre de la Comédie (1912) et divers sièges de banques, dont celui de la Société de Banque Suisse (1910-1912) et celui de la Caisse d'Epargne (1915), récemment démoli et refait pour la plus remarquable défiguration possible de la rue de la Corraterie.

De nouveaux espaces verts deviennent alors la propriété de la ville : parc Mon-Repos, légué en 1899 par les Plantamour ; parc des Eaux-Vives, acheté en 1913 ; parc de la Grange, don en 1917 de William Favre ; parc des crêts du Petit-Saconnex, créé en 1911. C'est aussi l'époque où le parc de la Console prend une destination nouvelle en accueillant le jardin botanique (1904).

Après la guerre de 1914-1918, une bonne partie des transformations seront dues au nouveau caractère de ville internationale pris par Genève. Siège de la S.d.N. et du B.I.T., il lui fallait en effet améliorer ses voies d'accès. Sans parler du pont Butin, dont la construction commencée en 1906 s'achèvera en 1926, une route Servette-Villars (1929) va lui faciliter, par Saint-Genis, la liaison avec Lyon ; une autre, par la Faucille (1935), la liaison avec Paris. Elle aménagera à Cointrin un aéroport — on disait alors un aérodrome — qui, mis en chantier en 1920, lui permettra de ne pas manquer, comme dans le cas du chemin de fer, la révolution aérienne.

Toujours à cause des organisations internationales, elle devient propriétaire de quatre nouveaux parcs : parc Moynier et Perle du lac (anciennement propriété Bartholoni) ; parc du B.I.T., acheté aux La Rochefoucauld en 1924-1926 ; parc Barton, don de la Confédération en 1935, aujourd'hui affecté à l'Institut des Hautes Etudes internationales. A quoi il faut ajouter, complétant sa ceinture d'espaces verts, le parc Trembley, acheté en 1933, et le parc Bertrand, à Florissant, cédé en deux fois (1933 et 1940), par sa propriétaire, Mme Alfred Bertrand.

Quant aux nouveaux édifices, mis à part le Parc des Expositions (1926) et les bâtiments des organisations internationales, sans oublier non plus l'immeuble du Crédit suisse (1932), ils sont surtout à cette époque – preuve de l'intérêt porté aux problèmes de santé – à destination médicale, avec l'Institut de Médecine légale (1919), la Clinique ophtalmologique (1921), l'Institut dentaire (1938) et l'agrandissement de la Clinique psychiatrique (1939). Maintenant le béton a remplacé la pierre, et l'on ne voit plus sur le lac ces lourdes barques qui allaient à Meilleraie chercher le produit de ses carrières.

Complétons ce rapide survol de la ville par quelques données démographiques. Au recensement fédéral du 1er décembre 1941 – et la situation ne devait guère être différente deux ans plus tôt, sinon que les étrangers y étaient sans doute un peu plus nombreux –, le canton comptait 176 444 habitants (sans changement donc par rapport à 1918 : 176 024 habitants), dont 125 560 pour la ville elle-même. Et, plus que jamais, les Confédérés y sont en majorité, avec 472 habitants pour 1 000 (425 en 1930), contre 372 aux Genevois (336 en 1930) et 156 (239 en 1930) aux étrangers.

Mais une ville ne s'appréhende pas seulement par son aspect physique ou le chiffre de sa population. Or, s'agissant de l'esprit de Genève, celui-ci aussi semble avoir, par un certain côté, changé, en cette première moitié du XXe siècle.

Du Genevois, on disait volontiers qu'il avait trop le goût des vérités précises pour favoriser la littérature. Or soudain – est-ce l'influence de la France républicaine dont, même avant sa victoire de 1918, le rayonnement sur Genève avait été considérable ? – il y a une véritable floraison d'écrivains. Tant, qu'on risquerait d'être fastidieux en les énumérant[1]. Des revues littéraires se fondent : *La Semaine littéraire, La Voile latine, La Revue de Genève*. Et si leur vie n'a pas toujours été longue, cette brièveté même montre de quel courage et par là de quelle ardeur firent preuve leurs fondateurs.

Un autre trait qui frappe dans la vie intellectuelle de Genève au cours de cette période, c'est le remarquable déve-

1. Citons néanmoins Philippe Monnier, Gaspard Vallette, Daniel Baud-Bovy, Louis Dumur, Paul Chaponnière, Henri Spiess, les deux frères de Traz : Robert et Georges (alias François Fosca), Jacques Chenevière, Edmond Buchet – surtout connu en France comme éditeur (Buchet-Chastel), Charles-Albert Cingria et, plus près de nous, Alice Rivaz, Léon Bopp, Jean Marteau, Léon Savary, Gilbert Trolliet, le grand poète mort récemment – liste qui est loin d'être exhaustive !

loppement qu'y prend la psychologie, cette science de l'homme. Et peut-être faut-il y voir une réaction contre les carnages de la guerre. Genève était ici privilégiée, qui avait déjà eu en Théodore Flournoy et surtout en Edouard Claparède des précurseurs hautement appréciés. Ce dernier avait notamment créé en 1912 l'Institut Rousseau, qui, rattaché en 1929 à l'Université, allait, sous la direction de Jean Piaget, provoquer une véritable révolution en psychologie. Biologiste à ses débuts, Piaget va en effet concevoir une théorie biologique de la connaissance, démontrant que l'intelligence, cette faculté d'adaptation au monde extérieur, se construit par paliers, jusqu'au moment où elle permet enfin à l'enfant de parvenir à la pensée rationnelle, c'est-à-dire logique. Et si on peut regretter que son œuvre ait quelque peu ignoré la psychanalyse, cette lacune tend aujourd'hui à se combler grâce aux travaux que l'Institut effectue pour raccorder son « épistémologie génétique » aux données de l'inconscient.

Naturellement Genève n'a pas cessé pour autant d'honorer ses autres disciplines, où l'on retrouve d'ailleurs la plupart des principaux noms de la fin du siècle précédent. Cependant en philosophie un nom nouveau apparaît : celui de Frank Grandjean, qui introduisit à Genève le bergsonisme ; et en théologie celui de Georges Berguer qui, intéressé à la fois par l'Histoire et la psychologie, provoqua en 1920 un beau tollé en tentant une étude psychanalytique de Jésus.

De même Genève continue-t-elle à briller dans les Beaux-Arts : en sculpture où elle peut s'enorgueillir d'avoir donné naissance à un James Vibert et accueilli et formé ces deux grands artistes que furent Jacques Probst et Carl Angst, montrant par là, comme dans le cas de Hodler, combien elle s'entendait à féconder des sensibilités venues d'ailleurs. Et si en peinture on ne rencontre pas cette fois un nom de l'importance de Menn, le nombre des talents fait ici, c'est le cas de le dire, une jolie palette : portraitistes – encore que l'éclectisme de ces peintres rende les divisions quelque peu arbitraires –, comme Jean-Louis Gampert et Alexandre Mairet ; fresquistes comme Alexandre Blanchet ou Maurice Barraud ; peintres de genre, tels Benjamin Vautier, Jean Ducommun ou Albert Chavaz ; paysagistes surtout – et si on ne peut les citer tous, détachons au moins les noms de Bressler, de Hans Berger et de Mathey, auxquels il n'est que juste d'ajouter ceux d'Emile Hornung, d'Edouard Vallet et de Duvoisin.

Mais peut-être ce qu'il y eut de plus remarquable à Genève au cours de la première moitié du XXᵉ siècle, c'est le développement considérable pris par la musique.

D'abord de la musique symphonique. Pendant la première décennie du siècle, le temple de la Madeleine va, chaque lundi, se transformer en salle de concert où, sous la conduite d'un organiste célèbre, Otto Wend, se donnent des morceaux pour chœurs, violon et orgue. Concerts auxquels s'ajoutent, pour les abonnés du Grand Théâtre, ceux dits « d'abonnement », qui, dirigés par Bernhard Stavenhagen, le dernier grand élève de Liszt, font entre autres connaître à Genève, peu après leur première audition, les œuvres des principaux compositeurs d'avant-garde, qui alors s'appellent Gustave Mahler, Richard Strauss, Hugo Wolff, Ernest Bloch, Vincent d'Indy, Debussy, Ravel. Tradition qui sera reprise après la guerre de 1914, quand à Stavenhagen succédera à la tête de l'orchestre du Grand Théâtre, réorganisé sous le nom d'« Orchestre de la Suisse Romande », Ernest Ansermet, dont on sait qu'il fut l'incomparable interprète des grands maîtres de son temps, révélant même souvent leurs œuvres en première audition.

De son côté, la musique vocale bénéficie de l'essor pris par la Société de chant sacré, dirigée d'abord par Otto Barblan, puis, après 1938, par Samuel Baud-Bovy, chef d'orchestre doublé d'un musicologue particulièrement versé dans la musique antique – grecque comme byzantine.

Au Conservatoire, le nombre d'élèves et donc de professeurs n'a cessé de croître, surtout après qu'à Stavenhagen eut succédé à sa tête, à la fin de la guerre de 1914, Henri Gagnebin, organiste et compositeur de talent, créateur en outre, en 1939, du Concours d'exécution musicale de Genève qui a porté dans le monde entier le renom de son Conservatoire.

Parallèlement, les réussites du Grand-Théâtre et l'apparition de nouvelles scènes, comme celle de la Salle commune de Plainpalais, rendent le théâtre lyrique de plus en plus populaire. En 1934, se fonde la Société romande de spectacles qui fait venir pour quelques galas des chefs et des artistes de premier plan. Eclectique, Genève ne se borne d'ailleurs pas à honorer la musique sérieuse. C'est à son Casino-Théâtre de la rue de Carouge que firent leurs débuts Henri Christiné et Félix Mayol.

Une telle extension de l'activité musicale ne pouvait que susciter la venue d'un personnage nouveau : le critique musical. L'un d'eux fut célèbre pour sa férocité : René-Aloys Mooser, dont Bernard Gavoty disait qu'avec la sérénité d'un montagnard que rien ne détourne de son sentier, il assénait sur le crâne des fumistes de ces coups de massue qui sont censés tuer sans faire souffrir.

Mais mieux qu'en exécutant l'œuvre des autres, c'est par ses propres compositeurs – on parlera même d'une école de compositeurs genevois – que Genève honora Euterpe.

Saluons pour commencer celui qui en fut l'initiateur. Son nom est bien connu, grâce notamment à Adolphe Appia qui, dès le début, mit sa plume à son service ; il s'agit en effet de l'inventeur d'une gymnastique rythmique renouvelée de l'orchestique et du théâtre grec ancien, qui suscita l'éclosion de nombreux instituts en Allemagne, en France, en Belgique, en Angleterre et aux Etats-Unis : Emile-Henri Jaques, dit Jaques-Dalcroze. On peut le qualifier de Genevois. D'abord parce que, venu à Genève à l'âge de huit ans, il y fit toutes ses études, tant au Collège qu'à l'Université, suivant également les classes du Conservatoire. Ensuite parce que, compositeur lui-même – et compositeur fort éclectique –, ses chansons sont à ce point entrées dans le folklore genevois, qu'on a pu dire de lui qu'il avait été dans la première moitié du XIXe siècle le grand chantre populaire de la musique à Genève, et, par-delà Genève, en Suisse romande.

Or, professeur d'harmonie au Conservatoire, il a suscité de nombreuses vocations de compositeurs, dont celles, entre autres, de Jean Binet, de Roger Vuataz, d'Ernest Bloch et surtout de Frank Martin, un des musiciens les plus marquants de notre temps, dont la réputation, il est vrai, s'est surtout affirmée après la Seconde Guerre mondiale.

II

LA GENÈVE D'AUJOURD'HUI

Durant la Seconde Guerre mondiale, les choses furent pour Genève tout autres que lors de la Première. C'est le Conseil fédéral qui régla les problèmes du ravitaillement, comme ceux de l'aide aux mobilisés et à leurs familles ; et les cantons n'eurent qu'à appliquer ses décisions. En outre, instruites par l'expérience, les autorités se montrèrent plus efficaces, préservant mieux ainsi la paix sociale, qu'avait d'ailleurs renforcée l'extrême menace d'une invasion de la Suisse par l'Allemagne, alors maîtresse de l'Europe. Enfin, il n'y eut pas de coupure entre cantons alémaniques et romands, unanimes cette fois à souhaiter la victoire alliée ; et Genève sortit de la Seconde Guerre mondiale plus ancrée que jamais à la Confédération.

Mais si déjà la guerre avait rendu les choses différentes, que dire de ce qui se passa ensuite !

A l'opposé en effet de la précédente après-guerre, Genève, comme tout le reste de l'Occident, connut – du moins jusqu'aux chocs pétroliers des années 70 – un véritable boom économique. En 1947, le montant de ses revenus (personnes morales comprises) s'élevait à quelque 666 millions de francs ; aujourd'hui (1980), malgré la fin du boom et la stagnation qui en est résultée, il s'élève à 7,3 milliards. Sa fortune en 1947 atteignait environ 3 milliards de francs, aujourd'hui elle dépasse les 29 millards. En 1945, le canton comptait 187 084 habitants, aujourd'hui il en compte plus de 340 000 (environ 100 000 Genevois, 130 000 Confédérés et 110 000 étrangers). Et son budget ordinaire est à peu près équilibré, après avoir même enregistré jusqu'en 1970 de constants *boni*.

A cela s'est ajouté un renforcement de sa stature internationale. Assez longtemps l'incertitude avait régné à cet égard. On savait que le siège de la future Organisation des Nations Unies serait fixé aux Etats-Unis, mais on s'interrogeait sur le lieu de son centre européen. Diverses villes s'étaient mises sur les rangs, dont Paris, Bruxelles, Vienne. Les chances de Genève paraissaient compromises, quand, au début de l'année 1946, le B.I.I., réfugié à Montréal, fit savoir qu'il désirait retrouver son ancien local ; et bientôt l'ONU déclarait vouloir acquérir tous les immeubles autrefois mis à la disposition de la S.d.N. ou possédés par elle. Il y eut quelques problèmes juridiques à résoudre, car la S.d.N. n'était que concessionnaire du terrain où s'élevait son Palais. Mais tout fut rapidement réglé. Et, choisie pour siège de l'Office européen des Nations Unies, Genève devint, ou redevint le siège de multiples organisations qui, bien plus qu'après la Première Guerre mondiale, ont fait d'elle une cité internationale. Mentionnons entre autres le Haut Commissariat des Nations Unies pour les Réfugiés (H.C.R.), l'Union internationale des télécommunications (U.T.T.), l'Organisation mondiale de la Santé (O.M.S.), l'Organisation météorologique mondiale (O.M.M.), le Comité intergouvernemental pour les migrations européennes (C.I.M.E.), l'Organisation mondiale de la propriété intellectuelle (O.M.P.I.). Elle est aussi devenue le lieu privilégié de réunions diplomatiques au plus haut niveau, ainsi que le siège de conférences internationales permanentes, comme celles du G.A.T.T. sur les tarifs douaniers et le commerce, et de l'U.N.C.T.A.D., intéressée, dans le cadre de l'O.N.U., au commerce et au développement. Elle fut également choisie en 1952 comme siège du Centre européen pour la recherche nucléaire (C.E.R.N.), dont elle ne put toutefois loger les installations, étendues sur quatre-vingt hectares, ou alimenter les expériences en eau et électricité, qu'avec le concours de la France voisine, faisant ainsi de ce dernier la première organisation internationale à cheval sur deux pays. Et c'est encore chez elle que vint s'installer le Conseil œcuménique des Eglises.

De tels faits ont naturellement transformé le visage de Genève qui, ne cessant dans l'après-guerre de s'étendre, a fini par atteindre et englober ses communes suburbaines. De 1950 à 1979, plus de 11 500 immeubles ont ainsi surgi[1], bouleversant l'environnement. De grands ensembles sont apparus, comme le Lignon et la Gradelle, de même que

1. Rapports annuels de la chambre de Commerce de Genève.

des cités satellites, comme Meyrin et Onex. Aujourd'hui, la population du canton est devenue urbaine à près de 97 %.

De sa prospérité, qui fait d'elle une ville dont le revenu par habitant est un des plus élevés d'Europe, avec un taux de motorisation d'une voiture automobile pour 2,3 habitants, Genève cependant n'a pu en répartir les bénéfices également. Si certains secteurs industriels, tel le bâtiment, en ont largement profité, beaucoup d'autres n'ont qu'imparfaitement réussi, comme nous le verrons, à s'adapter à la nouvelle demande internationale, entraînant la disparition ou la reconversion de plus d'une entreprise – non sans dommage pour l'indépendance économique de la ville. Enfin, sans parler des charges sociales souvent plus lourdes ici qu'ailleurs, la spéculation, en faisant exagérément monter le prix des terrains, a, malgré la création d'une zone industrielle à la Praille, empêché plus d'une société de s'implanter ou simplement de s'étendre dans le canton.

En réalité, hormis le bâtiment, le grand bénéficiaire du progrès a été le secteur tertiaire, qui, rien qu'en dix ans – de 1955 à 1965 – s'est en moyenne enrichi d'une exploitation tous les... trois jours ! Le nombre des établissements financiers a alors plus que doublé, celui des banques proprement dites plus que triplé, tandis que les hôtels passaient de 136 en 1945 à 177 en 1970, tout en jouissant, grâce à une clientèle devenue à plus de 80 % internationale, d'un taux d'occupation de 60 à 70 %. Sans doute ce taux n'a-t-il cessé depuis de baisser, jusqu'à tomber aujourd'hui à 42,6 % ; mais la faute en incombe moins à une diminution du tourisme qu'au doublement, avec l'apparition de nouveaux hôtels, du nombre des lits.

Pour favoriser cet essor, Genève n'a évidemment pas manqué d'améliorer considérablement ses voies d'accès. Même pendant la guerre, alors qu'une invasion allemande eût tout détruit, elle n'a pas craint de moderniser à ses propres frais l'aéroport de Cointrin, allongeant sa piste, perfectionnant ses liaisons radio-électriques, bâtissant une aérogare, mais ne prévoyant toutefois pas que dès 1951 il atteindrait sa limite de saturation, fixée à l'époque à 300 000 passagers. Depuis, réaménagé, agrandi, doté d'une nouvelle aérogare, il accueille... près de 5 millions de voyageurs ! Rien n'illustre mieux son évolution que le tableau suivant[1] :

1. Comptes d'Etat de la République et Canton de Genève.

	1950	1960	1970	1980[1]
Mouvements (vols)	23 898	29 967	64 758	125 835
Passagers	217 736	983 070	2 779 400	4 573 600
Fret local (tonnes)	1 523	5 402	26 803	35 788
Postes (tonnes)	1 471	2 948	4 373	6 274

Il est intéressant de noter qu'à la différence de ce qui s'est passé à Kloten (Zurich), le trafic voyageurs s'est davantage développé que le fret, confirmant le caractère très largement tertiaire de l'économie genevoise.

Parallèlement, Genève a amélioré ses liaisons ferroviaires. Pour faciliter le trafic marchandises, la gare de la Praille s'est reliée, d'abord à celle de Cornavin (1949), puis, dix ans plus tard, à celle de Vernier, permettant dans ce dernier cas aux trains de la SNCF de se raccorder à ceux des chemins de fer fédéraux sans avoir à passer par Cornavin. Et voici maintenant qu'on annonce pour 1983 l'entrée en service d'un train à grande vitesse qui mettra Genève à trois heures et demie de Paris ! Il est vrai qu'il reste encore à relier la gare de Cornavin à l'aéroport de Cointrin, et la gare de la Praille à celle des Eaux-Vives, mais ces projets – du moins en ce qui concerne le premier – ne devraient plus tarder maintenant à se réaliser.

Quant à ses communications routières, Genève, en s'unissant depuis 1964 à Lausanne par une autoroute, est désormais raccordée au reste du réseau autoroutier suisse ; et, depuis l'achèvement du tunnel du Mont-Blanc, elle a retrouvé sa vieille fonction de lieu d'étape dans le trafic franco-italien à travers les Alpes.

Dès lors, quoiqu'il demeure encore des ombres dans le domaine des communications fluviales, l'insularité dont Genève avait tant souffert au XIXe siècle et au début du XXe, appartient aujourd'hui au passé.

De ce qui précède, il ne faudrait cependant pas conclure que l'agriculture genevoise soit devenue la parente pauvre de l'économie. Même si elle n'emploie plus qu'un 1,4 % de la population active, elle couvre encore la moitié de la superficie cantonale et, dans la production de la Suisse, occupe : la première place pour les cultures maraîchères avec une produc-

1. Encore les chiffres de 1979 étaient-ils plus élevés : 131 216 pour les vols, 4 660 592 pour les passagers, la différence étant due à un recul sensible (– 12,5 %) du trafic charter, lui-même causé par le renchérissement des produits pétroliers.

tion d'une valeur de 30 millions de francs[1], la troisième place pour le vin avec près de 12 millions de litres encavés et commercialisés, et la cinquième pour les céréales avec le remarquable rendement de 45 quintaux de blé à l'hectare (20 seulement, il y a quarante ans).

Un tel essor n'a évidemment pu que favoriser la paix sociale. L'après-guerre avait pourtant mal débuté. Au moment du renouvellement de la convention collective du Bâtiment, en 1945, une émeute s'était produite. Une foule en colère avait assiégé le Département du Commerce à l'Hôtel de Ville et quelque peu malmené le représentant du patronat au moment où, croyant la manifestation terminée, ce dernier quittait la table de discussions. Il y eut ce jour-là un mort ; toutefois, comme le raconte humoristiquement le conseiller François Perréard, ce ne fut que de saisissement : il s'agissait de sa concierge qui, en entendant les cris furieux dont il était l'objet, fut foudroyée par un infarctus[2].

Mais après 1947 le boom commençait. Ce fut le plein emploi et des salaires qui, en augmentant plus vite que les prix (6,5 % en moyenne depuis 1950 contre 3,2 %), permirent aux travailleurs d'élever leur niveau de vie, tout en bénéficiant pour leurs vieux jours de diverses mesures, dont la construction d'asiles, la création ou la réorganisation de caisses de retraite et surtout l'institution, au plan fédéral, de l'assurance-vieillesse et survivants (A.V.S.), mesures d'autant plus nécessaires à Genève, que la proportion d'habitants de plus de 65 ans y est la plus élevée de Suisse (11,7 % contre 10,2 % pour la moyenne nationale). Par ailleurs, grâce à la totale réfection de l'Hôpital cantonal et des policliniques, de meilleures prestations médicales leur ont été assurées ; comme leur ont été également assurées de meilleures conditions de logement grâce à l'édification de nombreux immeubles à loyers modérés. Enfin, pour qui voit dans l'instruction l'indispensable auxiliaire de la promotion ouvrière, satisfaction a été assurément donnée par la libéralisation de la politique suivie en matière de bourses scolaires et la mise en activité progressive d'un Cycle d'orientation, degré intermédiaire entre le primaire et le supérieur, chargé de faciliter aux adolescents l'entrée dans la vie professionnelle.

De telles conditions ne pouvaient que détendre le climat politique. Alors qu'aux élections de 1945, Genève avait enre-

1. Chiffres pour l'année 1979.
2. François Perréard, *Souvenirs d'un ancien conseiller d'Etat.*

gistré, comme partout en Europe, une forte progression de l'extrême-gauche – le parti du Travail de Nicole avait remporté 36 sièges –, en 1948 les partis de l'Entente nationale (radicaux, démocrates nationaux et chrétiens sociaux) en récupéraient onze, les socialistes gouvernementaux de Charles Rosselet en gagnaient un, tandis que le parti du Travail en perdait, lui, douze. En 1952, Nicole rompt même avec les communistes et, fondant un nouveau parti, dit « progressiste », leur enlève, aux élections de 1954, sept sièges ; sièges que sans doute il reperdra aux élections suivantes, mais non au profit des communistes, amputés au contraire d'un siège : au profit – preuve d'un nouveau glissement à droite – des socialistes.

Depuis lors, la coalition gouvernementale, peut-être favorisée par l'introduction au plan cantonal du suffrage féminin (1960), n'a cessé de renforcer ses positions. Les socialistes ont si bien progressé, surtout aux dépens des communistes, qu'ils sont devenus au Parlement le premier parti du canton. Ce n'est qu'au sein du Conseil exécutif de la ville (le Conseil administratif) que les communistes continuent à exercer une certaine influence – on sait les remous qu'a récemment provoqués l'élection d'un des leurs à la fonction, purement honorifique d'ailleurs, de maire de Genève. Quant aux partis nationaux, ils n'ont cessé, dans l'ensemble, de faire preuve d'une remarquable stabilité, occupant à eux trois la moitié environ des sièges au Grand Conseil ; seules leurs forces respectives ont quelque peu changé récemment, favorisant les libéraux (ex-démocrates nationaux) au détriment, tant des radicaux que des démocrates chrétiens (ex-chrétiens sociaux).

Au Conseil d'Etat prévaut la même situation qu'au Parlement, puisque depuis 1961 un accord tacite veut que le premier soit constitué à l'image du second. On y trouve actuellement – en allant de la gauche à la droite – deux socialistes, deux radicaux, un démocrate chrétien (naguère deux) et deux libéraux (naguère un)[1]. C'est donc, au plan politique, le triomphe du « consensus », concrétisation de ce qu'en France on appellerait l'Union nationale, avec tous les avantages que comportent les formules de compromis, mais aussi l'inconvénient d'un certain immobilisme. Cependant, à une époque où

1. A cette répartition une exception vient toutefois d'être provisoirement apportée en décembre 1980, lors d'une élection partielle, quand, pour remplacer un socialiste démissionnaire, un candidat hors parti, spécialiste des questions médicales, a été nommé au Département de la Prévoyance sociale et de la Santé publique.

la crise de l'énergie redonne la primauté aux problèmes de gestion, ce système ne se borne pas à répondre au désir de l'électorat, il semble assez bien adapté aux circonstances.

Doit-on conclure de ce qui précède que tout aille pour le mieux à Genève ? Assurément non. Il faut d'abord déplorer, outre la reprise récente de l'inflation, le déséquilibre actuel de l'économie, où le secteur industriel a non seulement perdu de son importance, mais a vu nombre d'entreprises – dans l'horlogerie, la mécanique, les arts graphiques, la chimie et l'industrie alimentaire – tomber dans la sous-traitance ou passer sous contrôle suisse alémanique, voire étranger. En outre, de par sa grande mobilité, le secteur dominant – le tertiaire – est instable : les multinationales ont aujourd'hui tendance à abandonner Genève pour les capitales du Marché commun – Bruxelles, Luxembourg : une des causes affligeant Genève d'un taux de chômage généralement supérieur à la moyenne suisse, même si ses quelque 675 chômeurs[1] feraient pâlir d'envie tous les pays !

Par ailleurs, les succès enregistrés par l'aéroport de Genève-Cointrin ne doivent pas masquer le croissant avantage que prend sur lui l'aéroport de Zurich-Kloten. Alors que pour ce dernier Swissair multiplie les liaisons aériennes, et que de nouvelles compagnies d'aviation ne cessent de s'y installer, lui est moins favorisé par la compagnie suisse, et parfois abandonné des compagnies étrangères, comme tel a été le cas de la T.W.A. et Air-Zaïre.

En outre, l'industrie du bâtiment a eu beau construire depuis 1970 2,3 fois plus de logements que n'augmentait la population, portant ainsi le total cantonal de ces derniers à quelque 160 000 unités, elle n'est pas arrivée à rattraper le déficit provoqué par la formidable expansion démographique des années précédentes. Il en est résulté une crise qui n'est pas près de se résorber, puisqu'on prévoit bien des difficultés pour la période 1982-1983.

De plus, dans la mesure où cette expansion démographique s'est accompagnée d'une arrivée massive d'étrangers (passés, entre 1945 et 1970, de 14,9 % à 32,4 %, alors que les Genevois et les Confédérés déclinaient respectivement de 36,5 % à 28,4 %, et de 48,6 % à 39,2 %), un fort sentiment xénophobe s'est développé. Quand il fut question en 1952-1953 d'installer le C.E.R.N. à Genève, un referendum tenta de s'y opposer, invoquant, outre le danger nucléaire, l'invasion étrangère. De même, la création d'une fondation pour

1. Chiffres de mai 1981.

faciliter l'implantation des organisations internationales à Genève se heurta en 1965 à un autre referendum, qui, malgré l'opposition massive de tous les partis politiques, ne fut repoussé que de justesse. Toujours en 1965, pour protester contre la représentation d'une pièce, ***Necker, le banquier sans visage,*** dont le tort fut sans doute de s'en prendre à la mémoire d'un Genevois célèbre à l'occasion d'une fête patriotique (on commémorait le 150ᵉ anniversaire de l'entrée de Genève dans la Confédération), un comité se constitua, bientôt transformé en parti politique : « Vigilance », qui, face au « déferlement » des étrangers, se proposa de rendre Genève aux Genevois. En 1965, Vigilance remporta dix sièges au Grand Conseil.

Du mal sort quelque fois un bien. Si défavorables d'un certain point de vue pour Genève, les mesures fédérales contre, d'abord la main-d'œuvre étrangère, puis contre les étrangers eux-mêmes, ont eu au moins un avantage : atténuer la xénophobie, ainsi que l'atteste le déclin des Vigilants qui, après avoir même perdu toute représentation au Parlement, n'y ont plus que huit sièges. Et, comme ces mesures ne purent englober les frontaliers[1], protégés par des accords internationaux, elles ont même eu un second avantage : obliger les autorités à se préoccuper davantage du sort de travailleurs devenus désormais indispensables à l'économie genevoise, et donc à se montrer plus attentives aux problèmes régionaux. Une commission franco-suisse a été créée dont les recommandations, en aboutissant à une certaine harmonisation, pourraient enfin faire de la région franco-genevoise une réalité transnationale, capable comme on l'a dit[2], de servir de charnière entre la Suisse et la région Rhône-Alpes.

Il est cependant aujourd'hui pour Genève un danger dont, hélas, aucune réglementation ne peut la protéger : c'est celui de perdre sa personnalité. Son destin tend en effet de plus en plus à lui échapper. De par sa complexité, la vie politique pousse au renforcement du pouvoir fédéral, et bien souvent Genève s'est vu imposer des mesures – par exemple en matière de logements ou de main-d'œuvre étrangère – qui n'étaient pas de son intérêt particulier. Surtout, son économie dépend entièrement d'événements internationaux sur lesquels elle n'a pas de prise.

1. Par frontaliers, il ne faut pas seulement entendre les originaires de la Savoie et du Pays de Gex, mais tous ceux des autres départements français qui, attirés par Genève, sont venus s'y installer depuis 1965.

2. Jean-Claude Favez et Claude Raffestin, *op. cit.*

Or, s'il y a eu une histoire de Genève, c'est que la cité a été l'inspiratrice d'expériences originales, qui ont souvent marqué leur époque. Loin de subir, elle a façonné. Mais aujourd'hui que les petits pays, et à plus forte raison les petites villes, doivent bon gré, mal gré, s'intégrer à de grands ensembles, leur identité risque de s'y diluer. A moins, il est vrai, qu'ils n'aient la ferme intention de sauvegarder leur originalité, comme peut les y encourager le rappel de leur passé, lorsque celui-ci a été glorieux.

Espérons donc que, pour un Genevois, ce livre aura été mieux qu'un livre d'Histoire : une incitation à rester, malgré toutes les pressions du monde moderne, fidèle à lui-même.

BIBLIOGRAPHIE

Etant donné les contraintes de l'édition et la richesse de la bibliographie consacrée à l'histoire de Genève, le lecteur ne trouvera ci-dessous que les principaux écrits que l'auteur a été amené à consulter. Mais une bibliographie plus fournie peut être trouvée dans l'*Histoire de Genève* (2 vol.) publiée par la Société d'Histoire et d'Archéologie de Genève (1951-1956) ou dans l'*Histoire de Genève* publiée sous la direction de Paul Guichonnet (1974) ou encore dans la ***Bibliographie raisonnée de l'histoire de Genève, des origines à 1798*** de P.-F. Geisendorf (voir ci-dessous).

Abréviations

A.E.G., Archives d'Etat, Genève.
B.H.G., Bulletin de la Société d'Histoire et d'Archéologie de Genève.
M.D.G., Mémoires et Documents de la Société d'Histoire et d'Archéologie de Genève.
M.I.G., Mémoires de l'Institut national genevois.
B.I.G., Bulletin de l'Institut national genevois.
Ga, Genava.

Sources

Archives d'Etat (notamment Registres du Conseil), Genève.
Mémoires des séances du Conseil représentatif, 1828 à 1841, (27 vol.).
Mémorial du Grand Conseil de la République et Canton de Genève, dès 1842. Se continue.
Comptes rendus du Conseil d'Etat de la République et Canton de Genève, dès 1821. Se continue.
Recueil authentique des Lois et Actes du Gouvernement de la République et Canton de Genève, dès 1814. Se continue.

Rapports du Conseil d'Etat sur les comptes du Canton de Genève, dès 1834 ; (depuis 1934 : Comptes rendus de la République et Canton de Genève, suivis du Rapport sur la gestion du Conseil d'Etat. Se continue).

Ouvrages de référence

BABEL A., ***Histoire corporative de l'horlogerie, de l'orfèvrerie et des industries annexes,*** Genève, 1916.
La Caisse hypothécaire et le développement économique du canton, Genève, 1947.
Histoire économique de Genève à l'époque révolutionnaire et les remèdes qu'on a tenté de lui opposer, Genève, 1942.
Survol de l'histoire économique de Genève. Périodes de crises et de prospérité, Genève, 1965.
« Genève et la révolution industrielle », ***Mélanges Terrier,*** Genève, 1968.

BARBEY F., ***Félix Desportes et l'annexion de Genève à la France,*** Paris-Genève 1916.

BARDE E., « Le secours de Genève à Willmergue, avril-août 1712 », ***Revue militaire suisse,*** oct. 1913.

BERCHEM D. van, « L'établissement des Burgondes en Sapaudia », ***Publ. du centre européen des études burgondes-médianes,*** 1972.

BERCHEM V. van, « La mort de Berthelier », ***Etrennes genevoises,*** 1928.
(Voir aussi Rivoire E. et van Berchem V.).

BERGIER J.-F., « Géographie des cols des Alpes », ***Bull. annuel de la Fondation suisse,*** IV, 1953.
La démission du trésorier Amblard Corne. Quelques problèmes de l'administration financière de Genève après la Réforme, M.D.G., 2e série, t. XL, 1961.
Les Foires de Genève et l'économie internationale de la Renaissance, Paris, 1963 ; les exemplaires de librairie portent le titre : ***Genève et l'économie européenne de la Renaissance.***
« Commerce et politique du blé à Genève aux XVe et XVIe siècles », ***Revue suisse d'histoire,*** t. XIV, fasc. 4, 1964.

BERTRAND P., ***Les Faubourgs de Genève au XVe siècle,*** M.D.G. (série in-4o), t. V, 1919.
Genève et la Révocation de l'édit de Nantes, Genève, 1935,
« La politique intérieure à Genève après l'Escalade », ***L'Escalade de Genève, 1602,*** ouvrage collectif publié sous la direction de P. Geisendorf, Genève, 1952.
Histoire de Genève, de 1853 à 1930, B.I.G., LVII, 1953.

BIÉLER A., ***La Pensée économique et sociale de Calvin,*** Genève, 1959.

BINZ L., ***Genève et les Suisses, du Moyen Age à la Restauration,*** Genève, 1964.

« Le Moyen Age genevois (VIe-XVe siècles) », *Histoire de Genève* (Guichonnet), Toulouse-Lausanne, 1974.

Le Diocèse de Genève, l'archidiocèse de Vienne en Dauphiné, (en coll. avec Jean Emery et Catherine Santschi), Berne, 1980.

BLANC H., *La Chambre des blés de Genève, 1628-1798,* Genève, 1941.

BLONDEL L., *Les Faubourgs de Genève au XVe siècle,* M.D.G. (série in-4°), t. V, 1919.

Le Développement urbain de Genève à travers les siècles, Genève-Nyon, 1946.

BODMER W., *Der Einfluss der Refugianten in Wanderung von 1550-1700 des Schweizerischen Wirtschaft,* Zurich, 1946.

BONFANTE G., « Le nom de la ville de Genève », *Bull. de la Société de Linguistique de Paris,* IV, 1939.

BONNAURE P., *Les Institutions du canton de Genève,* Paris, 1938.

BONNET Ch., *Les Premiers Edifices chrétiens de la Madeleine à Genève,* M.D.G. (série in-4°), 1977.

« Saint-Pierre de Genève. Récentes découvertes archéologiques », *Archéologie suisse,* 4, 1980 ; (également tirage à part).

BOREL F., *Les Foires de Genève,* (in-4°), Genève, 1899.

BORGEAUD Ch., *Histoire de l'Université de Genève, 1559-1798,* (4 vol. in-4°), Genève, 1900-1934.

BOUVIER J.-B., *Essai sur l'histoire intellectuelle de la Restauration. Du Romantisme à Genève,* Neuchâtel, 1930.

BROISE P., « Un demi-millénaire de romanité », *Histoire de Genève* (Guichonnet).

Genève et son territoire dans l'Antiquité, de la conquête romaine à l'occupation burgonde, Bruxelles, 1974.

BURNEL E.-L., *Le Premier Tribunal révolutionnaire genevois, juillet-août 1794,* M.D.G. XXXIV, 1925.

CANDAUX J.-B., « Le groupe de Coppet », *Actes et Doc. du deuxième colloque de Coppet* (juillet 1974), publiés par la Société des Etudes staëliennes, Genève, 1977.

CANDOLLE R. de, *Histoire du théâtre de Genève,* Genève, 1978.

Cent cinquante ans de banque (1795-1945), Public. de la banque Ferrier-Lullin.

CHAPUISAT E., *Le Commerce et l'industrie à Genève pendant la domination française, 1798-1814, d'après des documents inédits,* M.D.G., XXVIII, 1908.

La municipalité de Genève pendant la domination française. Extraits de ses registres et de sa correspondance (2 vol.), Genève-Paris, 1910.

De la Terreur à l'Annexion. Genève et la Révolution française, Genève-Paris, 1912.

CHARRIÈRE G. de, « La campagne de 1712 », *Revue militaire suisse,* 1867.

CHOISY A., *Généalogies genevoises. Familles admises à la bourgeoisie avant la Réformation,* Genève, 1947.

CHOISY E., *L'Etat chrétien calviniste à Genève au temps de Théodore de Bèze,* Genève-Paris, 1902.

CIRCOURT A. de, *Genève, 1815-1840,* texte présenté par P.E. Schazmann, Genève, 1932.

Correspondance diplomatique de Pictet-de Rochemont et de François d'Ivernois. Paris, Vienne, Turin, publiée par L. Cramer, (2 vol.), Genève, 1934.

COURVOISIER J., « L'Eglise de Genève, de Théodore de Bèze à Jean-Alphonse Turrettini », *Université de Genève. Recueil de la Faculté de théol. protestante,* VIII, 1942.

CRAMER F.A., « La révolution de novembre 1841 à Genève et ses causes », *Revue d'histoire suisse,* 1944.

CRAMER L., *Les Projets d'entreprises de Charles-Emmanuel 1er sur Genève,* (t. III de *La Seigneurerie de Genève et la Maison de Savoie, de 1559 à 1593,* ouvrage collectif publié sous la direction de l'auteur), Genève, 1950.

CRAMER M., « La science genevoise à vol d'oiseau », *Arch. des Sciences,* Genève, 1965.

DELARUE H., *La Devise de Genève,* B.H.G., t. VI, Genève, 1933-1938.

DEONNA H., *Une industrie genevoise de jadis : les indiennes,* Ga, 1930.

DEONNA W., *Les Arts à Genève, des origines à la fin du XVIIIe siècle,* Ga, XX, 1942.

DOUMERGUE E.J., *Jean Calvin, les hommes et les choses de son temps,* (7 vol.), Lausanne, 1899-1927.

DU BOIS-MELLY Ch., *Chronique,* Genève, 1870.

DUFOUR A., *La Guerre de 1589-1593* (t. IV de L. Cramer : *La Seigneurie de Genève et la Maison de Savoie, de 1559 à 1593),* Genève 1958.

« Le mythe de Genève au temps de Calvin ». *Revue suisse d'histoire,* t. XV, 1959 ; réimprimé dans l'ouvrage du même auteur *Histoire politique et psychologie historique,* Genève, 1966.

« Politique et responsabilité du duc Charles-Emmanuel Ier de Savoie », extrait de *Revue suisse d'histoire,* t. XVI, fasc. 1, 1966.

DUMONT E.-L., *Armorial genevois,* Genève 1961, rééd. 1977.

FAVEZ J.-C. et Raffestin C., « De la Genève radicale à la cité internationale », *Histoire de Genève* (Guichonnet).

FAZY H., *James Fazy, sa vie et son œuvre,* Genève, 1887.

Les Constitutions de la République de Genève, Genève-Bâle, 1890.

FLEURY et MARTIN, *Histoire de M. Vuarin et du rétablissement du catholicisme à Genève,* (2 vol.), Genève, 1861.

FULPIUS L., *L'Organisation des pouvoirs politiques dans les Consti-*

tutions de la République et Canton de Genève, Genève, 1942.
(Voir aussi Ruchon L. et Fulpius L.).

GABEREL J., *Histoire de l'Eglise de Genève, depuis le commencement de la Réformation jusqu'à nos jours,* (3. vol.), Genève, 1853-1862.

GAGNEBIN B., *Voltaire à Genève,* Genève, 1945 ; (extr. de Ga, XXIII).
« Le XVIIe siècle, la politique extérieure », *Histoire de Genève, des origines à 1798,* Genève, 1951.
« Les conséquences diplomatiques de l'Escalade et le Traité de Saint-Julien », *l'Escalade de Genève, 1602,* Genève, 1952.

GALIFFE J.-B. G., *D'un siècle à l'autre. Correspondance inédite entre gens connus et inconnus du XVIIIe et du XIXe siècles,* Genève, Paris et Neuchâtel, 1878.
Le Refuge italien à Genève aux XVIe et XVIIe siècles, Genève 1881.

GALIFFE J.-A. (et continuateurs), *Notices généalogiques sur les familles genevoises depuis les premiers temps jusqu'à nos jours,* (7 vol.), Genève 1829-1895 ; (rectifiées et complétées par Choisy A. – voir ce nom).

GAUTIER J.-A. *Histoire de Genève, des origines à l'année 1691* (8 vol. in-4°), Genève, 1896-1914.

GEISENDORF P.-F., *Théodore de Bèze,* Genève, 1949, réimprimé 1971.
« L'Escalade », *L'Escalade de Genève, 1602,* ouvrage collectif publié sous la direction de l'auteur, Genève, 1952.
Le Livre des habitants de Genève, (3 vol.), édition critique, Genève, 1957-1963.
L'Université de Genève, 1559-1959, quatre siècles d'histoire, Genève, 1959.
Bibliographie raisonnée de l'histoire de Genève des origines à 1789, M.D.G., t. XLIII, à part Genève, 1966.

Genève et l'Italie, ouvrage collectif publié par L. Monnier à l'occasion du 50e anniversaire de la Société genevoise d'études italiennes, Genève, 1969.

Genève suisse. Le Livre du Centenaire, ouvrage collectif, Genève, 1914.

GUICHONNET P., « Genève. Réflexions sur un destin urbain », *Actes du 89e Congrès national des Sociétés savantes,* Lyon, 1964.
« Révolutions et Restauration », (en coll. avec Paul Waeber), *Histoire de Genève* (Guichonnet).

HEIMBOD J., *Les Finances publiques de Genève sous la Restauration. 1813-1847. Essai d'histoire financière et économique,* Laupen, 1952.

HEYER H., *L'Eglise de Genève. 1535-1909,* Genève, 1909.

Histoire de Genève, t. 1 : *Des origines à 1798 ;* t. 2 : *De 1798 à 1931,* ouvrage collectif publié par la Société d'Histoire et d'Archéologie de Genève sous la direction de Paul-Edmond Martin, Genève, 1951-1956.

Histoire de Genève, ouvrage collectif publié sous la direction de Paul Guichonnet, Toulouse-Lausanne, 1974.

Journal de Jean-Gabriel Eynard, édité par E. Chapuisat, (2 vol.), Paris-Genève, 1914-1924.

JOUVET P., *Le Problème des zones franches de la Haute-Savoie et du Pays de Gex,* Genève, 1943.

KUNZ-AUBERT V., *Libéralisme et démocratie. L'action des démocrates genevois de 1895 à nos jours,* Genève, 1950.

LAPAIRE Cl., *La sculpture à Genève au XIXe siècle,* Ga, 1979

LÉONARD E. G., *Histoire générale du protestantisme,* (3 vol.), Paris, 1961.

L'HUILLIER A. et Devaud L., *L'Aéroport de Genève et son développement. La fonction économique de l'aéroport de Genève,* Genève, 1951.

LULLIN P. et Le Fort Ch., *Régeste genevois ou répertoire chronologique et analytique des documents imprimés relatifs à l'histoire de la ville et du diocèse de Genève avant l'année 1312,* Genève, 1866.

LÜTHY H., *La Banque protestante en France, de la Révocation de l'édit de Nantes à la Révolution,* (2 vol.), Paris, 1959.

MAIRE M., pour les chapitres qui ont trait à Genève à partir de 1914 dans l'*Histoire de Genève,* de P.-E. Martin, t. II, Genève, 1956.

MALLET Ed., *Recherches historiques et statistiques sur la population de Genève, son mouvement annuel et sa longévité depuis le XVIe siècle jusqu'à nos jours, 1549-1833,* Paris, 1837.

Du pouvoir que la Maison de Savoie a exercé dans Genève, M.D.G., VII, 1849.

MARTIN P.-E., « Le problème de la Sapaudia », *Revue d'histoire suisse,* XIII, 1933.

« Les origines de la Civitas et de l'évêché de Genève », *Mélanges Charles Gilliard,* Lausanne, 1944.

« Les origines de la Restauration de Genève, 1813 », *Revue d'histoire suisse,* 1950.

MARTIN W., *La Situation du catholicisme à Genève, 1815-1907,* Lausanne-Paris, 1909.

MAURY L., *Le Réveil religieux de l'Eglise réformée à Genève et en France, 1810-1850,* (2 vol.), Paris, 1892.

MICHELI L., *Les Institutions municipales de Genève au XVe siècle,* M.D.G. XXXII, 1912.

MONNIER L., *L'Annexion de la Savoie à la France et la politique suisse,* Genève, 1932 ; (voir aussi ci-dessus *Genève et l'Italie*).

MONNIER Ph., *Les Genevois de Töpffer*, Genève, 1914.
MONTANDON Cl., *The Development of science in Geneva in the XVIIIth and XIXth centuries. The case of a scientific community*, New York, 1973.
MONTER E.W., *Studies in Genevan government, 1536-1605*, Genève, 1964.
Calvin's Geneva, New York, 1967.
L'Amortissement de la dette publique genevoise au XVIIe siècle, B.H.G., t. XIII, 1964-1967.
« The Italians in Geneva. 1550-1600 : New Look », *Genève et l'Italie*, Genève, 1969.

NAEF, *Les Origines de la Réforme à Genève*, (2 vol.), Genève, 1936.
Fribourg au secours de Genève. 1525-1526, Fribourg, 1927.

O'MARA P., *Geneva in the Eighteenth Century : a socio-economic study of the bourgeois City-State during its Golden age*, Berkeley, 1964 ; (dactylogramme aux A.E.G.).

PERRÉARD F., *Souvenirs d'un ancien conseiller d'Etat. Genève 1921-1957*, Genève, 1963.
PERRENOUD A., *La Population de Genève du XVIe siècle au début du XIXe siècle. Etude démographique*, t. I : *Structures et mouvements*, thèse M.D.G., t. XLVII, Genève, 1979.
PERROUD F.-X., *La Vie parlementaire dans le canton de Genève, de 1929 à 1939*, mémoire de licence, Fribourg, 1972.
PETER M., *Genève et la Révolution*, t.1 : *Les Comités provisoires, 28 décembre 1792-13 avril 1794* ; t. II : *Le Gouvernement constitutionnel, l'Annexion, la Société Economique, 1794-1798*, Genève, 1921-1950.
PICOT A., *Souvenirs de quelques années difficiles de la République de Genève, 1931-1937*, Genève, 1963.
POUPARDIN R., *Le Royaume de Bourgogne, 888-1038*, Paris, 1917.
PIUZ A.-M., *La Politique du vin à Genève au XVIIIe siècle et l'affaire de 1704*, B.H.G., t. XI, 1958.
« Un aspect de l'économie genevoise au XVIIe siècle, la fabrique de dorures d'Elisabeth Baulacre », *Mélanges P.-E. Martin*, Genève, 1961.
« Entrepreneur et développement économique à Genève au XVIIe siècle », *Mélanges Babel*, t. 1, Genève, 1963.
Recherches sur le commerce de Genève au XVIIe siècle, Genève, 1964.
« Note sur l'industrie des indiennes à Genève au XVIIIe siècle », *L'Industrialisation en Europe au XIXe siècle. Cartographie et typologie*, Paris, 1972.
« Marchands genevois du monde méditerranéen vers 1600-1630 », *Mélanges Braudel*, Toulouse, 1973.
« De la Réforme aux Lumières, XVIIe-XVIIIe siècles » et « La Genève des Lumières », *Histoire de Genève* (Guichonnet).

RAFFESTIN C., *Genève, essai de géographie industrielle,* Saint-Amand-Montrond, 1964.
(Voir aussi Favez J.-C. et Raffestin C.).

RAPPARD W.E., *L'Avènement de la démocratie moderne à Genève, 1818-1847,* Genève, 1942.
Révolution industrielle et les origines de la protection du travail en Suisse, (coll. d'études suisses), Berne, 1914.

Rapports annuels de la Chambre de Commerce et de l'Industrie de Genève, depuis 1866.

RIVOIRE E., *Bibliographie historique de Genève au XVIIIe siècle,* (2 vol. et additions et corrections), M.D.G. 2e série, t. VI, 1897.

RIVOIRE E. et van BERCHEM V., *Registres du Conseil de Genève,* publ. de la Société d'Histoire et d'Archéologie de Genève, (13 vol. in-4°), Genève, 1900-1940.
Les Sources du droit du canton de Genève, (3 vol.), Aarau, 1927-1935.

ROCHAT E., « Le mouvement théologique de l'Eglise de Genève au cours du XIXe siècle », *Recueil de la Fac. de Théol. protestante,* II, 1933.

ROGET A., *Histoire du peuple de Genève depuis la Réforme jusqu'à l'Escalade,* (7. vol.), Genève, 1870-1887.

ROUILLER J.-F., *Un problème centenaire : la construction des chemins de fer de la région genevoise et leur raccordement,* Genève, 1947.

RUCHON F., *Histoire politique de Genève, de la Restauration à la suppression du budget des cultes, 31 décembre 1813-30 juin 1907,* (2 vol.), Genève, 1907.
La Révolution du 22 novembre 1841 et l'autonomie municipale de la ville de Genève, Genève, 1942.
Genève et la crise du Sonderbund, B.H.G., IX, 1948.

RUCHON F. et FULPIUS L., *Georges Favon. Vingt-cinq ans de vie politique genevoise,* Genève, 1927.

RUDHARDT P., *L'Effort d'une ville. La vie économique de Genève, de ses origines à nos jours,* Genève, 1930.

RUFFIEUX R., *Le Mouvement chrétien-social en Suisse romande, 1891-1949,* Fribourg, 1969.

SAUTER M., « Les premiers millénaires », *Histoire de Genève* (Guichonnet).

SAYOUS A.-E., « Calvinisme et capitalisme. L'expérience genevoise », *Annales d'histoire économique et sociale,* Paris, 1935.
La crise financière de 1709 à Genève, B.H.G., t. VI, Genève, 1933-1938.

SEITZ J., *Histoire de la Banque à Genève,* Genève, 1931.

SISMONDI J.-C., *Statistique du Département du Léman,* publiée par H.O. Pape, M.D.G., XLIV, 1971.

SORDET L., *Histoire des résidents de France à Genève,* Genève, 1954.

STELLING-MICHAUD S., *Deux aspects du rôle financier de Genève pendant la guerre de la Succession d'Espagne,* B.H.G., t. VI, Genève, 1933-1938.
Le Livre du Recteur de l'Université de Genève, 1559-1876, (avec la coll. de Mme Stelling-Michaud), Genève, 1959-1981.
THOUREL A., *Histoire de Genève,* (3 vol.), Genève, 1832-1833.

WAEBER P., « Révolutions et Restauration », (cf. Guichonnet P.).
WUARIN L., « Le mouvement économique », *Genève suisse. Le Livre du centenaire,* Genève, 1914.

ZURBUCHEN W., « Genevois sous les aigles : quelques aperçus des destinées militaires de nos concitoyens d'il y a cent cinquante ans », *Bull. de la Société militaire de Genève,* juin 1964.

INDEX ALPHABÉTIQUE

TABLE DES ILLUSTRATIONS

12. L'Escalade, d'après une gravure sur cuivre attribuée à François Diodati, *ibid.*
13. Principales routes de commerce au XVIIe siècle, d'après A.M. Piuz, *Recherches sur le commerce de Genève au XVIIe siècle* (Société d'Histoire et d'Archéologie de Genève).

15. Place de la Fusterie (1804), par C. G. Geissler, *Voyageurs à la découverte de Genève* (Caisse d'Epargne de la République et Canton de Genève).

16. Place de la Porte Neuve (1810), par C. G. Geissler, *ibid.*

17. Jean-Jacques Rousseau (Bibliothèque Nationale).

18. Congrès de Vienne, deuxième traité de Paris et traité de Turin, *Histoire de Genève*, éd. Edouard Privat.

19. Le port de la Scie, 1865, *Genève d'hier et aujourd'hui*, éd. Labor et Fides (Bibliothèque Nationale).

20. Vue prise du bout de la promenade Saint-Antoine, à Genève (1814), attribué à François Ferrière, *Voyageurs à la découverte de Genève* (Caisse d'Epargne de la République et Canton de Genève).

21. James Fazy, d'après un portrait de la collection Maillart, *Dictionnaire historique et biographique de la Suisse,* éd. Victor Attinger (Bibliothèque Nationale).
22. Les zones franches, *Histoire de Genève*, éd. Edouard Privat.

23. Les moulins de l'Ile, 1860, *Genève d'hier et aujourd'hui*, éd. Labor et Fides (Bibliothèque Nationale).

24. Place Cornavin, 1900, *ibid.*

25. Les rues Basses, 1904, *ibid.*

TABLE DES MATIÈRES

Le XVIIIe siècle ou le combat pour la démocratie

Révolution et occupation française

Vers la Genève moderne

La Genève moderne

Imprimerie Hérissey - Évreux - Dépôt légal : 4e trimestre 1981
N° d'éd. : 90 - N° d'imp. : 28666 - 43-05-0109-01
ISBN 2-86374-079-2 — *Imprimé en France*

43.0109.9